KRYSTYNA KOBYLAŃSKA · CHOPIN WERKVERZEICHNIS

ÖLBILDNIS VON EUGÈNE DELACROIX

FRÉDÉRIC CHOPIN

THEMATISCH-BIBLIOGRAPHISCHES

WERKVERZEICHNIS

VON

KRYSTYNA KOBYLAŃSKA

G. HENLE VERLAG MÜNCHEN

Titel der polnischen Originalausgabe

KRYSTYNA KOBYLAŃSKA

Rekopisy utworów Chopina Katalog

Im Verlag Polskie Wydawnictwo Muzyczne,
Krakau 1977

Übersetzung des polnischen Originals

HELMUT STOLZE

*Redaktion der deutschen Ausgabe
sowie Zusammenstellung der Verzeichnisse 2–8*

ERNST HERTTRICH

Satz und Druck: Sellier Druck GmbH, Freising

Printed in Germany

INHALT

VII

ANHANG

I

II

REGISTER

VORWORT

I

Das Sammeln und Ordnen von Quellenmaterial ist die Grundlage jeder wissenschaftlichen Arbeit. In der ungewöhnlich umfangreichen Chopin-Literatur gibt es bis heute noch keine Arbeit, die diese Aufgabe umfassend gelöst hat. Der hier vorgelegte Katalog der Werke Frédéric Chopins soll diese Lücke ausfüllen.

Die über fast zwanzig Jahre sich erstreckende Arbeit, die zum Sammeln der Dokumente erforderlich war, ist mir durch zahlreiche Auslandsreisen erleichtert worden, die mich nach Frankreich, England, in die Schweiz, nach Österreich, in die Tschechoslowakei, nach Schweden, Deutschland und nach Spanien geführt und mir die Möglichkeit gegeben haben, Institutionen und Personen – oft handelte es sich um die Erben der Freunde Chopins – zu besuchen, die im Besitz von Originalen sind. So erhielt ich häufig Quellenkenntnisse aus erster Hand. Aber meine Arbeit gründet sich nicht nur auf die polnischen und ausländischen Notenquellen, die sich in Staats-, Stadt- und Privatsammlungen befinden, sondern auch auf die zahlreichen Briefe, die Chopin selbst geschrieben hat, die an Chopin gerichtet sind oder die sonstige Personen über Chopin geschrieben haben, sowie auf die Literatur. Dazu kommen vor allem noch Kataloge von Ausstellungen und Sammlungen, von Musikverlagen und Antiquariaten und schließlich die besonders wertvollen Versteigerungskataloge; darüber hinaus die Beschreibungen einiger Sammlungen, Alben mit Dokumenten und Erinnerungen sowie einzelne Beschreibungen oder Erwähnungen von Handschriften in verschiedenen Publikationen.

Die Geschichte der Handschriften von Chopins Werken ist besonders verwickelt. Es gibt zwar eine Anzahl, deren Weg man vom Zeitpunkt ihrer Niederschrift durch den Komponisten oder einen Kopisten bis zum heutigen Tage verfolgen kann. Oft stößt man dabei jedoch auf große Schwierigkeiten. Dafür gibt es mancherlei Gründe:

1. die Verschiedenartigkeit der Handschriften, die man in Autographe, Halbautographe, autorisierte Kopien bekannter und unbekannter Kopisten und posthume, aus dem 19. und 20. Jahrhundert stammende Kopien bekannter und unbekannter Kopisten einteilen kann;

2. den Umstand, daß Chopin sein Leben zum Teil in Polen, zum Teil im Ausland verbrachte, was eine weite Streuung der Überlieferung bedeutete;

3. die Reihe der geschichtlichen Umstürze, die – besonders in Polen – die Spuren verwischt und viele Handschriften vernichtet, verstreut oder verdorben haben.

Wenn man die Geschichte dieser Handschriften grob skizziert, ergibt sich folgende Gliederung:

I. Die Geschichte der Handschriften in Polen

   1. während der Zeit, als Chopin selbst noch in Polen lebte, also bis zum Jahre 1830;
   2. während der Zeit, als Chopin im Ausland lebte, d.h. von 1830 bis 1849;
   3. nach Chopins Tod.

II. Die Geschichte der Handschriften im Ausland

   1. während der Zeit, als Chopin im Ausland lebte;
   2. nach Chopins Tod.

Chopin hat wohl den größeren Teil der Handschriften seiner in Polen entstandenen Werke mit sich genommen, als er im November 1830 ins Ausland reiste. Ein Teil ist jedoch bei seiner Familie verblieben, einen anderen Teil haben Freunde und Bekannte aufbewahrt. Aber schon in dieser frühen Zeit sind Handschriften auch in die Hände von Personen gelangt, die nicht in Polen lebten, so zwei Polonaisen für die Zarin Maria Teodorowna, der diese Kompositionen 1818 von Chopin überreicht wurden.

Nachdem Chopin seine Heimat verlassen hatte, schickte er manchmal Kompositionen an seine Familie, vor allem an seine Schwester Ludwika, so z.B. das Nocturne cis-moll *Lento con gran espressione* (siehe IVa/16), eine *Polonaise* und einen *Mazur* (siehe Vc/3, 4) anläßlich ihrer Vermählung mit Józef Kalasanty Jędrzejewicz im Jahre 1832, das Lied *Wojak* (= *Der Krieger,* op. 74 Nr. 10) oder *Śliczny Chłopiec* (= *Der schöne Knabe,* op. 74 Nr. 8).

Im Ausland entstandene Handschriften sind aber nicht nur auf dem Weg über seine Familie nach Polen gekommen. Auch Freunde haben Autographe dorthin gebracht. Maria Wodzińska z.B. gehörten der Walzer *pour Mlle Marie* As-dur op. 69 Nr. 1, die Etüden As-dur und f-moll op. 25 Nr. 1 und Nr. 2 sowie andere Handschriften.

Nach dem Tode des Komponisten ist der größte Teil der Autographe, die in seinem Besitz waren, an seine Familie in Polen gegangen. Der Aufteilung der übrigen Papiere und Andenken an Chopin nahm sich seine damals in Paris wohnende Schwester, Ludwika Jędrzejewicz, an. Einige Handschriften bekamen Chopins Freunde. Sie wurden zuerst privat aufbewahrt und gingen dann nach und nach über in Sammlungen wie die Czartoryski- und die Jagellonen-Bibliothek in Krakau, die Bibliothek der Abteilung Frédéric Chopin der Warschauer Gesellschaft für Musik oder schließlich in das 1934 gegründete Frédéric-Chopin-Institut – heute Frédéric-Chopin-Gesellschaft – in Warschau.

VIII

Vier Jahre nach Chopin, 1853, starb sein Schwager, Józef Kalasanty Jędrzejewicz, 1855 Ludwika Jędrzejewicz geb. Chopin, 1861 Justyna Chopin, seine Mutter. Als Erben verblieben nur Izabela und Antoni Barciński und die Kinder aus der Familie Jędrzejewicz.

Das Jahr 1863 ist in der Reihe der historisch-politischen Umstürze der Anfang eines Vernichtungsprozesses von Handschriften und Erinnerungen an Chopin, der sich später mit dem Ersten und dem Zweiten Weltkrieg fortsetzte und in dem Warschauer Aufstand von 1944 seinen Höhepunkt fand. Die Familie wohnte 1863 im Zamoyski-Palais und verwahrte dort unter anderem Kisten aus Paris mit Handschriften Chopins, die bis dahin noch nicht katalogisiert waren. Diese Kisten und andere Andenken wurden vernichtet, als das Zamoyski-Palais in den Wirren dieser Zeit niedergebrannt wurde. Über diese verbrannten Autographe hat Chopins Neffe, Antoni Jędrzejewicz, in einem Gespräch mit Ferdynand Hoesick berichtet, das dieser in seinem Werk, *Słowacki i Chopin, Z zagadnień twórczości* (Hoesick₈₁ S. 255) veröffentlichte:

Ich erinnere mich, daß unter den Kisten auch zwei oder drei mit Manuskripten ... waren, die Chopin selbst nicht mehr durchgesehen und ohne Korrekturen, teilweise nur erst skizziert, hinterlassen hatte und die sich nach seiner Meinung nicht für eine Herausgabe eigneten. Alles das, nach dem Tod meiner Mutter bei den Barciński gesammelt ... wurde im Jahre 1863 ein Raub der Flammen ....

Nach dem Tod der Barciński – Antoni starb 1878, Izabela 1881, sie waren ohne Kinder – nahm die Familie Jędrzejewicz die übriggebliebenen Handschriften Chopins in Verwahrung. Zu dieser Familie gehörten Chopins Nichte, Ludwika Ciechomska geb. Jędrzejewicz, und sein Neffe, Antoni Jędrzejewicz. In den folgenden Jahren blieben die Chopin-Dokumente vorwiegend bei der Familie Ciechomski, und hier müssen genannt werden Maria, Laura, Leon und jene Ludwika Ciechomska aus der folgenden Generation, eine Urenkelin der Schwester Chopins. Nach und nach gingen die in der Familie verwahrten Handschriften dann über in das Eigentum des Frédéric-Chopin-Instituts – heute Frédéric-Chopin-Gesellschaft – in Warschau.

Handschriften Chopins befanden sich aber nicht nur bei seiner Familie, sondern auch in Privatsammlungen wie denen von Aleksander Poliński, Leopold Binental oder Tadeusz Zeleński-Boy. Es war das Schicksal dieser bedeutenden Sammlungen, wie das vieler anderer, daß während der letzten Kriege ein Teil von ihnen verbrannt, ein anderer Teil verlorengegangen ist.

Was die Geschichte der Handschriften im Ausland angeht, so dürfte feststehen, daß zu Lebzeiten Chopins die Mehrzahl der Autographe natürlich Eigentum des Komponisten war. Ein Teil befand sich aber im Besitz der Verleger. Diese erhielten Autographe und Kopien, die oft mit Nachträgen des Komponisten versehen, also autorisiert waren. Darüber hinaus befanden sich in den Verlagsarchiven auch Korrekturabzüge, die gelegentlich in der Korrespondenz erwähnt werden. So sind z.B. Korrekturfahnen zu der Etüde a-moll op. 10 Nr. 2

für die Ausgabe Maurice Schlesinger erhalten, die sich heute in den Sammlungen der Bibliothek der Oper von Paris befinden.

Da eine Archivdokumentation der Pariser und Londoner Verleger der Werke Chopins nicht vorliegt, stellt sich die Frage, ob diese Archive nicht gewissenhaft genug geführt worden sind, so daß das Material im Laufe der Zeit in alle Winde zerstreut wurde, oder ob das Material dieser Archive an heute unbekannten Orten lagert und nur darauf wartet, wieder aufgefunden zu werden. Bekannt ist jedenfalls nur die Geschichte jener Handschriften, die der Komponist an den deutschen Verlag Breitkopf & Härtel nach Leipzig schickte, der sie in einem von ihm 1925 herausgegebenen Katalog aufführte (siehe auch Teil II des Vorworts, S. XII ff.).

Schon in der Zeit von 1830 bis 1849 wurden viele Handschriften Eigentum von Personen – meistens Frauen –, denen sie aus Gründen echter Zuneigung, aus Freundschaft oder auch aus Höflichkeit zugeeignet wurden. Manchmal wurde ein Werk mehreren Personen zugeeignet, so der Walzer f-moll op. 70 Nr. 2.

Durch die verschiedenen Zueignungen sind die Namen vieler Personen – nach und nach auch die ihrer Erben – in die Geschichte der Handschriften von Chopins Werken eingegangen. Ein Teil der Handschriften blieb Eigentum der Schüler, ein anderer Teil Eigentum der Kopisten, wovon zumindest die erhalten gebliebene Korrespondenz zeugt.

Nicht uninteressant ist die Tatsache, daß mit einer Handschrift, nämlich dem Autograph der Variationen B-dur op. 2 für Klavier und Orchester (Klavierauszug), schon zu Lebzeiten Chopins in der damaligen Königlich-Kaiserlichen Hofbibliothek in Wien der Grundstock zu einer öffentlichen Handschriften-Sammlung gelegt wurde. Chopin selbst berichtete darüber in einem Brief an seine Familie vom 14. Mai 1831 aus Wien.

Nach dem Tode des Komponisten ging ein Teil der im Ausland befindlichen Handschriften, sofern sie nicht dem sich fortsetzenden Schicksal der Zerstörung anheimfielen, ähnlich wie in Polen in den Bestand privater Sammlungen über. Einige davon wurden später testamentarisch öffentlichen Sammlungen vermacht. So sind etwa die Chopin-Handschriften, die Johannes Brahms gehörten, in die Sammlungen der Gesellschaft der Musikfreunde in Wien gekommen, die Sammlung von Charles Malherbe wurde von der Bibliothek des Conservatoire de Paris übernommen, die Handschriften, die Heineman gehörten, in die Heineman-Foundation von New York eingebracht. Manche Sammlungen wurden aufgelöst, so die Sammlung von Wilhelm Heyer, die in das Musikhistorische Museum in Köln überging, aber dreizehn Jahre nach Heyers Tod auf mehreren Auktionen versteigert wurde, unter anderem bei Liepmannssohn in Berlin, wo die British Library das Autograph der beiden Polonaisen op. 40 erwarb, die noch heute ihr Eigentum sind. Die Geschichte der übrigen Handschriften Chopins aus Heyers Museum ist zu einem Teil bekannt, zu einem anderen Teil bricht sie zu der Zeit ab, in der das Museum aufgelöst wurde.

Ein neues Kapitel in der Geschichte der Handschriften begann, als die Antiquare in Erscheinung traten und sich zu echter Sammlerleidenschaft auch finan-

X

zielle Überlegungen gesellten. So kann z. B. das wenig bekannte Autograph der Polonaise f-moll op. 71 Nr. 3 von der Chopin-Gesellschaft in Warschau über drei Antiquare zurückverfolgt werden. Dann aber verliert sich seine Spur im Dunkel der Zeit.

Was die staatlichen Sammlungen angeht, so wurden alle Chopin betreffenden Bestände des Nationalmuseums von Warschau 1958 dem Chopin-Museum der Frédéric-Chopin-Gesellschaft in Warschau übergeben. Professor Lorentz schreibt in seiner Einleitung zu dem Katalog *Chopiniana ofiarowane przez Muzeum Narodowe w Warszawie Towarzystwu im. Fryderyka Chopina (= Die vom Nationalmuseum Warschau der Chopin-Gesellschaft übergebenen Chopiniana)*, Warschau 1958:

Das Nationalmuseum von Warschau sammelt seit vielen Jahrzehnten Kunstwerke und historische Andenken, die mit unserer kulturellen Vergangenheit zusammenhängen, ... aber wir wissen auch, daß es notwendig und aus gesellschaftlichen Rücksichten unumgänglich ist, entsprechende Abteilungen dieses Museums solchen Instituten zu übergeben, die ursprünglich für das Sammeln historischer Denkmäler und Andenken eingerichtet worden sind und sich besonderen Aufgaben oder einzelnen hervorragenden Künstlern widmen. Darum schätzen sich die Vertreter des Nationalmuseums von Warschau glücklich, die in seinen Sammlungen befindlichen Chopin-Stücke der Frédéric-Chopin-Gesellschaft anbieten zu können, die als Institution die Aufgabe hat, Andenken an diesen großen polnischen Künstler zu sammeln, deren Bedeutung in diesem Bereich nicht nur für ganz Polen, sondern für die ganze Welt unbestritten ist.

Die Angaben in unserem Katalog stützen sich auf neueste Erkenntnisse, die aus dem heute zugänglichen Material gewonnen werden konnten. Es besteht natürlich die Möglichkeit, daß im Laufe der Zeit verloren geglaubtes Material wieder auftaucht und damit heute gemachte Angaben vielleicht präzisiert, erweitert oder gar auch richtiggestellt werden können. Gerade in letzter Zeit hat es nicht selten Nachrichten über Chopin-Autographe gegeben, deren Vorhandensein bis dahin gänzlich unbekannt war.

Die deutsche Fassung dieses Katalogs unterscheidet sich in einigen wesentlichen Punkten von der polnischen Ausgabe, die als reines Handschriftenverzeichnis angelegt ist, während in die deutsche Ausgabe auch die Erstausgaben aufgenommen worden sind und das Ganze einem thematischen Verzeichnis nahekommt. Der in zwei Bänden beim Polnischen Musikverlag in Krakau erschienene polnische Katalog ist daher vor allem bei der Beschreibung der Handschriften weit ausführlicher als die deutsche Fassung. Alle Handschriften sind dort durchlaufend mit Positionsnummern versehen (1412 Positionen), die in der vorliegenden Fassung im Titel jedes einzelnen Werkes wiedergegeben (KK 1, 2 usw. = Katalog Kobylańska Pos. 1, 2) sind. Diese Einzelpositionen sind auch in der anders angelegten deutschen Fassung durchweg beibehalten; lediglich die Beschreibung von Sammelquellen wurde aus dem Hauptteil des

XI

Katalogs herausgezogen und in den Teil II dieses Vorwortes verlegt. Verzichtet wurde dagegen auf die Positionen eines im polnischen Katalog mit „Nicht identifizierte Werke" bezeichneten Kapitels, in dem nur aus Briefen Chopins und seines Familien- und Freundeskreises bekannte Werke oder Handschriften von Werken (teilweise ohne Titel- oder Gattungsbezeichnung) erwähnt werden. Zum größten Teil dürfte es sich dabei um bereits an anderen Orten beschriebene Werke handeln. Ebenfalls verzichtet wurde auf die Angabe von Irrtümern und Ungenauigkeiten bei einzelnen in den ohnehin recht umfangreichen Literaturhinweisen angeführten Autoren sowie auf die im polnischen Katalog enthaltenen 240 Faksimilereproduktionen. Die polnische Fassung enthält dagegen keine Incipits zu den einzelnen Werken. Ein Anhangkapitel des polnischen Katalogs mit dem Titel „Varianten und Transkriptionen von Chopins Werken. 1830–1849" wurde, da es ohnehin keinen Anspruch auf Vollständigkeit erhebt. in Teil II dieses Vorworts eingearbeitet.

II

Wie bereits gesagt, sind im folgenden die bedeutendsten Sammelquellen der Werke Chopins erwähnt. Zunächst sei jedoch kurz auf die wohl wichtigste Quellensammlung, die der Nationalbibliothek Warschau, und ihre Geschichte eingegangen.

Der Verlag Breitkopf & Härtel, der ab etwa 1833 (op. 12) der Hauptverleger von Chopins Werken in Deutschland war, besaß eine umfangreiche Sammlung von Manuskripten des Komponisten. Er bot 1936 seine gesamte Chopinsammlung (49 Manuskripte, 13 an Chopin gerichtete Briefe und 3 Daguerrotypen aus Chopins letzten Lebensjahren) dem polnischen Staat an. Das damalige Chopin-Institut, heute Chopin-Gesellschaft, in Warschau konnte in der ersten Hälfte des Jahres 1937 den Ankauf dieser Sammlung veranlassen, die am 31. Januar 1938 der Musikabteilung der Nationalbibliothek Warschau übergeben, nach Ausbruch des Zweiten Weltkrieges jedoch wieder ausgelagert wurde (September 1939: Bukarest; 1940: Marseille – Paris – Schottland – Kanada; bis März 1945 im Record-Building-Archiv in Ottawa, dann in der Bank of Montreal in Ottawa). Am 24. Februar 1959 konnte sie wieder in die Musik- und Handschriftenabteilung der Nationalbibliothek Warschau eingereiht werden. Die Sammlung enthält Handschriften zu folgenden Werken Chopins (Autographe sind mit A, Abschriften mit AB bezeichnet):

Op. 21 (A und AB)
Op. 24 Nr. 1–4 (A)
Op. 25 Nr. 1 und 8 (A), Nr. 2–7 und 9–12 (AB)
Op. 27 Nr. 2 (A)
Op. 30 Nr. 1–4 (AB)
Op. 31 (AB)
Op. 33 Nr. 1–4 (A)

Op. 35 (AB)
Op. 37 Nr. 1 und 2 (AB)
Op. 39 (AB)
Op. 40 Nr. 1 und 2 (AB)
Op. 41 Nr. 1–4 (AB)
Op. 46 (A)
Op. 49 (A)
Op. 55 Nr. 1 und 2 (A)
Op. 56 Nr. 1–3 (A)
Op. 57 (AB)
Op. 58 (A)
Op. 61 (A)
Op. 62 Nr. 1 und 2 (A)

Ein Brief Breitkopf & Härtels an Chopins Schwester Izabela Barcińska vom
1. Februar 1878 enthält eine Liste sämtlicher Handschriften zu Werken Chopins, die zur damaligen Zeit Eigentum des Verlags waren. Danach befanden
sich auch Handschriften zu den Balladen op. 23 (siehe S. 46) und 38 (siehe
S. 92), zur Polonaise op. 53 (siehe S. 116) und zur Barcarolle op. 60 (siehe
S. 130) im Besitz Breitkopf & Härtels. Da der erhalten gebliebene Teil der
Sammlung sowohl Autographe als auch Abschriften enthielt (s. o.), ist nicht
mehr mit Sicherheit festzustellen, ob es sich bei den oben erwähnten, in der
ehemaligen Sammlung von Breitkopf & Härtel jetzt aber nicht mehr enthaltenen Werken um Autographe oder Kopien gehandelt hat.

Zwei wichtige Sammelquellen mit Autographen Chopins sind verloren
gegangen:

1. Ein Heft mit Jugendwerken Chopins aus der Zeit um 1824. Leider kennen
   wir heute nur eine recht pauschale Beschreibung dieses Heftes. In Kapitel V f des Hauptteils wird näher darauf eingegangen.

2. Das Stammbuch von Emilia Elsner (verh. Nidecki), der Tochter von
   Chopins Lehrer Józef Elsner. Ferdynand Hoesick verdanken wir eine
   hier in Auszügen in deutscher Übersetzung wiedergegebene Beschreibung dieses Albums:

   Dieses Stammbuch aus dem Jahre 1830 – die Jahreszahl ist in goldenen
   Ziffern auf dem roten Einband eingeprägt – besteht aus weit über hundert
   Notenblättern, die von der ersten bis zur letzten Seite beschrieben sind.
   Es ist als eine einzigartige Handschriftensammlung polnischer Musiker
   für den Liebhaber von ziemlich großem Wert. / ... / Es liegt jetzt vor meinen
   Augen auf dem Schreibtsich. Es enthält siebzehn Werke Chopins, die dieser
   eigenhändig eingetragen hat. Es handelt sich um Lieder zu Worten von
   Mickiewicz und Witwicki, um ein paar Walzer, um Mazurs usw.

XIII

Die Lieder aus Opus 74 waren in folgender Anordnung notiert: Nr. 5, 6, 4, 7, 1 und 10, wobei zwischen Nr. 4 und 7 noch das Lied Czary (IVa/11) einge-fügt war. Außerdem enthielt das Album die 3 Walzer op. 70 Nr. 3, IVa/13 und IVa/14, die 5 Mazurken (in dieser Reihenfolge) op. 68 Nr. 2, op. 6 Nr. 3, op. 68 Nr. 3 und 1 sowie op. 7 Nr. 2 (Erstfassung) und die beiden Ecossaisen op. 72 Nr. 2 und 3. Soweit Hoesick eine nähere Beschreibung der einzelnen Hand-schriften gibt, ist dies bei der Erwähnung dieser Autographe im Hauptteil des Kataloges angeführt. – Emilia Elsner vererbte das Album ihrer Tochter Lud-wika Skokowska in Warschau. Die letzte Nachricht stammt von F. Hoesick 1932. Sydow gibt 1949 an, das Album sei verbrannt, erwähnt jedoch keine näheren Umstände (Literatur: Hoesick$_1$, Hoesick$_{6I}$, Hoesick$_{7I}$, Hoesick$_{9I}$ und Sydow$_1$).

Neben den Autographen stellen natürlich vor allem die von Chopin korri-gierten Abschriften aus seiner engeren Umgebung wichtige Quellen dar. Zahl-reiche dieser meist für einen der jeweils drei Verleger angefertigten Kopien von Fontana, Franchomme, Gutmann u. a. sind erhalten geblieben, viele dieser Abschriften jedoch verloren gegangen. Soweit sie in der Korrespondenz zwi-schen Chopin und seinen Freunden Erwähnung finden, sind sie bei den einzel-nen Werken gesondert angeführt. Andere, wie z. B. die meisten der von Karol Mikuli und Thomas Tellefsen angefertigten Manuskripte (Mikuli erwähnt sie im Vorwort zu seiner Chopin-Ausgabe bei Kistner, 1879) müssen heute als verloren gelten.

Eine dritte wichtige Quellenschicht bilden die korrigierten Druckexemplare: Chopins Schwester Ludwika Jędrzejewicz besaß drei in Halbleder gebundene Bände (mit der Initiale C), in denen Exemplare der französischen Erstausgaben zusammengebunden waren. Die drei Bände enthalten im einzelnen:

Band   I: 144 Blätter
            Opus 1–3, 6–11, 25

Band   II: 173 Blätter
            Opus 12–18, 21–24, 26 und 27, 29 und 30, 32–34

Band   III: 147 Blätter
            Opus 28, 38–52, 54 (43 = Fehldruck).

Nicht alle handschriftlichen Eintragungen in diesen Exemplaren stammen von Chopin; einige sind sicher von fremder Hand, andere müssen erst noch einer genauen graphologischen Untersuchung unterzogen werden. – Die Bände waren wohl ursprünglich Chopins „Handexemplare" und gehörten später zu-nächst seiner Schwester Ludwika (Blatt 2r des 1. Bandes enthält die Unter-schrift *Louise Jędrzejewicz)*, danach deren Tochter Ludwika Ciechomska. Ihre Enkelin, ebenfalls Ludwika Chiechomska, verkaufte die drei Bände 1936 der Chopin-Gesellschaft, die sie heute in ihrem Museum aufbewahrt (laufende Inventar-Nummern: M/174–176).

XIV

Auch einige Schülerinnen und Schüler Chopins sammelten die Drucke der Werke ihres Lehrers (meist Exemplare der französischen Ausgaben); sie dienten als Unterrichtsexemplare und enthalten mehr oder weniger zahlreiche Eintragungen Chopins. Leider sind nur noch vier dieser Sammelbandreihen vollständig erhalten. Die eine gehörte Jane Wilhelmina Stirling. Sie umfaßt sieben Bände. Ihrer Bitte entsprechend trug Chopin in diese Druckexemplare Anmerkungen, Korrekturen, Fingersätze, Varianten und Widmungen ein. Die sieben Bände enthalten im einzelnen:

Band   I: Opus 1–10
Band   II: Opus 11–18
Band   III: Opus 19–26
Band   IV: Opus 27–36
Band   V: Opus 37–49
Band   VI: Opus 50–62
Band   VII: Opus 63–73.

Den einzelnen Bänden wurden handschriftliche Inhaltsverzeichnisse mit Incipits vorangestellt. Die Verzeichnisse für die Bände I, II und VII fertigte Auguste Franchomme an, die für die Bände III–VI Sigismund Neukomm. Band VII enthält außerdem am Ende noch ein Gesamtverzeichnis sämtlicher in den sieben Bänden enthaltenen Werke Chopins, ebenfalls mit Incipits (VII/2). Dieses Gesamtverzeichnis wurde in der Hauptsache von A. Franchomme angefertigt; einige Incipits hat Chopin selbst geschrieben und signiert (siehe op. 1, 37 Nr. 1 und 2, 38, 48 Nr. 1 und 2, 49, 50 Nr. 1–3, 55 Nr. 1 und 2, 57, 58). Diese Incipits haben freilich keinen besonderen Quellenwert, sie werden im Hauptteil des Katalogs jeweils unter „Handschriftliche Verzeichnisse" angeführt. Die Sammelbände Stirling blieben bis 1927 im Besitz der Erben von J. W. Stirling, deren Nichte Anne D. Houstoun sie dann Edouard Ganche übergab. Ganche legte sie als Hauptquelle seiner 1932 bei Oxford University Press, London, erschienenen Ausgabe der Werke Chopins zugrunde. Noch vor 1939 ließ er seine ganze Chopin-Sammlung durch den Wiener Antiquar Heinrich Hinterberger zum Verkauf anbieten, der aber wahrscheinlich wegen des Kriegsausbruchs nicht mehr zustande kam. Nach Ganche's Tod, 1945, blieben die sieben Bände Eigentum seiner Witwe Marthe E. Ganche in Lyon († 1971).

Die dritte erhaltene Sammelbandreihe stammt aus dem Besitz von Chopins Schülerin Camille O'Méara, verh. Dubois. Es sind drei Bände, in die Chopin seine Anmerkungen (hauptsächlich zu Fingersatz, Dynamik und Pedalisierung) mit Bleistift eingetragen hat. Zahlreiche Anmerkungen sind heute aber völlig verblaßt und kaum mehr lesbar. Die drei Bände enthalten im einzelnen:

Band   I (150 Blätter): Etüden op. 10, 25; Préludes op. 28; Klavierkonzerte
op. 11, 21; Sonaten op. 35, 58

Band II (161 Blätter): Nocturnes op. 9, 15, 27, 32, 37, 48, 55, 62; Berceuse
op. 57; Balladen op. 23, 38, 47; Scherzi op. 20, 31, 54; Polonaisen
op. 22, 26, 40, 44, 61

Band III (184 Blätter): Impromptus op. 29, 36, 51; Walzer op. 18, 34, 42, 64;
      Mazurken op. 6, 7, 17, 24, 30, 33, 41, 50, 56, 59, 63; Tarantella
      op. 43; Bolero op. 19, Barcarolle op. 60; Krakowiak op. 14 (dazu
      op. 59, spätere Ausgabe ohne Eintragungen Chopins)

Camille O'Méara hinterließ die drei Bände dem Pianisten Louis Diémer mit
der Auflage, sie der Bibliothèque du Conservatoire de Paris zu vermachen.
1919 erfolgte die Übergabe an das Conservatoire de Paris, wo sie mit der Sign.
Rés. F. 980 (I–III) versehen wurden. Seit 1964 befinden sie sich in der Bibliothèque Nationale Paris, Département de la Musique.

Ein vierter Sammelband wurde erst kürzlich in der Houghton Library der
Harvard University von Ferdynand J. Gajewski entdeckt und stammt aus dem
Nachlaß der Prinzessin Maria Nikołajewna Czerkaskaja, verh. Szczerbatow,
die in Paris einige Jahre lang Schülerin Chopins war. Der Band enthält folgende
Werke (in dieser Reihenfolge):

Préludes op. 28, Impromptu op. 36, Sonate op. 35, Nocturnes op. 55 Nr. 1
und op. 48 Nr. 1, Polonaise op. 53, Ballade op. 47, Walzer op. 42 und Mazurka op. 6 Nr. 1; dazu noch einige „Salonstücke" anderer Komponisten.

Der Band wurde 1933 von John B. Stetson, Philadelphia, der Houghton
Library übergeben und erhielt dort die Signatur fMus. C 4555. B 846 c (Literatur: F. J. Gajewski).

Im Hauptteil dieses Katalogs werden diese Sammelbände nur dann erwähnt,
wenn die Exemplare des jeweiligen Werks tatsächlich leserliche (s. o. Bände
von C. O'Méara) Eintragungen Chopins enthalten.

Einige weitere, heute aber nicht mehr nachweisbare Sammelbände solcher
Druckausgaben mit Eintragungen Chopins seien noch erwähnt. Nach Niecks$_{2\,II}$
(S. 275) besaß R. von Heygendorf, geb. von Könneritz, drei Bände mit Kompositionen Chopins, die Korrekturen, Hinzufügungen und Ausdrucksbezeich-
nungen von seiner Hand enthielten.

Nach K. Mikulis Vorwort zu seiner bei Kistner erschienenen Ausgabe der
Werke Chopins hatten ihm folgende ehemalige Schülerinnen Chopins korrigierte Druckexemplare als Vorlagen für seine Textrevision zur Verfügung ge-
stellt: Marcelina Czartoryska, Delfina Potocka, Friederike Streicher (geb.
Müller) und Frau Rubio; außerdem noch Ferdinand Hiller. Auch Mikuli selbst
besaß Exemplare hauptsächlich der französischen Ausgaben mit Korrektureintragungen Chopins, ebenso Zofia Rosengardt, die auch Schülerin Chopins
war.

Enthielten z. B. die Exemplare von Delfina Potocka nach Mikulis Angaben
zahlreiche einschneidende Korrekturen, so hatte Chopin in die Unterrichtsexemplare eines anderen Schülers, des Barons von Stockhausen, nach den Angaben seiner Tochter Elisabeth von Herzogenberg nur *„ein paar Strichelchen"*
und *„bloße Korrekturen von groben Stichfehlern"* eingetragen, die *„nicht den
Wert nachträglicher Varianten"* hatten (Briefe an Joh. Brahms vom 15. No-

XVI

vember und 3. Dezember 1877). Die Bedeutung dieser verschiedenen Sammelbände ist also durchaus verschieden. Heute sind sie alle verschollen. Nur in wenigen Ausnahmefällen ist gelegentlich einmal das Exemplar eines einzelnen Werks erhalten geblieben oder findet in der Literatur besondere Erwähnung. In einem solchen Fall wird es dann jeweils beim betreffenden Opus gesondert angeführt.

Eine Quelle ganz besonderer Art, die vor allem für die Chronologie der posthum veröffentlichten Werke Chopins sowie für die Identifizierung einer ganzen Reihe verlorengegangener Werke von Bedeutung ist, bildet ein von Chopins Schwester Ludwika, verh. Jędrzejewicz, handschriftlich angefertigtes Verzeichnis mit dem Titel *Kompozycyje niewydane* (= *Unveröffentlichte Kompositionen*). Ludwika Jędrzejewicz fertigte dieses 4 Seiten umfassende Verzeichnis wohl für Julian Fontana an, der nach Chopins Tod noch einige seiner Werke posthum veröffentlichte (op. 66–74, siehe Hauptteil, Kapitel III). Das Verzeichnis enthält die Incipits von 23 posthum erschienenen und von 10 verlorengegangenen Werken (siehe Hauptteil, Kapitel Vb); wohl versehentlich sind auch die Incipits zweier zu Lebzeiten Chopins erschienener Werke (op. 5 und op. 7 Nr. 4a) notiert. Die einzelnen thematischen Anfänge sind mit durchlaufenden Nummern (für jede Seite gesondert), Titeln, fast immer mit Anmerkungen zur Entstehungszeit und manchmal auch mit sonstigen Hinweisen versehen. Im Hauptteil des Katalogs sind die einzelnen Positionen jeweils unter „Handschriftliche Verzeichnisse" angeführt. – Die Handschrift ging nach Ludwikas Tod in den Besitz ihrer Kinder, wahrscheinlich der Tochter Ludwika Ciechomska über, später in das Eigentum der Familie Ciechomski. Leon Ciechomski übergab sie nach 1945 Jerzy Kniołek, der sie 1958 an die Chopin-Gesellschaft Warschau verkaufte. Durch das Auftauchen der Handschrift konnten zahlreiche bis dahin für Autographe Chopins gehaltene Manuskripte als Abschriften von Ludwika Jędrzejewicz identifiziert werden. Heute befindet sich das sog. Jędrzejewicz-Verzeichnis im Museum der Chopin-Gesellschaft Warschau, Inv.-Nr. M/301; PhA: F. 1752.

Ein weites bisher noch wenig erschlossenes Gebiet der Chopin-Forschung bilden die Transkriptionen Chopin'scher Originalkompositionen. Die polnische Fassung dieses Katalogs enthält im Anhang ein Kapitel mit zu Lebzeiten Chopins entstandenen Bearbeitungen seiner Werke. Nur einige seien hier in gedrängter Form erwähnt.

Chopin stand Übertragungen seiner Werke durchaus wohlwollend gegenüber. So schrieb er am 8./9. Juni 1847 an seine Familie, Franchomme habe seine Sonate mit dem Trauermarsch (op. 35) für Orchester bearbeitet und ihm tagszuvor ein Nocturne gebracht, das er dem Gedicht *O Salutaris* angepaßt habe und das sich gut singen lasse. Man darf annehmen, daß Chopin auch mit Franchommes Transkription der beiden Nocturnes op. 55 in f-moll und Es-dur für Violoncello und Klavier mehr oder weniger einverstanden war. Diese Bearbeitung erschien Anfang 1846 bei Schlesinger-Brandus unter dem Titel

Deux / Nocturnes / de Chopin / Dédiés à Mad^lle Sterling (sic!) / *Arrangés / Pour le Violoncelle / avec Acct / de Piano / Par / Aug. Franchomme / ... / Op. 55.*
Die Titelseite enthielt auch einen Hinweis auf eine Parallelausgabe bei Breitkopf & Härtel. Franchomme's 6 Seiten umfassendes Manuskript der Cellostimme zum ersten der beiden Stücke befindet sich heute in der Bibliothèque Nationale Paris, Département de la Musique Sign. Ms. 10495.

Von dem Trauermarsch aus der Sonate op. 35 gibt es noch eine zweite Orchesterbearbeitung. Sie stammt von Henri Reber; auch seine Handschrift, Partitur und Orchesterstimmen umfassend, wird heute in der Bibliothèque Nationale Paris unter der Signatur Ms. 10471/72 aufbewahrt.

Die Sängerin Pauline Viardot arbeitete 15 Mazurken Chopins zu Liedern um, 10 für eine Singstimme, 5 für Sopran und Mezzosopran mit Klavierbegleitung. Schon zu Lebzeiten Chopins standen diese Vokaltranskriptionen häufig auf dem Konzertprogramm der Künstlerin. So schrieb Chopin am 1. Juni 1848 an einen unbekannten Empfänger: *... J'ai revu aussi Mme Viardot bien charmante ici. Elle a eu la gracieuseté de chanter mes Mazourkas au concert de son théâtre – sans que je le lui ai demandé.* – Nach Chopins Tod erschien in Paris und bei Gebethner & Wolff in Warschau eine Ausgabe mit 6 von Pauline Viardots Transkriptionen. Der Titel der Ausgabe von Gebethner & Wolff lautete: *6 Mazourkes / de Frédéric Chopin / arrangées pour la voix / par / Mme Pauline Viardot. / Paroles françaises de L. Pomey. / Traduction polonaise de J. Chęciński.* Der Band enthielt, in dieser Reihenfolge, Lieder nach den Mazurken op. 50 Nr. 2 (Titel: *Seize ans*), op. 33 Nr. 2 (*Aime moi*), op. 6 Nr. 1 (*Plainte d'amour*), op. 7 Nr. 1 (*Coquette*), op. 68 Nr. 2 (*L'oiselet*), op. 24 Nr. 1 (*Séparation*, Duett). Gebethner & Wolff haben diese Ausgabe später offensichtlich erweitert, denn ein Verlagskatalog von 1899 erwähnt weitere 9 Lieder (Nr. 7–15) nach Mazurken Chopins in der Reihenfolge op. 6 Nr. 4 (*La fête*), op 7 Nr. 3 (*Faible cœur*), op. 24 Nr. 2 (*La jeune fille*), op. 33 Nr. 3 (*Seconde Berceuse*), op. 50 Nr. 1 (*La danse*), op. 67 Nr. 1 (*La beauté*, Duett), op. 7 Nr. 3 (*L'inondation*, Duett), op. 17 Nr. 1 (*Beau rossignol*, Duett) und op. 59 Nr. 1 (*Les traineaux*, Duett). Der gleiche Verlag brachte auch noch andere Vokaltranskriptionen von Werken Chopins heraus. So enthielt z.B. eine Sammlung mit dem Titel *Zbiór najpiękniejszych melodii ułożonych do śpiewu* (= *Sammlung der schönsten Melodien für Gesang bearbeitet*) als Nr. 3 und 4 zwei Lieder nach den Mazurken op. 24 Nr. 1 und 3 von Józef Nowakowski (*To nie on* und *Zemsta dziewczyny* = *Das ist er nicht* und *Mädchens Rache*).

Viele Virtuosen der Zeit übertrugen Klavierkompositionen Chopins auf ihr Instrument, so etwa die Geiger Alexander Joseph Artôt (Marzurka op. 7 Nr. 1?) und Heinrich Wilhelm Ernst oder der Organist Louis Léfébure-Wély (op. 28 Nr. 4 und 6). Ihre Transkriptionen sind jedoch nur aus Konzertberichten oder Briefen von Chopins Familie oder Freunden bekannt; ob sie überhaupt jemals schriftlich fixiert worden sind, ist ungewiß.

III

Für die Benutzung des Katalogs seien noch einige Hinweise gegeben: Der Notentext und die Taktangaben bei den Incipits richten sich immer nach der letztgültigen Gestalt des jeweiligen Stückes und können daher gelegentlich von einzelnen Quellen abweichen. Hinweise auf Abbildungen erscheinen jeweils am Schluß der Beschreibung einer Handschrift, Literaturhinweise dagegen bei Werken mit mehreren Einzelnummern zusammengefaßt am Ende jeder Nummer, bei Einzelwerken erst nach den Erstausgaben. Da die Erstausgaben verhältnismäßig weit verbreitet sind, werden für sie keine Aufbewahrungsorte angegeben. Exemplare mit handschriftlichen Eintragungen Chopins werden ohnehin unter der Rubrik Korrigierte Druckexemplare (s. o.) gesondert erwähnt. Die Angaben zum Erscheinungsdatum der englischen Erstausgaben sind dem Brown-Index (Brown[9]) entnommen. Die von Chopin nicht autorisierten poetischen Untertitel der englischen Erstausgaben fanden keine Berücksichtigung, ebensowenig Nachdrucke anderer Verleger.

Es sei mir am Ende erlaubt, meinen herzlichen Dank all jenen zu sagen, die mir in Polen und im Ausland bei meiner Arbeit an der Geschichte der Handschriften von Chopins Werken geholfen, mir wertvolle Informationen gegeben und mir den Zugang zu den Quellen der Dokumentation ermöglicht haben:

Die Namen dieser Persönlichkeiten sind:

ALBERMAN Eva, London
BARON Herman, London
BARTOSZEWICZ Maximilian, Warschau †
BOGDANY Wanda, Warschau – *Nationalbiliothek, Musiksammlung*
BORKOWSKA Wanda, Paris – *Bibliothèque Polonaise*
BOULANGER Nadia, Paris
BRONARSKI Ludwik, Fribourg †
BURIN DES ROZIERS Etienne, Paris
CHALVET M., Paris – *Antiquariat Ronald DAVIS*
CHOWANIEC Czesław, Paris † – *Bibliothèque Polonaise*
CHYLIŃSKA Teresa, Krakau – *Polnischer Musikverlag*
CIECHOMSKA Ludwika, Warschau † – *Urenkelin von Chopins Schwester Ludwika Jędrzejewicz*
CORTOT Alfred, Lausanne †
COTTÉ André, Genf – *frühere Librairie Nicolas RAUCH*
COUTURIER Antoinette, Paris – *Verwandte von Auguste Franchomme*
DĄBROWSKA Krystyna, Warschau – *Verwandte der Familie Barciński*
DENNERY Etienne, Paris – *Biliothèque Nationale*

XIX

FAURE Yvonne, La Croix en Touraine – *Verwandte von Auguste Franchomme*
FÉDOROV Vladimir, M et Mme, Paris – *Département de la Musique de la Bibliothèque Nationale*
FERRA Anne Marie, Valldemosa (Mallorca)
GAJEWSKI Ferdinand, Cambridge (Mass. USA)
GAŁĘZOWSKA Irena, Paris † – *Bibliothèque Polonaise*
GANCHE Marthe Edouard, Lyon †
GOUIN Henry Mme, Abbaye de Royaumont
GRUMBACHER Rudolf, Basel
HÄRTTER Dorothee, Mainz – *B. Schott's Söhne, Archiv*
HEDLEY Arthur, London †
HENLE Günter, Duisburg † – *G. Henle Verlag*
HORDYŃSKI Władysław, Krakau † – *Jagellonenbibliothek, Musiksammlung*
IDZIKOWSKI Mieczysław, Warschau †
ILNICKA Jadwiga, Krakau – *Polnischer Musikverlag*
IWASZKIEWICZ Jarosław, Stawisko
KOSZEWSKI Andrzej, Posen
LEBEAU Elisabeth, Paris – *Département de la Musique de la Bibliothèque Nationale*
LESURE François, Paris – *Département de la Musique de la Bibliothèque Nationale*
LISSA Zofia, Warschau – *Musikwissenschaftliches Institut der Universität Warschau*
ŁUCZYŃSKA Zofia, Warschau
MᶜCANCE Nathalie, London – *Royal College of Music*
MAŁCUŻYŃSKI Witold, Montreux †
MYCIELSKI Zygmunt, Warschau
MYSZKOWSKI Franciszek, Warschau †
NOWAK Leopold, Wien – *Österr. Nationalbibliothek, Musiksammlung*
NYDAHL Rudolph, Stockholm †
PITTEURS Anne de, Paris – *Ministère des Affaires Étrangères; Direction Générale des Relations Culturelles, Scientifiques et Techniques*
POTKANOWICZ John, Schenectady (USA)
PROKOPOWICZ Maria, Warschau – *Nationalbiliothek, Musiksammlung*
QUETGLAS-TOUS Gabriel, Valldemosa (Mallorca)
RUBINSTEIN Artur, Paris
SANDNER Wolfgang, Mainz – *B. Schott's Söhne*
SIDORCZUK Eugenia, Warschau
SMEETS-DUDEVANT-SAND Christiane, Gargilesse
STUDZIŃSKI Franciszek, Paris †
SYKOWSKI Piotr, New York
TOMASZEWSKI Mieczysław, Krakau – *Polnischer Musikverlag*
WALLON Simone, Paris – *Département de la Musique de la Bibliothèque Nationale*
WĘGIERKO Jadwiga, Warschau †
ZAWADZKA Maria, Warschau

XX

ZIARSKI Tadeusz, Edinburgh †
ZIMMERMANN Ewald, Rheinberg-Orsoy

Besonderer Dank für erwiesene Hilfe gebührt dem *Centre National de la Recherche Scientifique à Paris,* der mir in den Jahren 1966/67 wissenschaftliche Untersuchungsarbeiten an den in Frankreich und auch anderswo befindlichen Chopin-Dokumenten ermöglicht hat, ohne die eine Herausgabe dieses Kataloges kaum hätte zustandekommen können.

KRYSTYNA KOBYLAŃSKA

ABKÜRZUNGEN

A	=	Autograph (Aa = Autograph a, Ab = Autograph b usw.)
AB	=	Abschrift
Abb.	=	Abbildung
BC	=	Bibliothèque du Conservatoire National de Musique, Paris (Französische Erstausgabe der Werke Chopins mit dem Datum der jeweiligen Hinterlegung in dieser Bibliothek)
Bd. (Bde.)	=	Band (Bände)
Bl.	=	Blatt
ChopGes	=	Chopin-Gesellschaft Warschau
EA	=	Erstausgabe
GA	=	Gesamtausgabe
hrsg.	=	herausgegeben
Hs(s).	=	Handschrift(en)
HV	=	Handschriftliches Verzeichnis
Jg.	=	Jahrgang
KD	=	Korrigiertes Druckexemplar
KK	=	Kobylańska: Frédéric Chopin. Thematisch-bibliographisches Werkverzeichnis (deutsche Fassung des polnischen Katalogs)
KKp	=	Kobylańska: Rękopisy Utworów Chopina (= Die Handschriften der Werke Chopins, polnische Fassung, Krakau 1977)
KW	=	Kurier Warszawski (Ankündigungen von Erstausgaben in dieser Zeitung)
Ms(s).	=	Manuskript(e)
ÖNB	=	Österreichische Nationalbibliothek Wien
o.J.	=	ohne Jahreszahl
PhA Ch	=	Photogrammarchiv der Chopin-Gesellschaft Warschau
PhA ÖNB	=	Photogrammarchiv der Österreichischen Nationalbibliothek (Widmung Anthony van Hoboken)
SK	=	Skizze
SMF	=	Stiftelsen Musikkulturens Främjande Stockholm (= Stiftung zur Förderung der Musikkultur; enthält seit dem Tode Rudolf Nydahls 1973 dessen Sammlung)
Smlg.	=	Sammlung
Vol.	=	Volume

I
ZU LEBZEITEN CHOPINS
ERSCHIENENE WERKE MIT OPUSZAHLEN

Opus 1
Rondo für Klavier
c-moll

Madame Bogumil Linde gewidmet

KKp 1–5

Entstehungszeit: 1825; Brown$_9$: Mai 1825.

Autograph: Unbekannt.

Korrigiertes Druckexemplar: Exemplar der polnischen Erstausgabe *Rondeau / composé pour le / Piano Forte / … / Par / Frederic Chopin / … / à Varsovie chez A. Brzezina* mit eigenhändigen (?, siehe Lit. Lissa) Eintragungen Chopins. – Das Exemplar gehörte Karol Mikuli, später seiner Schülerin Kornelia Parnas, die es dem Nationalmuseum (Jan III) von Lwów überlassen hat. – Heute im Historischen Museum Lwów, Inv.-Nr. 5/Chop.; PhA Ch: F. 1776. – **Abb.:** Lissa$_1$ Abb. 6, 7 (S. 4, 5).

Handschriftliche Verzeichnisse: Stirling I (Franchomme, s. S. XV) – Stirling VII/2 (Chopin, s. S. XV).

Erstausgaben:
(a) polnische: Warschau, A. Brzezina; DzW XII: 1825, KW: Juni 1825.
(b) deutsche: Berlin, A. M. Schlesinger (2019); 1835.
(c) französische: Paris, M. Schlesinger (M.S. 1986); DzW XII: wahrscheinlich 1836, vielleicht auch 1837, Brown$_9$: Januar 1836.
(d) englische: London, Chr. Wessel (1423); März 1836.

Literatur: Zu KD: Lissa$_1$ S. 230.

Bearbeitung: Die ChopGes besitzt eine Ausgabe des Werkes für vier Hände: *Rondeau / à quatre mains / pour le / Pianoforte / composé / par / Frédéric Chopin. / Œuv. 1. / … / à Leipzig, chez Fr. Hofmeister. / à Varsovie, chez G. Sennewald* (1834). Diese vierhändige Fassung weist gegenüber der zweihän-

3

digen zahlreiche gravierende Veränderungen auf. Die Frage, ob diese Version von Chopin stammt, konnte bisher noch nicht geklärt werden. – Heute in der Bibliothek der ChopGes, Inv.-Nr. 801; PhA Ch: F. 1374.

Literatur: Karasowski[2 II] S. 237, Zagiba[4] S. 75 ff., Brief L. Bronarskis an die ChopGes vom 28. Dezember 1952.

Opus 2
Variationen für Klavier und Orchester
B-dur
über „La ci darem la mano" aus der Oper „Don Giovanni"
von W. A. Mozart

Tytus Woyciechowski gewidmet
KKp 6–15

Entstehungszeit: 1827 (Jachimecki[8], Sydow[1], Hedley[6]; Brown[9]: Spätsommer 1827) · 1827–28 (Binental[6–7]) · 1828 (Niecks[21]).

Autographe:

(a) *Variations sur le Thème de Mozart.* Partiturskizze. 66 Seiten (23,5 × 31); auf der letzten Seite die Unterschrift Chopins und die Datumsangabe 1827. Die Hs. enthält auch Skizzen zum Krakowiak op. 14 (Aa, s. S. 32). – Früher Eigentum von W. Goniewska, dann von Konstanty Przewłocki, dann, nach einer 1969 von A. Hedley erhaltenen Mitteilung in einer Privatsammlung in London. – Heute in der Smlg. von R. O. Lehman, New York.

(b) Verschollen; s. Brief Chopins an Jan Matuszyński von 1827: ... / *Da jetzt scheußliches Wetter ist, würde ich gern die Klavierstimme ins Reine schreiben. Dazu brauche ich Dein Exemplar.* / ... (Guttry Nr. 21). – Möglicherweise identisch mit Aa.

(c) *„La ci darem la mano"* / *varié* / *pour le piano* = *forté* / *avec accompagnement d'orchestre* / *dedié* / *à Mr Titus Woyciechowski* / *par* / *Frédéric Chopin* / *Œuvre 2.* Klavierauszug. 12 zwölfzeilige Blätter (25,9 × 34,5); S. 1: Titel (s. o.), S. 2 leer, S. 3–5 (S. 3–23 von Chopin als 1–21 paginiert): *Introduzione* / *Largo (♩ = 63),* S. 6: *Thema (♩ = 58), simplice,* S. 7: *Var. I (♩ = 76), Brillante,* S. 8–9: *Var. II (♩ = 92), Veloce ma accuratamente,* S. 10–11: *Var. III (♩ = 63), sempre sostenuto,* S. 12–13: *Var. IV* (durchgestrichen) und *Tutti* (15 Takte), S. 14–21: *Var. V (♪ = 69), Adagio Esspressivo.*

4

Alla Polacca ($\downarrow$ = 96), S. 22–23: *Var. IV* ($\downarrow$ = 92), *Con bravura*, S. 24 leer. Die Hs. enthält Eintragungen von Tob. Haslinger und Tomasz Nidecki. – Chopin hat dieses Autograph wahrscheinlich Ende 1828 in Wien Tobias Haslinger übergeben, der es nach der Veröffentlichung 1830 der heutigen Nationalbibliothek in Wien überlassen hat. – In der ÖNB Wien, Musik-Sammlung, Cod. 16789; PhA Ch: F. 1428; PhA ONB Wien 313-P. – **Abb.:** PWM Variationen B (Gesamtfaksimile). – Titelblatt: Kobylańska[9] S. 136, Petzoldt-Crass Abb. 26, Zagiba[1] nach S. 128. – S. 6, Thema: Kobylańska[9] S. 136. – S. 7, Var. I: Kobylańska[9] S. 137, Hürlimann[1] S. IV. – S. 12, Var. IV (durchgestrichen): Zagiba[1] nach S. 128, – [3] nach S. 24. – S. 14, Var. V (Anfang): Kobylańska[9] S. 137.

(d) Fragment. Variation III. Klavier I Solo: T. 17–25, Klavier II: T. 26–33; zwölfzeiliges Einzelblatt (25,8 × 34,8) mit Echtheitsbestätigung durch Oskar Kolberg vom 5. Januar 1890. – Auf der Rückseite Fragment der Variation V, T. 1–14, *Var. V. Adagio* $\downarrow\!\flat$ = (keine Metronomangabe). – Früher im Besitz der Familie Ostaszewski. – Heute in den Sammlungen der Archives Pleyel, Paris; Variation V: PhA Ch: F. 1728. – **Abb.:** Var. V: Bory S. 56, Pleyel S. 10, Boucourechliev S. 47, Courrier Musical nach S. 18.

(e) Verschollen. In einem Brief vom 9. September 1828 an T. Woyciechowski (Guttry Nr. 22) schreibt Chopin, das Autograph zu den Variationen befinde sich in Leipzig. Das könnte bedeuten, daß ein Gesamtautograph vorhanden war, das ursprünglich einem anderen Verleger angeboten wurde.

Handschriftliche Verzeichnisse: Stirling I (Franchomme, s. S. XV) – Stirling VII/2 (Chopin und Franchomme, s. S. XV).

Erstausgaben:
(a) deutsche: Wien, T. Haslinger (5489); 1830.
(b) französische: Paris, M. Schlesinger (M.S. 1312); BC: Juni 1833.
(c) englische: London, Chr. Wessel (820); Frühjahr 1833.

Briefe: An Jan Matuszyński: 1827/28 (s.o.). – An seine Familie: 8., 12. und 22. August 1829, 14. Mai 1831. – An Tytus Woyciechowski: 9. September 1828 (s.o.), 12. September und 14. November 1829, 10. und 17. April, 15. Mai, 5. Juni und 18. September 1830, 12. Dezember 1831.

Literatur: Zu Aa: Brown[9] Pos. 22 (1), Hedley[3] S. 28, Hoesick[4] S. 359, – [61] S. 129, Kobylańska[30] S. 6f., – [35] S. 7, – [37] S. 126, PWM Variationen B S. VII, M. A. Szulc[1] S. 64. – **Zu Ab:** Sydow-Miketta I S. 483, PWM Variationen B S. IV. – **Zu Ac:** Ausstellung 1949 Pos. 6, – 1966 S. 165, Brown[9] Pos. 22 (2), – [7] S. 10ff., DzW XV S. 183ff., Hürlimann[1] S. 168, Jachimecki[9] S. 229, Kobylańska[4] S. 30, – [9] S. 136f. und 278, – [10] Pos. 39 und 43, PWM Variationen B S. IV ff., M. A. Szulc[1] S. 64, Sydow[2] S. 1, Zagiba[1] S. 127ff., – [3] S. 13ff. – **Zu Ad:** Ausstellung 1932 BP Pos. 43, – 1937 BP Pos. 34, – 1949 BN Pos. 17, Brown[9] Pos. 22 (3), Kobylańska[9] S. 278, – [10] Pos. 41, PWM Variationen B S. VI.

Opus 3
Introduktion und Polonaise
C-dur
für Klavier und Violoncello
Joseph Merk gewidmet
KKp 16–21

Entstehungszeit:
Polonaise: Vor dem 14. November 1829 (siehe Brief Chopins an Woyciechowski vom 14. November 1829, Guttry Nr. 37).
Introduktion: Vor dem 10. April 1830 (siehe Brief Chopins an Woyciechowski
vom 10. April 1830, Guttry Nr. 39).

Autographe:
(a) Verschollen. Chopin schreibt am 14. November 1829 an T. Woyciechowski
(Guttry Nr. 37): ... *Ich habe bei ihm (Fürst Radziwiłł) ein alla polacca mit
Violoncell geschrieben. Es ist ausschließlich Blendwerk, für den Salon, für die
Damen.*
(b) Verschollen. Nach einem Brief Chopins vom 10. April 1830 an T. Woyciechowski (Guttry Nr. 39) komponierte Chopin die Introduktion erst nachträglich
für Kaczyński hinzu (anläßlich einer Soirée bei Lewicki); er muß also für die
Introduktion ein eigenes Ms. angefertigt haben.
(c) Verschollen. Am 16. Juli 1831 schreibt er dann an seine Familie (Koby-
lańska$_{36}$ Nr. 30): *Ich überlasse Mechetti die Polonaise zum Druck.* Möglicherweise identisch mit Aa.

Korrigiertes Druckexemplar: Exemplar der Ausgabe M. Schlesinger *Polonaise
Brillante / Précédée D'une Introduction / pour / Piano et Violoncelle / ... / Par /
F. Chopin / ... (M.S. 2447)* mit eigenhändigen (?) Eintragungen Chopins. –
Band I der Sammelbände Jędrzejewicz (s. S. XIV) Bl. 23r–30r. – PhA Ch:
F. 673.

Handschriftliche Verzeichnisse: Stirling I (Franchomme, s. S. XV) – Stirling
VII/2 (Franchomme, s. S. XV).

Erstausgaben:
(a) deutsche: Wien, P. Mechetti (2178); DzW XVI: 1833; Brown$_9$:
                 Herbst 1831.
(b) französische: Paris, S. Richault (3301); BC: Juni 1835.
(c) englische: London, Chr. Wessel (1662/63); April 1836.

Briefe: An seine Familie: 16. Juli 1831. – An T. Woyciechowski: 14. November 1829 (s.o.), 10 April und 21. August 1830.

Literatur: Zu Ac: Kobylańska[34] S. 5, – [36] S. 22. – **Zu KD:** Kobylańska[16] Pos. 46 ff.

Opus 4
Sonate für Klavier
c-moll
Józef Elsner gewidmet
KKp 928–931

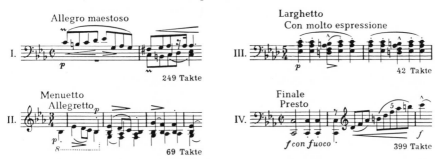

Entstehungszeit: 1827 (Hoesick[61], Jachimecki[8], Hedley[6]) · 1827–28 (Sydow[1]) · 1828 (Jachimecki[2–3], Niecks[21]; Brown[9]: Anfang 1828).

Autograph: *Sonate / pour le piano forté / dediée / à Mr Joseph Elsner / Professeur à l'Université Royale de Varsovie / membre de la société philomatique de Varsovie / Chevalier de l'ordre de St Stanislas etc etc / composée par / Frédéric Chopin. – Œuvre 3* (sic! – die Sonate entstand vor der Polonaise für Klavier und Violoncello, die jedoch früher erschien und so die Opuszahl 3 erhielt. Die Sonate selbst erschien erst posthum – s. EA –, wird jedoch, da Chopin selbst die Opuszahl bestimmt und das Ms. zum Druck gegeben hat, hier aufgeführt). – 12 zehnzeilige Blätter (26,7 × 33); S. 1: Titel (s.o.), S. 2–8: 1. Satz *Sonata, Allegro maestoso* ♩ = *72,* S. 9: 2. Satz *Menuetto. Allegretto* ♩ = *60,* S. 10: *Trio,* S. 11–12: 3. Satz *Larghetto* ♩ = *72,* S. 13–23: *Finale. presto* ♩. = *132,* S. 24 leer. Die Hs. enthält Eintragungen des Stechers (Haslinger). – Zunächst im Besitz der Familie Haslinger; 1882 von der Buchhandlung List & Franke zum Verkauf angeboten; später in der Sammlung Floersheim, Aarau. – Heute in der Smlg. von R. O. Lehman, New York; PhA Ch: F. 1427; PhA ÖNB Wien 348. – **Abb.:** S. 2: Bory S. 57, Kobylańska[9] S. 125.

Handschriftliche Verzeichnisse: Stirling I (Franchomme, s. S. XV) – Stirling VII/2 (Franchomme, s. S. XV).

7

Erstausgaben:
(a) deutsche: Wien, C. Haslinger (T.H. 8147); 1851.
(b) französische: Paris, S. Richault (10868); BC: Mai 1851.
(c) englische: London, R. Cocks & Co. (9727); Januar 1852.

Briefe: An T. Woyciechowski: 9. September 1828. – An seine Familie: 1. Dezember 1830. – An J. Fontana: 8. August 1839. – An Familie Jędrzejewicz: Anfang August 1845. – J. W. Stirling an Ludwika Jędrzejewicz: 14. Juni 1851, 30. Januar 1852.

Literatur: Zu A: Ausstellung 1949 Nyon Pos. 260, Bory S. 57, Bronarski[21] S. 83, Brown[9] Pos. 23, DzW VI S. 125ff., Hordyński[5] S. 385, Kinsky[3] Pos. 203, Kobylańska[9] S. 125, –[36] S. 264 und 277.

Opus 5
Rondeau à la Mazur für Klavier
F-dur
Comtesse Alexandrine de Moriolles gewidmet
KKp 22–25

469 Takte

Entstehungszeit: 1826 (Jachimecki[8], Sydow[1], Hedley[6], Brown[9]; Binental[6–7]: 1826?) · 1827 (Jachimecki[2–3]) · 1828 (Hoesick[61]).

Autograph: Unbekannt.

Handschriftliche Verzeichnisse: Stirling I (Franchomme, s. S. XV) – Stirling VII/2 (Franchomme, s. S. XV) – Jędrzejewicz S. 2 Nr. 8 (s. S. XVII); auf dem Rand vor dem Incipit: *Rondo à la mazour drukowane w Warsza: u Brzeziny 1828r (= … gedruckt in Warschau bei Brzezina 1828)*; über den beiden ersten Takten: *Vivace Metron M: 138 =* ♩ .

Erstausgaben:
(a) polnische: Warschau, A. Brzezina, ohne Opuszahl; KW: Februar 1828.
(b) deutsche: Leipzig, F. Hofmeister (2121); 1836.
(c) französische: Paris, Schonenberger (608); 1836.
(d) englische: London, Chr. Wessel (1552); Oktober 1837.

Briefe: An J. Białobłocki: 8. Januar 1827. – Ludwika Chopin an ihren Bruder: 27. November 1831.

Opus 6
Vier Mazurken für Klavier
Comtesse Pauline Plater gewidmet
KKp 26–46 und 1271

Entstehungszeit: 1830 (Binental$_{6-7}$ und Jachimecki$_8$: 1830?; Brown$_9$: Ende 1830) · 1830–31 (Sydow$_1$, Hedley$_6$).

Nr. 1 fis-moll

Autographe:

(a) *Mazurek.* 4 neunzeilige Seiten (12,7 × 19,1), S. 2 leer; im Album von Ferdinand Hiller Bl. 96 r/v und 97 r/v; auf S. 1 am oberen Rand rechts: *Paris 1832. Souviens toi de ton ami FF Chopin.* – Ferdinand Hiller hat dieses Album der Stadt Köln geschenkt. – Heute im Archiv der Stadt Köln, Inv.-Nr. 1051; PhA Ch: F. 534. – **Abb.:** Sietz S. 277 (S. 1).

(b) Verschollen. Nach einem Brief M. Schlesingers an Fr. Kistner vom 2. November 1832 erhielt Schlesinger von Chopin Mss. zu den Mazurken op. 6 (zusammen mit Mss. zu op. 7, 8, 9, 10, 11, 13, 14 und 21). Die Mss. zu op. 8, 11, 13, 14 und 21 hatte Chopin vorher bereits Farrenc übergeben (siehe Brief Farrenc an Fr. Kistner vom 17. April 1832); Farrenc verzichtete jedoch zugunsten Schlesingers auf sämtliche Rechte. Nach den Angaben im Brief Schlesingers handelte es sich bei den Autographen zu op. 6 und op. 7 um zwei Hefte. Schlesinger spricht in seinem Brief freilich nur von 8 Mazurken, während op. 6 und 7 zusammen 9 Mazurken umfassen. Möglicherweise ein Irrtum; vielleicht aber reichte Chopin eine neunte Mazurka nach.

Korrigierte Druckexemplare:

(a) Exemplar der Ausgabe M. Schlesinger *Cinq Mazurkas / Pour / Le / Piano Forte / ... / Par / Fréd. Chopin / ...* M. S. 1341 mit eigenhändigen Eintragungen Chopins. – Band III der Sammelbände O'Méara (III, 8; s. S. XVf.), Bl. 63 r–65 r. – PhA Ch: F. 551.

(b) Exemplar der Ausgabe M. Schlesinger (s. o.) mit eigenhändigen Eintragungen Chopins. – Sammelband Czerkaskaja (s. S. XVI).

Handschriftliche Verzeichnisse: Stirling I (Franchomme, s. S. XV) – Stirling VII/2 (Franchomme, s. S. XV).

9

Briefe: An seine Familie: 22. Dezember 1830. – M. Schlesinger an F. Kistner: 2. November 1832. – F. Kistner an M. Schlesinger: 10. November 1832.

Literatur: Zu Aa: Asow S. 214, Henle₉ KB S. 3, Sietz S. 276, Unger S. 78, Verhandlungen S. 153. – **Zu Ab:** Linnemann S. 52ff., Lissa₂ S. 54. – **Zu KDa:** Kobylańska₁₅ S. 160. – **Zu KDb:** Gajewski S. 3f.

Nr. 2 cis-moll

Autographe:
(a) Skizze. Zwölfzeiliges Einzelblatt (23,3 × 31); S. 1: auf dem unteren Rand die Anmerkung *Frideryka Chopena umarlego 17ᵇʳᵉ 1849 w Paryżu (= von Frideryk Chopin, gestorben 17ᵇʳᵉ 1849 in Paris)*, S. 2: nicht zu identifizierende Skizze für Klavier (siehe VI/4, S. 257). – Heute im Adam Mickiewicz Museum (Biblioteka Polska) in Paris, Sign. 1109 ; PhA Ch: F. 725. – **Abb.:** DzW X S. 12, Mirska₄ S. 97, –₇ S. 133, –₉ S. 34.
(b) *Mazur / Tempo giusto.* Zehnzeiliges Doppelblatt (19 x 22,5); S. 1 und 4 leer; auf S. 3 rechts unten die Unterschrift: *Ch.* – Heute in der SMF, Stockholm; PhA Ch: F. 794.
(c) Verschollen. Siehe Nr. 1 Ab. Möglicherweise identisch mit Ab.

Korrigiertes Druckexemplar: Siehe Nr. 1, Bl. 65v und 66r.

Handschriftliche Verzeichnisse: Stirling I (Franchomme, s. S. XV) – Stirling VII/2 (Franchomme, s. S. XV).

Literatur: Zu Aa: Ausstellung 1932 BP Pos. 143, Brown₉ Pos. 60 (1), DzW X S. 203, Kobylańska₇ S. 11, Lewak S. 205, Miketta₁ S. 465, Mirska₂ S. 2, –₄ S. 97, –₅ S. 4, –₇ S. 133ff., –₉ S. 34. – **Zu Ab:** Brown₉ Pos. 60 (2), Henle₉ KB S. 3, Kobylańska₂ S. 8. – **Zu Ac:** Linnemann S. 53, Lissa₂ S. 54. – **Zu KD:** Kobylańska₁₅ S. 160.

Nr. 3 E-dur

Autographe:
(a) Verschollen; befand sich im Stammbuch der Emilia Elsner (s. S. XIIIf.).
(b) *Mazur.* 4 sechszeilige Seiten (10,5 × 18); es fehlen die ersten 4 Takte; auf S. 4, zwischen den Systemen: *Chop go musi zagrać! (= Chopin muß das spielen!)*; hinter dem letzten Takt die Unterschrift: *F Cho.* – Früher Eigentum von Rudolf F. Kallir und Walter R. Benjamin, New York. Wurde jedoch im Katalog *The Collector: A Magazine for Autograph and Historical Collectors,* Vol. LXX, No. 4 Whole No. 762, pos. a 316, April 1957 S. 39f., zum Verkauf angeboten; 1958 durch Vermittlung von Nicolas Rauch in Genf verkauft. – Heute in einer Privatsammlung in Paris; PhA Ch: F. 536.
(c) Verschollen. Siehe Nr. 1 Ab. Möglicherweise identisch mit Ab.

Handschriftliche Verzeichnisse: Stirling I (Franchomme, s. S. XV) – Stirling VII/2 (Franchomme, s. S. XV).

Literatur: Zu Aa: Hoesick₁ S. 149, – ₆₁ S. 119f., – ₈₁ S. 104, – ₉₁ S. 118, Sydow₁ Pos. 97. – **Zu Ab:** Albrecht Pos. 547, Benjamin₂ Pos. a 316, Brown₉ Pos. 60 (3), Henle₉ KB S. 3, Jonas₁ S. 155. – **Zu Ac:** Linnemann S. 53.

Nr. 4 es-moll

Autographe:

(a) Skizze. Achtzeiliges (?) Einzelblatt; auf der Rückseite die Skizze eines Liedes? (siehe VI/10, S. 259). – Heute in den Sammlungen der Sałtykow-Szczedrin Staatsbibliothek in Leningrad; PhA Ch: F. 758. – **Abb.:** Kriemlew S. 254, Nowik₂ S. 70.

(b) Verschollen. Siehe Nr. 1 Ab.

Handschriftliche Verzeichnisse: Stirling I (Franchomme, s. S. XV) – Stirling VII/2 (Franchomme, s. S. XV).

Literatur: Zu Aa: Brown₉ Pos. 60 (4), Nowik₂ S. 70ff. – **Zu Ab:** Linnemann S. 53, Lissa₂ S. 54.

Nr. 1–4

Erstausgaben:

Der französische Erstdruck enthielt als Nr. 5 die Mazurka op. 7 Nr. 5.

(a) deutsche: Leipzig, Fr. Kistner (966); 1832.
(b) französische: Paris, M. Schlesinger (M. S. 1341); 1833.
(c) englische: London, Chr. Wessel (958); August 1833.

Opus 7

Fünf Mazurken für Klavier

Paul Emile Johns gewidmet

KKp 47–79

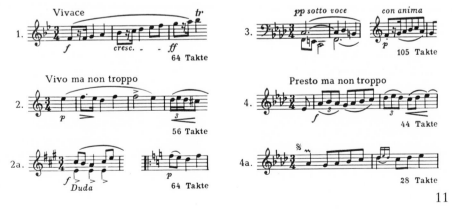

Entstehungszeit: 1830–31 (Sydow₁, Hedley₆, Brown₉).

Nr. 1 B-dur

Autographe:

(a) *Mazur.* Zwölfzeiliges Einzelblatt (22,6 × 29,8), S. 2 leer; Unterschrift: *FCh.* – Im Mai 1908 auf der Versteigerung bei C. G. Boerner, Leipzig (Auktion XCII, Nr. 59), verkauft. – Heute in der Sammlung Floersheim, Basel; PhA Ch: F. 727; PhA ÖNB Wien 349 – N u. P. – **Abb.:** Boerner Abb. IV, Mirska₉ S. 34, Weissmann S. 14.

(b) Verschollen. Siehe den bei op. 6 Nr. 1 Ab erwähnten Brief M. Schlesingers an F. Kistner vom 2. November 1832 (S. 9). Danach bildeten die Autographe zu op. 7 ein Heft. Möglicherweise identisch mit Aa.

(c) Fragment. 4 Anfangstakte der rechten Hand; Unterschrift und Datum: *F. Chopin, Londres, 10 Juillet 1848.* Aus dem Stammbuch von Sophie Klingemann (s. Lit. Neue Zeitschrift für Musik). Das Album enthält auch Eintragungen von F. Mendelssohn Bartholdy. – Heute im Besitz der Urenkelin von Sophie Klingemann, Frau Ulrike Klingemann Hedlund in Skörholmen in Schweden. – **Abb.:** Neue Zeitschrift für Musik 1958/5 S. 280.

(d) *Mazourka/Vivace.* Fragment. 3 Anfangstakte der rechten Hand; Unterschrift und Datum: *Chopin. Edinbourg. Octobre 1848.* – Heute in der Sammlung von Dr. E. H. Cameron in Edinburgh. – **Abb.:** Scotsman 1946 S. 4.

Abschrift: *Mazur de Chopin.* Achtzeiliges Einzelblatt (16 × 21). Abschrift eines unbekannten Kopisten. Blatt 185 v und 186 r des Albums der Comtesse Zofia Walewska, das unterschiedliche Hss. von Kompositionen von Field, Dussek, Rossini, Spontini, Weber, Hummel u. a. enthält. – Heute in der Nationalbibliothek Warschau, Musikabteilung, Sign. 6236; PhA Ch: F. 747.

Korrigierte Druckexemplare:

(a) Exemplar der Ausgabe Schlesinger *4 Mazurkas / Pour Le / Piano Forte / … / Par / Fréd. Chopin. / Œuv: 7 [–] Prix: 6ᶠ. / … / Paris, Chez Maurice Schlesinger … / Leipzig, Chez Kistner (B. et Cⁱᵉ. 1342)* mit eigenhändigen Eintragungen Chopins; Band III der Sammelbände O'Méara (III, 9; s. S. XVf.), Bl. 69r–71r. – PhA Ch: F. 541.

(b) Exemplar der Erstausgabe M. Schlesinger (M.S. 1342) mit eigenhändigen Eintragungen Chopins und J. W. Stirlings (?). – Band I der Sammelbände Stirling (s. S. XV).

(c) Exemplar der Erstausgabe M. Schlesinger (Titel wie KDa mit Preisangabe *Prix: 5ᶠ,* M.S. 1342) mit eigenhändigen (?) Fingersatz-Eintragungen Chopins; Band I der Sammelbände Jędrzejewicz (s. S. XIV), Bl. 37r–39r. – PhA Ch: F. 731.

Handschriftliche Verzeichnisse: Stirling I (Franchomme, s. S. XV) – Stirling VII/2 (Franchomme, s. S. XV).

Briefe: An D. Dziewanowski: Januar 1833.

Literatur: Zu Aa: Boerner Pos. 59, Brown₉ Pos. 61 (1), Henle₉ KB S. 3f., Kinsky₃ Pos. 204. – **Zu Ab:** Linnemann S. 53, Lissa₂ S. 54. – **Zu Ac:** Ruch muzyczny 1958 S. 35, Neue Zeitschrift für Musik 1958 S. 278f. – **Zu Ad:** Scotsman 1946 S. 4. – **Zu AB:** Henle₉ KB S. 3f. – **Zu KDa:** Kobylańska₁₅ S. 160. – **Zu KDb:** Oxford III Mazurkas S. 13, DzW X S. 204f., Kobylańska₂₈ S. 4, −₃₃ S. 18. – **Zu KDc:** DzW X S. 204, Kobylanska₁₆ Pos. 46ff.

Nr. 2a a-moll Erstfassung

Autograph: Verschollen; befand sich im Stammbuch von Emilia Elsner (s. S. XIIIf.); Hoesick₁ (siehe Lit.) gibt folgende Beschreibung (in deutscher Übersetzung): … *die durch die „Deutung" von Ujejski populär gewordene Mazurka a-moll („Jego dotad me ma, a duszyczka roi … = Noch ist es noch nicht da, aber die kleine Seele …), in diesem Album jedoch in einer anderen Tonart geschrieben (A-dur – Irrtum Hoesicks: nur die Einleitung in A-dur!) als in der Pariser Ausgabe von 1832 (sic!), außerdem mit der sehr charakteristischen Einleitung, die die Töne des Dudelsackpfeifers nachahmt. – Chopin selbst hat darauf hingewiesen, indem er zwischen die Systeme des ersten Taktes das Wort „Duda = Dudelsackpfeifer" schrieb.*

Erstausgabe: Leipzig, Breitkopf & Härtel, (23.183 III) Supplement zur Gesamtausgabe; 1902.

Literatur: Zu A: Brown₃ S. 63, −₉ Pos. 45, Hoesick₁ S. 149, −₆ᵢ S. 119f., −₇ᵢ S. 104, −₉ᵢ S. 118.

Nr. 2b a-moll Zweitfassung

Autograph: Verschollen. Siehe Nr. 1 Ab.

Abschrift: *Mazurka / Vivo, ma non troppo.* Abschrift eines unbekannten Kopisten. Zwölfzeiliges Einzelblatt (27,5 × 22); Notentext auf S. 2, auf S. 1: *Jaśnie Wielmożnemu Hr. Zygmuntowi Cieszkowskiemu w dowód głębokiego szacunku składa R H Kraków w czerwcu 1893* (= *Dem hochwohlgeborenen Grafen Zygmunt Cieszkowski zum Zeichen tiefer Hochachtung R H Krakau Juni 1893*). – Früher möglicherweise im Besitz der Familie Działyński, später vielleicht auch der Familie Zamoyski aus Kórnik (die Hs. gehörte jedoch nicht zum Bestand der dortigen alten Schloßbibliothek). – Heute in der Bibliothek von Schloß Kórnik. Sign. N. 2811; PhA Ch: F. 791.

Korrigierte Druckexemplare:
(a) Siehe Nr. 1, KDa; Bl. 71v und 72r; Ergänzungen in T. 27.
(b) Siehe Nr. 1, KDb.

Handschriftliche Verzeichnisse: Stirling I (Franchomme, s. S. XV) – Stirling VII/2 (Franchomme, s. S. XV).

Literatur: Zu A: Linnemann S. 53, Lissa$_2$ S. 54. – **Zu AB:** Henle$_9$ KB S. 4. – **Zu KDa und b:** wie Nr. 1, KDa und b.

Nr. 3 f-moll

Autographe:

(a) *Mazur.* 5 achtzeilige Seiten (21,6 × 18); auf S. 5 Unterschrift und Datum: *F. Chopin. Vienne ce 20/6 1831.* S. 111–115 im Stammbuch von Aloys Fuchs (1799–1853); begonnen 1830, enthält das Album 115 Eintragungen von Musikern und Musikliebhabern (siehe auch op. 73 A, S. 180). – Heute in der Sammlung Floersheim, Basel; PhA Ch: F. 752 (nur die ersten beiden Seiten); PhA ÖNB Wien 350-Nu.P. – **Abb.:** Mirska$_9$ S. 35 (1. und 5. Seite).

(b) *Mazur.* 4 achtzeilige Seiten; auf S. 4 Unterschrift und Datum: *FF Chopin. Vienne ce 20/7 1831.* Im Stammbuch eines Unbekannten. – Die Hs. erschien am 19. und 20. Mai 1904 auf der Auktion bei Leo Liepmannssohn Berlin mit dem Hinweis: *aus bekanntem Privatbesitz.* Später Eigentum von Louis Koch, der es um 1930 dem russischen Cellisten J. Pl. schenkte (siehe Lit. Kinsky); PhA Ch: F. 751; PhA ÖNB Wien 351-Nu.P. – **Abb.:** Mirska$_9$ S. 34f. (1. und 4. Seite).

(c) *Mazur p. F. Chopin.* 4 achtzeilige Seiten (19,5 × 24,7). – Möglicherweise handelt es sich bei dieser Hs. um eines der Mss., die Chopin Schlesinger übergeben hatte (siehe op. 6 Nr. 1 Ab, S. 9). Schlesinger, der ja Kistner die Rechte für Deutschland überlassen hatte, mag diese Hs. Kistner überlassen haben, dessen Ausgabe vor derjenigen Schlesingers erschien. – Früher Eigentum von Ludwig Gurckhaus im Archiv Kistner und Siegel, Leipzig (siehe Abb. Niecks); seit etwa 1928 in der Sammlung Nydahl, Stockholm, seit 1973 in der SMF, Stockholm; PhA Ch: F. 795. – **Abb.:** Niecks$_{1\,II}$ S. 411ff.

(d) Verschollen. Früher, mindestens noch 1910 (nach Hoesick, siehe Lit.), im Czartoryski-Museum Krakau; 1949 dort nicht mehr vorhanden (siehe Lit. Hordyński).

Korrigiertes Druckexemplar: Siehe Nr. 1, KDb.

Handschriftliche Verzeichnisse: Stirling I (Franchomme, s. S. XV) – Stirling VII/2 (Franchomme, s. S. XV).

Literatur: Zu Aa: Brown$_9$ Pos. 61 (2a), Henle$_9$ KB S. 4, Kinsky$_3$ Pos. 349, Kobylańska$_{31}$ S. 5, – $_{36}$ S. 288. – **Zu Ab:** Brown$_9$ Pos. 61 (2b), Kinsky$_3$ Pos. 349, Liepmannssohn 1904 Pos. 982. – **Zu Ac:** Brown$_9$ Pos. 61 (2c), Henle$_9$ KB S. 4, Kinsky$_3$ Pos. 349, Kobylańska$_{22}$ S. 8, Miketta$_1$ S. 465. – **Zu Ad:** Ausstellung 1932 BP S. 24, Hoesick$_{6a}$ S. 381, Hordyński$_5$ S. 380. – **Zu KD:** DzW X S. 206, Kobylańska$_{28}$ S. 4, – $_{33}$ S. 18.

Nr. 4a As-dur Erstfassung

Entstehungszeit: 1824 (Kolberg).

14

Autograph: *Mazur.* Zehnzeiliges Einzelblatt (16,7 × 21,7), S. 2 leer; auf S. 1 die handschriftliche Anmerkung Oskar Kolbergs: *Pisane przez Fr. Chopin w r. 1824. Kolberg (= Von Fr. Chopin im Jahre 1824 geschrieben. Kolberg).* – Nach Hoesick schenkte Chopin das Autograph Wilhelm Kolberg; spätestens seit 1904 (siehe Lit. Hoesick₄) befindet es sich in der Bibliothek der Warschauer Musik-Gesellschaft, Sign. 14/Ch; PhA Ch: F. 802. – **Abb.:** Festival Duszniki 1960 S. 10, Kobylańska₉ S. 84, – ₁₃ nach S. 11, Nowik₂ S. 81.

Literatur: Zu A: Brown₉ Pos. 7, DzW X S. 206f., Hoesick₄ S. 189, – ₆₁ S. 62, – ₇₁ S. 57, – ₉₁ S. 76, Kobylańska₉ S. 84, – ₁₃ Pos. 13, Nowik₂ S. 77 und 81ff., – ₃ S. 88, Poliński₁ Pos. 241, Prokopowicz₁ Pos. 10.

Nr. 4b As-dur Zweitfassung

Autographe:
(a) Skizze. Zwölfzeiliges Einzelblatt (19 × 24); 32 Takte (1–16, 25–28, 33–36, Fragment von T. 37 und 8 Schlußtakte); auf der anderen Seite Skizze der Mazurka op. 17 Nr. 2 (siehe op. 17 Nr. 2 A, S. 37). – Zuerst Eigentum von Teofil Kwiatkowski, dann im Besitz von Aleksander Jełowicki und der mit diesem verwandten Familie Jaroszyński. 1962 von Aleksander und Matylda Gradowski (geb. Jaroszyński) an die Jagellonen-Bibliothek Krakau verkauft. – Jagellonen-Bibliothek Krakau, Sign. 1961:16; PhA Ch: F. 729. – **Abb.:** Barbedette Repr. 3, Hordyński₇ S. 42, Nowik₂ S. 78.
(b) Verschollen. Siehe Nr. 1 Ab.

Handschriftliche Verzeichnisse: Stirling I (Franchomme, s. S. XV) – Stirling VII/2 (Franchomme, s. S. XV) – Jędrzejewicz S. 4 Nr. 6 (s. S. XVII).

Literatur: Zu Aa: Barbedette S. IX, Henle₉ KB S. 4, Hordyński₇ S. 39f., Nowik₂ S. 77ff., – ₃ S. 88. – **Zu Ab:** Linnemann S. 53, Lissa₂ S. 54.

Nr. 5 C-dur

Autograph: Verschollen. Siehe Nr. 1, Ab.

Handschriftliche Verzeichnisse: Stirling I (Franchomme, s. S. XV) – Stirling VII/2 (Franchomme, s. S. XV).

Nr. 1–5

Erstausgaben: In der französischen Erstausgabe fehlt die Mazurka Nr. 5, die bereits als op. 6 Nr. 5 veröffentlicht worden war.
(a) deutsche: Leipzig, Fr. Kistner (997); 1832.
(b) französische: Paris, M. Schlesinger (M.S. 1342); 1833.
(c) englische: London, Chr. Wessel (959); August 1833.
(d) polnische: Nur Mazurka op. 7 Nr. 1: Warschau, I. Klukowski; KW Nr. 9: 10. Januar 1835.

Briefe: M. Schlesinger an F. Kistner: 2. November 1832. – F. Kistner an M. Schlesinger: 10. November 1832.

Opus 8

Trio für Klavier, Violine und Violoncello

g-moll

Dem Fürsten Antoni Radziwiłł gewidmet

KKp 80–86

Entstehungszeit: 1828–29 (Chopin-Briefwechsel, Hedley[6], Niecks[21], Sydow[1]; Brown[9]: Mitte 1828–Anfang 1829).

Autographe:

(a) Partitur; 32 vierzehnzeilige Seiten (24,3 × 31,9); S. 1–12: 1. Satz: $\downarrow$ = 66, S. 13–16: 2. Satz: *Scherzo. $\downarrow$.= 63*, S. 17–20: 3. Satz: *Adagio* $\downarrow$ = (unleserlich), S. 21–30: 4. Satz: *Allegretto* $\downarrow$ = 96, S. 31 leer; S. 32 enthält Skizzen, darunter auch eine zum Klavierkonzert op. 21 (siehe S. 42, Aa); auf S. 30 Unterschrift und Datum: *FF Ch. 1829*. – 1936 von Ludwika Ciechomska an die ChopGes verkauft. – Museum der ChopGes, Inv.-Nr. M/1; PhA Ch: F. 1479. – **Abb.:** DzW XVI S. 12 (S. 13), Kobylańska[9] S. 194f. (S. 30 und 32).

(b) Verschollen. Aus dem bereits bei op. 6 Nr. 1, Ab (s. S. 9) erwähnten Briefwechsel zwischen Farrenc–Kistner und Schlesinger–Kistner geht hervor, daß Chopin zuerst Farrenc, nach dessen Verzicht dann M. Schlesinger das Klaviertrio zur Veröffentlichung überlassen hat. Da die Hs. Aa nachweislich immer im Besitz von Chopins Familie in Warschau blieb, muß also ein zweites Autograph existiert haben.

Abschrift: Verschollen. Nach Briefen Farrenc's an Kistner vom 4. Mai und 21. Dezember 1832 wollte Farrenc selbst Abschriften der in seinem Besitz befindlichen Mss. Chopins (zu op. 8, 11, 13, 14 und 21) anfertigen oder anfertigen lassen. Ob und welche Kopien fertiggestellt worden sind, muß offen bleiben. Es ist nie eine aufgefunden worden.

Handschriftliche Verzeichnisse: Stirling I (Franchomme, s. S. XV) – Stirling VII/2 (Franchomme, s. S. XV).

Erstausgaben:
(a) deutsche: Leipzig, Fr. Kistner (999); Brown$_9$: Dezember 1832, DzW XVI: 1833, Niecks$_2$: März 1833.
(b) französische: Paris, M. Schlesinger (M.S. 1344); Brown$_9$: November 1833, DzW XVI: 1834.
(c) englische: London, Chr. Wessel (924); Juli 1833.

Briefe: An T. Woyciechowski: 9. September und 27. Dezember 1828; 20. Oktober 1829; 21. und 31. August 1830. – Antoni Radziwiłł an Chopin: 4. November 1829. – Breitkopf & Härtel an Izabela Barcińska (geb. Chopin): 12. April 1878 (Museum der ChopGes, Inv.-Nr. M/451). – J. H. A. Farrenc an Fr. Kistner: 17. April, 4. Mai und 21. Dezember 1832.

Literatur: Zu Aa: Ausstellung 1937 BP Pos. 557, Brown$_9$ Pos. 25, DzW XVI S. 144–153, Frączkiewicz S. 79, Katalog ChopGes 1971 Pos. 33, Kobylańska$_7$ S. 6, $_{-9}$ S. 195, $_{-11}$ S. 306f., $_{-12}$ Pos. 26, $_{-13}$ Pos. 15. – **Zu Ab:** Linnemann S. 50f., Lissa$_2$ S. 50f.

Opus 9

Drei Nocturnes für Klavier

Madame Camille Pleyel gewidmet
KKp 87–108

Entstehungszeit: 1829–30 (Sydow$_1$) · 1830 (Jachimecki$_8$) · 1830–31 (Hedley$_6$; Brown$_9$: Frühjahr 1830–1831).

Nr. 1 b-moll

Autograph: Verschollen. Siehe den bei op. 6 Nr. 1, Ab erwähnten Brief M. Schlesingers an Fr. Kistner vom 2. November 1832 (S. 9). Danach übergab Chopin Schlesinger die drei Nocturnes op. 9 zur Veröffentlichung.

17

Korrigierte Druckexemplare:

(a) Exemplar der Ausgabe Schlesinger *Trois Nocturnes / Pour Le Piano / ... / Par / Frédéric Chopin / A. L. / Opéra 9. / ... / Paris chez Maurice Schlesinger / ... / Leipzig chez Kistner. / M. S. 1287* mit eigenhändiger Widmung („*A mon ami chéri et bien chéri Aug: Franchomme FF Chopin*") auf dem Titelblatt oben rechts und Eintragungen Chopins. – Zunächst Eigentum von Auguste Franchomme, später im Besitz seiner Erben; aus der Unterschrift Adèle Forest auf dem Umschlag des Heftes geht hervor, daß das Exemplar eine Zeitlang ihr gehörte (Jules Forest, Rechtsanwalt in Tours, war mit der Familie Franchomme verwandt). 1942, nach dem Tode von René Edouard André, des Enkels von Franchomme, kam es in den Besitz der Witwe Claire Le Mire André; seit ihrem Tod (1956) ist es Eigentum ihrer Tochter Mme Yvonne Faure in La Croix en Touraine.

(b) Exemplar der Ausgabe Schlesinger (M.S. 1287) mit einer eigenhändigen *Widmung ("Mlle Stirling / le 3 Janvier 1844 / Chopin")* auf dem Titelblatt und Eintragungen Chopins. – Band I der Sammelbände Stirling (s. S. XV).

(c) Exemplar der Ausgabe Schlesinger (M.S. 1287) mit eigenhändigen Eintragungen Chopins. – Band II der Sammelbände O'Méara (II, 1; s. S. XVf.), Bl. 2v–4r. – PhA Ch: F. 648.

(d) Verschollen. Exemplar einer Druckausgabe mit eigenhändiger Widmung (*"Pour M-elle A. Wołowska de la part de l'auteur"*) auf dem Umschlag und Nachträgen Chopins. – In der Biblioteka Polska Paris, Mickiewicz-Museum, befanden sich laut Hoesick$_6$ (siehe Lit.) 1911 einige Notenhefte (Drucke) aus dem Besitz von Madame Faucher (geb. Wołowska), Schülerin von Chopin, die als Unterrichtsexemplare gedient hatten (die Sammlung enthielt auch noch op. 10, 18, 20, 25, 28 und 40). Aus den Angaben Hoesicks geht nicht hervor, ob alle drei Einzelstücke von op. 9 handschriftliche Eintragungen von Chopin enthielten.

Handschriftliche Verzeichnisse: Stirling I (Franchomme, s. S. XV) – Stirling VII/2 (Franchomme, s. S. XV).

Briefe: M. Schlesinger an Fr. Kistner: 2. November 1832. – Fr. Kistner an M. Schlesinger: 10. November 1832.

Literatur: Zu A: Linnemann S. 53, Lissa$_2$ S. 54. – **Zu KDb:** Oxford I Nocturnes S. 2, DzW VII S. 117, Kobylańska$_{28}$ S. 4, – $_{33}$ S. 18. – **Zu KDc:** Kobylańska$_{15}$ S. 160. – **Zu KDd:** Hoesick$_{6\,II}$ S. 380, – $_{9\,IV}$ S. 352, Kobylańska$_{29}$ S. 14.

Nr. 2 Es-dur

Autographe:

(a) Verschollen. Siehe Nr. 1, A.

(b) Verschollen. Fragment. 2 Anfangstakte und ein Teil von Takt 3. Einzelblatt (7,6 × 14) mit einem von Hand gezogenen System; Unterschrift und Datum: *FF Chopin. 22 Sept. Drezno (= Dresden) 1835.* – Chopin schenkte

dieses Blatt zusammen mit einem weiteren, das die Worte „*soyez heureuse*"
enthielt, Maria Wodzińska; es war später, wie auch die drei Alben M. Wodzińskas, die Hss. Chopin'scher Werke enthielten, im Besitz Maria Orpiszewskas,
der Tochter von Józefa Kościelska, Maria Wodzińskas Schwester. Laut
Binental$_{1-2}$ (siehe Lit.) 1930 im Besitz der Staatlichen Kunstsammlungen
Warschau, 1937 in der J. Piłsudski-Bibliothek Warschau. Wahrscheinlich ist es
während des Warschauer Aufstandes 1944 in der Krasiński-Bibliothek verbrannt. – PhA Ch: F.1372. – **Abb.:** Binental$_{1-2}$ Pos. 51, Bory S.104, Mirska$_9$
S. 146.

Korrigierte Druckexemplare:
(a) Siehe Nr. 1, KDa.
(b) Siehe Nr. 1, KDb.
(c) Siehe Nr. 1, KDc, Bl. 4v–5r.
(d) Siehe Nr. 1, KDd.
(e) Exemplar der Ausgabe Schlesinger (M.S. 1287) mit eigenhändigen (?)
Eintragungen Chopins. – Band I der Sammelbände Jędrzejewicz (s. S. XIV),
Bl. 61v und 62r. – PhA Ch: F. 680.
(f) Verschollen. Nach Lenz (siehe Lit.) befand sich in seinem Besitz ein Druckexemplar dieses Nocturne mit „*zahlreichen Changements*" von der Hand
Chopins.

Handschriftliche Verzeichnisse: Stirling I (Franchomme, s. S. XV) – Stirling
VII/2 (Franchomme, s. S. XV).

Briefe: Siehe Nr. 1.

Literatur: Zu Aa: Linnemann S. 53, Lissa$_2$ S. 54. – **Zu Ab:** Ausstellung 1932
BP Pos. 56, – 1937 BP Pos. 71, Binental$_1$ S. 163, – $_2$ S. 149, – $_3$ S. 10 und Pos.
58, – $_5$ S. 87, Bory S. 104, Brown$_9$ Pos. 54. – **Zu KDb:** Oxford I Noturnes
S. 9f., DzW VII S. 117f., Kobylańska$_{28}$ S. 4, – $_{33}$ S. 18. – **Zu KDc und d:** wie
Nr. 1 KDc und d. – **Zu KDe:** DzW VII S. 119, Kobylańska$_{16}$ Pos. 46ff. – **Zu
KDf:** Lenz S. 41f., Czartkowski$_1$ S. 423, – $_2$ S. 413, DzW VII S. 118.

Nr. 3 H-dur

Autograph: Verschollen. Siehe Nr. 1, A.

Korrigierte Druckexemplare:
(a) Siehe Nr. 1, KDa; Eintragungen möglicherweise nicht von Chopin; zwischen den Seiten 9 und 10 eine Karte (4,2 × 7,9); sie enthält in nicht genau zu
identifizierender Handschrift T. 79 (zweimal; einmal in Achteln, einmal in
Sechzehnteln notiert; im Druck: Zweiunddreißigstel) und einen Teil von T. 80.
(b) Siehe Nr. 1, KDc; Bl. 5v–8r.
(c) Siehe Nr. 1, KDd.
(d) Siehe Nr. 2, KDe; Bl. 62v–65r.

Handschriftliche Verzeichnisse: Stirling I (Franchomme, s. S. XV) – Stirling VII/2 (Franchomme, s. S. XV).

Briefe: Siehe Nr. 1.

Literatur: Zu A: Linnemann S. 53, Lissa$_2$ S. 54. – **Zu KDb und c:** Wie Nr. 1, KDc und d. – **Zu KDd:** DzW VII S. 119, Henle$_4$ KB S. 4.

Nr. 1–3

Erstausgaben:
(a) deutsche: Leipzig, Fr. Kistner (995); 1832.
(b) französische: Paris, M. Schlesinger (M.S. 1287); 1833.
(c) englische: London, Chr. Wessel (Nr. 1/2: 916, Nr. 3: 917); Juni 1833.

Opus 10
Zwölf Etüden für Klavier
Franz Liszt gewidmet
KKp 109–163

Nr. 1 C-dur

Entstehungszeit: 2. November 1830 (siehe Nr. 2, Ab).

Autographe:

(a) Verschollen. Nach einem Brief M. Schlesingers an Fr. Kistner vom 2. November 1832 erhielt Schlesinger von Chopin Mss. zu den Etüden op. 10 (zusammen mit Mss. zu op. 6, 7, 8, 9, 11, 13, 14 und 21). Siehe Lit. Linnemann und op 6. Nr. 1, Ab (S. 9).

(b) *Exercise 1.* Zehnzeiliges Doppelblatt (24,5 × 31,6); Text auf S. 2 und 3. Auf den beiden äußeren Seiten op. 10 Nr. 2. Echtheit unbestätigt! – Früher in der Königlichen Bibliothek Berlin (heute: Deutsche Staatsbibliothek); 1949 zusammen mit den Autographen zu op. 10 Nr. 2, 3, 5, 6, 8–10 und op. 29 sowie den Abschriften zu op. 48 Nr. 1 und 2 vom Präsidium des Deutschen Volksrates, Ost-Berlin, dem Polnischen Staat für die Sammlungen des Nationalmuseums Warschau geschenkt. Seit 1958 im Museum der ChopGes. Wie die Handschrift in den Besitz der Berliner Bibliothek gelangte, ist ungeklärt. Nach Angaben der Direktion der Musikabteilung der Deutschen Staatsbibliothek (Brief an die ChopGes vom 16. Mai 1962) sollen alle 1949 übergebenen Handschriften (außer op. 10 Nr. 3; diese Etüde wurde erst 1902 von der Berliner Bibliothek inventarisiert) 1859 durch die Königliche Bibliothek Berlin aus der Sammlung Joseph und Julius Fischhof, Wien, angekauft worden sein. 1908 bot jedoch das Antiquariat Stargardt, Berlin, Autographe der Etüden op. 10 Nr. 9 und 10 zum Verkauf an (Nachlaß Zeune-Spitta), 1909 tauchten bei einer Auktion des Antiquariats Liepmannssohn, Berlin (Nachlässe Gg. Ed. Goltermann, Prof. Albert Dietrich und Baron von Cxxx) Autographe der Etüden op. 10 Nr. 3, 9 und 10 auf. In beiden Fällen dürften die Hss. mit den „Berliner Autographen" identisch gewesen sein. P. Wackernagel (siehe Lit.) führt als Vorbesitzer der Handschriften Aloys Fuchs den 1858 (!) in Rom verstorbenen Professor Louis Landsberg und Richard Franck, Musikdirektor in Heidelberg, an. Wahrscheinlich hatten die einzelnen Autographe unterschiedliche Vorbesitzer. – Heute im Museum der ChopGes, Inv.-Nr. M/190; PhA Ch: F. 1480; PhA ÖNB Wien 316 – N u. P. – **Abb.:** S. 2: Iwaszkiewicz[1] vor S. 113, – [4] S. 64, Richard-Masse Pl. VIII. – S. 3: Pathé S. 17. – S. 2 und 3: Kobylańska[9] S. 265.

Korrigierte Druckexemplare:

(a) Verschollen. Korrekturfahnen zur Ausgabe M. Schlesinger (siehe KDc); vgl. Brief Schlesinger vom 16. April 1833 an Fr. Kistner (siehe Lit. Linnemann): *„erst heute erhielt ich von Chopin die 1ste Correctur der ersten 6 Etuden, angefüllt mit Fehlern, ..."*

(b) Exemplar der Ausgabe Lemoine *Etudes / Pour le Piano / ... / Par / Fred. Chopin / 1.*er *Livre / ... / Op. 10 / ... / Paris, chez Henry Lemoine / ... 2775. HL.* mit eigenhändigen Eintragungen Chopins. – Band I der Sammelbände O'Méara (I, 1; siehe S. XVf.), Bl. 1r–4r. – PhA Ch: F. 662.

(c) Exemplar der Ausgabe Schlesinger *Etudes / Pour le Piano / ... / Par / Fred.*

Chopin / Op. 10 / ... / Paris chez Maurice Schlesinger ... (M.S. 1399) mit eigenhändigen Eintragungen Chopins. – Band I der Sammelbände Stirling (siehe
S. XV).

(d) Exemplar der Ausgabe Lemoine (siehe KDb) mit eigenhändigen (?) Eintragungen Chopins. – Band I der Sammelbände Jędrzejewicz (siehe S. XIV),
Bl. 66 r– 69 r. – PhA Ch: F. 678.

Handschriftliche Verzeichnisse: Stirling I (Franchomme, siehe S. XV) – Stirling
VII/2 (Franchomme, siehe S. XV).

Literatur: Zu Aa: Linnemann S. 53, Lissa$_2$ S. 54. – **Zu Ab:** Ausstellung 1949
BN Pos. 154, Brown$_9$ Pos. 59 (2), DzW II S. 143, Hedley$_8$ S. 5, Henle$_2$ S. 6,
Katalog ChopGes 1971 Pos. 2, Kobylańska$_7$ S. 7, – $_9$ S. 265 und Anm. 70, – $_{13}$
Pos. 16, – $_{14}$ Pos. I, Wackernagel S. 125ff., Zimmermann S. 158 und 162f. –
Zu KDa: Kinsky$_3$ Pos. 206, Linnemann S. 54, Lissa$_2$ S. 56. – **Zu KDb:** Koby-
lańska$_{15}$ S. 159. – **Zu KDc:** Oxford I Etudes S. 1, Kobylańska$_{28}$ S. 4, – $_{33}$
S. 18. – **Zu KDd:** Kobylańska$_{16}$ Pos. 46ff.

Nr. 2 a-moll

Entstehungszeit: 2. November 1830 (siehe Ab).

Autographe:

(a) *Etude. / Vivace* ♩ = *69.* 4 achtzeilige Seiten (12,7 × 21,5), S. 4 leer;
Unterschrift auf S. 3 nach dem letzten Takt: *Fréd. Chopin.* – Früher Eigentum
von Aloys Fuchs in Wien, später im Musikhistorischen Museum Wilhelm Heyer
in Köln. 1928 von R. Nydahl, Stockholm, bei Liepmannssohn, Berlin, gekauft. –
Heute in der SMF, Stockholm; PhA Ch: F. 796. – **Abb.:** Kobylańska$_9$ S. 267.
(b) *Exercise 2.* Siehe op. 10 Nr. 1, Ab; S. 1 und 4; auf S. 4 unten rechts das Datum: *2 Listopada 1830 (= 2. November 1830).* Echtheit unbestätigt! – Heute
im Museum der ChopGes, Inv.-Nr. M/191; PhA Ch: F. 1480; PhA ÖNB Wien
316 – N u. P. – **Abb.:** S. 1 und 4: Egert zwischen S. 80/81, Kobylańska$_9$ S. 266.
– S. 1: Pathé S. 17, Wackernagel vor S. 125.
(c) Verschollen. Siehe Nr. 1 Aa und op. 6 Nr. 1 Ab.

Korrigierte Druckexemplare:

(a) Siehe Nr. 1, KDa; nur diese Etüde, S. 6–10 des Heftes, ist erhalten geblieben. Die von Prod'homme angezweifelte Echtheit der Korrektureein-
tragungen wird von A. Hedley ausdrücklich bestätigt. Eine entsprechende
Notiz ist der Sammlung von Chopin-Autographen der Bibliothèque de l'Opéra
beigefügt. – Heute in der Bibliothèque Musicale de l'Opéra Paris, Sign. Rés.
50 (4); PhA Ch: F. 1471. – **Abb.:** S. 1: Boucourechliev S. 43, Mirska$_9$ S. 90. –
S. 2: Mirska$_9$ S. 90. – S. 5: Bourniquel$_1$ S. 158, – $_2$ S. 172, Ekier$_5$ S. 7.
(b) Siehe Nr. 1 KDb; Bl. 4 v–6 v.

Literatur: Zu Aa: Brown$_9$ Pos. 59 (1), DzW II S. 144f., Kinsky$_1$ Pos. 663,
– $_3$ Pos. 206, Kobylańska$_9$ Anm. 72, – $_{22}$ S. 8, Zimmermann S. 158 und 164. –

Zu Ab: Brown₉ Pos. 59 (2), DzW II S. 144f., Hedley₈ S. 5, Henle₂ S. 6, Katalog ChopGes 1971 Pos. 2, Kobylańska₇ S. 10, – ₉ S. 266 und Anm. 71, – ₁₃ Pos. 17, – ₁₄ Pos. II, Wackernagel S. 125ff., Zimmermann S. 158 und 164. – **Zu Ac:** Linnemann S. 53, Lissa₂ S. 54. – **Zu KDa:** Hedley₁₂ S. 31, Kinsky₃ Pos. 206, Kobylańska₂₄ S. 484, Linnemann S. 54, Lissa₂ S. 56, Mirska₉ S. 90. – **Zu KDb:** wie Nr. 1, KDb.

Nr. 3 E-dur

Entstehungszeit: 25. August 1832 (siehe Aa).

Autographe:
(a) *Etude. / Vivace.* Zwölfzeiliges Doppelblatt (30 × 22,5); S. 1 und 4 leer; zahlreiche Durchstreichungen; auf dem oberen Rand von S. 2 Ort und Datum: *Paryż 25 Sierp. 32 (= Paris 25. Aug. 32).* – Chopin schenkte dieses Autograph zusammen mit dem zu Nr. 4 im Frühjahr 1841 seiner Schülerin Friederike Müller (laut Tagebuch von Friederike Streicher, geb. Müller; siehe Lit. Niecks); später, bis 1962, in der Sammlung von Alfred Cortot. – Heute in der Smlg. von R. O. Lehman, New York; PhA Ch: F. 1546. – **Abb.:** Bory S. 97, ROLF-Gesamtfaksimile, Mirska₉ S. 80 (Seite 2).
(b) *Nᵣº 3. / Vivace ma non troppo.* Zwölfzeiliges Doppelblatt (25,7 × 34,5); die Hs. enthält zahlreiche Stechereintragungen; wohl identisch mit der Schlesinger übergebenen Hs. (siehe Nr. 1, Aa und op. 6 Nr. 1, Ab). – Wahrscheinlich handelt es sich um die Handschrift, die nach Kinskys Angaben (siehe Lit.) ursprünglich Eigentum von Eduard Franck, später von dessen Sohn Richard Franck war und 1909 von Liepmannssohn (siehe Lit.) zum Verkauf angeboten wurde. Obwohl die Beschreibung bei Liepmannssohn recht ungenau ist, scheint sie doch die Identität mit der dann in der Berliner Bibliothek befindlichen Handschrift zu bestätigen. – Weitere Angaben zur Herkunft siehe Nr. 1, Ab. – Heute im Museum der ChopGes, Inv.-Nr. M/192; PhA Ch: F. 1480; PhA ÖNB Wien 317 – N u. P. – **Abb.:** S. 1: Stromenger-Sydow nach S. 80, Bełza vor S. 417, Bourniquel₁ S. 151, – ₂ S. 165, DzW II S. 10, Egert nach S. 96, Jonas₁ nach S. 144, Wackernagel nach S. 128. – S. 4: Jonas₁ nach S. 144.

Korrigierte Druckexemplare:
(a) Siehe Nr. 1, KDa.
(b) Siehe Nr. 1, KDb; Bl. 7r–8v.
(c) Siehe Nr. 1, KDd; Bl. 72r–73v.

Literatur: Zu Aa: Ausstellung 1949 Nyon Pos. 189a, Bory S. 97, Brown₉ Pos. 74 (1), Czartkowski₁ S. 448, – ₂ S. 388, DzW II S. 145f., Hedley₁₂ S. 31, Henle₂ S. 6, Kobylańska₂₀ S. 18, Niecks₂ᵢᵢ S. 370, Zimmermann S. 164f. – **Zu Ab:** Brown₉ Pos. 74 (2), DzW II S. 145f., Heinitz S. 15, Hedley₁₂ S. 31, Henle₂ S. 6, Jonas₁ S. 150, Katalog ChopGes 1971 Pos. 3, Kinsky₃ Pos. 206, Kobylańska₇ S. 7, – ₁₃ Pos. 19, – ₁₄ Pos. III, Liepmannssohn 1909 Pos. 507,

Wackernagel S. 125ff., Zimmermann S. 158 und 164f. – **Zu KDa:** wie Nr. 1, KDa. – **Zu KDb:** DzW II S. 142 und 146, Kobylańska₁₅ S. 159. – **Zu KDc:** wie Nr. 1, KDd.

Nr. 4 cis-moll

Entstehungszeit: 6. August 1832 (siehe Aa).

Autographe:

(a) *Etude N^{ro.} 4. / Presto / Con fuoco.* Zwölfzeiliges Doppelblatt (23 × 28,5); S. 1 leer, auf S. 4 nach dem letzten Takt Unterschrift und Datum: *F. Chop Paryż, Sierp. 6, 1832 (= F. Chop Paris, 6. Aug. 1832).* – Herkunft zunächst wie Nr. 3 Aa. Im März 1934 vom Antiquariat V. A. Heck, Wien, zum Verkauf angeboten (Lagerkatalog Nr. 58 Pos. 7). Später in der Sammlung von Louis Koch. – Heute in der Sammlung Floersheim, Basel; PhA Ch: F. 1604; PhA ÖNB Wien 382 – P. – **Abb.:** S. 2: Kinsky₃ nach S. 216. – S. 2 und 4: Mirska₉ S. 80.

(b) Verschollen. Siehe Nr. 1 Aa und op. 6 Nr. 1 Ab.

(c) Verschollen. Nach Szulc (siehe Lit.) befand sich in Fontanas Besitz das Manuskript einer Etude cis-moll. Es kann sich dabei nur um op. 10 Nr. 4 oder um op. 25 Nr. 7 handeln; ob Autograph oder Abschrift muß offen bleiben.

(d) Verschollen. Nach Kinsky (siehe Lit.) war „*eine zweite eigenhändige Niederschrift des Stücks (mit op. 10 Nr. 3, 7 und 9–12) Eigentum von Professor Eduard Franck (1817–1893) in Berlin*". Wahrscheinlich handelte es sich bei dem von Stargardt 1908 (siehe Lit.) zum Verkauf angebotenen Autograph um diese „zweite Niederschrift", nicht um die Hs. Aa; immerhin waren alle anderen bei dieser Auktion von Stargardt zum Verkauf angebotenen Chopin-Hss. (op. 10 Nr. 7 und 9–12) früher im Besitz der Familie Franck.

Korrigierte Druckexemplare:

(a) Siehe Nr. 1, KDa.

(b) Siehe Nr. 1, KDb; Bl. 9r–11r.

(c) Siehe Nr. 1, KDc.

Literatur: Zu Aa: Brown₉ Pos. 75, Czartkowski₁ S. 488, –₂ S. 388, DzW II S. 146ff., Heck₁ Pos. 7, Henle₂ S. 6, Jonas₁ S. 153, Kinsky₃ Pos. 206, Mirska₉ S. 80, Niecks₂ᵢᵢ S. 370, Philobiblion S. 192, Zimmermann S. 165. – **Zu Ab:** Linnemann S. 53, Lissa₂ S. 54. – **Zu Ac:** M. A. Szulc₁ S. 246. – **Zu Ad:** Kinsky₃ Pos. 206, Stargardt 1908 Pos. 1298. – **Zu KDa und b:** wie Nr. 1, KDa und b. – **Zu KDc:** Kobylańska₂₈ S. 4, –₃₃ S. 18.

Nr. 5 Ges-dur

Entstehungszeit: ? Sommer 1830 (Brown₉).

Autograph: *Etude 5.* 2 zwölfzeilige Doppelblätter (25 × 34,5); Text auf S. 1–4, auf S. 5–7 Etude Nr. 6, S. 8 leer. Die Hs. enthält zahlreiche Korrekturen Chopins sowie Stechereintragungen; wahrscheinlich identisch mit der Schlesinger übergebenen Hs. (siehe Nr. 1, Aa und op. 6 Nr. 1, Ab). – Herkunft siehe Nr. 1, Ab. – Heute im Museum der ChopGes, Inv.-Nr. M/193; PhA Ch: F. 1480; PhA ÖNB Wien 318 – N u. P. – **Abb.:** S. 1: Kobylańska₉ S. 159, Wackernagel vor S. 129.

Korrigierte Druckexemplare:
(a) Siehe Nr. 1, KDa.
(b) Siehe Nr. 1, KDb; Bl. 11v–13v.
(c) Siehe Nr. 1, KDc.
(d) Siehe Nr. 1, KDd; Bl. 76v–78v.

Briefe: Brief an J. Fontana vom 25. April 1839 (Guttry Nr. 111).

Literatur: Zu A: Brown₉ Pos. 57, DzW II S. 148f., Henle₂ S. 6, Katalog Chop-Ges 1971 Pos. 4, Kobylańska₇ S. 7, – ₉ S. 159, – ₁₄ Pos. IV, Wackernagel S. 125ff., Zimmermann S. 158 und 160f. – **Zu KDa, b und d:** wie Nr. 1, KDa, b und d. – **Zu KDc:** wie Nr. 4, KDc.

Nr. 6 es-moll

Entstehungszeit: ? Sommer 1830 (Brown₉).

Autograph: 6me *Etude*; siehe Nr. 5. – Herkunft siehe Nr. 1 Ab. – Heute im Museum der ChopGes, Inv.-Nr. M/194; PhA Ch: F. 1480; PhA ÖNB Wien 318 – N u. P.

Korrigierte Druckexemplare:
(a) Siehe Nr. 1, KDa.
(b) Siehe Nr. 1, KDb; Bl. 14r–15r.
(c) Siehe Nr. 1, KDc.
(d) Siehe Nr. 1, KDd; Bl. 79r–80r.

Literatur: Zu A: Brown₉ Pos. 57, DzW II S. 149f., Henle₂ S. 6, Katalog ChopGes 1971 Pos. 5, Kobylańska₇ S. 7, – ₁₄ Pos. V, Kullak I S. 20, Wacker-nagel S. 125ff., Zimmermann S. 158. – **Zu KDa, b und d:** wie Nr. 1, KDa, b und d. – **Zu KDc:** wie Nr. 4, KDc.

Nr. 7 C-dur

Entstehungszeit: Frühjahr 1832 (Brown₉).

Autograph: *Etude* N^ro 7 / *Vivace* (ursprünglich *Presto*, durchgestrichen). *M. M.* ♩ = *88*. (Ursprünglich als Nr. 6 numeriert). Zwölfzeiliges Einzelblatt (25,6 × 35,1); S. 2 hinter dem letzten Takt die Unterschrift: *Ch*. Die Hs. ent-hält Stechereintragungen. Wahrscheinlich identisch mit der Schlesinger über-gebenen Hs. (siehe Nr. 1, Aa und op. 6 Nr. 1, Ab). – Früher Eigentum von Ed. Franck, dann von Richard Franck, Basel. – Heute in der Pierpont Morgan Library, The Ernest Schelling Collection, New York; PhA Ch: F. 1542.

Korrigiertes Druckexemplar: Siehe Nr. 1, KDb; Bl. 15v–17r.

Literatur: Zu A: Albrecht Pos. 545, Brown$_9$ Pos. 68, DzW II S. 150, Henle$_2$ S. 6, Jonas$_1$ S. 155, Kinsky$_3$ Pos. 206, Stargardt 1908 Pos. 1299, Zimmermann S. 158. – **Zu KD:** wie Nr. 1, KDb.

Nr. 8 F-dur

Entstehungszeit: Oktober/November 1829 (Brown$_9$).

Autograph: *Etude N$\underline{^{ro}}$ 8 / M.M. ♩ = 96 / Allegro.* 4 zwölfzeilige Doppelblätter (25 × 34,5); da die Originalpaginierung mit S. 3 beginnt, muß ursprünglich wohl auch ein eigenes Titelblatt vorhanden gewesen sein. S. 3–8: Text zur Etude Nr. 8, S. 9–11: Text zur Etude Nr. 9, S. 12–16: Text zur Etude Nr. 10. Ursprünglich als Nr. 7–9 numeriert. Die Hs. enthält zahlreiche Korrekturen Chopins und Stechereintragungen. Wahrscheinlich identisch mit der Schlesinger übergebenen Hs. (siehe Nr. 1, Aa und op. 6 Nr. 1, Ab). Ursprünglich umfaßte die Hs. wohl auch noch die Etuden Nr. 11 und 12, da die Paginierung des Autographs von Nr. 11 (Aa) mit der Ziffer 17 beginnt. – Außer den Etuden Nr. 11 und 12 muß wohl vorübergehend auch die Etude Nr. 8 abgetrennt gewesen sein. Jedenfalls dürfte es sich bei den am 23.–25. November 1908 von Stargardt und am 21./22. Mai 1909 von Liepmannssohn zum Verkauf angebotenen Autographen der Etuden Nr. 9 und 10 um Teile dieser Hs. gehandelt haben. – Weitere Angaben zur Herkunft siehe Nr. 1, Ab. – Heute im Museum der ChopGes, Inv.-Nr. M/195; PhA Ch: F. 1480; PhA ÖNB Wien 319 – N u. P.

Korrigierte Druckexemplare:
(a) Siehe Nr. 1, KDb; Bl. 17v–20r.
(b) Siehe Nr. 1, KDd; Bl. 82v–85r.

Literatur: Zu A: Brown$_9$ Pos. 42 (1), DzW II S. 151f., Henle$_2$ S. 6, Katalog ChopGes 1971 Pos. 6, Kobylańska$_7$ S. 8, – $_{14}$ Pos. VI, Kullak I S. 25, Wackernagel S. 125ff., Zimmermann S. 158. – **Zu KDa und b:** wie Nr. 1, KDb und d.

Nr. 9 f-moll

Entstehungszeit: Oktober/November 1829 (Brown$_9$).

Autographe:
(a) *Agitato.* Zwölfzeiliges Doppelblatt (30,5 × 23,5); skizzenhafte Niederschrift; Text auf S. 1 und 4, nach dem letzten Takt: *Paryż.* Auf S. 3 Entwürfe zum Nocturne op. 15 Nr. 3 (siehe S. 35). S. 2 leer. – Über die Herkunft der Hs. ist nichts bekannt. Es kam auf der Auktion vom 25./26. Februar 1975 bei Stargardt, Marburg, zum Verkauf und befindet sich heute in der Smlg. von R. O. Lehman, New York. – **Abb.:** S. 1: Stargardt 1975 S. 169.
(b) *N$\underline{^{ro}}$ 9. / M.M. ♩ = 92 All$\underline{^{o}}$ Molto Agitato* (ursprünglich *Presto*). Siehe Nr. 8. – Herkunft siehe Nr. 1, Ab und Nr. 8, A. – Heute im Museum der Chop-

Ges, Inv.-Nr. M/196; PhA Ch: F. 1480; PhA ÖNB 319 – N u. P. – **Abb.:** DzW II S. 11 f. (S. 9 und 11).

Korrigierte Druckexemplare:
(a) Siehe Nr. 1, KDb; Bl. 20 v – 22 r.
(b) Siehe Nr. 1, KDc.

Literatur: Zu Aa: Stargardt 1975 Pos. 698. – **Zu Ab:** Brown$_9$ Pos. 42 (1), DzW II S. 152, Henle$_2$ S. 6, Katalog ChopGes 1971 Pos. 7, Kobylańska$_7$ S. 8, – $_{14}$ Pos. VII, Kullak I S. 30, Liepmannssohn 1909 Pos. 508, Stargardt 1908 Pos. 1300, Zimmermann S. 158. – **Zu KDa und b:** wie Nr. 1, KDb und c.

Nr. 10 As-dur

Entstehungszeit: Oktober/November 1829 (Brown$_9$).

Autograph: *N^{ro} 10. / M.M. ♪. = 80. Vivace assai.* Siehe Nr. 8. – Zur Herkunft siehe Nr. 1, Ab und Nr. 8, A. – Heute im Museum der ChopGes, Inv.-Nr. M/197; PhA Ch: F. 1480; PhA ÖNB Wien 319 – N u. P.

Literatur: Zu A: Brown$_9$ Pos. 42 (1), DzW II S. 152 ff., Henle$_2$ S. 6, Katalog ChopGes 1971 Pos. 7, Kobylańska$_7$ S. 8, – $_{14}$ Pos. VIII, Liepmannssohn 1909 Pos. 508, Stargardt 1908 Pos. 1300, Zimmermann S. 158 und 162.

Nr. 11 Es-dur

Entstehungszeit: Oktober/November 1829 (Brown$_9$).

Autograph: *N^{ro} 11. / Allegretto / M.M. ♩ = 76.* 2 zwölfzeilige Doppelblätter; Text auf S. 1–3; auf den Seiten 4–8 Etude Nr. 12. Siehe Nr. 8. – Es handelt sich wahrscheinlich um das Autograph, das 1908 bei Stargardt versteigert wurde (Smlg. Zeune-Spitta) und nach Kinskys Angaben (siehe Lit.) früher im Besitz der Familie Franck (Heidelberg-Basel) war. 1928 auf der Versteigerung bei Liepmannssohn, Berlin, von Rudolf Nydahl gekauft. – Heute in der SMF, Stockholm; PhA Ch: F. 797; PhA ÖNB Wien 320 – N u. P.

Korrigiertes Druckexemplar: Siehe Nr. 1, KDb; Bl. 24 v – 25 v.

Literatur: Zu A: Brown$_9$ Pos. 42 (2), Henle$_2$ S. 6, Kinsky$_3$ Pos. 206, Kobylańska$_{22}$ S. 8, Liepmannssohn 1928 Pos. 96, Stargardt 1908 Pos. 1301, Zimmermann S. 158, 161 und 163. – **Zu KD:** wie Nr. 1, KDb.

Nr. 12 c-moll

Entstehungszeit: (?) September 1831 (Brown$_9$).

Autographe:
(a) *Etude N^{ro} 12. All^{o} con fuoco M.M. ♩ = 76.* Siehe Nr. 11. – Herkunft siehe Nr. 1, A und 11, A. – Heute in der SMF, Stockholm; PhA Ch: F. 798; PhA ÖNB Wien 320 – N u. P. – **Abb.:** S. 4–8: M. Idzikowski$_1$ S. 16 ff. – S. 4:

Bory S. 75, Iwaszkiewicz[4] S. 82f., Mirska[9] S. 45, Sydow-Miketta I nach S. 288, Powierza S. 70, A. Prosnak nach S. 34, Simonides-Bednář Abb. 27.

(b) Fälschung! Fragment. Siebenzeiliges Einzelblatt; S. 1 enthält T. 9–17, S. 2 Stempel: *Collection George Sand* und Expertise: *Musique de la main de Frédéric Chopin.* – Die Hs. wurde zuerst in Frankreich als Autograph ausgegeben, dann auch in der Schweiz, wo sie jedoch als Fälschung aus dem Markt gezogen wurde. – PhA Ch: F. 1544. – **Abb.:** Rauch 1957 S. 36.

Korrigiertes Druckexemplar: Siehe Nr. 1, KDb; Bl. 26r–27v (bei der Foliierung sind versehentlich zwei Blätter mit der Ziffer 26 versehen worden; insgesamt 6 Seiten).

Literatur: Zu Aa: Brown[9] Pos. 67 (1), DzW II S. 155f., Henle[2] S. 6, Kinsky[3] Pos. 206, Kobylańska[7] S. 12, – [22] S. 8, Liepmannssohn 1928 Pos. 96, Stargardt 1908 Pos. 1301, Zimmermann S. 158. – **Zu Ab:** Brown[9] Pos. 67 (2), Damascene Pos. 35, Kobylańska[26] S. 9, Rauch 1957 Pos. 89. – **Zu KD:** wie Nr. 1 KDb.

Nr. 1–12

Korrigierte Druckexemplare: Verschollen. Siehe op. 9 Nr. 1 KDd (s. 18).

Erstausgaben:

(a) deutsche: Leipzig, Fr. Kistner (Heft I: 1018, Heft II: 1019); 1833.
(b) französische: Paris, M. Schlesinger (M.S. 1399); 1833.
(c) englische: London, Chr. Wessel (Book I: 960, Book II: 961); August 1833.

Briefe: An T. Woyciechowski: 20. Oktober und 14. November 1829. – An J. Fontana: 25. April 1839. – M. Schlesinger an Fr. Kistner: 2. November 1832 und 16. April 1833. – Fr. Kistner an M. Schlesinger: 10. November 1832.

Opus 11
Konzert für Klavier und Orchester
e-moll
Friedrich Kalkbrenner gewidmet
KKp 164–177

Entstehungszeit: 1830; Brown[9]: zwischen April und August 1830.

Autographe:

(a) Verschollen. Chopin schreibt am 29. Januar 1831 an Jòzef Elsner (Guttry Nr. 58): „*Mein zweites* (sic! – Obwohl erst nach dem f-moll-Konzert op. 21 komponiert, wurde dieses Konzert doch als erstes veröffentlicht) *Konzert, ..., hat Nidecki einstudiert, ... Darum hat er auch um mein Manuskript gebeten.“*

(b) Verschollen. Siehe den bei op. 6 Nr. 1, Ab erwähnten Briefwechsel Farrenc–Kistner und Schlesinger–Kistner (S. 9). Danach übergab Chopin zuerst Farrenc, nach dessen Verzicht dann M. Schlesinger das Klavierkonzert in e-moll zur Veröffentlichung.

Abschriften:

(a) Verschollen. Laut Hoesick-Münchheimer (siehe Lit.) hat Ignacy Feliks Dobrzyński beide Konzerte Chopins instrumentiert. Es ist unbekannt geblieben, ob es sich dabei um ein Halbautograph (Klavierstimme von Chopin, Orchesterstimmen von Dobrzyński, siehe op. 21, ABa, S. 43) oder nur um Zusätze Dobrzyńskis im Gesamtautograph handelte.

(b) *1ᵉ Concerto de Chopin*. Abschrift des 2. und 3. Satzes von Franchomme (nach 1849); Orchestersatz als Klavierauszug (auf S. 1 auf dem 2. System rechts die Anmerkung: *Orchestre réduit au Piano*). 14 vierzehnzeilige Seiten (35 × 27,5); S. 1–3: 2. Satz *Larghetto, S. 4–13:* 3. Satz *Rondo. Vivace,* S. 14 leer. Da das Autograph nicht mehr existiert, muß offen bleiben, ob dieser Klavierauszug eine Bearbeitung Franchommes darstellt oder auf Chopin selbst zurückgeht. – Eigentum von A. Franchomme, später im Besitz seiner Erben, zuletzt der Witwe seines Enkels, Claire le Mire André; nach deren Tod (1956) als Geschenk in die Bibliothèque du Conservatoire de Paris aufgenommen. – Seit 1964 in der Bibliothèque Nationale Paris, Département de la Musique, Sign. Ms. 10464, Don Nr. 6853; PhA Ch: F. 1605.

(c) *1ᵉ Concerto / de Chopin / Instrumens* (sic!) *à vent / réduit au Piano*. Abschrift des 2. und 3. Satzes von Franchomme (nach 1849); Klavierauszug der Bläserstimmen. 8 vierzehnzeilige Seiten (34,7 × 26,7); S. 1: Titel (s.o.), S. 2–3: 2. Satz. *Romance. Larghetto* (84 Takte), S. 4–8: 3. Satz. *Rondo. Vivace* (279 Takte). Zur Frage der Autorschaft des Klavierauszugs siehe ABb. – Herkunft wie ABb. – Heute in der Bibliothèque Nationale Paris, Département de la Musique, Sign. Ms. 10465, Don Nr. 6854.

(d) Verschollen. Siehe op. 8, AB (S. 16).

Korrigierte Druckexemplare:

(a) Exemplar der Ausgabe Schlesinger *Concerto / Pour le Piano / avec accompagnement / D'Orchestre / ... / Par / Fréd. Chopin / Op. 11. / ... / Paris, chez Maurice Schlesinger: ... / Leipsick, chez Kistner* (M.S. 1409) mit eigenhändigen Eintragungen Chopins. Nur Klavierpart. – Band I der Sammelbände O'Méara (I, 5; s. S. XVf.), Bl. 81r–103v; PhA Ch: F. 656.

(b) Exemplar der Ausgabe M. Schlesinger (M.S. 1409) mit eigenhändigen Eintragungen Chopins. – Band II der Sammelbände Stirling (s. S. XV).

Handschriftliche Verzeichnisse: Stirling II (Franchomme, s. S. XV) – Stirling VII/2 (Franchomme, s. S. XV).

Erstausgaben:
(a) deutsche: Leipzig, Fr. Kistner (1020–22); 1833.
(b) französische: Paris, M. Schlesinger (M.S. 1409); 1833.
(c) englische: London, Chr. Wessel (1086); Mai 1834.

Briefe: An J. Elsner: 29. Januar 1831 (s.o.). – An seine Familie: 9. November und 1. Dezember 1830. – An T. Woyciechowski: 27. März, 10. April, 15. Mai, 5. Juni, 21. und 31. August, 4., 18. und 22. September, 5. und 12. Oktober 1830. – Ludwika Chopin an ihren Bruder: 27. November 1831. – Farrenc an Kistner: 17. April, 4. Mai und 21. Dezember 1832. – M. Schlesinger an Kistner: 2. November 1832. – Kistner an M. Schlesinger: 10. November 1832.

Literatur: **Zu Aa:** Kobylańska$_{36}$ S. 293 und 308, Poliński$_3$ S. 29. – **Zu Ab:** Linnemann S. 49f. und 53, Lissa$_2$ S. 50f. – **Zu ABa:** Hoesick$_{8 II}$ S. 253. – **Zu ABb:** Kobylańska$_{15}$ S. 159. – **Zu ABd:** Linnemann S. 51, Lissa$_2$ S. 49. – **Zu KDa:** Kobylańska$_{15}$ S. 159. – **Zu KDb:** DzW XIV S. 204, Kobylańska$_{28}$ S. 5, Oxford III Concertos S. 1.

Fassung für Klavier und Quartett oder Quintett

Aus dem Briefwechsel Farrenc-Kistner (s.o.) geht hervor, daß Chopin außer der Fassung mit Orchester auch eine Fassung für Klavier und Quartett vorgesehen hatte. Eine Ausgabe von Kistner gibt im Titelblatt außerdem noch eine Fassung für Klavier und Quintett an. Ob Chopin selbst diese Bearbeitungen vorgenommen hat, muß offen bleiben.

Abschrift: Verschollen. Chopin schreibt am 31. August 1830 an T. Woyciechowski (Guttry Nr. 44): „*… in dieser Woche muß ich das ganze Konzert zusammen mit dem Quartett einstudieren, … Linowski* (Schüler von J. Elsner und Freund Chopins) *schreibt das Ganze in aller Eile ab.*“

Literatur: Frączkiewicz S. 79, Linnemann S. 51, Lissa$_2$ S. 49.

Opus 12
Variationen für Klavier
B-dur
**über das Thema des Rondos „Je vends des scapulaires"
aus der Oper „Ludovic" von Herold und Halévy**
Mademoiselle Emma Horsford gewidmet
KKp 178–180

Entstehungszeit: 1833; Brown$_9$: Sommer 1833.

Autograph: Unbekannt.

Handschriftliche Verzeichnisse: Stirling II (Franchomme, s. S. XV) – Stirling VII/2 (Franchomme, s. S. XV).

Erstausgaben:
(a) deutsche: Leipzig, Breitkopf & Härtel (5495); 1833.
(b) französische: Paris, M. Schlesinger (M.S. 1499); 1834.
(c) englische: London (?), Cramer, Addison & Beale (Plattennummer nicht bekannt); 1834.

Literatur: Brown[9] Pos. 80, Henle[13] KB S. 1.

Opus 13

Fantasie für Klavier und Orchester über polnische Themen
A-dur
Johann Peter Pixis gewidmet
KKp 181–187

Entstehungszeit: 1828 (Niecks[21], Jachimecki[8], Hedley[6]; Brown[9]: November 1828) · 1829–30 (Binental[6-7] und Sydow[1]).

Autographe:
(a) Skizze. Fragmente der Partitur und der Klavierstimme. 2 Blätter (26 × 33); S. 1–3: Introduktion. *Largo non troppo*, T. 1–20 der Partitur; S. 4: Fantasie, T. 34 und 35 des Klavierparts und einige andere Takte. – Laut Hoesick-Münchheimer (siehe Lit.) früher Eigentum von Józef Nowakowski, dann von Adam Münchheimer, Warschau; später im Musikhistorischen Museum Wilh. Heyer, Köln; vor 1939 vom Antiquariat Heinrich Hinterberger, Wien, zum Kauf angeboten. – Heute in der Bibl. Bodmeriana, Genf; PhA ÖNB Wien 347. –
Abb.: Hinterberger IX Tafel XLIX (S. 1 Partitur).
(b) Verschollen. Siehe den bei op. 6 Nr. 1 Ab erwähnten Briefwechsel Farrenc–Kistner und Schlesinger–Kistner (S. 9). Danach übergab Chopin zuerst Farrenc, nach dessen Verzicht dann M. Schlesinger die Fantasie zur Veröffentlichung.

Abschrift: Verschollen. Siehe op. 8, AB (S. 16).

Handschriftliche Verzeichnisse: Stirling II (Franchomme, s. S. XV) – Stirling VII/2 (Franchomme, s. S. XV).

31

Erstausgaben:
(a) deutsche: Leipzig, Fr. Kistner (1033/34); 1834.
(b) französische: Paris, M. Schlesinger (M.S. 1574); BC: April 1834.
(c) englische: London, Chr. Wessel (1083); Brown[8]: Mai 1834, Brown[9]: 1834.

Briefe: An T. Woyciechowski: 27. März und 10. April 1830. – Farrenc an Kistner: 17. April, 4. Mai und 21. Dezember 1832. – M. Schlesinger an Kistner: 2. November 1832. – Kistner an M. Schlesinger: 10. November 1832.

Literatur: Zu Aa: Brown[9] Pos. 28, Fach-Katalog Pos. 21 und S. 379, Hinterberger IX Pos. 245, – XVIII Pos. 29, Hoesick[8 II] S. 248 und 253, Kinsky[1] Pos. 662, Nossig Pos. 21. – **Zu Ab:** Linnemann S. 49f. und 53, Lissa[2] S. 50f. und 54. – **Zu Ab:** siehe op. 8, Ab.

Fassung für Klavier und Quartett

Nach der Korrespondenz zwischen Farrenc und Kistner hat Chopin neben der Fassung für Klavier und Orchester auch eine Fassung für Klavier und Quartett vorgesehen. Es muß jedoch offen bleiben, ob er selbst ein entsprechendes Ms. angefertigt hat.

Literatur: Linnemann S. 51, Lissa[2] S. 49.

Opus 14
Krakowiak für Klavier und Orchester
F-dur
Der Fürstin Anna Czartoryska gewidmet
KKp 188–197

Entstehungszeit: 1828 (siehe Chopins Brief an T. Woyciechowski vom 27. Dezember 1828. – Hedley[6], Jachimecki[8], Niecks[21], Sydow[1]; Brown[9]: November–Dezember 1828) · 1829 (siehe Ab).

Autographe:
(a) Skizze. Enthalten in der Handschrift der Partiturskizze der Variationen op. 2, Aa (s. S. 4). – 1969 nach einer von A. Hedley erhaltenen Mitteilung in einer Privatsammlung in London. – Heute in der Smlg. von R. O. Lehman, New York.

(b) *Krakowiak. Wydany w Paryżu 1831 czy 32 roku. Dedykowany Xiężnie Czartoryskiej / (X^{źnie} Annie z Sapiehów) / grany w 1830 w Warszawie przed odjazdem na Koncercie moim / w Teatrze narodowym / Ch. (= Herausgegeben in Paris im Jahre 1831 oder 32. Der Fürstin Czartoryska gewidmet / (Fürstin Anna geb. Sapieha) / gespielt im Jahre 1830 in Warschau bei dem vor meiner Abreise / im Nationaltheater gegebenen Konzert / Ch.)* Orchesterpartitur mit Klavierpart. 82 vierzehnzeilige Seiten (24,3 × 31,8); S. 1 leer; S. 2: *Monsieur Adolphe Cichowski/Paris*; S. 3: Titel (s.o.); S. 4 leer; Seite 5–12: *Introduzione.* ♩ *= 92. Animato* ♩. *= 69;* S. 13–75: *Rondo.* ♩ *= 116;* S. 76: Skizze für Klavier (siehe VI, 3; S. 257); S. 77/78 leer; S. 79–81: Skizze des Impromptu Fisdur op. 36 (siehe op. 36, Aa; S. 88); S. 82 leer. Auf S. 75 hinter dem letzten Takt Unterschrift (unleserlich) und Datum: *1829.* Die Hs. enthält Eintragungen von Józef Elsner und von fremder Hand (die Ausführung und Herausgabe betreffend). – Dieses Autograph schenkte Chopin Adolf Cichowski. Nach dessen Tod (1854) kam es in die Sammlung Czartoryski – zuerst nach Paris, dann nach Puławy, schließlich nach Krakau. – Heute im Nationalmuseum Krakau, Abt. Czartoryski, Sign. 2751; Mikrofilm BN 16009. – **Abb.:** PWM Krakowiak (Gesamtfaksimile), Kobylańska₉ S. 162 (Titelblatt) und 163 (S. 5).

(c) Verschollen. Siehe den bei op. 6 Nr. 1, Ab erwähnten Briefwechsel Farrenc–Kistner und Schlesinger–Kistner (S. 9). Danach übergab Chopin zuerst Farrenc, nach dessen Verzicht dann M. Schlesinger den Krakowiak zur Veröffentlichung.

Abschrift: Verschollen. Siehe op. 8, AB (S. 16).

Korrigiertes Druckexemplar: Exemplar der Ausgabe M. Schlesinger (M.S. 1586) mit eigenhändigen Eintragungen Chopins. – Band II der Sammelbände Stirling (s. S. XV).

Handschriftliche Verzeichnisse: Stirling II (Franchomme, s. S. XV) – Stirling VII/2 (Franchomme, s. S. XV).

Erstausgaben:
(a) deutsche: Leipzig, Fr. Kistner (1038/39); 1834.
(b) französische: Paris, M. Schlesinger (M.S. 1586); BC: Juni 1834.
(c) englische: London, Chr. Wessel (1084); Mai 1834.

Briefe: An seine Familie: 12. und 19. August 1829. – An T. Woyciechowski: 27. Dezember 1828, 12. September 1829, 27. März 1830. – J. H. A. Farrenc an Fr. Kistner: 17. April, 4. Mai, 21. Dezember 1832. – M. Schlesinger an Fr. Kistner: 2. November 1832. – Fr. Kistner an M. Schlesinger: 10. November 1832.

Literatur: Zu Ab: Brown₉ Pos. 29, Cichowski S. 50, DzW XV S. 190 ff., Hordyński₄ S. 185, – ₅ S. 379, Kobylańska₉ S. 162 f., Lissa₂ S. 50, Prokopowicz₄ S. 9/13 und Pos. 33, PWM Krakowiak S. IV ff. – **Zu Ac:** Linnemann S. 49 f. und 53, Lissa₂ S. 50 f. und 54. – **Zu KD:** Oxford III Moreaux de Concert S. 55, Kobylańska₂₈ S. 5, – ₃₃ S. 18.

Fassung für Klavier und Quartett oder Quintett

Nach dem Briefwechsel Farrenc–Kistner (s.o.) hat Chopin außer der Fassung mit Orchester auch eine Fassung für Klavier und Quartett vorgesehen. Die Erstausgabe von M. Schlesinger (M.S. 1586) gibt im Titelblatt noch eine Quintettfassung an. Ob Chopin selbst diese Bearbeitungen vorgenommen hat, muß offen bleiben.

Literatur: Linnemann S. 51, Lissa₂ S. 49.

Opus 15

Drei Nocturnes für Klavier
Ferdinand Hiller gewidmet
KKp 198–215

Entstehungszeit: 1830–31 (Hedley₆, Sydow₁; Brown₉: Nr. 1 und 2 Frühjahr 1830/31, Nr. 3 1833).

Nr. 1 F-dur
Autograph: Unbekannt.

Korrigierte Druckexemplare:
(a) Exemplar der Ausgabe M. Schlesinger *Trois Nocturnes / Pour / Le Piano / … / Par / Frédéric Chopin. / Op. 15. / … / M.S. 1529* mit eigenhändigen Eintragungen Chopins. – Band II der Sammelbände O'Méara (II, 2; s. S. XVf.), Bl. 9r–12r. – PhA Ch: F. 647.
(b) Exemplar der Ausgabe M. Schlesinger (M.S. 1529) mit eigenhändigen Eintragungen Chopins. – Band II der Sammelbände Stirling (s. S. XV).
(c) Exemplar der Ausgabe M. Schlesinger (M.S. 1529) mit eigenhändigen (?) Eintragungen Chopins. – Band II der Sammelbände Jędrzejewicz (s. S. XIV), Bl. 31r–34r.–PhA Ch: F. 670.

Handschriftliche Verzeichnisse: Stirling II (Franchomme, s. S. XV) – Stirling VII/2 (Franchomme, s. S. XV).

34

Literatur: Zu KDa: Kobylańska[15] S. 160. – **Zu KDb:** DzW VII S. 121, Kobylańska[28] S. 5, – [33] S. 18. – **Zu KDc:** DzW VII S. 121, Kobylańska[16] Pos. 46ff.

Nr. 2 Fis-dur

Autograph: Unbekannt.

Korrigierte Druckexemplare:
(a) siehe Nr. 1, KDa; Bl. 12v–13v.
(b) siehe Nr. 1, KDb.
(c) siehe Nr. 1, KDc; Bl. 34v–35v.

Handschriftliche Verzeichnisse: Stirling II (Franchomme, s. S. XV) – Stirling VII/2 (Franchomme, s. S. XV).

Literatur: Zu KDa–c: wie Nr. 1, KDa–c.

Nr. 3 g-moll

Autographe:
(a) Fragment. T. 86 bis Schluß. Zwölfzeiliges Doppelblatt (30,5 × 23,5); es handelt sich wohl mehr um einen ersten Entwurf, der von der Endfassung noch stark abweicht. Text auf S. 3, auf S. 1 und 4 Etüde op. 10 Nr. 9, S. 2 leer. – Am 25./26. Februar 1975 vom Antiquariat Stargardt, Marburg, zum Verkauf angeboten. – Heute in der Smlg. von R. O. Lehmann, New York. – **Abb.:** Stargardt 1975 S. 169.
(b) Verschollen. Bei Jonson und Hoesick (siehe Lit.) findet sich eine Bemerkung, derzufolge Chopin ursprünglich *Po przedstawieniu Hamleta (= nach einer Aufführung des Hamlet)* auf das endgültige Autograph geschrieben und später wieder durchgestrichen haben soll.

Korrigierte Druckexemplare:
(a) siehe Nr. 1, KDb.
(b) siehe Nr. 1, KDc; Bl. 36r–37r.

Handschriftliche Verzeichnisse: Stirling II (Franchomme, s. S. XV) – Stirling VII/2 (Franchomme, s. S. XV).

Literatur: Zu Aa: Stargardt 1975 Pos. 698. – **Zu Ab:** Brown[9] Pos. 79, Hoesick[6 III] S. 414, Jachimecki[1] S. 65, – [2] S. 190, Jonson S. 120, Mazel S. 281. – **Zu KDa:** wie Nr. 1, KDb und Ganche[4] S. 144. – **Zu KDb:** wie Nr. 1, KDc.

Nr. 1–3

Erstausgaben:
(a) deutsche: Leipzig, Breitkopf & Härtel (5502); 1833.
(b) französische: Paris, M. Schlesinger (M.S. 1529); 1834.
(c) englische: London, Chr. Wessel (1093); Mai 1834.

Opus 16

Rondo für Klavier

Es-dur

Mademoiselle Caroline Hartmann gewidmet

KKp 216–219

Entstehungszeit: 1832.

Autograph: Unbekannt.

Korrigiertes Druckexemplar: Exemplar der Ausgabe M. Schlesinger *Rondo / Pour / Piano-Forte / ... / Par / Fréd. Chopin. / Op:16 / ... / Paris, Chez Maurice Schlesinger ... M.S. 1703* mit eigenhändigen (?) Eintragungen Chopins. – Band II der Sammelbände Jędrzejewicz (s. S. XIV), Bl. 38r–47v. – PhA Ch: F. 1124.

Handschriftliche Verzeichnisse: Stirling II (Franchomme, s. S. XV) – Stirling VII/2 (Franchomme, s. S. XV).

Erstausgaben:

(a) deutsche: Leipzig, Breitkopf & Härtel (5525); 1834.
(b) französische: Paris, M. Schlesinger (M.S. 1703); 1834. Nach Brown[9] Pos. 76 war bereits im Dezember 1833 eine Ausgabe bei Ignace Pleyel (16) erschienen. Eine Anzeige Pleyels für op. 16 und op. 17 erfolgte in der *Gazette Musicale* vom 23. März 1834. Die Firma Pleyel wurde danach teilweise von Schlesinger übernommen.
(c) englische: London, Chr. Wessel (1143); Brown[8]: Juli 1834, Brown[9]: August 1834.

Literatur: Zu KD: Kobylańska[16] Pos. 46ff.

Opus 17

Vier Mazurken

Madame Lina Freppa gewidmet

KKp 220–236

36

Entstehungszeit: vor September 1831 (Kolberg-Hoesick₆₁: vor Chopins Ankunft in Paris) · 1832–1833 (Brown₉, Hedley₆, Sydow₁).

Nr. 1 B-dur

Autograph: Unbekannt.

Korrigiertes Druckexemplar: Exemplar der Ausgabe Schlesinger *Quatre / Mazurkas / Pour Le / Piano Forte / ... / par / Fréd. Chopin. / Op: 17. / ... Paris, Chez Maurice Schlesinger ... M.S. 1704* mit eigenhändigen Eintragungen Chopins und J. W. Stirlings (?). – Band II der Sammelbände Stirling (s. S. XV).

Handschriftliche Verzeichnisse: Stirling II (Franchomme, s. S. XV) – Stirling VII/2 (Franchomme, s. S. XV).

Literatur: Zu KD: DzW X S. 207, Kobylańska₂₈ S. 5, –₃₃ S. 18.

Nr. 2 e-moll

Autograph: Skizze. Zwölfzeiliges Einzelblatt (19 × 24); auf dem unteren Rand rechts hat Chopin ein zusätzliches System eingezeichnet; 42 Takte; auf der anderen Seite Skizze zur Zweitfassung der Mazurka op. 7 Nr. 4b (s. S. 15). Auf dem rechten Rand steht, von T. Kwiatkowski geschrieben: *F. Chopina – T. Kwiatkowski (= von F. Chopin – T. Kwiatkowski).* – Herkunft siehe op. 7 Nr. 4b, Aa. – Heute in der Jagellonen-Bibliothek Krakau, Sign. 1961: 16; PhA Ch: F. 729. – **Abb.:** Hordyński₇ S. 41, Mirska₉ S. 82.

Handschriftliche Verzeichnisse: Stirling II (Franchomme, s. S. XV) – Stirling VII/2 (Franchomme, s. S. XV).

Literatur: Zu A: Brown₉ Pos. 77, Hordyński₇ S. 39f.

Nr. 3 As-dur

Autograph: Unbekannt.

Handschriftliche Verzeichnisse: Stirling II (Franchomme, s. S. XV) – Stirling VII/2 (Franchomme, s. S. XV).

Nr. 4a a-moll Erstfassung (?)

Entstehungszeit: 1824 (Brown₉, Jachimecki₁, Kuryer Szafarski vom 3. September 1824, Sydow₁) · 1825 (Hedley₆).

Autograph: Unbekannt. – Chopin erwähnt im *Kuryer Szafarski* – einem während der Ferien in Szafarnia handschriftlich angefertigten lustigen Familienblatt – vom 19. August und 3. September 1824, er habe den *Żydek (= Der kleine Jude)* gespielt. Nach Szulc₃ (siehe Lit.) handelte es sich dabei um die Erstfassung von op. 17 Nr. 4. Diese Meinung wurde von späteren Biographen unbesehen als Faktum übernommen.

Literatur: Zu A: Brown₉ Pos. 8 und 77, Hoesick₇₁ S. 64, Kobylańska₉ S. 83f., Szulc₃ S. 159, Wójcicki S. 16.

Nr. 4b a-moll Zweitfassung

Autograph: Verschollen. Skizze. 1 Seite. (Es läßt sich jedoch nicht genau bestimmen, ob diese Skizze sich auf die erste oder die zweite Fassung bezieht.) – Herkunft: Nach Dokumenten der ChopGes noch 1938 im Gołuchowski-Museum in Posen.

Abschrift: Verschollen. Fragment. Abschrift einiger Anfangstakte von Auguste Gathy. – Nach Karłowicz (siehe Lit.) in einem Brief von A. Gathy an Chopin notiert. – Bis 1939 im Besitz von Laura Ciechomska in Warschau.

Handschriftliche Verzeichnisse: Stirling II (Franchomme, s. S. XV) – Stirling VII/2 (Franchomme, s. S. XV).

Literatur: Zu AB: Karłowicz₂ S. 293f.

Nr. 1–4

Erstausgaben:
(a) deutsche: Leipzig, Breitkopf & Härtel (5527); 1834.
(b) französische: Paris, M. Schlesinger (M.S. 1704); 1834; s. Bemerkung zu op. 16, EAb (S. 36).
(c) englische: London, Chr. Wessel (1144); Brown₈: Juni 1834, Brown₉: August 1834.

Opus 18
Walzer für Klavier
Es-dur
Mademoiselle Laura Horsford gewidmet
KKp 237–245

Entstehungszeit: 1830 (Jachimecki₂₋₃: in den letzten Monaten von Chopins Aufenthalt in Warschau) · 1831 (Brown₉, Hedley₆, Sydow₁).

38

Autographe:

(a) *Valse brillante / pour le piano forté / dedié* (sic!) */ à Mlle Laura Horsford /
par / FFCh.* 12 zwölfzeilige Seiten; S. 1: Titel (s. o.), S. 2: leer, S. 3–12: Text.
Auf dem oberen Rand von S. 3 links: *F. Chopin op. 18 grande Valse brillante /
Valse. / Vivo.* Auf allen Seiten Stechereintragungen. – Auf der Auktion vom
4./5. November 1907 bei Leo Liepmannssohn, Berlin (aus den Nachlässen von
Julius Stockhausen, Wilhelm Taubert und Maurice Schlesinger), zum Verkauf
angeboten und für die Sammlung M. Warocqué erworben. – Seit 1917 im
Musée de Mariemont, Belgien, Inv.-Nr. 1093/4; PhA Ch: F. 1527. – **Abb.:**
Seite 1: Kobylańska₂ S. 374, Liepmannssohn 1907 S. 19, Weissmann S. 14.

(b) Das Original konnte nicht eingesehen werden. Die Hs. soll einen Umschlag
mit folgendem Vermerk (in französischer Sprache) haben: *Autograph. Zwei
Walzer. Komponiert und überreicht durch Frédéric Chopin. 1833.* Von François
Lesure als echt bestätigt. – Gefunden im Oktober 1967 im Château de Thoiry
bei Paris. Eigentum des Vicomte Paul de la Panouse (zusammen mit op. 70
Nr. 1, Ab, s. S. 170).

(c) *Valse. dediée à Mlle Laure Horsford par Frédéric Chopin – Paris, le 10 Juillet
1833.* Achtzeiliges Doppelblatt (16 × 23). – Heute Eigentum von Mr Allen
Rowland; nach dessen Angaben wurde die Hs. (zusammen mit op. 70 Nr. 1 Ab,
s. S. 170) im späten 19. Jahrhundert von einem Mitglied seiner Familie erworben. – Seit 1957 in der Yale University, New Haven, Conn., deponiert.

(d) Verschollen. Nach Niecks (siehe Lit.) besaß Camille Pleyel ein weiteres
Autograph (?) dieses Walzers. Möglicherweise mit Ab oder Ac identisch.

Korrigierte Druckexemplare:

(a) Exemplar der Ausgabe H. Lemoine *Grande Valse / Brillante / pour Le
Piano / … / Par / Frédéric Chopin / Opera 18 … / Paris / chez Henry
Lemoine … 2777 HL* mit eigenhändigen Eintragungen Chopins. – Band III
der Sammelbände O'Méara (III, 4; s. S. XVf.), Bl. 18r–23r. – PhA Ch: F. 652.

(b) Verschollen. Druck mit eigenhändigen Eintragungen Chopins und der Widmung *hommage à M-elle Alexandrine Wołowska de la part de l'auteur* (siehe
op. 9 Nr. 1, KDd, S. 18).

(c) Exemplar der Ausgabe M. Schlesinger (M.S. 1599) mit eigenhändigen Eintragungen Chopins. – Band II der Sammelbände Stirling (s. S. XV).

(d) Exemplar der Ausgabe Lemoine (siehe KDa) mit eigenhändigen (?) Eintragungen Chopins. – Band II der Sammelbände Jędrzejewicz (s. S. XIV),
Bl. 55r–60r. – PhA Ch: F. 681.

Handschriftliche Verzeichnisse: Stirling II (Franchomme, s. S. XV) – Stirling
VII/2 (Franchomme, s. S. XV).

Erstausgaben:

(a) deutsche: Leipzig, Breitkopf & Härtel (5545); 1834.
(b) französische: Paris, M. Schlesinger (1599); 1834.
(c) englische: London, Chr. Wessel (1157); Brown₈: Juli 1834, Brown₉:
                   August 1834.

39

Briefe: Chopin an Feliks Wodziński: 18. Juli 1834. – Mikołaj Chopin an seinen Sohn: 7. September 1834.

Literatur: Zu Aa: Brown₉ Pos. 62 (1 und 2 – in den Staatlichen Kunstsammlungen Warschaus befand sich jedoch nur der von Brown ebenfalls erwähnte französische Erstdruck mit der Widmung an Maria Wodzińska. Dieser ging im Zweiten Weltkrieg verloren), Henle₃ S. 5/7/9, Liepmannssohn 1907 Pos. 52. – **Zu Ab:** Brown₉ Pos. 62 (3), Kobylańska₃₅ S. 7. – ₃₇ S. 126, ŻW 1967₁, ŻW 1967₂, ŻW 1968. – **Zu Ad:** Niecks₂₁ S. 273. – **Zu KDa:** Kobylańska₁₅ S. 160. – **Zu KDb:** Hoesick₆ᴵᴵ S. 380, – ₉ᴵⱽ S. 352, Kobylańska₂₉ S. 14. – **Zu KDc:** Kobylańska₂₈ S. 5, – ₃₃ S. 18. – **Zu KDd:** Kobylańska₁₆ Pos. 46ff.

Opus 19

Bolero für Klavier

C-dur

Comtesse Emilie de Flahault gewidmet

KKp 246–249

Entstehungszeit: 1833.

Autograph: Unbekannt. – Früher galt die Handschrift D. 10814 im Département de la Musique der Bibliothèque Nationale Paris als autographe Skizze des Bolero (so Brown₇ S. 12 und Brown₈₋₉ Pos. 81). Inzwischen wurde die Hs. als unecht beseitigt.

Korrigiertes Druckexemplar: Exemplar der Ausgabe Prilipp et Cie *Bolero / pour le / Piano-Forte / dédié / à Mademoiselle la Comtesse / Emilie de Flahault / par / Frédéric Chopin. / Op: 19 ... / à Paris, au Magasin de Musique de Prilipp et Cᶦᵉ* (C. 237.P.) mit eigenhändigen Eintragungen Chopins. – Band III der Sammelbände Stirling (s. S. XV).

Handschriftliche Verzeichnisse: Stirling III (Neukomm, s. S. XV) – Stirling VII/2 (Franchomme, s. S. XV).

Erstausgaben:
(a) deutsche: Leipzig, C. F. Peters (2505); 1834.
(b) französische: Paris, Prilipp et Cie (C. 237.P.); 1835.
(c) englische: London, Chr. Wessel (1491); Brown₈: August 1835, Brown₉: April 1835.

Literatur: Zu KD: Kobylańska[28] S. 5, − [33] S. 18. − **Zu EAa−c:** Henle[13] KB S. 1.

Opus 20

Scherzo für Klavier

h-moll

Thomas Albrecht gewidmet

KKp 250–254

Entstehungszeit: 1831–1832 (Sydow[1], Hedley[6]; Brown[9]: Wien, Mai bis Juni 1831 – Überarbeitung Paris 1832) · 1831? (Binental[6−7]).

Autograph: Unbekannt.

Korrigierte Druckexemplare:

(a) Exemplar der Ausgabe M. Schlesinger *Scherzo / Pour Le Piano / … / Par / F. Chopin. / Opera: 20. / … Paris, chez Maurice Schlesinger* (M.S. 1832) mit eigenhändigen Eintragungen Chopins. – Band II der Sammelbände O'Méara (II, 13; s. S. XVf.), Bl. 89r–98r; PhA Ch: F. 636.

(b) Verschollen. Siehe op. 9 Nr. 1 KDd (S. 18).

Handschriftliche Verzeichnisse: Stirling III (Neukomm, s. S. XV) – Stirling VII/2 (Franchomme, s. S. XV).

Erstausgaben:

(a) deutsche: Leipzig, Breitkopf & Härtel (5599); 1835.
(b) französische: Paris, M. Schlesinger (M.S. 1832); BC: Februar 1835.
(c) englische: London, Chr. Wessel (1492); August 1835.

Literatur: Zu KDa: DzW V S. 99, Kobylańska[15] S. 160. − **Zu KDb:** wie Opus 9 Nr. 1, KDd.

Opus 21

Konzert für Klavier und Orchester

f-moll

Comtesse Delfina Potocka gewidmet

KKp 255–267

41

III.

Allegro vivace
Klav.

simplice
ma grazioso

514 Takte

Entstehungszeit: 1829 (siehe Brief Chopins an T. Woyciechowski vom 3. Oktober 1829. – Binental$_{6-7}$, Hedley$_6$, Jachimecki$_{2-3}$, Sydow$_1$) · Herbst 1829 – Frühjahr 1830 (Brown$_9$).

Autographe:

(a) Skizze zu Takt 225 und Fragment voṅ T. 226 des 1. Satzes. Nur Klavierpart. Enthalten in der Reinschrift der Partitur des Klaviertrios op. 8, Aa (s. S. 16). – Heute im Museum der ChopGes, Inv.-Nr. M/1; PhA Ch: F. 1479. – **Abb.:** Kobylańska$_9$ S. 194.

(b) *2$^{\underline{d}}$ Concerto. / pour le pianoforté / avec l'accompagnement d'orchestre / dedié à M$^{\underline{me}}$ la C$^{\underline{sse}}$ Delphine Potocka / née de Komar / par / Fred. Chopin / Op. 21. / Paris Schlesinger.* In Chopins Handschrift. – Der Klavierpart in der Handschrift Chopins, die Orchesterstimmen sind von einem unbekannten Kopisten geschrieben; nicht von Dobrzyński (siehe ABa)! – 87 sechzehnzeilige Blätter (24,7 × 34,5); Blatt 1r: Titel (s.o., ohne Paginierung), Blatt 1v–36v: 1. Satz *Maestoso* (Originalpaginierung 1–71), Blatt 37r leer, Blatt 37v–48r: 2. Satz *Largetto* (sic! – von fremder Hand) *MM ♩ = 56* (Originalpaginierung 1–22), Blatt 48v und 49r leer, Blatt 49v–87r: 3. Satz *Allegro vivace* (von fremder Hand) *MM ♩. = 69* (Originalpaginierung 1–76). Auf S. 55 des *Maestoso* findet sich bei der Gruppenziffer 15 in Takt 273 ein Verweisungszeichen, das auf dem Rand unten links erklärt wird: *il faut graver ces notes en petit.* Der Takt 393 des *Larghetto* ist in Violoncello und Kontrabaß mit Sternchen bezeichnet, deren Bedeutung Chopin auf dem Rand unten erklärt: *Il faut graver avec les instruments à cordes la partie du piano, jusqu'à la fin du tremolo.* Die Hs. enthält Eintragungen von anderer Hand. – Die Hs. diente M. Schlesinger als Vorlage für seine Erstausgabe; seit 1836 im Besitz von Breitkopf & Härtel. 1936 zusammen mit 48 anderen Handschriften (s.S.XIIf.) Chopins von Breitkopf & Härtel dem polnischen Staat angeboten und 1937 von diesem gekauft. Während des Krieges ins Ausland gebracht. Seit Anfang 1959 wieder in Warschau in der Nationalbibliothek, Inv.-Nr.: Mus. 215; PhA Ch: F. 1199, Mikr. BN 15858; PhA ÖNB Wien 381. – **Abb.:** Mirska$_9$ S. 121 (Finale: Titelblatt und S. 1), Prokopowicz$_4$ Tafel 6 (Titelblatt).

(c) Verschollen. Nach dem bei op. 6 Nr. 1, Ab erwähnten Brief Farrenc's an Kistner vom 17. April 1832 (S. 9) übergab Chopin seine beiden Klavierkonzerte Farrenc zur Veröffentlichung. Schlesinger übernahm nach Farrenc's Verzicht zunächst nur das erste Konzert, veröffentlichte dann später doch auch dieses zweite Konzert. Die Hs. ist möglicherweise mit Ac identisch.

Abschriften:

(a) Verschollen. Nach Hoesick$_{8\,II}$ S. 253 hat Ignacy Feliks Dobrzyński beide

Konzerte instrumentiert (vgl. op. 11, ABa, S. 29). Dabei läßt sich nicht feststellen, ob es sich nur um Zusätze Dobrzyńskis zum Autograph Chopins oder um ein Halbautograph (Klavierstimme von Chopin, Orchesterstimmen von Dobrzyński) handelte.

(b) Verschollen. Siehe op. 8, AB (S. 16).

Korrigierte Druckexemplare:

(a) Exemplar der Ausgabe M. Schlesinger *Second / Concerto / Pour le Piano / Avec Acc.ᵗ d'Orchestre / ... / Par / Fréd. Chopin / Op. 21. / avec Orchestre 24.ᶠ / Quatuor 18. / Piano seul 12. / ... Paris, chez Maurice Schlesinger* (M.S. 1940) mit eigenhändigen Eintragungen Chopins, Klavierauszug. – Band I der Sammelbände O'Méara (I, 6; s. S. XVf.), Blatt 105r–122r. – PhA Ch: F. 655.

(b) Exemplar der Ausgabe Schlesinger (M.S. 1940) mit eigenhändigen Eintragungen Chopins. – Band III der Sammelbände Stirling (s. S. XV).

(c) Exemplar der Ausgabe Schlesinger (M.S. 1940) mit eigenhändigen Eintragungen Chopins (?). Klavierauszug. – Band II der Sammelbände Jędrzejewicz (s. S. XIV), Bl. 62r–79r.–PhA Ch: F. 688.

Handschriftliche Verzeichnisse: Stirling III (Neukomm, s. S. XV) – Stirling VII/2 (Franchomme, s. S. XV).

Erstausgaben:

(a) deutsche: Leipzig, Breitkopf & Härtel (5654); 1836.
(b) französische: Paris, M. Schlesinger (M.S. 1940); BC: August 1836.
(c) englische: London, Chr. Wessel (1642); November 1836; Widmung:
                   to M.ʳˢ Anderson.

Briefe: An J. Elsner: 29. Januar 1831. – An seine Familie: 1. Dezember 1830. – An T. Woyciechowski: 3. und 20. Oktober 1829, 14. November 1829, 27. März 1830. – Mikołaj Chopin an seinen Sohn: 9. Mai 1836. – J. H. A. Farrenc an Fr. Kistner: 17. April, 4. Mai und 21. Dezember 1832. – M. Schlesinger an Fr. Kistner: 2. November 1832. – Fr. Kistner an M. Schlesinger: 10. November 1832. – Breitkopf & Härtel an Izabela Barcińska: 1. Februar 1878.

Literatur: Zu Aa: Brown₉ Pos. 25 (1) und 43 (1), Katalog ChopGes 1971 Pos. 11, Kobylańska₇ S. 6, – ₁₁ S. 306, Poliński₃ S. 29. – **Zu Ab:** Berès Pos. 192, Kobylańska₃₅ S. 7, – ₃₇ S. 126. – **Zu Ac:** Ausstellung 1937 BP Pos. 35, Brown₉ Pos. 43 (2), Chopin I S. 55, – II S. 95, DzW XIX S. 135, – XX S. 100, – XXI S. 182, Frączkiewicz S. 79, Hitzig Nr. 72, M. Idzikowski₂ S. 33, Jahresbericht BN S. 55, Janta₂ S. 168, Kobylańska₃₆ S. 308, Lorentz S. 12, Mirska₇ S. 144, Płaczkowski₁ S. 3, – ₂ S. 3, Prokopowicz₂ S. 282, – ₃ S. 3/5/9, – ₄ S.11 und Pos. 54, – ₇ S. 294ff., – ₈ S. 22 und 25, Szablowski S. 12–17. – **Zu Ad:** Linnemann S. 49f., Lissa₂ S. 50f. – **Zu ABa:** Hoesick₈ᵢᵢ S. 253. – **Zu KDa:** Kobylańska₁₅ S. 159. – **Zu KDb:** Brown₉ Pos. 43, Ganche₄ S. 144f., Kobylańska₂₈ S. 5, – ₃₃ S. 18, Oxford III Concertos S. 82. – **Zu KDc:** Kobylańska₁₆ Pos. 46ff.

Fassung für Klavier und Quartett oder Quintett

Aus dem Briefwechsel Farrenc–Kistner (s.o.) geht hervor, daß Chopin außer der Fassung mit Orchester auch eine Fassung für Klavier und Quartett vorgesehen hat. Eine Ausgabe von Kistner gibt im Titelblatt außerdem noch eine Fassung für Klavier und Quintett an. Ob Chopin selbst diese Bearbeitungen vorgenommen hat, muß offen bleiben.

Literatur: Frączkiewicz S. 79, Linnemann S. 51, Lissa₂ S. 49.

Opus 22

Polonaise mit vorangehendem Andante Spianato für Klavier und Orchester

Es-dur
Baronin d'Est gewidmet
KKp 268–272

Entstehungszeit:

Polonaise: 1830–31 (Sydow₁, Hedley₆; Brown₉: September 1830 bis Juli 1831).
Andante: 1834 (Brown₉, Hedley₆, Sydow₁).
Nach Opieński₁ sind beide Teile 1831 oder 1832 entstanden, nach Binental₆₋₇ 1830–31, nach Jachimecki₂ und ₈ zu einem bedeutenden Teil vor Chopins Abreise aus Warschau (2. November 1830).

Autograph: Unbekannt.

Korrigiertes Druckexemplar: Exemplar der Ausgabe M. Schlesinger *Grande / Polonaise Brillante / précédée d'un / Andante Spianato / pour le / Piano / avec accomp* *d'Orchestre / … / Par / F. Chopin / Op. 22. / … Prix / Avec Orchestre 18ᵗ / Quatuor 12. / Piano seul 7.50ᶜ / Paris, chez Maurice Schlesinger … /* M.S. 1926) mit eigenhändigen Eintragungen Chopins. Klavierauszug. – Band II der Sammelbände O'Méara (II, 16; s. S. XVf.), Bl. 120r–130v (Bl. 128r und v fehlt). – PhA Ch: F. 633.

Handschriftliche Verzeichnisse: Stirling III (Neukomm, s. S. XV) – Stirling VII/2 (Franchomme, s. S. XV).

Erstausgaben:
(a) deutsche: Leipzig, Breitkopf & Härtel (5709); 1836.
(b) französische: Paris, M. Schlesinger (1926); BC: Juli 1836.
(c) englische: London, Chr. Wessel (1643); Brown[8]: August 1836,
                 Brown[9]: Mai 1836.

Briefe: An T. Woyciechowski: 18. September 1830.

Literatur: Zu KD: Kobylańska[15] S. 160.

Fassung für Klavier und Quartett

Ob die im Titelblatt der Ausgabe Schlesinger (s.o. KD) erwähnte Fassung für
Klavier und Quartett auf Chopin selbst zurückgeht und ob dazu ein Ms. existiert
hat, muß offen bleiben.

Opus 23

Ballade für Klavier
g-moll
Baron de Stockhausen gewidmet
KKp 273–279

Entstehungszeit: 1831–35 (Hedley[6], Sydow[1]; Brown[9]: skizziert in Wien
Mai–Juni 1831, fertiggestellt in Paris 1835).

Autographe:

(a) *Ballade / pour le piano forte / dediée à M[r] le Baron de Stockhausen / par /
FF Chopin. – Largo.* 8 zwölfzeilige Blätter (23 × 30,5), S. 1: Titel (s.o.),
S. 2–16 Text. Auf S. 16 hinter dem letzten Takt die Unterschrift: *Ch.* Das
Autograph enthält Stechereintragungen. – Ursprünglich für den Verleger
M. Schlesinger bestimmt, später Eigentum von Professor Lebert aus Stuttgart.
Am 20./21. Mai 1930 bei Leo Liepmannssohn, Berlin, angeboten, dann in der
Sammlung von Frau R. Calmann-Lévy. – Nach dem Katalog von Albrecht ist
Gregor Piatigorski aus Los Angeles, der Ehemann von R. Calmann-Lévy, der
Besitzer; PhA Ch: F. 1468; PhA ÖNB Wien 361 – N u. P. – **Abb.:** S. 2; Bory
S. 106, Ekier[6] Tafel 1, Ganche[3] S. 44, Szopen S. 44. – S. 1 und 2: Kriemlew
S. 279, Lefébure nach S. 108, Mirska[9] S. 83, Weinstock nach S. 208,
Liepmannssohn 1930 Tafel VIII. – S. 9 und 16: Lefébure vor S. 109, Weinstock
vor S. 209. – S. 11: Ekier[6] Tafel 4.

45

(b) Fragment. Erste Seite. Nach einem Brief von A. Hedley vom 26. Juli 1968 an Kobylańska in einer Privatsammlung in England.

(c) Verschollen. Nach einem Brief von Breitkopf & Härtel an Izabela Barcińska vom 1. Februar 1878 (s. S. XIII) befand sich zu dieser Zeit im Besitz des Verlages u. a. ein Ms. dieser Ballade. Ob es sich dabei um ein Autograph oder nur eine Abschrift handelte, muß offen bleiben. Der Brief befindet sich heute im Museum der ChopGes, Inv.-Nr. M/450.

Abschrift: Fälschung! Fragment. 2 Anfangstakte auf einem Albumblatt, Querformat. Angeblich aus der Collection G. Sand. Nach einer Mitteilung M. Loliée's vom Oktober 1957 wurde die Hs. wieder vom Verkauf zurückgezogen.

Korrigiertes Druckexemplar: Exemplar der Ausgabe M. Schlesinger *Ballade / pour le Piano / ... / par / F. Chopin / Op: 23 ... Paris, chez Maurice Schlesinger* (M.S. 1928) mit eigenhändigen Eintragungen Chopins. – Band II der Sammelbände O'Méara (II, 10; s. S. XVf.), Bl. 66r–74r; PhA Ch: F. 639.

Handschriftliche Verzeichnisse: Stirling III (Neukomm, s. S. XV) – Stirling VII/2 (Franchomme, s. S. XV).

Erstausgaben:
(a) deutsche: Leipzig, Breitkopf & Härtel (5706); 1836.
(b) französische: Paris, M. Schlesinger (M.S. 1928); BC: Juli 1836.
(c) englische: London, Chr. Wessel (1644); Brown$_8$: August 1836, Brown$_9$: Mai 1836.

Briefe: An Breitkopf & Härtel: 10. Dezember 1843. – Robert Schumann an Heinrich Dorn in Riga: 14. September 1836. – Breitkopf & Härtel an Izabela Barcińska (geb. Chopin): 1. Februar 1878.

Literatur: Zu Aa: Albrecht Pos. 543, Bory S. 106, Brown$_9$ Pos. 66 (1 und 2), DzW III S. 67f., Ekier$_6$ S. 9ff., Henle$_{10}$ KB S. 3, Hoesick$_{61}$ S. 307, – $_{71}$ S. 345, Jonas$_2$ S. 200, Kobylańska$_7$ S. 12, Lefébure S. 108ff., Liepmannssohn 1930 Pos. 80. – **Zu Ab:** Kobylańska$_{35}$ S. 7, – $_{37}$ S. 126 und 139. – **Zu Ac:** DzW III S. 67, Zagiba$_3$ S. 129. – **Zu AB:** Kobylańska$_{35}$ S. 7, – $_{37}$ S. 139, Loliée Pos. 40. – **Zu KD:** Ekier$_6$ S. 10, Henle$_{10}$ KB S. 3, Kobylańska$_{15}$ S. 160.

Opus 24

Vier Mazurken für Klavier
Comte de Perthuis gewidmet
KKp 280–296

Entstehungszeit: 1834–35 (Brown₉, Hedley₆, Sydow₁).

Nr. 1 g-moll

Autograph: *4 Mazurkas / pour le piano forté / dediées à Monsieur le Comte de Perthuis / par FF Chopin.* – Heft, bestehend aus 12 zwölfzeiligen Blättern (23 × 30,2); Bl. 1r: gemeinsamer Titel (s.o.), Bl. 1v leer, Bl. 2r–3v: Text von Nr. 1 *N^{ro} 1. / Lento.* Die Hs. enthält bei den Nr. 1, 3 und 4 zahlreiche Rasur-stellen und auf allen Seiten Stechereintragungen. – 1835 an Breitkopf & Härtel geschickt; weitere Angaben zur Herkunft siehe op. 21, Ac (S. 42) – Heute in der Nationalbibliothek Warschau, Sign. Mus. 216; PhA Ch: F. 537; PhA ÖNB Wien 362 – N u.P. – **Abb.:** Lissa₃ vor S. 689 (Bl. 1r).

Korrigierte Druckexemplare:
(a) Exemplar der Ausgabe M. Schlesinger *Quatre Mazurkas / Pour / Le Piano / … / par / Fréd. Chopin / Op: 24. / … Paris, chez Maurice Schlesinger* (M.S. 1070) mit Eintragungen Chopins. – Band III der Sammelbände O'Méara (III, 11; s. S. XVf.), Bl. 82r–84r; PhA Ch: F. 553.
(b) Exemplar der Ausgabe M. Schlesinger (M.S. 1070) mit eigenhändigen Ein-tragungen Chopins; auf dem Titelblatt das Datum *1845* in Chopins Schrift. – Band III der Sammelbände Stirling (s. S. XV).

Handschriftliche Verzeichnisse: Stirling III (Neukomm, s. S. XV) – Stirling VII/2 (Franchomme, s. S. XV).

Literatur: Zu A: Ausstellung 1937 BP Pos. 66, Brown₉ Pos. 89 (1), Chopin I S. 55, – II S. 95, Henle₉ KB S. 5, Hitzig Nr. 73, M. Idzikowski₂ S. 33, Jahres-bericht BN S. 55, Janta₂ S. 168, Kobylańska₁₆ Pos. 36, Lorentz S. 12, Miketta₁ S. 465, Mirska₇ S. 144, Płaczkowski₁ S. 3, – ₂ S. 3, Prokopowicz₂ S. 282, – ₃ S. 3/5/9, – ₄ S. 11 und Pos. 55, – ₇ S. 294ff. und 303, – ₈ S. 22. – **Zu KDa:** Kobylańska₁₅ S. 160. – **Zu KDb:** DzW X S. 208, Kobylańska₂₈ S. 5, – ₃₃ S. 18.

Nr. 2 C-dur

Autograph: *All^{o} non troppo / ♩ = 192* (von fremder Hand). 3 Blätter; S. 7–12 des Heftes; Bl. 4r: Titelseite *N^{ro} 2*, Bl. 4v–6r: Text, Bl. 6v leer; nähere Angaben, auch zur Herkunft, siehe Nr. 1, A. – **Abb.:** Lissa₃ nach S. 688 (Bl. 4v).

Handschriftliche Verzeichnisse: Stirling III (Neukomm, s. S. XV) – Stirling VII/2 (Franchomme, s. S. XV).

Literatur: Zu A: wie Nr. 1, A.

Nr. 3 As-dur

Autographe:

(a) *Moderato* / $\textrm{J} = 126$ (Metronomangabe von fremder Hand; irrtümlich $\textrm{J}$ statt $\textrm{J}$). 2 Blätter; S. 13–16 des Heftes; Bl. 7r: Titelseite *N$^{\textrm{ro}}$ 3*, Bl. 7v und 8r: Text, Bl. 8v leer; nähere Angaben, auch zur Herkunft, siehe Nr. 1, A. (b) Verschollen. *Lento.* Zwölfzeiliges Einzelblatt (23 × 28,6); Rückseite leer; auf dem oberen Rand links die Widmung *à M$^{\textrm{me}}$ Linde;* nach dem letzten Takt Unterschrift und Datum: *F. Chopin/22. Sept. Dresden 1835.* – Bis 1939 in der Bibliothek der Warschauer Musikgesellschaft. Während des Krieges verlorengegangen. – PhA Ch: F. 854. – **Abb.:** Abbiati S. 577, Binental$_{1-2}$ Pos. 49, Mirska$_9$ S. 174, Murdoch$_2$ zwischen S. 80/81.

Korrigiertes Druckexemplar: Exemplar der Ausgabe M. Schlesinger (M.S. 1070) mit einer Eintragung Chopins (?): Datum *22/9 1835.* – Band II der Sammelbände Jędrzejewicz (s. S. XIV), Bl. 105v–106r. – PhA Ch: F. 582.

Handschriftliche Verzeichnisse: Stirling III (Neukomm, s. S. XV) – Stirling VII/2 (Franchomme, s. S. XV).

Literatur: Zu Aa: wie Nr. 1, A. – **Zu Ab:** Ausstellung 1932 BP Pos. 44, Binental$_1$ S. 163, – $_2$ S. 149, – $_4$ Pos. 41, Brown$_9$ Pos. 89 (2), DzW X S. 208, Kobylańska$_{36}$ S. 313, Miketta$_1$ S. 465. – **Zu KD:** Kobylańska$_{16}$ Pos. 46ff.

Nr. 4 b-moll

Autograph: *Moderato* / $\textrm{J} = 132$ (Metronomangabe von fremder Hand). 4 Blätter; S. 17–24 des Heftes; Bl. 9r: Titelseite *N$^{\textrm{ro}}$ 4.*, Bl. 9v–12r: Text, Bl. 12v leer; nähere Angaben, auch zur Herkunft, siehe Nr. 1, A. – **Abb.:** Mirska$_9$ S. 83 (Bl. 9v).

Korrigiertes Druckexemplar: Siehe Nr. 1 KDa, Bl. 87v–90r.

Handschriftliche Verzeichnisse: Stirling III (Neukomm, s. S. XV) – Stirling VII/2 (Franchomme, s. S. XV).

Literatur: Zu A: wie Nr. 1, A. – **Zu KD:** wie Nr. 1, KDa.

Nr. 1–4

Erstausgaben:

(a) deutsche: Leipzig, Breitkopf & Härtel (5647); 1836.
(b) französische: Paris, M. Schlesinger (1070); 1836.
(c) englische: London, Chr. Wessel (1645); Brown$_8$: Mai 1836, Brown$_9$: April 1836.

Briefe: An Breitkopf & Härtel: 10. Dezember 1843.

Opus 25
Zwölf Etüden für Klavier
Comtesse Marie d'Agoult gewidmet
KKp 297–344

Entstehungszeit: Nach einem bisher unveröffentlichten Vertrag zwischen Chopin und Breitkopf & Härtel vom 30. Juni 1835, in dem Chopin dem Verlag alle Rechte für Deutschland zuspricht, sind alle Etüden op. 25 vor dem Datum des Vertragsabschlusses entstanden.

Nr. 1 As-dur
Autographe:

(a) Verschollen. *Etude.* 4 vierzehnzeilige Seiten (22,4 × 29) im Album (Nr. 2, S. 1–4) von Maria Wodzińska. S. 1 leer, S. 2–4 Text; auf S. 4 nach dem letzten Takt Unterschrift und Datum: *Ch Drezno. 1836 (= Dresden. 1836).* Die Hs. enthält zahlreiche Korrekturen auf S. 2. – Das Album enthielt auch noch die

Etüde op. 25 Nr. 2 (Ab) und das Lied op. 74 Nr. 14, Ab. (s. S. 204). – Zur Herkunft siehe op. 9 Nr. 2, Ab (S. 18f.). – PhA Ch: F. 1547; PhA ÖNB Wien 355.–
Abb.: S. 1: Binental₄ Tafel XXVI, Bory S. 115, Mikuli₄ S. 8, Mirska₉ S. 174. – S. 1–3: Binental₁₋₂ Pos. 60ff.

(b) *Etudes / pour piano / dediées à Mme la C^{sse} d'Agoult / par / Chopin / pour etre publie le 15 Octobre. / Œuvre / op. 25.* Opusangabe von fremder Hand. – Dieser Gesamttitel gehört zu einem Heft, in das neben Autographen (zu Nr. 1 und 8) auch Abschriften von J. Fontana (zu Nr. 4–6 und Nr. 12) und von A. Gutmann (zu Nr. 2, 3, 7 und 9–11) zusammengebunden sind. Das Heft besteht aus 27 vierzehnzeiligen Blättern (23 × 33). Die Rückseite des Titels ist leer. Alle Abschriften sind von Chopin korrigiert. Die Hs. enthält Stechereintragungen. – *Allᵒ Sostenuto ♩ = 104* (alle Metronomangaben von fremder Hand); Bl. 2r–3r: Text von Nr. 1, Bl. 3v leer; auf dem unteren Rand von Bl. 2r *nota pour le graveur. Il faut graver bien distinctement les grandes et les petites notes.* – Die Hs. wurde im Februar 1837 durch Vermittlung von H. A. Probst aus Paris an Breitkopf & Härtel nach Leipzig gesandt. Weitere Angaben zur Herkunft siehe op. 21, Ac (S. 42). – Heute in der Nationalbibliothek Warschau, Sign. Mus. 217; PhA Ch: F. 1304; PhA ÖNB Wien 363 – N u. P. – **Abb.:** Bl. 1r und 2r: Szablowski S. 43. – Bl. 2r: Bory S. 115, Friedman₃ₐ Bildbeigabe, Lissa₃ nach S. 640, Mirska₇ S. 145, –₉ S. 174.

(c) Verschollen. Nach Brzowski-Hoesick (siehe Lit. Hoesick₈ᵢᵢ) gab es noch ein weiteres Autograph.

Abschrift: *Etude de Chopin.* 4 neunzeilige Seiten, Bl. 52v–54r (26,4 × 32,9) im Album von Delfina Potocka. Größtenteils von Delfina Potocka abgeschrieben, T. 20–49 von unbekannter Hand. – Aus dem Nachlaß von Professor Albert Robin, Paris. Heute im Krakauer Nationalmuseum, Sign.: 73152; PhA Ch: F. 1464.

Korrigierte Druckexemplare:
(a) Exemplar der Ausgabe H. Lemoine *Etudes / Pour le Piano / … / Par / F. Chopin / … / Op: 25 / Deuxième livre d'Etudes / … / Paris, chez Henry Lemoine … 2776 HL* mit eigenhändigen Eintragungen Chopins. – Band I der Sammelbände O'Méara (I, 2; s. S. XVf.), Bl. 30r–32r. – PhA Ch: F. 661.
(b) Exemplar der Ausgabe Lemoine (2776 HL) mit eigenhändigen Eintragungen Chopins. – Band III der Sammelbände Stirling (s. S. XV).

Handschriftliche Verzeichnisse: Stirling III (Neukomm, s. S. XV) – Stirling VII/2 (Franchomme, s. S. XV).

Literatur: Zu Aa: Ausstellung 1937 BP Pos. 64, Binental₁ S. 165, –₂ S. 151, –₄ S. 10 und Pos. 44, –₅ S. 87, –₆ S. 119, Brown₉ Pos. 104 (1), DzW II S. 156f., Henle₂ S. 7, Kobylańska₂₄ S. 483, Parnas₂ S. 75f. und 91, Zimmermann S. 161. – **Zu Ab:** Ausstellung 1937 BP Pos. 101, Bory S. 115, Brown₉ Pos. 78 (1) und 104 (2 und 3), Chopin I S. 55, – II S. 95, DzW II S. 156f., Henle₂ S. 6f. und 10, Hitzig Nr. 74, M. Idzikowski₂ S. 33, Jahresbericht BN S. 55, Janta₂

S. 168, Lorentz S. 12, Mirska₇ S. 144, Płaczkowski₁ S. 3, – ₂ S. 3, Prokopowicz₂ S. 282, – ₃ S. 3/5/9, – ₇ S. 294ff. und 303, – ₈ S. 22, Zimmermann S. 159
und 161f. – **Zu Ac:** Czartkowski₁ S. 310, –₂ S. 218, Hoesick₂ S. 174/187, – ₈ᵢ
S. 181, – ₈ᵢᵢ S. 272. – **Zu AB:** Hordyński₅ S. 391. – **Zu KDa:** Kobylańska₁₅
S. 159. – **Zu KDb:** Kobylańska 28 S. 5, – ₃₃ S. 18.

Nr. 2 f-moll

Autographe:

(a) *Presto agitato.* Fragment. 20 Anfangstakte. 1 zehnzeilige Seite (24,3 ×
33,4) im Album von Antoni Teichmann. Nach dem letzten Takt Datum und
Unterschrift: *Paryż dnia 27 Stycznia 1836 (= Paris, 27. Januar 1836) FF
Chopin.* – Früher im Besitz der Familie Klinker, dann in den Sammlungen von
A. Hedley in London. – Seit 1969 Eigentum von A.-M. Boutroux Ferra, Vallde-
mosa (Mallorca); PhA Ch: F. 1584. – **Abb.:** Hedley₄ S. 15, Mirska₉ S. 175,
Sabrafín S. 24.
(b) Verschollen. *Etude.* 51 Takte. 4 zwölfzeilige Seiten (22,4 × 29) im Album
(Nr. 2, S. 5–8) von Maria Wodzińska; S. 5 leer, S. 6–8 Text *Agitato.* Nach dem
letzten Takt Unterschrift und Datum: *Ch 1836 Drezno (= 1836 Dresden).*
Siehe Nr. 1, Aa. – Zur Herkunft siehe op. 9 Nr. 2, Ab (S. 18f). – PhA Ch: F.
1368; PhA ÖNB Wien 355. – **Abb.:** Binental₁₋₂ Pos. 56ff., Kobylańska₂
S. 346ff.
(c) Verschollen. Siehe Nr. 1, Ac.

Abschriften:

(a) *2ᵐᵉ Etude / Presto ♩ = 112.* Abschrift von A. Gutmann. 2 Blätter;
Bl. 4r–5v des Heftes; nähere Angaben, auch zur Herkunft, siehe Nr. 1, Ab.
(b) *Etude de F. Chopin/Presto ♩ = 112.* Abschrift eines unbekannten Kopisten, desselben der die Takte 20–49 der Etude Nr. 1 (siehe Nr. 1, AB) geschrieben hat. – 4 neunzeilige Seiten, Bl. 54v–56r (26,4 × 32,9) im Album von
Delfina Potocka. – Herkunft siehe Nr. 1, AB. – PhA Ch: F. 1465.

Korrigierte Druckexemplare:

(a) Siehe Nr. 1, KDa; Bl. 32v–33v.
(b) Siehe Nr. 1, KDb; zusätzliche Nachträge J. W. Stirlings (?).

Literatur: Zu Aa: Brown₉ Pos. 97 (1), Harasowski₂ S. 6, Hedley₄ S. 12ff.,
– ₇ S. 2, Henle₂ S. 7, Kobylańska₃₆ S. 311. – **Zu Ab:** Ausstellung 1937 BP
Pos. 65, Binental₁ S. 165, –₂ S. 151, –₄ S. 10 und Pos. 45, –₅ S. 87, Brown₉
Pos. 97 (2), DzW II S. 157, Harasowski₂ S. 6, Kobylańska₂₄ S. 483, Parnas₂
S. 75f. und 91. – **Zu Ac:** wie Nr. 1, Ac. – **Zu ABa:** Breitkopf & Härtel₃ S. 48,
Brown₉ Pos. 78 (1) und 97 (3), DzW II S. 157 sowie – außer Bory – alles von
Nr. 1, Ab. – **Zu ABb:** wie Nr. 1, AB. – **Zu KDa und b:** wie Nr. 1, KDa und b.

Nr. 3 F-dur

Autograph: Unbekannt.

Abschrift: *3*ᵐᵉ *Etude / Allegro* ♩ *= 120.* Abschrift von A. Gutmann. 2 Blätter; Bl. 6r–7v des Heftes; Bl. 7v leer; nähere Angaben, auch zur Herkunft, siehe Nr. 1, Ab.

Korrigiertes Druckexemplar: Siehe Nr. 1, KDa; Bl. 34r–35v.

Literatur: Zu AB: Ausstellung 1937 BP Pos. 101, Breitkopf & Härtel₃ S. 48, Brown₉ Pos. 78 (1) und 99 (2), Chopin I S. 55, – II S. 95, DzW II S. 157ff., Henle₂ S. 6f., Hitzig Nr. 74, M. Idzikowski₂ S. 33, Jahresbericht BN S. 55, Janta₂ S. 168, Lorentz S. 12, Mirska₇ S. 144, Płaczkowski₁ S. 3, – ₂ S. 3, Prokopowicz₂ S. 282, – ₃ S. 3/5/9, – ₇ S. 249ff. und 303, – ₈ S. 22. – **Zu KDa:** wie Nr. 1, KDa.

Nr. 4 a-moll

Autograph: *4*ᵐᵉ *Etude / Agitato* ♩ *= 120.* 4 vierzehnzeilige Seiten (23,4 × 30,3); S. 1 leer, S. 2–4: Text. Nach dem letzten Takt die Unterschrift *Ch.* Auf allen Seiten Stechereintragungen. – Aus dem Eigentum der Fürstin de Chimay. – Heute in der Bibliothèque Musicale de l'Opéra, Paris, Sign.: Rés. 50 (2), Eingangsnummer aus dem Jahr 1940: 19139; PhA Ch: F. 1549. – **Abb.:** S. 2: Boucourechliev S. 66, Mirska₉ S. 175.

Abschrift: *4*ᵐᵉ *Etude / Agitato* ♩ *= 160.* Abschrift von Julian Fontana mit Korrektureintragungen Chopins. 2 Blätter; Bl. 8r–9v des Heftes; Bl. 8r leer, Bl. 8v und 9r: Text, Bl. 9v leer; nähere Angaben, auch zur Herkunft, siehe Nr. 1, Ab.

Korrigiertes Druckexemplar: Siehe Nr. 1, KDa; Bl. 36r–37r.

Literatur: Zu A: Ausstellung 1949 BN Pos. 49, Brown₉ Pos. 78 (3). – **Zu AB:** wie Nr. 3, AB außer Brown₉ Pos. 99; Brown₉ Pos. 78 (1), Henle₂ S. 6f. und 10; dazu Hedley₁₁ S. 477, Kobylańska₂₄ S. 482. – **Zu KDa:** siehe Nr. 1, KDa.

Nr. 5 e-moll

Autograph: Unbekannt.

Abschrift: *5*ᵐᵉ *Etude. / Vivace* ♩ *= 184.* Abschrift von J. Fontana mit Korrektureintragungen Chopins. 2 Blätter; Bl. 10r–11v des Heftes; nähere Angaben, auch zur Herkunft, siehe Nr. 1, Ab.

Literatur: Zu AB: wie Nr. 3, AB außer Brown₉ Pos. 78(1); dazu Hedley₁₁ S. 477, Kobylańska₂₄ S. 482.

Nr. 6 gis-moll

Autograph: Unbekannt.

Abschrift: *6*ᵐᵉ *Etude. / All°* ♩ *= 69.* Abschrift von Julian Fontana mit Korrektureintragungen Chopins. 2 Blätter; Bl. 12r–13v des Heftes; nähere Angaben, auch zur Herkunft, siehe Nr. 1, Ab.

Korrigierte Druckexemplare:
(a) Siehe Nr. 1, KDa; Bl. 40 r – 42 r.
(b) Siehe Nr. 1, KDb.

Literatur: Zu Ab: wie Nr. 3, AB außer Brown $_9$ Pos. 78 (1); dazu Kobylańska $_{24}$ S. 482. – **Zu KDa:** wie Nr. 1, KDa. – **Zu KDb:** DzW II S. 160, Oxford I Etudes S. 85, Kobylańska $_{28}$ S. 5, – $_{33}$ S. 18.

Nr. 7 cis-moll

Autograph: Verschollen. Siehe op. 10 Nr. 4, Ac (S. 24).

Abschrift: 7 $^{\underline{me}}$ *Etude. / Lento* ♩ = 66. Abschrift von Adolf Gutmann mit Korrektureintragungen Chopins. 2 Blätter; Bl. 14 r – 15 v des Heftes; Bl. 14 r – 15 r: Text, Bl. 15 v leer; nähere Angaben, auch zur Herkunft, siehe Nr. 1, Ab.

Korrigierte Druckexemplare:
(a) Siehe Nr. 1, KDa; Bl. 42 v – 44 r.
(b) Siehe Nr. 1, KDb; oben auf der Titelseite von Chopin geschrieben: *7 Juin 1845.* – Zusätzliche Nachträge J. W. Stirlings (?).
(c) Exemplar der Ausgabe H. Lemoine (2776 HL., siehe Nr. 1, KDa) mit eigenhändigen (?) Eintragungen Chopins. – Band I der Sammelbände Jędrzejewicz (s. S. XIV), Bl. 107 v – 109 r. – PhA Ch: F. 677.

Literatur: Zu A: Szulc $_1$ S. 246. – **Zu AB:** wie Nr. 3, AB; Brown $_9$ Pos. 78 (1), Henle $_2$ S. 6 f. und 10. – **Zu KDa:** wie Nr. 1, KDa. – **Zu KDb:** Oxford I Etudes S. 89, Kobylańska $_{28}$ S. 5, – $_{33}$ S. 18. – **Zu KDc:** Kobylańska $_{16}$ Pos. 46 ff.

Nr. 8 Des-dur

Autograph: *8 $^{\underline{me}}$ Etude / Vivace* (*Etude*, durchgestrichen) ♩ = 69. 2 Blätter; Bl. 16 r – 17 v des Heftes; Bl. 16 r leer, Bl. 16 v und 17 r: Text, Bl. 17 v leer; nähere Angaben, auch zur Herkunft, siehe Nr. 1, Ab. – **Abb.:** Bl. 16 v und 17 r: Lissa $_3$ nach S. 672, UW nach S. 176.

Korrigierte Druckexemplare:
(a) Siehe Nr. 1, KDa; Bl. 44 v – 45 r.
(b) Siehe Nr. 1, KDb.

Literatur: Zu A: wie Nr. 3, AB; dazu Zimmermann S. 159. – **Zu KDa und b:** wie Nr. 1, KDa und b.

Nr. 9 Ges-dur

Autograph: Unbekannt.

Abschrift: 9 $^{\underline{me}}$ *Etude. / All $^{\underline{o}}$ assai* (von Chopin selbst korrigiert statt *All $^{\underline{o}}$ vivace*) ♩ = 112. Abschrift von Adolf Gutmann mit Korrektureintragungen

Chopins. 2 Blätter; Bl. 18r–19v des Heftes; Bl. 18r leer, Bl. 18v und 19r: Text, Bl. 19v leer; nähere Angaben, auch zur Herkunft, siehe Nr. 1, Ab.

Korrigierte Druckexemplare:
(a) Siehe Nr. 1, KDa; Bl. 45v–46r.
(b) Siehe Nr. 1, KDb.
(c) Siehe Nr. 7, KDc; Bl. 110v–111r.

Literatur: Zu AB: wie Nr. 3, AB; Brown[9] Pos. 78 (1); dazu Ekier[6] S. 15. – **Zu KDa und b:** wie Nr. 1, KDa und b. – **Zu KDc:** wie Nr. 7, KDc.

Nr. 10 h-moll

Autograph: Unbekannt.

Abschrift: *10me Etude. / Allo con fuoco.* $\downarrow = 72$. Abschrift von Adolf Gutmann mit Korrektureintragungen Chopins. 3 Blätter; Bl. 20r–22v des Heftes; Bl. 20r–22r: Text, Bl. 22v leer; nähere Angaben, auch zur Herkunft, siehe Nr. 1, Ab.

Korrigierte Druckexemplare:
(a) Siehe Nr. 1, KDa; Bl. 46v–48v.
(b) Siehe Nr. 1, KDb, mit Nachträgen J. W. Stirlings (?). Keine Eintragungen von Chopin.

Literatur: Zu AB: wie Nr. 3, AB; Brown[9] Pos. 78 (1), Henle[2] S. 6f. und 11; dazu Ekier[6] S. 117f., Zimmermann S. 159f. – **Zu KDa und b:** wie Nr. 1, KDa und b.

Nr. 11 a-moll

Autograph: Verschollen. Hoesick[3] (siehe Lit.) berichtet von einem Gespräch mit Emilia Hoffmann, der Frau A. Hoffmanns, in dem von der Entstehung der vier Einleitungstakte und in diesem Zusammenhang von einer ersten Niederschrift die Rede war.

Abschrift: *11me Etude. / Allo con brio* (von Chopin selbst korrigiert statt *Allegro con fuoco*). $\downarrow = 69$. Abschrift von A. Gutmann mit Korrektureintragungen Chopins. 3 Blätter, Bl. 23r–25v des Heftes; nähere Angaben, auch zur Herkunft, siehe Nr. 1, Ab.

Korrigierte Druckexemplare:
(a) Siehe Nr. 1, KDa; Bl. 49r–53r.
(b) Siehe Nr. 7, KDc; Bl. 114r–118r.

Literatur: Zu A: Brown[9] Pos. 83, Czartkowski[1] S. 455, –[2] S. 423; Hoesick[3] S. 451, –[81] S. 246f. – **Zu AB:** wie Nr. 3, AB; Brown[9] Pos. 78 (1); dazu: Zimmermann S. 163. – **Zu KDa:** wie Nr. 1, KDa. – **Zu KDb:** wie Nr. 7, KDc.

Nr. 12 c-moll

Autograph: Unbekannt.

Abschrift: *12me Etude. / Allegro molto con fuoco /* ♩ *= 80.* Abschrift von J. Fontana mit Korrektureintragungen Chopins. 2 Blätter, Bl. 26r–27v des Heftes; nähere Angaben, auch zur Herkunft, siehe Nr. 1, Ab.

Korrigierte Druckexemplare:
(a) Siehe Nr. 1, KDa; Bl. 53v–56r.
(b) Siehe Nr. 1, KDb.

Literatur: Zu AB: wie Nr. 3, AB; dazu Hedley[11] S. 477, Kobylańska[24] S. 482. – **Zu KDa und b:** wie Nr. 1, KDa und b.

Nr. 1–12:

Autographe: Verschollen. Nach I. Philipp (siehe Lit.) berichtete G. Mathias von einem sehr leserlichen und sauberen Autograph der Etuden.

Abschriften: Verschollen. Hoesick (siehe Lit.) zitiert aus dem Tagebuch von Chopins Freund Józef Brzowski: *1. April (1837). Samstag. Heute war ich bei Chopin. / … / Ich bat ihn um die neuen Etuden, damit ich sie abschreiben könnte, und er gab sie mir.*

Korrigierte Druckexemplare: Verschollen. Siehe op. 9 Nr. 1, KDd (S. 18).

Literatur: Zu A: Czartkowski[1] S. 409, – [2] S. 395, Philipp S. VI. – **Zu AB:** Hoesick[8 II] S. 272.

Erstausgaben:
(a) deutsche: Leipzig, Breitkopf & Härtel (5832, 5833); 1837.
(b) französische: Paris, M. Schlesinger (M.S. 2427); 1837.
(c) englische: London, Chr. Wessel (1832, 1833); Oktober 1837.

Opus 26

Zwei Polonaisen

Joseph Dessauer gewidmet
KKp 345–356

Entstehungszeit: 1834–35 (Brown[9], Hedley[6], Sydow[1]).

Nr. 1 cis-moll

Autograph: *Deux Polonaises / pour le piano / dediés* (sic!) *à son ami J. Dessauer / par / FF Chopin /* von fremder Hand: *Leipzig chez Breitkopf & Haertel / Paris chez Maurice Schlesinger / Londres chez Wessel & Co / Propriété des Editeurs / M.S. 1929.* – Heft, bestehend aus 6 zwölfzeiligen Blättern (23,5 × 30,5); Bl. 1r: gemeinsamer Titel (s.o.), Bl. 1v leer, Bl. 2r–3v: Text von Nr. 1 *Allº / appassionato*; Bl. 4r–6v: Text von Nr. 2. – Die Hs. befand sich früher in der Musikbibliothek Peters in Leipzig. Nach dem Zweiten Weltkrieg war sie zunächst im Besitz von W. Hinrichsen und kam dann in die Sammlung von Mrs. M. B. Cary. Mrs. Cary starb im Dezember 1967; ihre Sammlung wird seit September 1968 als *Mary Flagler Cary Music Collection* in der Pierpont Morgan Library in New York aufbewahrt. – **Abb.:** Flagler Cary Tafel XVII (Bl. 2r).

Korrigierte Druckexemplare:
(a) Exemplar der Ausgabe M. Schlesinger *Deux / Polonaises / Pour le Piano / … / Par / F. Chopin / Op: 26 … Paris, chez Maurice Schlesinger* (M.S. 1929) mit eigenhändigen Eintragungen Chopins. – Band II der Sammelbände O'Méara (II, 17; s. S. XVf.), Bl. 132r–135r. – PhA Ch: F. 632.
(b) Exemplar der Ausgabe M. Schlesinger (M.S. 1929) mit eigenhändigen (?) Eintragungen Chopins. – Band II der Sammelbände Jędrzejewicz (s. S. XIV), Bl. 110r–113r. – PhA Ch: F. 685.

Handschriftliche Verzeichnisse: Stirling III (Neukomm, s. S. XV) – Stirling VII/2 (Franchomme, s. S. XV).

Literatur: Zu A: Bartoszewicz[5] S. 5, Brown[9] Pos. 90, Flagler Cary Pos. 97, R.J. S. 17 – **Zu KDa:** Kobylańska[15] S. 160. – **Zu KDb:** Kobylańska[16] Pos. 46ff.

Nr. 2 es-moll

Autograph: *Maestoso.* 3 Blätter; Bl. 4r–6v des Heftes; nähere Angaben, auch zur Herkunft, siehe Nr. 1, A.

Korrigierte Druckexemplare:
(a) Siehe Nr. 1, KDa, Bl. 135v–140r.
(b) Exemplar der Ausgabe M. Schlesinger (M.S. 1929) mit eigenhändigen Eintragungen Chopins. – Band III der Sammelbände Stirling (s. S. XV). Ganche schreibt (siehe Lit.): „… / il substitua un *fff* au *ppp* des deux derniers accords de la Polonaise en mi bémol mineur".
(c) Verschollen. In der Ausgabe Fr. Kistner *Fr. Chopins Pianoforte-Werke revidirt … von Carl Mikuli, Band 5, Polonaisen … 5304, 5307* schreibt C. Mikuli als Kommentar zu S. 26 T. 10: „*Während Frau Rubio diese 3te Polonaise mit Chopin studierte, schrieb er eigenhändig in ihr Exemplar (abweichend von den Heften anderer Schüler) bei dieser Stelle und deren Wiederkehr anstatt des ♭ vor D ein ♮*".
(d) Siehe Nr. 1, KDb, Bl. 113v–118r.

Handschriftliche Verzeichnisse: Stirling III (Neukomm, s. S. XV) – Stirling VII/2 (Franchomme, s. S. XV).

Literatur: Zu A: wie Nr. 1. – **Zu KDa:** wie Nr. 1, KDa. – **Zu KDb:** DzW VIII S. 142, Ganche₄ S. 144, Kobylańska₂₈ S. 5, – ₃₃ S. 18. – **Zu KDc:** DzW VIII S. 141 f., Mikuli₂ S. 26. – **Zu KDd:** DzW VIII S. 142, Kobylańska₁₆ Pos. 46 f.

Erstausgaben:

Nr. 1 und 2

(a) deutsche: Leipzig, Breitkopf & Härtel (5707); 1836.
(b) französische: Paris, M. Schlesinger (M.S. 1929); BC: Juli 1836.
(c) englische: London, Chr. Wessel (1647); Brown₈: Oktober 1836, Brown₉: Mai 1836.

Opus 27

Zwei Nocturnes

Comtesse Thérèse d'Appony gewidmet
KKp 357–369

Nr. 1 cis-moll

Entstehungszeit: 1834–35 (Hedley₆, Sydow₁) · 1835 (Brown₉) · 1836 (Opieński₁).

Autograph: Verschollen. Die Hs. war zusammen mit Nr. 2 (siehe Nr. 2, A) im Besitz der Firma Breitkopf & Härtel.

Korrigierte Druckexemplare:

(a) Exemplar der Ausgabe M. Schlesinger *Deux / Nocturnes / pour le Piano / … / Par / Fréd. Chopin / Op: 27. … Paris chez Maurice Schlesinger* (M.S. 1935) mit eigenhändigen Eintragungen Chopins. – Band II der Sammelbände O'Méara (II, 3; s. S. XVf.), Bl. 17v–19v. – PhA Ch: F. 646.

(b) Exemplar der Ausgabe M. Schlesinger (M.S. 1935) mit eigenhändigen Eintragungen Chopins. – Band IV der Sammelbände Stirling (s. S. XV).

(c) Exemplar der Ausgabe M. Schlesinger (M.S. 1835) mit eigenhändigen (?) Eintragungen Chopins. – Band II der Sammelbände Jędrzejewicz (s. S. XIV), Bl. 119r–122 v. – PhA Ch: F. 682.

Handschriftliche Verzeichnisse: Stirling IV (Neukomm, s. S. XV) – Stirling VII/2 (Franchomme, s. S. XV).

Literatur: Zu KDa: Kobylańska₁₅ S. 160. – **Zu KDb:** DzW VII S. 122, Kobylańska₂₈ S. 5, – ₃₃ S. 18, Oxford I Nocturnes S. 34. – **Zu KDc:** DzW VII S.122, Kobylańska₁₆ Pos. 46ff.

Nr. 2 Des-dur

Entstehungszeit: 1834–35 (Hedley[6], Sydow[1]) · Herbst 1835 (Brown[9]).

Autograph: *8ᵐᵉ Nocturne / pour le piano-forté / par FF Chopin* (von Chopin wieder durchgestrichen). – 4 neunzeilige Blätter (23 × 30,2); S. 1: Titel (s.o.), S. 2 leer, S. 3–8: *Text N⁰ 2. / Lento sostenuto.* ♩. = 50; Blatt 4 ist versehentlich vor Blatt 2 eingebunden. Die Hs. enthält zahlreiche Stecheintragungen. – Im November 1835 durch Vermittlung von H. A. Probst von Paris an Breitkopf & Härtel nach Leipzig geschickt; weitere Angaben zur Herkunft siehe op. 21, Ac (S. 42). – Heute in der Nationalbibliothek Warschau, Sign. Mus. 218; PhA Ch: F.1297; PhA ÖNB Wien 364 – N u. P. – **Abb.:** Simonides-Bednář Tafel 28 (S. 3).

Korrigierte Druckexemplare:
(a) Siehe Nr. 1, KDa, Bl. 20r–22r.
(b) Siehe Nr. 1, KDc, Bl. 123r–125r.

Handschriftliche Verzeichnisse: Stirling IV (Neukomm, s. S. XV) – Stirling VII/2 (Franchomme, s. S. XV).

Literatur: Zu A: Ausstellung 1937 BP Pos. 67, Brown[9] Pos. 96 (1), Chopin I S. 55, – II S. 95, Henle[4] KB S. 6f., Hitzig Nr. 75, M. Idzikowski[2] S. 33, Jahresbericht BN S. 55, Janta[2] S. 168, Lorentz S. 12, Mirska[7] S. 144, Płaczkowski[1] S. 3, – [2] S. 3, Prokopowicz[2] S. 282, – [3] S. 3/5/9, – [7] S. 294ff. und 304, – [8] S. 22. – **Zu KDa:** wie Nr. 1, KDa. – **Zu KDb:** DzW VII S. 122f., Henle[4] KB S. 6, Kobylańska[16] Pos. 46ff.

Nr. 1 und 2

Erstausgaben:
(a) deutsche: Leipzig, Breitkopf & Härtel (5666, 5667); 1836.
(b) französische: Paris, M. Schlesinger (M.S. 1935); BC: Juli 1836.
(c) englische: London, Chr. Wessel (1648); Brown[8]: November 1836, Brown[9]: Mai 1836.

Briefe: An Breitkopf & Härtel: 10. Dezember 1843.

Opus 28

24 Préludes für Klavier
KKp 370–478 und 1312

59

Widmung: Autograph und deutsche Erstausgabe enthalten eine Widmung an Joseph Christoph Kessler.

Französische und englische Erstausgabe enthalten eine Widmung an Camille Pleyel.

Entstehungszeit: Nach zwei Briefen Chopins an H. A. Probst vom 24. Oktober 1838 und vom 22. Januar 1839 waren die Préludes op. 28 auf jeden Fall vor dem zweiten Datum, möglicherweise schon vor dem ersten Datum vollendet.

Über den Zeitpunkt des Kompositionsbeginns gehen die Meinungen innerhalb der Chopin-Forschung auseinander: ab 1831 (Hoesick[6]) · ab 1836 (Brown[9], Hedley[6], Sydow[1]) · ab 1838 (Jachimecki[2–3], Opieński[1]).

In den Sammlungen von R. O. Lehman in New York befindet sich eine Skizze Chopins (s. VI/6, S. 258), die auf dem Rand einen interessanten Versuch zur Einteilung der Préludes op. 28 enthält.

Nr. 1 C-dur

Autograph: *24. Preludes / pour le piano forte dediés à son ami J. C. Kessler / par F. Chopin.* – Heft, bestehend aus 23 vierzehnzeiligen Blättern (21,5 × 27,9); Bl. 1r: gemeinsamer Titel zum ganzen Zyklus (s. o.), Bl. 1v leer; S. 1 (ab Bl. 2r Originalpaginierung von Chopin, beginnend mit S. 1): auf dem oberen Rand gemeinsamer Titel zum ganzen Zyklus (wie auf Bl. 1v) und Nr. 1 *I* (jeweils auf dem linken Rand vor dem 1. Takt) / *Agitato.* Die Hs. enthält Stechereintragungen in Tinte und Bleistift. – Am 22. Januar 1839 schickte Chopin dieses Autograph aus Valldemosa/Mallorca nach Paris an J. Fontana, der es dann dem Verleger Ad. Catelin übergab. Die Nationalbibliothek Warschau erwarb 1939 die Hs., die während des Zweiten Weltkriegs vorübergehend verloren schien, bis sie 1947 wieder aufgefunden und zunächst in der Universitätsbibliothek Breslau deponiert wurde. – Heute in der Nationalbibliothek Warschau, Sign. Mus. 93; PhA Ch: F. 502. – **Abb.:** PWM Preludia Gesamtfaksimile. – DzW I S. 10 (S. 1).

Abschrift: Verschollen. *Vingt-quatre Préludes pour le Piano / dediés à son ami J. C. Kessler* (diese Widmung ist, von unbekannter Hand, durchgestrichen und durch *Mr. Camille Pleyel par son ami* ersetzt) / *par F. Chopin.* Abschrift von J. Fontana. Einige weitere Zusätze auf der Titelseite stammen von der gleichen Hand wie die Widmungskorrektur. – Fontanas Hs. umfaßt 36 vierzehnzeilige beschriebene Seiten und das Titelblatt. Da heute nur noch Photokopien zugänglich sind, ist nicht mehr festzustellen, ob die Hs. auch leere Seiten enthielt und welches Format das Papier hatte. Das Ms. enthält zahlreiche Stechereintragungen. – Nr. 1: *I. / Agitato.* 1 Seite. – Die Hs. diente als Stichvorlage für die Erstausgabe von Breitkopf & Härtel, deren Pariser Vertreter H. A. Probst das Ms. in Paris in Empfang nahm. Später Eigentum von Hermann Scholtz, dem Herausgeber der 1879 bei Peters, Leipzig, erschienenen Werke Chopins. Ein 1939 vom Chopin-Institut Warschau hergestelltes Verzeichnis gibt als Eigentümerin Klara Scholtz aus Dresden, die Witwe von H. Scholtz, an. – PhA Ch: F. 503.

Korrigiertes Druckexemplar: Exemplar der Ausgabe Brandus & Cie *24 / Préludes / Pour / le Piano, / dédiés à son ami / Camille Pleyel. / Par / Fréd. Chopin / ... / Divisés en deux Livres / Paris, / Maison M^{ce} Schlesinger, Brandus et Cie / ... / B. et Cie 5494* (Titel zum ersten Heft) mit eigenhändigen Eintragungen Chopins. – Band I der Sammelbände O'Méara (I, 3 und 4; s. S. XVf.), Bl. 57r und 58v. – PhA Ch: F. 505.

Handschriftliche Verzeichnisse: Stirling IV (Neukomm, s. S. XV) – Stirling VII/2 (Franchomme, s. S. XV).

Literatur: Zu A: Abb S. 13, Brown₅ S. 424, – ₉ Pos. 124, DzW I S. 71 f., Hedley₁₀ S. XVII, – ₁₁ S. 474f., Henle₁ S. 4f., – ₅ S. 4f., – ₅ KB S. 3, Prokopowicz₃ S. 4/6/10, – ₇ S. 295f./302/313, – ₈ S. 22f., PWM Preludia S. IV–XI. – **Zu AB:** Brown₅ S. 424, – ₉ Pos. 107, DzW I S. 71f., Hedley₁₁ S. 474f., Henle₅ S. 4f., – ₅ KB S. 3, PWM Preludia S. IV/VI/VIII/X. – **Zu KD:** Kobylańska₁₅ S. 159.

Nr. 2 a-moll

Entstehungszeit: 1831 (Hoesick₆ III, Opieński₁) · November bis Dezember 1838 (Brown₉).

Autographe:

(a) Vierzehnzeiliges Einzelblatt (22 × 28) mit zahlreichen Beschädigungen Text auf der Rückseite (Systeme 1–10) zusammen mit drei nicht identifizierten Skizzen (S. VI/11 – 13, S. 260). Auf der Vorderseite finden sich je eine Skizze zur Mazurka op. 41 Nr. 1 (siehe op. 41 Nr. 1, Aa, S. 96f.) und zum Prélude Nr. 4 (siehe unten Nr. 4, Aa). Nach Bronarski₃ (siehe Lit.) besteht die Hs. aus 3 Blättern (6 Seiten). Das oben beschriebene Blatt ist mit einem dünnen Papierstreifen an ein Doppelblatt angeklebt, auf dem Chopin eine Klavierbegleitung zur Arie *Casta Diva* aus Bellinis Oper *Norma* skizziert hat (s. VII a/1, S. 263). – Früher Eigentum von Pauline Viardot-Garcia. Später in den Sammlungen von Henri Fatio in Genf. Nach dessen Tod auf einer Versteigerung im Hôtel Drouot in Paris vom 15. bis 17. Juni 1932 angeboten. – Heute in der Sammlung von Gregor Piatigorski in Los Angeles; PhA Ch: F. 1743. – **Abb.:** Bronarski₃ S. 105, – ₄ S. 15.

(b) *II. / Lento.* 1 Seite; S. 2 des Heftes; nähere Angaben, auch zur Herkunft, siehe Nr. 1, A. – **Abb.:** siehe Nr. 1 PWM.

Abschriften:

(a) Verschollen. *II. / Lento.* Abschrift von J. Fontana. 1 Seite (2. Seite der Hs.); nähere Angaben, auch zur Herkunft, siehe Nr. 1, AB.

(b) *lento.* Abschrift von George Sand (1 Seite) in ihrem Album, das ein Autograph Chopins (s. VII b/1. und 2., S. 264f.), Abschriften von George Sand (neben Nr. 2 noch die Préludes op. 28 Nr. 4, 6, 7, 9 und 20, den Walzer op. 34 Nr. 2

und die Mazurka op. 56 Nr. 2) sowie Hss. von Pauline Viardot und anderen, nicht identifizierten Personen enthält, darunter auch eine weitere Abschrift von op. 28 Nr. 4. – Das Album ging von George Sand in das Eigentum ihres Sohnes Maurice und dann dessen Tochter Aurore Lauth-Sand in Paris über, wo es sich noch im November 1956 befand. Am 20./21. Juni 1957 wurde es im Hôtel Drouot, Paris, bei einer Auktion zum Verkauf angeboten. Nähere Beschreibung bei Rheims (siehe Lit.). – Heutiger Aufbewahrungsort unbekannt.

Korrigiertes Druckexemplar: Exemplar der Ausgabe Ad. Catelin (Ad. C. 560 & Cie) mit eigenhändigen Eintragungen Chopins. – Band IV der Sammelbände Stirling (s. S. XV).

Literatur: Zu Aa: Albrecht Pos. 549, Bronarski$_3$ S. 93, – $_4$ S. 3, Brown$_5$ S. 423f., – $_9$ Pos. 123, Charavay-Darel Pos. 696, DzW I S. 73, PWM Preludia S. V/VII/IX/XI. – **Zu Ab:** wie Nr. 1, A außer Prokopowicz$_3$; Brown$_9$ Pos. 123. – **Zu ABa:** wie Nr. 1, AB. – **Zu ABb:** Marix-Spire S. 188, Rheims Pos. 98. – **Zu KD:** Kobylańska$_{28}$ S. 5, – $_{33}$ S. 18.

Nr. 3 G-dur

Autograph: *III. / Vivace.* 2 Seiten; S. 3 und 4 des Heftes; auf System 9 von S. 4 beginnt bereits das Prélude Nr. 4; nähere Angaben, auch zur Herkunft, siehe Nr. 1, A. – **Abb.:** siehe Nr. 1 PWM. – Kobylańska$_2$ S. 308f.

Abschriften:

(a) Verschollen. *III. / Vivace.* Abschrift von J. Fontana. 2 Seiten; 3. und 4. Seite der Hs.; auf System 9 der zweiten Seite beginnt bereits das Prélude Nr. 4; nähere Angaben, auch zu Herkunft, siehe Nr. 1, AB.

(b) *3me Prelude de Chopin / Moderato.* Abschrift von J. Fontana. Vierzehnzeiliges Einzelblatt (21,5 × 28) mit Rasurspuren auf dem unteren Rand der ersten Seite. – Am 10. April 1959 bei Stargardt, Marburg, zum Kauf angeboten und von der ChopGes erworben. – Museum der ChopGes, Inv.-Nr. M/340; PhA Ch: F. 517.

(c) *3me Prelude de Chopin / Moderato.* Abschrift von J. Fontana. Zehnzeiliges Einzelblatt (22,7 × 28,7); Rückseite leer. Auf dem unteren Rand von S. 1 ist folgender Ausschnitt aus dem Auktionskatalog 10.–12. Juni 1912 des Antiquariats Henrici, Berlin, aufgeklebt: *29 Chopin, Fr.; 1809–49. Eigenhändiges* (sic!) *vollständiges Manuscript mit Namen „3e Prelude de Chopin. Moderato"* (G-dur, 4/4 Takt). 32 (sic!) *Takte. 1 Seite quer folio. Prachtstück von schönster Erhaltung.* – Die Hs. wurde 1945 oder 1946 zusammen mit Autographen von Haydn, Beethoven, Schubert, Wagner, Schiller, Heine, Garibaldi u.a. im Keller eines Hauses in Leitmeritz gefunden. Es wird vermutet, daß alle diese Mss. dem Pastor Giesecke gehörten, der eine berühmte Sammlung besaß. – Heute im Archiv von Leitmeritz (Státni Archiv v. Litoměřicich), Sign. SbA 16 (Autographensammlung); PhA Ch: F. 508. – **Abb.:** Henrici 1912 S. 6, Weissmann S. 15.

Korrigierte Druckexemplare:

(a) Siehe Nr. 1, KD; Bl. 59 v–60 r.

(b) Siehe Nr. 2, KD.

Literatur: Zu A: wie Nr. 1, A; Brown₉ Pos. 107. – **Zu ABa:** wie Nr. 1, AB. – **Zu ABb:** Bartoszewicz₁ S. 3, Katalog ChopGes 1971 Pos. 28, Kobylańska₁₆ Pos. 45. – **Zu ABc:** DzW I S. 73, Henrici 1912 Pos. 29, Výstava Pos. 290. – **Zu KDa:** wie Nr. 1, KD. – **Zu KDb:** wie Nr. 2, KD.

Nr. 4 e-moll

Autographe:

(a) *Prelude.* Skizze; auf dem gleichen Blatt (Seite 1, Systeme 11–14) wie die Skizze zum Prélude Nr. 2 notiert; nähere Angaben, auch zur Herkunft, siehe Nr. 2, Aa. – **Abb.:** Bronarski₃ S. 104, – ₄ S. 14.

(b) *IV. / Largo.* 1 Seite; S. 4 des Heftes; der Text beginnt auf System 9, auf den Systemen 1–8 ist noch der Schluß von Prélude Nr. 3 notiert; nähere Angaben, auch zur Herkunft, siehe Nr. 1, A. – **Abb.:** siehe Nr. 1, PWM. – Kobylańska₂ S. 309.

Abschriften:

(a) Verschollen: *IV. / Largo.* Abschrift von J. Fontana. 1 Seite; 4. Seite der Hs.; der Text beginnt auf System 9, auf den Systemen 1–6 ist noch der Schluß von Prélude Nr. 3 notiert; nähere Angaben, auch zur Herkunft, siehe Nr. 1, AB. – **Abb.:** Hadden vor S. 229, Karasowski₁ nach S. 388, – ₃ᵢᵢ nach S. 420, Kriemlew S. 304, Leichtentritt₁ S. 77.

(b) *Largo.* Abschrift von George Sand in ihrem Album. 1 Seite; nähere Angaben, auch zur Herkunft, siehe Nr. 2, ABb.

(c) *Largo.* Abschrift eines unbekannten Kopisten im Album von George Sand. 1 halbe Seite; nur die rechte Hand ist notiert; nähere Angaben, auch zur Herkunft, siehe Nr. 2, ABb.

(d) *Prélude de piano.* Abschrift eines unbekannten Kopisten aus den Jahren zwischen 1840–50. – Seit 1952 in der Bibliothek von Schloß Kórnik, Sign. N. 2816.

Korrigierte Druckexemplare:

(a) Siehe Nr. 1, KD; Bl. 60 v.

(b) Siehe Nr. 2, KD.

(c) Exemplar der Ausgabe Ad. Catelin *24 / Préludes / Pour / le Piano, / ... / Par / Fréd. Chopin / ... / Divisés en deux Livres / ... / Paris, chez Ad. Catelin et Cⁱᵉ / ... / Ad. C. (560) et Cⁱᵉ* (Titel, ohne Opusangabe, für die Nr. 1–12) mit eigenhändigen (?) Eintragungen Chopins. – Band III der Sammelbände Jędrzejewicz (s. S. XIV), Bl. 127 v. – PhA Ch: F. 504.

Literatur: Zu Aa: wie Nr. 2, Aa außer DzW. – **Zu Ab:** wie Nr. 2, Ab. – **Zu ABa:** Brown₅ S. 424, – ₉ Pos. 107, DzW I S. 71 und 73, Hedley₁₁ S. 474f., Henle₅ S. 4f., – ₅ KB S. 3, Karasowski₃ᵢᵢ S. 368, PWM Preludia S. IV/VI/

VIII/X. – **Zu ABb:** wie Nr. 2, ABb. – **Zu ABd:** Skorupska$_1$ S. 489. – **Zu KDa:** wie Nr. 1, KD. – **Zu KDb:** wie Nr. 2, KD. – **Zu KDc:** Kobylańska$_{16}$ Pos. 46ff.

Nr. 5 D-dur

Autograph: *V / All$^\text{o}$ molto.* 1 Seite; S. 5 des Heftes; nähere Angaben, auch zur Herkunft, siehe Nr. 1, A. – **Abb.:** siehe Nr. 1, PWM.

Abschrift: Verschollen. *V / All$^\text{o}$ molto.* Abschrift von J. Fontana. 1 Seite; 5. Seite des Ms.; nähere Angaben, auch zur Herkunft, siehe Nr. 1, AB.

Literatur: Zu A: wie Nr. 1, A, außer Prokopowicz$_3$; Brown$_9$ Pos. 107, DzW I S. 71f. und 74. – **Zu AB:** wie Nr. 1, AB; DzW I S. 71 und 74, Henle$_5$ KB S. 3f.

Nr. 6 h-moll

Autograph: *VI / Lento assai.* 1 Seite; S. 6 des Heftes; nähere Angaben, auch zur Herkunft, siehe Nr. 1, A. – **Abb.:** siehe Nr. 1, PWM.

Abschriften:
(a) Verschollen. *VI / Lento assai.* Abschrift von J. Fontana. 1 Seite; 6. Seite des Ms.; nähere Angaben, auch zur Herkunft, siehe Nr. 1, AB.
(b) *lento assai.* Abschrift von George Sand in ihrem Album. 1 Seite; nähere Angaben, auch zur Herkunft, siehe Nr. 2, ABb.

Korrigierte Druckexemplare:
(a) Siehe Nr. 1, KD; Bl. 61v.
(b) Siehe Nr. 2, KD.
(c) Siehe Nr. 4, KDc; Bl. 128v.

Literatur: Zu A: wie Nr. 1, A; Brown$_9$ Pos. 107, DzW I S. 71f. und 74, Henle$_5$ KB S. 3f.; dazu Ausstellung 1949 BN Pos. 222. – **Zu ABa:** wie Nr. 1, AB; DzW I S. 71, Henle$_5$ KB S. 3f. – **Zu ABb:** wie Nr. 2, ABb. – **Zu KDa:** wie Nr. 1, KD. – **Zu KDb:** wie Nr. 2, KD. – **Zu KDc:** wie Nr. 4, KDc.

Nr. 7 A-dur

Autographe:
(a) *VII / Andantino.* 1 Seite; S. 7 des Heftes; vor der Tempoangabe ein durchgestrichenes Wort; nähere Angaben, auch zur Herkunft, siehe Nr. 1, A. – **Abb.:** siehe Nr. 1, PWM. – Kobylańska$_2$ S. 316, Mirska$_9$ S. 198, Poliński$_4$ S. 207.
(b) Verschollen. Nach Hoesick$_{6\,II}$ (siehe Lit.) befand sich im Album von Delfina Potocka ein Autograph dieses Prélude.

Abschriften:
(a) Verschollen. *VII. / Andantino.* Abschrift von J. Fontana. 1 Seite; 7. Seite des Ms.; nähere Angaben, auch zur Herkunft, siehe Nr. 1, AB.

(b) *Andantino*. Abschrift von George Sand in ihrem Album. 1 Seite; nähere Angaben, auch zur Herkunft, siehe Nr. 2, ABb.

(c) *Prélude de Chopin / Lento*. Abschrift eines unbekannten Kopisten. Einzelblatt (21,5 × 33) mit 4 von Hand gezogenen Systemen. Unter dem letzten System links die unzutreffende Anmerkung *Dernière composition de Chopin*, rechts: *Frau & Lady Clementina Villiers. Paris le 7* (4?) *Nov: 1850;* Rückseite leer. – Ursprünglich in der Almeria-Esterhazy-Murray-Bibliothek, im Mai 1938 durch T. Brecher an die ÖNB in Wien verkauft. – ÖNB Wien, Inv.-Nr. Suppl. Mus. 14876; PhA Ch: F. 1914.

Korrigierte Druckexemplare:

(a) Siehe Nr. 1, KD; Bl. 62 r.

(b) Siehe Nr. 2, KD.

(c) Exemplar der Ausgabe Catelin mit eigenhändigen Eintragungen Chopins. – Sammelband Czerkaskaja (s. S. XVI).

Literatur: Zu Aa: wie Nr. 1, A; Brown$_9$ Pos. 100 (2). – **Zu Ab:** Brown$_5$ S. 423, – $_9$ Pos. 100 (1) und S. 196, Hoesick$_{6\,II}$ S. 80, – $_{71}$ S. 477, – $_{9\,II}$ S. 76, Kobylańska$_{36}$ S. 344. – **Zu ABa:** wie Nr. 1, AB; DzW I S. 71 und 74. – **Zu ABb:** wie Nr. 2, ABb. – **Zu KDa:** wie Nur. 1, KD. – **Zu KDb:** wie Nr. 2, KD. – **Zu KDc:** Gajewski S. 3f.

Nr. 8 fis-moll

Autograph: *VIII / Molto agitato*. 3 Seiten; S. 8–10 des Heftes; auf dem unteren Rand von S. 8 die Anmerkung: *Note pour le graveur. Il faut bien faire la difference* (es folgt ein durchgestrichenes Wort, wahrscheinlich *entre*) *des grandes et des petites notes;* nähere Angaben, auch zur Herkunft, siehe Nr. 1, A. – **Abb.:** siehe Nr. 1, PWM. – S. 8: Boucourechliev S. 85, Walker vor S. 139.

Abschrift: Verschollen. *VIII / Molto agitato*. Abschrift von J. Fontana. 3 Seiten; 8.–10. Seite des Ms.; auf dem unteren Rand der ersten Seite die Anmerkung: *Note pour le graveur. Il faut bien faire la difference des grandes et des petites notes;* weitere Angaben, auch zur Herkunft, siehe Nr. 1, AB.

Literatur: Zu A: wie Nr. 1, A außer Prokopowicz$_3$; Brown$_9$ Pos. 107, DzW I S. 71f. und 75, Henle$_5$ KB S. 3f. – **Zu AB:** wie Nr. 1, AB; DzW I S. 71 und 75, Henle$_5$ KB S. 3f.

Nr. 9 E-dur

Autograph: *IX / Largo*. 1 Seite; S. 11 des Heftes; auf System 14 die Anmerkung: *Il faudrait graver en notes les 8^{ves} marquées dans la basse par 8,* danach ein durchgestrichener, unleserlicher Text; nähere Angaben, auch zur Herkunft, siehe Nr. 1, A. – **Abb.:** siehe Nr. 1, PWM. – DzW I S. 11, Walker vor S. 161.

Abschriften:

(a) Verschollen. *IX / Largo*. Abschrift von J. Fontana. 1 Seite; 11. Seite des Ms.;

der Hinweis für den Stecher (siehe A) fehlt, da Fontana die Unteroktaven ausgeschrieben hat; nähere Angaben, auch zur Herkunft, siehe Nr. 1, AB.

(b) *Largo*. Abschrift von George Sand in ihrem Album. 1 Seite; nähere Angaben, auch zur Herkunft, siehe Nr. 2, ABb.

Korrigierte Druckexemplare:

(a) Siehe Nr. 1, KD; Bl. 64r.

(b) Siehe Nr. 2, KD.

(c) Siehe Nr. 4, KDc; Bl. 131r.

Literatur: Zu A: wie Nr. 1, A außer Prokopowicz[3]; Brown[9] Pos. 107, DzW I S. 71 und 75f., Henle[5] KB S. 3f. – **Zu ABa:** wie Nr. 1, AB; DzW I S. 71 und 75f., Henle[5] KB S. 3f. – **Zu ABb:** wie Nr. 2, ABb. – **Zu KDa:** wie Nr. 1, KD. – **Zu KDb:** wie Nr. 2, KD; dazu Oxford I Préludes S. 16. – **Zu KDc:** wie Nr. 4, KDc.

Nr. 10 cis-moll

Autograph: *X / Allᵒ molto*. 1 Seite; S. 12 des Heftes; nähere Angaben, auch zur Herkunft, siehe Nr. 1, A. – **Abb.:** siehe Nr. 1, PWM.

Abschrift: Verschollen. *X / Allᵒ molto*. Abschrift von J. Fontana. 1 Seite; 12. Seite des Ms.; nähere Angaben, auch zur Herkunft, siehe Nr. 1, AB.

Literatur: Zu A: wie Nr. 1, A außer Prokopowicz[3]; Brown[9] Pos. 123, DzW I S. 71 und 76, Henle[5] KB S. 3f. – **Zu AB:** wie Nr. 1, AB; DzW I S. 71 und 76, Henle[5] KB S. 3f.

Nr. 11 H-dur

Autograph: *XI / Vivace*. 1 Seite; S. 13 des Heftes; nähere Angaben, auch zur Herkunft, siehe Nr. 1, A. – **Abb.:** siehe Nr. 1, PWM.

Abschrift: Verschollen. *XI / Vivace*. Abschrift von J. Fontana; 13. Seite des Ms.; nähere Angaben, auch zur Herkunft, siehe Nr. 1, AB.

Korrigierte Druckexemplare:

(a) Siehe Nr. 1, KD; Bl. 65r.

(b) Siehe Nr. 4, KDc; Bl. 132r.

(c) Siehe Nr. 7, KDc.

Literatur: Zu A: wie Nr. 1, A außer Prokopowicz[3]; Brown[9] Pos. 107, DzW I S. 71f. und 76. – **Zu AB:** wie Nr. 1, AB; DzW I S. 71 und 76, Henle[5] KB S. 3f. – **Zu KDa:** wie Nr. 1, KD. – **Zu KDb:** wie Nr. 4, KDc.

Nr. 12 gis-moll

Autograph: *XII / Presto*. 2 Seiten; S. 14 und 15 des Heftes; neben der Tempoangabe ein mehrmals durchgestrichenes Wort; nähere Angaben, auch zur Herkunft, siehe Nr. 1, A. – **Abb.:** siehe Nr. 1, PWM.

Abschrift: Verschollen. *XII / Presto.* Abschrift von J. Fontana. 2 Seiten; 14. und 15. Seite des Ms.; nähere Angaben, auch zur Herkunft, siehe Nr. 1, AB.

Korrigiertes Druckexemplar: Siehe Nr. 1, KD; Bl. 65v und 66r.

Literatur: Zu A: wie Nr. 1, A außer Prokopowicz₃; Brown₉ Pos. 107, DzW I S. 71f. und 76f.; Henle₅ KB S. 3ff. – **Zu AB:** wie Nr. 1, AB; DzW I S. 71 und 76f., Henle₅ KB S. 3ff.; dazu Ekier₆ S. 69. – **Zu KD:** wie Nr. 1, KD.

Nr. 13 Fis-dur

Autograph: *XIII / Lento.* 2 Seiten; S. 16 und 17 des Heftes; neben der Tempoangabe einige mehrmals durchgestrichene Wörter; nähere Angaben, auch zur Herkunft, siehe Nr. 1, A. – **Abb.:** siehe Nr. 1, PWM. – S. 16: Walker nach S. 138. – S. 16 und 17: Kobylańska₂ S. 319f.

Abschrift: Verschollen. *XIII / Lento.* Abschrift von J. Fontana. 2 Seiten, 16. und 17. Seite des Ms.; nähere Angaben, auch zur Herkunft, siehe Nr. 1, AB.

Korrigierte Druckexemplare:
(a) Siehe Nr. 1, KD; Bl. 68v und 69r.
(b) Siehe Nr. 2, KD.

Handschriftliches Verzeichnis: Stirling IV (Neukomm, s. S. XV).

Literatur: Zu A: wie Nr. 1, A außer Prokopowicz₃; Brown₉ Pos. 107, DzW I S. 71f. und 77, Henle₅ KB S. 3 und 5. – **Zu AB:** wie Nr. 1, AB; DzW I S. 71 und 77. – **Zu KDa:** wie Nr. 1, KD. – **Zu KDb:** wie Nr. 2, KD.

Nr. 14 es-moll

Autograph: *XIV / Allº.* 1 Seite; S. 18 des Heftes; nähere Angaben, auch zur Herkunft, siehe Nr. 1, A. – **Abb.:** siehe Nr. 1, PWM.

Abschrift: Verschollen. *XIV / Allº.* Abschrift von J. Fontana; 1 Seite; 18. Seite des Ms.; nähere Angaben, auch zur Herkunft, siehe Nr. 1, AB.

Korrigiertes Druckexemplar: Siehe Nr. 2, KD. Ganche (siehe Lit.) schreibt: … / *Au quatorzième (en mi bémol mineur) l'indication „Allegro" est complètement et fortement rayée par Chopin, et remplacée par „Largo".*

Literatur: Zu A: wie Nr. 1, A außer Prokopowicz₃; Brown₉ Pos. 107, DzW I S. 71 und 77; dazu Kobylańska₁₃ Pos. 20. – **Zu AB:** wie Nr. 1, AB; DzW I S. 71 und 77. – **Zu KD:** wie Nr. 2, KD; dazu Brown₉ Pos. 107 (c), DzW I S. 77, Ganche₄ S. 145, Henle₅ KB S. 5, Oxford I Préludes S. 24.

Nr. 15 Des-dur

Autograph: *XV / Sostenuto.* 3 Seiten; S. 19–21 des Heftes; nähere Angaben, auch zur Herkunft, siehe Nr. 1, A. – **Abb.:** siehe Nr. 1, PWM. – S. 19: DzW I

S. 12, Jachimecki₉ Tafel XII, Mirska₉ S. 198. – S. 19–21: Kobylańska₂ S. 324–26.

Abschrift: Verschollen. *XV / Sostenuto.* Abschrift von J. Fontana. 3 Seiten, 19.–21. Seite des Ms.; nähere Angaben, auch zur Herkunft, siehe Nr. 1, AB. – **Abb.:** 1. Seite: Naumann₁ Tafel Nr. 1, –₂ nach S. 552.

Korrigierte Druckexemplare:
(a) Siehe Nr. 1, KD; Bl. 70 r– 71 r.
(b) Siehe Nr. 2, KD.
(c) Siehe Nr. 4, KDc; Bl. 137 r– 138 r.

Literatur: Zu A: wie Nr. 1, A außer Prokopowicz₃; Brown₉ Pos. 107, DzW I S. 71 f. und 78, Henle₅ KB S. 3 und 5; dazu Debrun S. 168, Kobylańska₁₃ Pos. 20. – **Zu AB:** wie Nr. 1, AB; DzW I S. 71 und 78, Henle₅ KB S. 3 und 5. – **Zu KDa:** wie Nr. 1, KD. – **Zu KDb:** wie Nr. 2, KD; dazu DzW I S. 78, Henle₅ KB S. 5, Oxford I Préludes S. 27. – **Zu KDc:** wie Nr. 4, KDc.

Nr. 16 b-moll

Autograph: *XVI / Presto con fuoco.* 2 Seiten; S. 22 und 23 des Heftes; nähere Angaben, auch zur Herkunft, siehe Nr. 1, A. – **Abb.:** siehe Nr. 1, PWM.

Abschrift: Verschollen. *XVI / Presto con fuoco.* Abschrift von J. Fontana. 2 Seiten; 22. und 23. Seite des Ms.; nähere Angaben, auch zur Herkunft, siehe Nr. 1, AB.

Korrigiertes Druckexemplar: Siehe Nr. 7, KDc.

Literatur: Zu A: wie Nr. 1, A außer Prokopowicz₃; Brown₉ Pos. 107, DzW I S. 71 f. und 78 f., Henle₅ KB S. 3 und 5. – **Zu AB:** wie Nr. 1, AB; DzW I S. 71 und 78 f., Henle₅ KB S. 3 und 5.

Nr. 17 As-dur

Autographe:
(a) *XVII. / Allegretto.* 3 Seiten; S. 24–26 des Heftes; nähere Angaben, auch zur Herkunft, siehe Nr. 1, A. – **Abb.:** siehe Nr. 1, PWM.
(b) Fragment: Takte 65–72 mit der Tempoangabe *Alᵗᵗᵒ*. 1 zehnzeilige Seite (21 × 28,4) im Album von Ignaz Moscheles; Text auf den Systemen 6–7 und 9–10; nach dem letzten Takt Datum und Unterschrift: *Paris. 9. Novembre 1839 / de la part de l'ami F. Chopin.* Auf System 2 hat Chopin einige Takte aus Moscheles' vierhändiger Klaviersonate Nr. I notiert (siehe VII d/2, S. 270). Das Album enthält außerdem auch Eintragungen von Spontini, Rossini, Paganini, Mendelssohn, Liszt, Schumann u. a. – Ignaz Moscheles vererbte das Album wahrscheinlich seinem Sohn Felix. 1959 wurde es bei einer Versteigerung (8. Dezember, Katalognummer 318) von Sotheby in London zum Verkauf angeboten. Der Eigentümer wurde nicht genannt. – Heutiger Aufbewahrungsort unbekannt. – **Abb.:** Sotheby 1959 nach S. 66.

Abschriften:

(a) Verschollen. *XVII / Allegretto.* Abschrift von J. Fontana. 3 Seiten; 24.–26. Seite des Ms.; auf System 8 der 3. Seite beginnt das Prélude Nr. 18; nähere Angaben, auch zur Herkunft, siehe Nr. 1, AB.

(b) *Allegretto quasi andantino.* Abschrift von J. Fontana. 4 vierzehnzeilige Seiten (23,5 × 30,5); auf S. 1 beim letzten System links die unzutreffende Anmerkung (Tinte): *Handschrift Chopin's,* dazu rechts die Unterschrift *Clara Schumann.* – Früher Eigentum von Clara Wieck-Schumann, die es dann J. Brahms schenkte. – Heute im Archiv der Gesellschaft der Musikfreunde in Wien, ohne Signatur; PhA Ch: F. 532; PhA ÖNB Wien 358.

Korrigierte Druckexemplare:

(a) Siehe Nr. 1, KD; Bl. 72v–74r.

(b) Siehe Nr. 2, KD.

(c) Siehe Nr. 4, KDc; Bl. 139v–141r.

Literatur: Zu Aa: wie Nr. 1, A außer Prokopowicz[3]; Brown[9] Pos. 100 (4), DzW I S. 71f. und 80, Henle[5] KB S. 3 und 6. – **Zu Ab:** Brown[9] Pos. 100 (5), Sotheby 1959 Pos. 318 (1). – **Zu ABa:** wie Nr. 1, AB; DzW I S. 71 und 80, Henle[5] KB S. 3 und 6. – **Zu ABb:** Ausstellung 1966 S. 166, Brown[9] Pos. 100 (3), DzW I S. 79f., Henle[5] S. 4f., [5] KB S. 3 und 5f. – **Zu KDa:** wie Nr. 1, KD. – **Zu KDb:** wie Nr. 2, KD. – **Zu KDc:** wie Nr. 4, KDc.

Nr. 18 f-moll

Autograph: *XVIII / All⁰ molto.* 2 Seiten; S. 27 und 28 des Heftes; die Tempoangabe lautete ursprünglich *Presto con fuoco;* nähere Angaben, auch zur Herkunft, siehe Nr. 1, A. – **Abb.:** siehe Nr. 1, PWM.

Abschrift: Verschollen. *XVIII / All° molto.* Abschrift von J. Fontana. 2 Seiten; 27. und 28. Seite des Ms.; der Text beginnt erst auf System 8, auf den Systemen 1–5 ist noch der Schluß von Prélude Nr. 17 notiert; nähere Angaben, auch zur Herkunft, siehe Nr. 1, AB.

Korrigiertes Druckexemplar: Siehe Nr. 1, KD; Bl. 74v–75r.

Literatur: Zu A: wie Nr. 1, A außer Prokopowicz[3]; Brown[9] Pos. 107, DzW I S. 71 und 80, Henle[5] KB S. 3 und 6. – **Zu AB:** wie Nr. 1, AB; DzW I S. 71 und 80. – **Zu KD:** wie Nr. 1, KD.

Nr. 19 Es-dur

Autograph: *XIX / Vivace.* 2 Seiten; S. 29 und 30 des Heftes (zwischen Nr. 18 und 19 eine unpaginierte, leere Seite); nähere Angaben, auch zur Herkunft, siehe Nr. 1, A. – **Abb.:** siehe Nr. 1, PWM.

Abschrift: Verschollen. *XIX / Vivace.* Abschrift von J. Fontana. 2 Seiten; 29. und 30. Seite des Ms.; nähere Angaben, auch zur Herkunft, siehe Nr. 1, AB.

Korrigiertes Druckexemplar: Siehe Nr. 1, KD; Bl. 75 v und 76 r.

Literatur: Zu A: wie Nr. 1, A außer Prokopowicz[3]; Brown[9] Pos. 107, DzW I S. 71 und 80 f., Henle[5] KB S. 3 und 6. – **Zu AB:** wie Nr. 1, AB; DzW I S. 71 und 80 f., Henle[5] KB S. 3 und 6. – **Zu KD:** wie Nr. 1, KD.

Nr. 20 c-moll

Autographe:

(a) *XX / Largo.* 1 Seite; S. 31 des Heftes; Text erst ab System 6; unten rechts die Anmerkung: *note pour l'éditeur (de la rue de Rochechouard) petite concession faite à M^{r} xxx qui a souvent raison.;* nähere Angaben, auch zur Herkunft, siehe Nr. 1, A. – **Abb.:** siehe Nr. 1, PWM. – Kobylańska[2] S. 331, Mirska[9] S. 199, A. Prosnak nach S. 52.

(b) *Largo.* – 1 zwölfzeilige Seite (24,7 × 33,2) im Album des Grafen Jean-Marie-Anax-Alfred Du Bois de Beauchesne. Zwischen den Systemen 5–6 Datum und Unterschrift: *Paris 30 Janvier 1840 / Chopin.* Auf den Systemen 7–10 hat Ferd. Hiller am 18. Februar 1851 ebenfalls ein mit *Largo* betiteltes Stück notiert. Das Album enthält 262 beschriebene und numerierte und 31 leere und nicht numerierte Seiten. Den musikalischen Eintragungen geht voran das *Ex Libris Alfred Piet,* ein allegorisches Aquarell von N. Gosse und ein alphabetisches Verzeichnis aller Autoren, deren Werke in diesem Album enthalten sind. – Nach dem Tod des Grafen de Beauchesne wurde das Album am 3. April 1877 im Hôtel Drouot in Paris versteigert. Käufer war die Bibliothèque du Conservatoire de Paris. – Seit 1964 in der Bibliothèque Nationale Paris, Sign. W. 24.88; PhA Ch: F. 522.

(c) *Largo.* – 1 sechszeilige Seite im Album der Familie Szeriemietiew. Text auf den Systemen 1–4, darunter Datum und Unterschrift: *Paris 20 Mai 1845. Fr. Chopin.* Das Album enthält auch Autographe von Liszt, Spontini, Thalberg u. a. – Heute in der Lenin-Bibliothek Moskau, Sign. M 9817; PhA Ch: F. 510.

Abschriften:

(a) Verschollen. *XX / Largo.* Abschrift von J. Fontana. 1 Seite; 31. Seite des Ms.; nähere Angaben, auch zur Herkunft, siehe Nr. 1, AB. – **Abb.:** Hoesick[6 II] S. 323, Niecks[1 II] S. 414, Poliński[3] S. 65, Weissmann S. 18.

(b) *Largo.* Abschrift von George Sand in ihrem Album. 1 Seite; nähere Angaben, auch zur Herkunft, siehe Nr. 2, ABb. – PhA Ch: F. 511.

Korrigierte Druckexemplare:

(a) Siehe Nr. 1, KD; Bl. 76 v.

(b) Siehe Nr. 2, KD. Ganche (siehe Lit.) schreibt: *... sur le texte qui est arrivé jusqu'à nous, Frédéric Chopin mit au crayon un bémol devant le mi (bémol de la troisième mesure du 20e Prélude).*

Literatur: zu Aa: wie Nr. 1, A außer Prokopowicz[3]; Brown[9] Pos. 107, DzW I S. 71 und 81. – **Zu Ab:** Brown[1] S. 60, Kobylańska[7] S. 13, – [15] S. 142, PWM Preludia S. V/VII/IX/XI. – **Zu Ac:** Ekier[6] S. 75. – **Zu ABa:** wie Nr. 1, AB;

DzW I S. 71 und 81. – **Zu ABb:** wie Nr. 2, ABb; dazu Ausstellung 1937 BP Pos. 185, Katalog ChopGes 1969 Pos. 437. – **Zu KDa:** wie Nr. 1 KD. – **Zu KDb:** wie Nr. 2, KD; dazu Brown₉ Pos. 107 (e), DzW I S. 81, Ganche₄ S. 145f., Oxford I Préludes S. 43.

Nr. 21 B-dur

Autograph: *XXI / Cantabile.* 3 Seiten; S. 32–34 des Heftes; über der Vortragsbezeichnung ein mehrmals durchgestrichenes Wort; nähere Angaben, auch zur Herkunft, siehe Nr. 1, A. – **Abb.:** siehe Nr. 1, PWM.

Abschrift: Verschollen. *XXI. Cantabile.* Abschrift von J. Fontana. 2 Seiten; 32. und 33. Seite des Ms.; nähere Angaben, auch zur Herkunft, siehe Nr. 1, AB.

Korrigierte Druckexemplare:
(a) Siehe Nr. 1, KD; Bl. 77r und 77v.
(b) Siehe Nr. 2, KD.
(c) Siehe Nr. 4, KDc; Bl. 144r und 144v.

Literatur: Zu A: wie Nr. 1, A außer Prokopowicz₃; Brown₉ Pos. 123, DzW I S. 71f. und 81f., Henle₅ KB S. 3 und 6. – **Zu AB:** wie Nr. 1, AB; DzW I S. 71 und 81f., Henle₅ KB S. 3 und 6; dazu Ekier₆ S. 69. – **Zu KDa:** wie Nr. 1, KD. – **Zu KDb:** wie Nr. 2, KD. – **Zu KDc:** wie Nr. 4, KDc.

Nr. 22 g-moll

Autograph: *XXII / Molto agitato.* 1 Seite; S. 35 des Heftes; nähere Angaben, auch zur Herkunft, siehe Nr. 1, A. – **Abb.:** siehe Nr. 1, PWM.

Abschrift: Verschollen. *XXII / Molto agitato.* Abschrift von J. Fontana. 1 Seite; 34. Seite des Ms.; nähere Angaben, auch zur Herkunft, siehe Nr. 1, AB.

Korrigiertes Druckexemplar: Siehe Nr. 1, KD; Bl. 78r.

Literatur: Zu A: wie Nr. 1, A außer Prokopowicz₃; Brown₉ Pos. 107, DzW I S. 71f. und 82, Henle₅ KB S. 3 und 7. – **Zu AB:** wie Nr. 1, AB; DzW I S. 71 und 82, Henle₅ KB S. 3 und 7. – **Zu KD:** wie Nr. 1, KD.

Nr. 23 F-dur

Autograph: *XXIII / Moderato.* 2 Seiten; S. 36 und 37 des Heftes; auf System 8 von S. 37 beginnt bereits das Prélude Nr. 24; nähere Angaben, auch zur Herkunft, siehe Nr. 1, A. – **Abb.:** siehe Nr. 1, PWM.

Abschrift: Verschollen. *XXIII / Moderato.* Abschrift von J. Fontana. 1 Seite; 35. Seite des Ms.; nähere Angaben, auch zur Herkunft, siehe Nr. 1, AB.

Korrigiertes Druckexemplar: Siehe Nr. 1, KD; Bl. 78v.

Literatur: Zu A: wie Nr. 1, A außer Prokopowicz$_3$; Brown$_9$ Pos. 107, DzW I S. 71 und 82f., Henle$_5$ KB S. 3 und 7. – **Zu AB:** wie Nr. 1, AB; DzW I S. 71 und 82f., Henle$_5$ KB S. 3 und 7. – **Zu KD:** wie Nr. 1, KD.

Nr. 24 d-moll

Entstehungszeit: Nach Hoesick$_{6\,III}$, Opieński$_1$ und Sydow$_1$ wurde dieses Prélude bereits 1831 entworfen.

Autograph: *XXIV / A^{llo} Apassionato.* 4 Seiten; S. 37–40 des Heftes; der Text beginnt erst auf System 8, auf den Systemen 1–6 ist noch der Schluß von Prélude Nr. 23 notiert; nähere Angaben, auch zur Herkunft, siehe Nr. 1, A. – **Abb.:** siehe Nr. 1, PWM. – Mirska$_9$ S. 45 (S. 37 und 40).

Abschrift: Verschollen. *XXIV / All° Apassionato.* Abschrift von J. Fontana. 2 Seiten; 36. und 37. Seite des Ms.; nähere Angaben, auch zur Herkunft, siehe Nr. 1, AB.

Korrigierte Druckexemplare:
(a) Siehe Nr. 1, KD; Bl. 79r–80r.
(b) Siehe Nr. 2, KD.

Literatur: Zu A: wie Nr. 1, A außer Prokopowicz$_3$; Brown$_9$ Pos. 107, DzW I S. 71 und 83, Henle$_5$ KB S. 3 und 7. – **Zu AB:** wie Nr. 1, AB; DzW I S. 71 und 83, Henle$_5$ KB S. 3 und 7. – **Zu KDa:** wie Nr. 1, KD. – **Zu KDb:** wie Nr. 2, KD.

Nr. 1–24

Autograph (?): Verschollen. Aus zwei bisher unveröffentlichten Briefen von Breikopf & Härtel an Chopins Schwester Izabela Barcińska vom 1. Februar und 12. April 1878 (s. S. XIII) geht hervor, daß sich im Besitz des Verlags u. a. auch Hss. der Préludes op. 28 befanden. Breitkopf & Härtel baten, wohl im Zusammenhang mit den damals laufenden Arbeiten an der GA, um Überlassung der Hss., von denen nicht bekannt ist, ob es sich um Autographe oder Abschriften handelte. Die beiden Briefe befinden sich heute im Museum der ChopGes, Inv.-Nr. M/450 und M/451.

Abschrift: Verschollen. Abschrift von A. Gutmann. Hoesick$_{6\,II}$ (s. Lit.) schreibt: *Daß Chopin für sie* (die Préludes op. 28) *2000 Francs bekam, wissen wir von Gutmann, der den größten Teil der Préludes noch vor Chopins Abreise nach Mallorca in Paris abschrieb.*

Korrigierte Druckexemplare: Verschollen. Siehe op. 9 Nr. 1, KDd (S. 18).

Literatur: Zu AB: Hedley$_3$ S. 95, –$_5$ S. 75, Hoesick$_{6\,II}$ S. 294, Niecks$_{2\,II}$ S. 43f.

Erstausgaben:
(a) deutsche: Leipzig, Breitkopf & Härtel (6088); 1839.

(b) französische: Paris, Adolphe Catelin (560); BC: September 1839.
(c) englische: London, Chr. Wessel (3098/99); Brown$_8$: Januar 1840; Brown$_9$: August 1839.

Briefe: An Jul. Fontana: 15. November, 3., 14. und 28. Dezember 1838, 22. Januar, 7. und 12. März, Ende März und unbestimmbarer Tag im März, 25. April, 8. August und 25. September 1839. – An Camille Pleyel: 22. Januar 1839. – An H. A. Probst: 24. Oktober 1838, 22. Januar 1839. – G. Sand an C. Marliani: 22. Januar 1839. – Breitkopf & Härtel an Izabela Barcińska: 1. Februar und 12. April 1878.

Opus 29

Impromptu für Klavier

As-dur
Comtesse Caroline de Lobau gewidmet
KKp 479–484

127 Takte

Entstehungszeit: 1837 (Brown$_9$, Hedley$_6$, Sydow$_1$).

Autograph: *Impromptu / pour le piano forte / dedié à Mlle la C^{sse} de Lobau / par / FF Chopin / Œv 29. / Paris M. Schlesinger. Londres Wessel et Cie / pour être publié le 15 Octobre 1837.* Chopin hat den ganzen Text dieses Titelblattes durchgestrichen. – *Impromptu / All^o assai quasi Presto.* 6 vierzehnzeilige Blätter (21,8 × 29,8); S. 1: Titel (s.o.), S. 2 leer, S. 3–10: Notentext (Originalpaginierung S. 1–8), S. 11/12 leer. Die Hs. enthält Stechereintragungen. – Zur Herkunft siehe op. 10 Nr. 1, Ab (s. S. 21). – Heute im Museum der ChopGes, Inv.-Nr. M/198; PhA Ch: F. 1438; PhA ÖNB Wien 352. – **Abb.:** S. 1: Bücken S. 181. – S. 3: Mirska$_9$ S. 175. – S. 3, 4 und 9: DzW IV S. 10–12.

Korrigierte Druckexemplare:
(a) Exemplar der Ausgabe M. Schlesinger *Impromptu / Pour le Piano / … / Par / F. Chopin / Opéra 29. / … Paris, chez Maurice Schlesinger* (M.S. 2467) mit eigenhändigen Eintragungen Chopins. – Band III der Sammelbände O'Méara (III, 1; s. S. XVf.), Bl. 1r–6r. – PhA Ch: F. 669.
(b) Exemplar der Ausgabe M. Schlesinger (M.S. 2467) mit eigenhändigen Eintragungen Chopins und J. W. Stirlings (?). – Band IV der Sammelbände Stirling (s. S. XV).
(c) Exemplar der Ausgabe M. Schlesinger (M.S. 2467) mit eigenhändigen (?) Eintragungen Chopins. – Band II der Sammelbände Jędrzejewicz (s. S. XIV), Bl. 126r–131r. – PhA Ch: F. 684.

Handschriftliche Verzeichnisse: Stirling IV (Neukomm, s. S. XV) – Stirling VII/2 (Franchomme, s. S. XV).

Erstausgaben:
(a) deutsche: Leipzig, Breitkopf & Härtel (5850); 1838.
(b) französische: Paris, M. Schlesinger (M.S. 2467); BC: Oktober 1837.
(c) englische: London, Chr. Wessel (2166); Oktober 1837.

Literatur: Zu A: Brown$_9$ Pos. 110, Chechlińska S. 38ff. und 161, DzW IV S. 49, Henle$_7$ KB S. 3, Katalog ChopGes 1971 Pos. 8, Kobylańska$_7$ S. 18. – $_{14}$ Pos. IX, Wackernagel S. 125f. – **Zu KDa:** Henle$_7$ KB S. 3, Kobylańska$_{15}$ S. 160. – **Zu KDb:** DzW IV S. 49, Kobylańska$_{28}$ S. 5, – $_{33}$ S. 18, Oxford II Ballades et Impromptus S. 55. – **Zu KDc:** DzW IV S. 49, Kobylańska$_{16}$ Pos. 46ff.

Opus 30
Vier Mazurken für Klavier
Prinzessin Maria Czartoryska Würtemberg gewidmet
KKp 485–504

Entstehungszeit: 1836–37 (Brown$_9$: Nr. 4 wurde bereits vor 1836 skizziert).

Nr. 1 c-moll
Autograph: Unbekannt.

Abschrift: *Quatre Mazurka* (sic!) / *pour* / *le Piano* / *par* / *Fréd. Chopin* / *Op. 30.* / *Leipzig chez Breitkopf et Cie* / *Paris chez M. Schlesinger* / *Londres chez Wessel & C°.* Dieser Titel, von fremder Hand geschrieben, ist mit roter Tinte durchgestrichen. Von Julian Fontana für Breitkopf & Härtel angefertigt und im September 1837 nach Leipzig gesandt. – Heft, bestehend aus 10 zwölf-zeiligen Blättern (23 × 30,2); Bl. 1r: gemeinsamer Titel (s.o.), Bl. 1v und 2r: Text von Nr. 1 *N^{ro} 1* / *Allegretto non tanto*, Bl. 2v leer. In Nr. 2–4 sind die Nummern und Tempoangaben von Chopin geschrieben; diese Stücke enthalten auch Nachträge Chopins. Die Hs. enthält auf allen Seiten Stechereintragun-gen. – Zur Herkunft siehe op. 21, Ac (S. 42). – Heute in der Nationalbibliothek

Warschau, Sign. Mus. 219; PhA Ch: F. 540; Mikr. BN 15861; PhA ÖNB Wien 365 – N u.P.

Korrigierte Druckexemplare:
(a) Exemplar der Ausgabe M. Schlesinger *Quatre / Mazurkas / Pour Le / Piano / … / par / Fred. Chopin / … Op. 30. / Paris, chez Maurice Schlesinger* (M.S. 2489) mit eigenhändigen Eintragungen Chopins. – Band III der Sammelbände O'Méara (III, 12; s. S. XVf.), Bl. 91r–93r. – PhA Ch: F. 574.
(b) Exemplar der Ausgabe M. Schlesinger (M.S. 2489) mit eigenhändigen Eintragungen Chopins. – Band IV der Sammelbände Stirling (s. S. XV).

Handschriftliche Verzeichnisse: Stirling IV (Neukomm, s. S. XV) – Stirling VII/2 (Franchomme, s. S. XV).

Literatur: Zu AB: Brown$_9$ Pos. 105, Chopin I S. 55, – II S. 95, Henle$_9$ KB S. 5, Hitzig Nr. 76, M. Idzikowski$_2$ S. 33, Jahresbericht BN S. 55, Janta$_2$ S. 168, Lorentz S. 12, Miketta$_1$ S. 465, Mirska$_7$ S. 144, Płaczkowski$_1$ S. 3, – $_2$ S. 3, Prokopowicz$_2$ S. 282, – $_3$ S. 3/5/9, – $_7$ S. 294ff. und 304, – $_8$ S. 22. – **Zu KDa:** Kobylańska$_{15}$ S. 160. – **Zu KDb:** Kobylańska$_{28}$ S. 5, – $_{33}$ S. 18.

Nr. 2 h-moll
Autograph: Unbekannt.

Abschrift: *Vivace*; eine ursprüngliche Tempobezeichnung wurde von Chopin durchgestrichen und unleserlich gemacht. Abschrift von J. Fontana. 2 Blätter; S. 5–8 des Heftes; Bl. 3r: Titel *N^{ro} 2*, Bl. 3v und 4r: Text, Bl. 4v leer; nähere Angaben, auch zur Herkunft, siehe Nr. 1.

Handschriftliche Verzeichnisse: Stirling IV (Neukomm, s. S. XV) – Stirling VII/2 (Franchomme, s. S. XV).

Literatur: Zu AB: wie Nr. 1; dazu Ekier$_6$ S. 15.

Nr. 3 Des-dur
Autograph: Unbekannt.

Abschrift: *N$^\circ$ 3 / All$^\circ$ non troppo*. Abschnitt von J. Fontana. 2 Blätter; S. 9–12 des Heftes; nähere Angaben, auch zur Herkunft, siehe Nr. 1.

Handschriftliche Verzeichnisse: Stirling IV (Neukomm, s. S. XV) – Stirling VII/2 (Franchomme, s. S. XV).

Literatur: Zu AB: wie Nr. 1.

Nr. 4 cis-moll
Autograph: Verschollen. In der von Hermann Scholtz revidierten, 1879 bei Peters in Leipzig erschienenen Ausgabe und auch bei Niecks (siehe Lit.) wird

eine Skizze zu dieser Mazurka erwähnt. – Ein vollständiges Autograph blieb unbekannt.

Abschrift: *N^{ro} 4. / Allegretto.* Abschrift von J. Fontana. 4 Blätter; S. 13–20 des Heftes; Bl. 7r leer, Bl. 7v–10r: Text, Bl. 10v leer; nähere Angaben, auch zur Herkunft, siehe Nr. 1.

Korrigiertes Druckexemplar: Siehe Nr. 1, KDa; Bl. 96r–98r.

Handschriftliche Verzeichnisse: Stirling IV (Neukomm, s. S. XV) – Stirling VII/2 (Franchomme, s. S. XV).

Literatur: Zu A: Niecks$_{1\,\text{II}}$ S. 298, – $_{2\,\text{II}}$ S. 275. – **Zu AB:** wie Nr. 1. – **Zu KD:** wie Nr. 1, KDa.

Nr. 1–4

Erstausgaben:
(a) deutsche: Leipzig, Breitkopf & Härtel (5851); 1838.
(b) französische: Paris, M. Schlesinger (M.S. 2489); 1838.
(c) englische: London, Chr. Wessel (2170); Brown$_8$: Dezember 1837, Brown$_9$: November 1837.

Opus 31

Scherzo für Klavier

b-moll

Comtesse Adèle de Fürstenstein gewidmet

KKp 505–509

Entstehungszeit: 1837.

Autograph: *Presto.* 24 zwölfzeilige Seiten (22,9 × 29); Text auf S. 1–23, auf S. 1 oben links von fremder Hand *F. Chopin op. 31 Scherzo* (Bleistift); S. 24 leer. Die Hs. enthält Stechereintragungen. – Ludwika Jędrzejewicz schenkte dieses Autograph nach Chopins Tod Thomas Tellefsen. Später im Besitz von Charles Malherbe, der es der Bibliothèque du Conservatoire de Paris (Legat Ch. Malherbe Nr. 7130) vermachte. – Seit 1964 in der Bibliothèque Nationale, Paris, Département de la Musique, Sign. Ms. 106; PhA Ch: F. 1721; PhA ÖNB Wien 322. – **Abb.:** PWM Scherzo b Gesamtfaksimile. – S. 1: Bory S. 106, Mirska$_9$ S. 176. – S. 2: DzW V S. 12, Mirska$_9$ S. 176, Walker nach S. 160, Tafel 3.

Abschrift: *Scherzo / pour Piano / dedié à Mlle la C^{sse} Adèle de Fürstenstein / par F Chopin / Leipsic chez Haertel. / Paris chez M. Schlesinger. / Londres chez*

Wessel. Dieser Titel, von Chopin geschrieben, ist mit roter Tinte durchgestrichen. Von Julian Fontana für Breitkopf & Härtel angefertigt und im September 1837 nach Leipzig gesandt. – *Presto.* 13 zwölfzeilige Blätter (23 × 30); S. 1: Titel (s.o., am oberen Rand rechts die irrtümliche Angabe *Autograph*), S. 2 leer, S. 3–25: Text, S. 26 leer. Die Hs. enthält Eintragungen Chopins und des Stechers. – Zur Herkunft siehe op. 21, Ac (s. 42). – Heute in der Musikabteilung der Nationalbibliothek Warschau, Sign. Mus. 220; PhA Ch: F. 1302; PhA ONB Wien 366 – N u. P. – **Abb.:** S. 3: Friedman$_{3a}$ Bildbeigabe.

Korrigiertes Druckexemplar: Exemplar der Ausgabe M. Schlesinger *Scherzo / Pour Piano / ... / Par / F. Chopin / Opéra: 31 / ... / Paris, chez Maurice Schlesinger* (M.S. 2494) mit eigenhändigen Eintragungen Chopins. – Band II der Sammelbände O'Méara (II, 14; siehe S. XVf.), Bl. 99r–109r. – PhA Ch: F. 635.

Handschriftliche Verzeichnisse: Stirling IV (Neukomm, s. S. XV) – Stirling VII/2 (Franchomme, s. S. XV).

Erstausgaben:
(a) deutsche: Leipzig, Breitkopf & Härtel (5852); 1838.
(b) französische: Paris, M. Schlesinger (M.S. 2494); BC: Dezember 1837.
(c) englische: London, Chr. Wessel (2168); Brown$_8$: Dezember 1837, Brown$_9$: November 1837.

Briefe: An Breitkopf & Härtel: 10. Dezember 1843.

Literatur: Zu A: Ausstellung 1932 BP Pos. 126, – 1937 BP Pos. 558, – 1949 BN Pos. 77, Bory S. 106, Brown$_9$ Pos. 111 (2), DzW V S. 99f., Henle$_8$ KB S. 4f., Kobylańska$_7$ S. 18, – $_{15}$ S. 143f., PWM Scherzo b S. IVff. – **Zu AB:** Ausstellung 1937 BP Pos. 68, Brown$_9$ Pos. 111 (1), Chopin I S. 55, – II S. 95, DzW V S. 99f., Henle$_8$ KB S. 4f., Hitzig Nr. 77, M. Idzikowski$_2$ S. 33, Jahresbericht BN S. 55, Janta$_2$ S. 168, Mirska$_7$ S. 144, Lorentz S. 12, Płaczkowski$_1$ S. 3, – $_2$ S. 3, Prokopowicz$_2$ S. 282, – $_3$ S. 3/5/9, – $_7$ S. 294ff. und 304, – $_8$ S. 22. – **Zu KD:** DzW V S. 100, Henle$_8$ KB S. 5, Kobylańska$_{15}$ S. 160.

Opus 32

Zwei Nocturnes für Klavier

Baronin Camille de Billing Née de Courbonne gewidmet

KKp 510–519

Entstehungszeit: 1836–37.

Nr. 1 H-dur

Autograph: Verschollen. In der 1938 handschriftlich angefertigten Verzeichnis aller im Chopin-Institut Warschau (heutige ChopGes) vorhandenen Photographien ist auch ein Autograph zu den beiden Nocturnes op. 32 aufgeführt. Das Original befand sich im Großpolnischen Museum Posen und ging im Zweiten Weltkrieg verloren.

Korrigierte Druckexemplare:
(a) Exemplar der Ausgabe M. Schlesinger *Deux Nocturnes / Pour Piano / ... / Par / Fréd. Chopin / Op. 32. / ... / Paris, chez Maurice Schlesinger* (M.S. 2500) mit eigenhändigen Eintragungen Chopins. – Band II der Sammelbände O'Méara (II, 4; s. S. XVf.), Bl. 23r–26r. – PhA Ch: F. 645.
(b) Exemplar der Ausgabe M. Schlesinger (M.S. 2500) mit eigenhändigen Eintragungen Chopins. – Band IV der Sammelbände Stirling (s. S. XV).
(c) Exemplar der Ausgabe M. Schlesinger (M.S. 2500) mit eigenhändigen (?) Eintragungen Chopins. – Band II der Sammelbände Jędrzejewicz (s. S. XIV), Bl. 140r–143r. – PhA Ch: F. 675.

Handschriftliche Verzeichnisse: Stirling IV (Neukomm, s. S. XV) – Stirling VII/2 (Franchomme, s. S. XV).

Literatur: Zu KDa: Kobylańska$_{15}$ S. 160. – **Zu KDb:** DzW VII S. 123f., Kobylańska$_{28}$ S. 5, – $_{33}$ S. 18. – **Zu KDc:** DzW VII S. 123f., Kobylańska$_{16}$ Pos. 46ff.

Nr. 2 As-dur

Autograph: Siehe Nr. 1.

Korrigiertes Druckexemplar: Siehe Nr. 1, KDa; Bl. 26v–28r.

Handschriftliche Verzeichnisse: Stirling IV (Neukomm, s. S. XV) – Stirling VII/2 (Franchomme, s. S. XV).

Literatur: Zu KD: wie Nr. 1, KDa.

Nr. 1 und 2

Erstausgaben:
(a) deutsche: Berlin, A. M. Schlesinger (2180); 1837.
(b) französische: Paris, M. Schlesinger (M.S. 2500); BC: Dezember 1837.
(c) englische: London, Chr. Wessel (2169); Brown$_8$: Dezember 1837, Brown$_9$: November 1837.

Opus 33
Vier Mazurken für Klavier
Comtesse Róża Mostowska gewidmet
KKp 520–548

Entstehungszeit: 1837–38.

Nr. 1 gis-moll

Autograph: *4 Mazourkas / pour le piano / dediés à Mlle Rose Mostowska / par / Chopin* (in Chopins Schrift) / *Op. 33. / Paris chez M. Schlesinger / Londres chez Wessel & Co / Leipzig chez B & Haertel* (von fremder Hand). – Heft, bestehend aus 9 vierzehnzeiligen Blättern (23 × 30,2); Bl. 1r: gemeinsamer Titel für alle 4 Mazurken (s.o.), Bl. 1v leer, Bl. 2r: Titel zu Nr. 1 *N^{ro} 1*, Bl. 2v und 3r: Text von Nr. 1 *N^{ro} 1. / Mazourkas* (sic!) */ Mèsto;* Bl. 3v leer. Generalvorzeichnung nur vier ♯; ebenso in der Abschrift Fontanas (siehe ABa) und in der französischen Erstausgabe. Die Hs. enthält Stechereintragungen. – Im Juni 1838 an Breitkopf & Härtel geschickt. Weitere Angaben zur Herkunft siehe op. 21, Ac (S. 42). – Heute in der Nationalbibliothek Warschau, Sign. Mus. 221; PhA Ch: F. 538; PhA ÖNB Wien 367 – N u. P.

Abschriften:

(a) *N° 1 / Mazourkas.* (sic) */ presto.* Die Hs. galt bis heute als Autograph Chopins, hat aber alle charakteristischen Merkmale der Schrift Fontanas, der diese Kopie wohl als Stichvorlage für Schlesinger anfertigte. – 4 vierzehnzeilige Seiten (23 × 30); S. 1: Titel *N° 1*, S. 2 und 3 Text, S. 4 leer; den Lesefehler *presto* statt *mesto* (siehe A) übernahmen auch die französische und englische Erstausgabe. Die Hs. enthält Stechereintragungen. – Zunächst im Besitz von M. Schlesinger. Später wurde die Hs. zusammen mit Nr. 3 und 4 mehrfach auf Versteigerungen von L. Liepmannssohn, Berlin, als Autograph angeboten (4./5. November 1907, 21./22. Mai 1909, 17./18. November 1911). Schließlich kam sie in den Besitz von Kornelia Parnas, die das Ms. 1936 dem König Jan III Nationalmuseum in Lwów schenkte. – Heute im Historischen Museum Lwów, ohne Signatur; PhA Ch: F. 805. – **Abb.:** S. 2: Liepmannssohn 1909 S. 61, – 1911 Tafel VII, – Katalog 174 Tafel I, Weissmann S. 15. – S. 2 und 3: Lissa₁ Tafel 5.

(b) *Trois / Mazourkas / Composées pour le / Piano = Forte / par / Chopin.* Abschrift eines unbekannten Kopisten, die nur die Mazurken Nr. 1, 4 und 2 umfaßt. – Heft, bestehend aus 5 zwölfzeiligen Blättern (31 × 23,2); Bl. 1 r/v: Text von Nr. 1. Die Hs. enthält weder Nummern-, noch Gattungs-, noch Tempoangaben. Das Ganze hat einen Umschlag (kein Notenpapier) mit dem oben angeführten Titelaufdruck. – Heute im Museum der ChopGes, Inv.-Nr. M/85/1–3; PhA Ch: F. 589.

Korrigierte Druckexemplare:

(a) Exemplar der Ausgabe M. Schlesinger *Quatre / Mazurkas / pour le / Piano / … / Par / F. Chopin / Œuv. 33. / … / Paris, chez Maurice Schlesinger* (M.S. 2714) mit eingehändigen Eintragungen Chopins (Chopin korrigierte den von Schlesinger übernommenen Lesefehler *Presto* wieder in *Mesto;* siehe ABa). – Band III der Sammelbände O'Méara (III, 13; s. S. XVf.), Bl. 99r–101r. – PhA Ch: F. 591.

(b) Exemplar der Ausgabe M. Schlesinger (M.S. 2714) mit eigenhändigen Eintragungen Chopins (Tempoänderung: *Lento* statt *Presto*) und J. W. Stirlings (?). – Band IV der Sammelbände Stirling (s. S. XV).

(c) Exemplar der Ausgabe M. Schlesinger (M.S. 2714) mit eigenhändigen (?) Eintragungen Chopins (Tempoänderung: *lento* statt *Presto*). – Band II der Sammelbände Jędrzejewicz (s. S. XIV), Bl. 146r–148r. – PhA Ch: F. 555.

Handschriftliche Verzeichnisse: Stirling IV (Neukomm, s. S. XV) – Stirling VII/2 (Franchomme, s. S. XV).

Literatur: Zu A: Ausstellung 1937 BP Pos. 102, Brown$_9$ Pos. 115 (1), Chopin I S. 55, – II S. 95, Henle$_9$ KB S. 6, Hitzig Nr. 78, M. Idzikowski$_2$ S. 33, Jahresbericht BN S. 55, Janta$_2$ S. 168, Kobylańska$_7$ S. 18, Lorentz S. 12, Miketta$_1$ S. 446, Mirska$_7$ S. 145, Płaczkowski$_1$ S. 3, – $_2$ S. 3, Prokopowicz$_2$ S. 282, – $_3$ S. 3/5/9, – $_7$ S. 294ff. und 304, – $_8$ S. 22. – **Zu ABa:** Brown$_9$ Pos. 115, DzW X S. 210, Henle$_9$ KB S. 6, Kobylańska$_{27}$ S. 378, Liepmannssohn 1907 Pos. 53, – 1909 Pos. 509, – 1911 Pos. 257, – Katalog 174 Pos. 396, Lissa$_1$ S. 229. – **Zu ABb:** Henle$_9$ KB S. 6, Katalog ChopGes 1971 Pos. 13. – **Zu KDa:** Kobylańska$_{15}$ S. 160. – **ZU KDb:** DzW X S. 210, Kobylańska$_{28}$ S. 5, – $_{33}$ S. 18, Oxford III Mazurkas S. 58. – **Zu KDc:** DzW X S. 210, Kobylańska$_{16}$ Pos. 46ff.

Nr. 2 C-dur

Nr. 2 und 3 sind in den Drucken gegeneinander ausgetauscht.

Autograph: N^{ro} 2 / *Mazourkas* (korrigiert aus *Mazoure*) / *Semplice*. 1 Blatt, Rückseite leer; S. 7 und 8 (= Bl. 4) des Heftes; nähere Angaben, auch zur Herkunft, siehe Nr. 1, A. – **Abb.:** Prokopowicz$_2$ S. 283.

Abschriften:

(a) N° 2. / *Mazourkas* / *Semplice*. Abschrift von J. Fontana. 1 Blatt, Rückseite leer; nähere Angaben siehe Nr. 1, ABa. – Aus einer Aufschrift auf dem oberen Rand des Blattes *Chopin* (darunter: *Manuscript*) *éditée par Maurice Schlesinger Paris; offerte par sa fille Mme Maria de Leins (?) à ses amis* (folgt unleserlicher Name) *pour leur mariage / d'argent! 1901* (oder 1900?) *Stuttgart* geht hervor,

daß dieses Blatt zuerst aus dem ursprünglich wohl alle vier Mazurken umfassenden Gesamtmanuskript entfernt wurde. Vermutlich war es diese Hs., die am 20./21. Mai 1930 bei einer Auktion von L. Liepmannssohn, Berlin (Katalog LIX) als Autograph zum Verkauf angeboten wurde. – Später im Besitz von Ikuku Maeda in Tokyo, heute Eigentum seiner Erben; PhA Ch: F. 513.
(b) Abschrift eines unbekannten Kopisten. 2 Seiten; Bl. 5r/v des Heftes; Rückseite leer; nähere Angaben, auch zur Herkunft, siehe Nr. 1, ABb.

Korrigierte Druckexemplare:
(a) Siehe Nr. 1, KDa; Bl. 101v.
(b) Siehe Nr. 1, KDb.
(c) Siehe Nr. 1, KDc, Bl. 148v.

Handschriftliche Verzeichnisse: Stirling IV (Neukomm, s. S. XV) – Stirling VII/2 (Franchomme, s. S. XV).

Literatur: Zu A: wie Nr. 1, A außer Kobylańska[7]; dazu DzW X S. 210f. – **Zu ABa:** Brown[9] Pos 115, Henle[9] KB S. 6, Katalog ChopGes 1969 Pos. 112, Liepmannssohn 1930 Pos. 81. – **Zu KDa:** wie Nr. 1, KDa. – **Zu KDb:** DzW X S. 211, Kobylańska[28] S. 5, –[33] S. 18. – **Zu KDc:** Kobylańska[16] Pos. 46ff.

Nr. 3 D-dur
Nr. 2 und 3 sind in den Drucken gegeneinander ausgetauscht.

Autograph: *N[ro] 3 / Mazourkas. / Vivace.* 2 Blätter; S. 9–12 des Heftes; Bl. 5r: Titel *N[ro] 3,* Bl. 5v–6v: Text; nähere Angaben, auch zur Herkunft, siehe Nr. 1, A.

Abschrift: *N° 3. / Mazourkas. / Vivace.* Abschrift von J. Fontana, 4 Seiten; S. 1: Titel *N° 3,* S. 2–4: Text; nähere Angaben siehe Nr. 1, ABa. – Zunächst Eigentum von M. Schlesinger. Später zusammen mit Nr. 1 und 4 auf Versteigerungen von L. Liepmannssohn, Berlin, als Autograph zum Verkauf angeboten; siehe Nr. 1. – Seit 1965 in der Musiksammlung der Italienischen Rundfunk- und Fernsehgesellschaft in Turin.

Korrigiertes Druckexemplar: Siehe Nr. 1, KDc; Bl. 149r–151r.

Handschriftliche Verzeichnisse: Stirling IV (Neukomm, s. S. XV) – Stirling VII/2 (Franchomme, s. S. XV).

Literatur: Zu A: wie Nr. 1, A außer Kobylańska[7]; dazu DzW X S. 212. – **Zu AB:** Henle[9] KB S. 6, Liepmannssohn 1907 Pos. 53, – 1909 Pos. 509, – 1911 Pos. 257, – Katalog 174 Pos. 396. – **Zu KD:** wie Nr. 2, KDc.

Nr. 4 h-moll
Autograph: *N[ro] 4 / Mazourkas.* 3 Blätter; S. 13–18 des Heftes; Bl. 7r: Titel *N[ro] 4,* Bl. 7v–9r: Text, Bl. 9v leer; nähere Angaben, auch zur Herkunft, siehe Nr. 1, A.

Abschriften:

(a) *Nº 4. / Mazourkas.* Abschrift von J. Fontana. 4 Seiten; S. 1: Titel *Nº 4,* S. 2–4: Text; nähere Angaben siehe Nr. 1, ABa; Format jedoch 23,5 × 30,5. – Zunächst Eigentum von M. Schlesinger. Später zusammen mit Nr. 1 und 3 auf Versteigerungen von L. Liepmannssohn, Berlin, als Autograph angeboten; siehe Nr. 1. – Heute in der Library of Congress, Washington; PhA Ch: F. 786.

(b) Abschrift eines unbekannten Kopisten. 6 Seiten; Bl. 2r–4v des Heftes; nähere Angaben, auch zur Herkunft, siehe Nr. 1, ABb.

Korrigierte Druckexemplare:

(a) Siehe Nr. 1, KDa; Bl. 104v–107v.

(b) Siehe Nr. 1, KDb.

(c) Siehe Nr. 1, KDc; Bl. 151v–154v; die Takte 87–110 sind mit Bleistift durchgestrichen.

Handschriftliche Verzeichnisse: Stirling IV (Neukomm, s. S. XV) – Stirling VII/2 (Franchomme, s. S. XV).

Literatur: Zu A: wie Nr. 1, A; dazu DzW X S. 212f. – **Zu ABa:** Albrecht Pos. 548, Brown₉ Pos. 115, Hedley₁₁ S. 475, Henle₉ KB S. 6. – **Zu ABb:** wie Nr. 1, ABb. – **Zu KDa:** wie Nr. 1, KDa. – **Zu KDb:** DzW X S. 213, Kobylańska₂₈ S. 5, –₃₃ S. 18, Oxford III Mazurkas S. 68. – **Zu KDc:** DzW X S. 213, Kobylańska₁₆ Pos. 46ff.

Nr. 1–4

Erstausgaben:

(a) deutsche: Leipzig, Breitkopf & Härtel (5985); 1838.
(b) französische: Paris, M. Schlesinger (M.S. 2714); 1838.
(c) englische: London, Chr. Wessel (2279); November 1838.

Briefe: An M. Schlesinger: 10. August 1838. – An J. Fontana: 8. August 1839. – An Breitkopf & Härtel: 10. Dezember 1843,

Opus 34

Drei Walzer für Klavier

KKp 549–569

Nr. 1 As-dur
Josefine von Thun-Hohenstein gewidmet

Entstehungszeit: 15. September 1835 (siehe Aa).

Autographe:

(a) *Tempo di Valse.* 4 achtzeilige Seiten (24,5 × 33) im Album von Anna und Josefine von Thun-Hohenstein; S. 1–3: Text, S. 4 leer; auf S. 1 oben rechts die Widmung *à Mlle la C^sse J. de Thun;* auf S. 3 links unten Unterschrift und Datum: *FF Chopin / Tetschen le 15 Sept 1835.* – Bis 1932 Eigentum der Familie Thun in Dieczyn. – Der heutige Aufbewahrungsort der Hs. ist unbekannt; PhA Ch: F. 1370. – **Abb.:** S. 1 und 2: Procházka₂ S. 146. – S. 1 und 3: Simonides-Bednář Tafel 29. – S. 1–3: Simon nach S. 48.

(b) *3 Valses / pour piano / par F. Chopin / œuvre 34. – N^ro 1. / Vivace.* 10 vierzehnzeilige Seiten (22,6 × 29,7); S. 1: Titel (s.o.); S. 2 leer, S. 3–10: Text; auf dem rechten oberen Rand von S. 3 die Widmung *à Mlle J. de Thun Hohenstein;* links, von fremder Hand (Bleistift), der spätere Titel *Chopin / grandes Valses brillantes / œuvre 34;* auf dem unteren Rand, von gleicher Hand: *Chopin 3 Grandes Valses brillantes œuvre 34. N° 1. Maurice Schlesinger 97 rue Richelieu.* Die Hs. enthält Stechereintragungen. – Heute in der Bibliothek der Warschauer Musik-Gesellschaft, Sign. 7/Ch; PhA Ch: F. 1740. – **Abb.:** S. 3: Bełza nach S. 432, Mirska₉ S. 137. – S. 3 und 4: DzW IX S. 10f.

Korrigierte Druckexemplare:

(a) Exemplar der Ausgabe M. Schlesinger *N°. 1 / à Mademoiselle de Thun Hohenstein / Trois / Valses / Brillantes / pour le Piano / Composées Par / Fréd. Chopin / Œuv. 34 / N° 1 / ... / Paris, chez Maurice Schlesinger ... / M.S. 2715* mit eigenhändigen Eintragungen Chopins. – Band III der Sammelbände O'Méara (III, 5; s. S. XVf.), Bl. 24r–30r. – PhA Ch: F. 651.

(b) Exemplar der Ausgabe M. Schlesinger (M.S. 2715) mit eigenhändigen Eintragungen Chopins. – Band IV der Sammelbände Stirling (s. S. XV).

Handschriftliche Verzeichnisse: Stirling IV (Neukomm, s. S. XV) – Stirling VII/2 (Franchomme, s. S. XV).

Literatur: Zu Aa: Bronarski₁₀ S. 135, Brown₉ Pos. 94 (1), DzW IX S. 121f., Henle₃ S. 5/7/9, Kobylańska₃₆ S. 310, Simon S. 48, Volkmann. – **Zu Ab:** Ausstellung 1932 BP Pos. 127, Binental₄ Pos. 42, Brown₉ Pos. 94 (2), DzW IX S. 121f., Ekier₆ S. 118, Henle₃ S. 5/7/9, Kobylańska₇ S. 15, Prokopowicz₁ Pos. 20. – **Zu KDa:** Kobylańska₁₅ S. 160. – **Zu KDb:** Kobylańska₂₈ S. 5, –₃₃ S. 18.

Nr. 2 a-moll
Baronin G. d'Ivry gewidmet

Entstehungszeit: 1831.

Autograph: Fragment einiger Anfangstakte im Stammbuch der Gräfin Karoline

Franziska Dorothea Buol-Schauenstein. – Im Katalog 18 des Antiquariats H. Hinterberger, Wien, ist die Hs. unter Pos. 30 wie folgt beschrieben: *Eigenh. musikal. Albumbl. o. U. (Bleistift). 1 S. (8 Zeilen). 12. Am unteren Rande von der ersten Besitzerin des Stammbuches „Valse de Chopin" (Wien 1831).* – Heute in Londoner Privatbesitz. – PhA ÖNB Wien 360 – P.

Abschriften:

(a) *G*^{d} *Valse. / Lento.* Abschrift von George Sand in ihrem Album. 5 vierzehn-zeilige Seiten. – Nähere Angaben, auch zur Herkunft, siehe op. 28 Nr. 2, ABb (S. 61f.).

(b) Fragment. *Valse brillante. / Lento.* Abschrift eines unbekannten Kopisten. – 4 zehnzeilige Seiten (25,8 × 33); die Takte 169–204 fehlen. – Die Hs. befand sich früher in der Almeria-Esterhazy-Murray-Bibliothek. 1938 verkaufte T. Brecher sie an die Österreichische Nationalbibliothek. – ÖNB, Sign. Suppl. Mus. 14875; PhA Ch: F. 1915.

Korrigierte Druckexemplare:

(a) Exemplar der Ausgabe M. Schlesinger *N*^{o} *2. / À Madame La Baronne G. D'Ivry / Trois Valses / Brillantes / pour le / Piano / Composées par / Fréd. Chopin / Œuv. 34. / N*^{o} *2. / ... / Paris, chez Maurice Schlesinger ... / M.S. 2716* mit eigenhändigen Eintragungen Chopins. In den Takten 122–136 sind meh-rere Noten hinzugefügt. – Band III der Sammelbände O'Méara (III, 5; s. S. XVf.), Bl. 31r–36r. – PhA Ch: F. 668.

(b) Exemplar der Ausgabe M. Schlesinger (M.S. 2716) mit eigenhändigen Ein-tragungen Chopins. – Band IV der Sammelbände Stirling (s. S. XV).

(c) Exemplar der Ausgabe M. Schlesinger (M.S. 2716) mit eigenhändigen (?) Eintragungen Chopins. – Band II der Sammelbände Jędrzejewicz (s. S. XIV), Bl. 162r–167r. – PhA Ch: F. 618.

Handschriftliche Verzeichnisse: Stirling IV (Neukomm, s. S. XV) – Stirling VII/2 (Franchomme, s. S. XV).

Literatur: Zu A: Brown$_9$ Pos. 64 (1) und 40 (B), Harasowski$_3$ S. 25, Hinterber-ger 18 Pos. 30, – XX Pos. 92. – **Zu ABa:** wie op. 28 Nr. 2, ABb. – **Zu KDA und b:** wie Nr. 1, KDa und b. – **Zu KDc:** DzW IX S. 123, Kobylańska$_{16}$ Pos. 46ff.

Nr. 3 F-dur

Mademoiselle la Baronne A. d'Eichthal gewidmet

Entstehungszeit: 1838.

Autograph: Unbekannt.

Korrigierte Druckexemplare:

(a) Exemplar der Ausgabe M. Schlesinger *N*^{o} *3. / A Mademoiselle A. d'Eich-thal / Trois / Valses / Brillantes / Composées / Pour Le Piano / Par / Fréd. Chopin / (Œuv. 34. / N*^{o} *3. / ... / Paris, chez Maurice Schlesinger ... / M.S. 2717* mit eigenhändigen Eintragungen Chopins. – Band III der Sammelbände O'Méara (III, 5; s. S. XVf.); Bl. 37r–42r. – PhA Ch: F. 667.

(b) Exemplar der Ausgabe M. Schlesinger (M.S. 2717) mit eigenhändigen Eintragungen Chopins. – Band IV der Sammelbände Stirling (s. S. XV).

(c) Exemplar der Ausgabe M. Schlesinger (M.S. 2717) mit eigenhändigen (?) Eintragungen Chopins. – Band II der Sammelbände Jędrzejewicz (s. S. XIV), Bl. 168r–173r. – PhA Ch: F. 619.

Handschriftliche Verzeichnisse: Stirling IV (Neukomm, s. S. XV) – Stirling VII/2 (Franchomme, s. S. XV).

Literatur: Zu KDa und b: wie Nr. 1, KDa und b. – **Zu KDc:** Kobylańska $_{16}$ Pos. 46 ff.

Nr. 1–3

Erstausgaben:

(a) deutsche: Leipzig, Breitkopf & Härtel (6032–34); 1838.
(b) französische: Paris, M. Schlesinger (M.S. 2715–17); BC: Januar 1839.
(c) englische: London, Chr. Wessel (2280–82); Dezember 1838.

Briefe: An J. Fontana: 28. Dezember 1838, 8. August 1839. – An M. Schlesinger: 10. August 1838. – An Breitkopf & Härtel: 10. Dezember 1843.

Opus 35
Sonate für Klavier
b-moll
KKp 570–580

Entstehungszeit:

1., 2. und 4. Satz: 1839; Brown $_9$, Hoesick $_{6\,III}$: Sommer 1839.
3. Satz: 1836 (Hoesick $_{6\,III}$) · 1837 (Brown $_9$, Hedley $_6$, Jachimecki $_{2-3}$).

Autographe:

(a) Verschollen. *Lento cantabile.* Fragment der ersten 8 Takte des Trios aus dem Trauermarsch. – 1 vierzeilige Seite; hinter dem letzten Takt Unterschrift und Datum: *FF Chopin / Paris, ce 28 9bre 1837* (Beschreibung nach einer

Photokopie aus dem Besitz von A. Hedley). – Die Hs. wurde am 30./31. Mai 1921 bei einer Auktion von L. Liepmannssohn, Berlin, zum Verkauf angeboten.

(b) Fragment. *Presto.* 12 Anfangstakte des 4. Satzes. Zwölfzeiliges Einzelblatt (21,4 × 28); Rückseite leer; unter den letzten Takten Datum und Unterschrift: *Paris ce 23 Mai 1846. F. Chopin.* Auf dem oberen Rand rechts: *fragment d'une Sonate.* – Im Dezember 1962 vom Pariser Antiquariat Pierre Berès an die ChopGes verkauft. – Heute im Museum der ChopGes, Inv.-Nr. M/611; PhA Ch: F. 1654.

Abschriften:

(a) *Sonate / pour le Piano forte / par / Chopin* (in Chopins Schrift) *Op 35.* Abschrift eines unbekannten Kopisten (Adolf Gutmann?) mit eigenhändigen Eintragungen Chopins; angefertigt für Breitkopf & Härtel; im Januar 1840 nach Leipzig gesandt. Die Hs. wurde und wird noch häufig für ein Autograph Chopins gehalten. Bory, Gauthier und Petzoldt-Crass (siehe Abb.) hielten sie für eine Kopie J. Fontanas. – 15 vierzehnzeilige Blätter (21,3 × 27,8); S. 1: Titel (s.o.), S. 2 leer, S. 3–10: 1. Satz *Grave*, S. 11: Titel für 2. Satz *Scherzo*, S. 12 leer, S. 13–17: 2. Satz *Scherzo*, S. 18 leer, S. 19: Titel für 3. Satz *Marche funèbre*, S. 20–21: 3. Satz *Marche funèbre*, S. 22 leer, S. 23: Titel für 4. Satz *Finale*, S. 24 und 25 leer, S. 26–29: 4. Satz *Finale. Presto*, S. 30 leer. Die Hs. enthält Stechereintragungen. – Die Hs. stand Joh. Brahms für die Redaktion der Gesamtausgabe zur Verfügung (siehe Brief Brahms' an Breitkopf & Härtel vom 31. März 1878). Weitere Angaben zur Herkunft siehe op. 21, Ac (S. 42). – Heute in der Nationalbibliothek Warschau, Sign. Mus. 222; PhA Ch: F. 1299; PhA ÖNB Wien 368 – N u. P. – **Abb.:** S. 3: DzW VI S. 10. – S. 13: Kinsky$_2$ S. 319 Repr. 3. – S. 20: Binental$_6$ Tafel XLV, Bory S. 146, Friedman$_4$ vor dem Titelblatt, Gauthier S. 132f., Iwaszkiewicz$_1$ vor S. 273, Kobylańska$_2$ S. 302, Lorentz S. 47, Mirska$_7$ S. 150, Petzoldt-Crass Tafel 88. – S. 21: Kobylańska$_2$ S. 415. – S. 26: Kobylańska$_2$ S. 306. – S. 28: DzW VI S. 11.

(b) *Marsche* (sic!) *Funebre / pour le / Piano / par / Fréd: Chopin. / Œuv.: 35.* Hs. eines unbekannten Kopisten. – 8 zehnzeilige Seiten (31 × 24); S. 1: Titel (s.o.), S. 2–7: Text, S. 8 leer; auf S. 5 unten die Bemerkung: *Unter den Klängen dieser Composition wurde Chopin nach dem Père Lachaise gebracht* (Bleistift). Das Ganze hat einen Umschlag (kein Notenpapier!) mit dem gleichen Titel (mit kleinen Abweichungen) wie S. 1. – Heute in der ÖNB Wien, Sign. Suppl. Mus. № 4689; PhA Ch: F. 1918.

Korrigierte Druckexemplare:

(a) Exemplar der Ausgabe E. Troupenas *Sonate / Pour Le Piano / Composée par / Fred. Chopin / Op: 35. … / à Paris, chez E. Troupenas & Cie* (T. 891) mit eigenhändigen Eintragungen Chopins. – Band I der Sammelbände O'Méara (I, 8; s. S. XVf.); Bl. 140 r–150 r. – PhA Ch: F. 657.

(b) Exemplar der Ausgabe Troupenas mit eigenhändigen Eintragungen und einer Widmung *(à Mlle Stirling / F. Chopin)* Chopins. Ganche (s. Lit.) schreibt dazu (das Finale betreffend): *Au quatrième temps de la quarante-neuvième mesure, il ajouta un bémol au fa et au mi.* – Band IV der Sammelbände Stirling (s. S. XV).

(c) Exemplar der Erstausgabe Troupenas (s. KDa) mit eigenhändigen Eintragungen Chopins. Auf dem Titelblatt die Widmung *Mademoiselle Marie de Scherbatoff / Paris de la part de FChopin.* Das Exemplar enthält im Finale nach T. 46 zwei Takte, die Chopin weggestrichen hat. In den Exemplaren KDa und KDb sind diese beiden Takte nicht mehr enthalten. Auf einem Vorsatzblatt des Sammelbandes (von der Hand Prinzessin Czerkaskajas) mit der Überschrift *Catalogue écrit l'année 1875* sind die einzelnen Werke aufgeführt; zu op. 35 die Bemerkung: *Sonate avec la marche funèbre qu'il m'a jouée avant qu'elle ne soit imprimée et qu'on a jouée à son enterrement.* – Sammelband Czerkaskaja (s. S. XVI).

(d) Verschollen. Nach Mikuli (siehe Lit.) besaß auch Chopins Schülerin Friederike Müller-Streicher ein Exemplar mit eigenhändigen Eintragungen Chopins, in dem Chopin ebenfalls im Finale nach T. 46 zwei Takte gestrichen haben soll.

(e) Verschollen. Ebenfalls nach Mikuli (siehe Lit.) besaß auch Marcelina Czartoryska ein Druckexemplar dieser Sonate mit eigenhändigen Eintragungen Chopins. Auch in diesem Exemplar soll Chopin im Finale die ursprünglichen Takte 47/48 gestrichen haben.

Handschriftliche Verzeichnisse: Stirling IV (Neukomm, s. S. XV) – Stirling VII/2 (Franchomme, s. S. XV).

Erstausgaben:
(a) deutsche: Leipzig, Breitkopf & Härtel (6329); 1840.
(b) französische: Paris, E. Troupenas (T. 891); BC: Mai 1840.
(c) englische: London, Chr. Wessel (3549); Juli 1840.

Briefe: An J. Fontana: 8. August 1839. – An Breitkopf & Härtel: 14. Dezember 1839, 10. Dezember 1843. – J. Brahms an Breitkopf & Härtel: 31. März 1878.

Literatur: Zu Aa: Liepmannssohn 1921 Pos. 33. – **Zu Ab:** Henle$_{11}$ KB S. 1 und 4, Katalog ChopGes 1971 Pos. 29, Kobylańska$_{21}$ Pos. 40, –$_{23}$ S. 8. – **Zu ABa:** Ausstellung 1937 BP Pos. 156, Binental$_6$ S. 121, Bory S. 146, Bronarski$_2$ S. 317, Brown$_9$ Pos. 114 und 128, Chopin I S. 55, – II S. 95, DzW VI S. 130ff., Ekier$_6$ S. 69, Friedman$_4$ vor Titelblatt, Henle$_{11}$ KB S. 1–4, Hitzig Nr. 79, M. Idzikowski$_2$ S. 33, Jahresbericht BN S. 55, Janta$_2$ S. 168, Kobylańska$_7$ S. 20, –$_{23}$ S. 8, Lorentz S. 12, Mirska$_7$ S. 145, Płaczkowski$_1$ S. 3, –$_2$ S. 3, Prokopowicz$_2$ S.282,–$_3$ S.3/5/9, –$_7$ S. 294ff. und S.304, –$_8$ S. 22, Zagiba$_3$ S. 132. – **Zu ABb:** Henle$_{11}$ KB S. 1, 3 und 4.– **Zu KDa:** DzW VI S. 134ff., Henle$_{11}$ KB S. 1 und 3, Kobylańska$_{15}$ S. 159. – **Zu KDb:** DzW VI S. 133ff., Ganche$_4$ S. 144, Kobylańska$_{28}$ S. 5, –$_{33}$ S. 18, Oxford II Sonatas S. 37, 56 und 60. – **Zu KDc:** Gajewski S. 3f. – **Zu KDd:** Bronarski$_9$ S. 357, DzW VI S. 131, Mikuli$_1$ S If., –$_3$ S. 34, Niecks$_{1\,II}$ S. 298, –$_{2\,II}$ S. 274. – **Zu KDe:** Bronarski$_9$ S. 357, Mikuli$_3$ S. 50.

Opus 36

Impromptu für Klavier
Fis-dur
KKp 581–587

110 Takte

Entstehungszeit: 1838 (Jachimecki₁₋₂) · 1839 (Binental₇, Hedley₆, Sydow₁; Brown₉: Frühherbst 1839).

Autographe: Ein vollständiges Autograph ist nicht bekannt.
(a) Skizze. *Impromptu / pour piano / par F. Chopin.* – 2 vierzehnzeilige Blätter (S. 79–82) am Ende des Autographs zum Krakowiak (siehe op. 14, Ab; S. 33); S. 1: Titel (s. o.), S. 2 und 3: Text, S. 4 leer. Die beiden Blätter wurden erst nachträglich in das Autograph des Krakowiak eingebunden und haben ein anderes Format (21,3 × 27,7). – Zur Herkunft siehe op. 14, Ab. – Heute im Nationalmuseum Krakau, Abt. Czartoryski, Sign. 2751; PhA Ch: F. 1318. –
Abb.: S. 2: Mirska₉ S. 177. – S. 3: Mirska₉ S. 177, Stromenger₅ S. 47.
(b) Skizze. Vierzehnzeiliges Einzelblatt (21,1 × 26,6). – Ursprünglich Eigentum von Anna Jesipow Leszetycka in Wien. 1928 vom Antiquariat Thomas A. Madigan, New York, an Christian A. Zabriskie, New York, verkauft, der es 1960 der ChopGes schenkte. – Museum der ChopGes, Inv.-Nr. M/500; PhA Ch: F. 1652.

Korrigierte Druckexemplare:
(a) Exemplar der Ausgabe E. Troupenas *Deuxième / Impromptu / Pour Le Piano / Composé / Par / Fred. Chopin / Op: 36. / … / à Paris chez E. Troupenas & Cⁱᵉ* (T. 892) mit eigenhändigen Eintragungen Chopins. – Band III der Sammelbände O'Méara (III, 2; s. S. XVf.), Bl. 7r–11r. – PhA Ch: F. 653.
(b) Exemplar der Ausgabe E. Troupenas (T. 892) mit eigenhändigen Eintragungen Chopins und J. W. Stirlings (?). – Band IV der Sammelbände Stirling (s. S. XV).
(c) Exemplar der Ausgabe Troupenas (siehe KDa) mit eigenhändigen Eintragungen Chopins. Auf dem Titelblatt die Widmung *à Mademoiselle la Princesse Marie de Scherbatoff/Paris* (dann ein oder mehrere herausgeschnittene Wörter) *de la part de FChopin.* – Sammelband Czerkaskaja (s. S. XVI).

Handschriftliche Verzeichnisse: Stirling IV (Neukomm, s. S. XV) – Stirling VII/2 (Franchomme, s. S. XV).

Erstausgaben:
(a) deutsche: Leipzig, Breitkopf & Härtel (6333); 1840.
(b) französische: Paris, E. Troupenas (T. 892); 1840.
(c) englische: London, Chr. Wessel (3550); Juli 1840.

Briefe: An J. Fontana: 8. Oktober 1839, 18. September 1841. – An Breitkopf & Härtel: 14. Dezember 1839, 10. Dezember 1843.

Literatur: Zu Aa: Brown₉ Pos. 129 (1), DzW IV S. 49, Hordyński₄ S. 186, – ₅ S. 379, Mirska₉ S. 177. – **Zu Ab:** Albrecht Pos. 546, Brown₉ Pos. 129 (2), Henle₇ KB S. 4, Katalog ChopGes 1971 Pos. 9, Kobylańska₂₄ S. 486. – **Zu KDa:** DzW IV S. 50, Henle₇ KB S. 4f., Kobylańska₁₅ S. 160. – **Zu KDb:** Kobylańska₂₈ S. 5, – ₃₃ S. 18. – **Zu KDc:** Gajewski S. 3f.

Opus 37
Zwei Nocturnes für Klavier
KKp 588–600

Entstehungszeit: 1838 (Hedley₆) · 1838/39 (Jachimecki₂₋₃, Sydow₁; Brown₉: Nr. 1 1838, Nr. 2 im Juli 1839) · 1839 (Binental₇).

Nr. 1 g-moll

Autograph: Fragment. Auftakt und Takt 1. Chopin schreibt am 8. August 1839 aus Nohant an J. Fontana: … / *Ich habe ein neues Nocturne in G-dur, das Hand in Hand mit dem in g-moll gehen wird, wenn Du dich erinnerst:* es folgt dann das Incipit. – Der Brief befand sich früher in der Sammlung von A. Hedley, London. Seit 1969 Eigentum von Maria Ferra in Valldemosa (Mallorca). – Ein vollständiges Autograph blieb unbekannt.

Abschrift: *2 Nocturnes / pour le Pianoforte / par / F Chopin /* (in Chopins Schrift). *Op. 37.* Abschrift eines unbekannten Kopisten mit eigenhändigen Eintragungen Chopins; angefertigt als Stichvorlage für Breitkopf & Härtel; im Januar 1840 nach Leipzig gesandt. – Heft, bestehend aus 9 zehnzeiligen Blättern (21,7 × 27); Bl. 1r: gemeinsamer Titel (s. o.), Bl. 1v leer, Bl. 2r: Titel zu Nr. 1 *N° 1*, Bl. 2v–4r: Text von Nr. 1 *Andante Sostenuto*, Bl. 4v leer. Die Hs. enthält außer Korrekturen Chopins auch Stechereintragungen. – Zur Herkunft siehe op. 21, Ac (S. 42). – Heute in der Nationalbibliothek Warschau, Sign. Mus. 223; PhA Ch: F. 1296; PhA ÖNB Wien 369.

Korrigierte Druckexemplare:
(a) Exemplar der Ausgabe E. Troupenas *Deux Nocturnes / Pour / Le Piano / Composés / Par / Fred. Chopin / Op: 37. / … / à Paris, chez E. Troupenas & C*ie (T. 893) mit eigenhändigen Eintragungen Chopins. – Band II der Sammelbände O'Méara (II, 5; s. S. XVf.), Bl. 29r–31v. – PhA Ch: F. 644.

(b) Exemplar der Ausgabe E. Troupenas (T. 893) mit eigenhändigen Eintragungen und einer Widmung (*à Mlle J. W. Stirling. / Chopin.*) Chopins. – Band V der Sammelbände Stirling (s. S. XV).

Handschriftliche Verzeichnisse: Stirling V (Neukomm, s. S. XV) – Stirling VII/2 (Chopin, s. S. XV).

Literatur: Zu AB: Brown$_9$ Pos. 119, Chopin I S. 55, – II S. 95, Ekier$_6$ S. 15 und 64, Henle$_4$ S. 8f., Hitzig Nr. 80, M. Idzikowski$_2$ S. 33, Jahresbericht BN S. 55, Janta$_2$ S. 168, Lorentz S. 12, Mirska$_7$ S. 145, Płaczkowski$_1$ S. 3, – $_2$ S. 3, Prokopowicz$_2$ S. 282, – $_7$ S. 294ff. und 304, – $_8$ S. 22. – **Zu KDa:** DzW VII S. 116 und 125, Kobylańska$_{15}$ S. 160. – **Zu KDb:** DzW VII S. 125, Kobylańska$_{28}$ S. 5, – $_{33}$ S. 18.

Nr. 2 G-dur

Autograph: Unbekannt.

Abschrift: *Andantino.* Abschrift eines unbekannten Kopisten. 5 Blätter; Seite 9–18 des Heftes; Bl. 5r/v leer, Bl. 6r: Titel *N° 2*, Bl. 6v–9r: Text, Bl. 9v leer; nähere Angaben, auch zur Herkunft, siehe Nr. 1, AB und op. 21, Ac (S. 42).

Korrigierte Druckexemplare:
(a) Siehe Nr. 1, KDa; Bl. 32r–34r.
(b) Siehe Nr. 1, KDb.

Handschriftliche Verzeichnisse: Stirling V (Neukomm, s. S. XV) – Stirling VII/2 (Chopin, s. S. XV).

Literatur: Zu AB: wie Nr. 1, AB; Brown$_9$ Pos. 127, Ekier$_6$ S. 15 und 118, Henle$_4$ KB S. 9f. – **Zu KDa:** Kobylańska$_{15}$ S. 160. – **Zu KDb:** DzW VII S. 126, Henle$_4$ S. 9, Kobylańska$_{28}$ S. 5, – $_{33}$ S. 18, Oxford I Nocturnes S. 59.

Nr. 1 und 2

Erstausgaben:
(a) deutsche: Leipzig, Breitkopf & Härtel (6334); 1840.
(b) französische: Paris, E. Troupenas (T. 893); BC: Juli 1840.
(c) englische: London, Chr. Wessel (3554); Brown$_8$: Juli 1840, Brown$_9$: Juni 1840.

Briefe: An J. Fontana: 8. August 1839 (s.o.). – An Breitkopf & Härtel: 14. Dezember 1839, 10. Dezember 1843.

Opus 38
Ballade für Klavier
F-dur
Robert Schumann gewidmet
KKp 601–609

Entstehungszeit: 1836 (Jachimecki $_{2-3}$, Brown $_9$: erste Fassung) · 1836–39 (Sydow $_1$, Hedley $_6$) · Januar 1839 (Brown $_9$: endgültige Fassung).

Autographe:
(a) Fragmentarische Skizze der Takte 11 und 12. Einzelblatt (5,5 × 14,5), eingeklebt in das Album des schwedischen Komponisten Ivar Hallström (1826–1901), Band III, Bl. 25v. – Albert Rubenson (ab 1880 Direktor des Stockholmer Konservatoriums) schenkte das Blatt I. Hallström, der wahrscheinlich 1899 das Musikhistorische Museum Stockholm gründete und sein Album der Musiksammlung dieses Museums überließ. – Musikhistorisches Museum Stockholm, Musiksammlung, Inv.-Nr. Aut. 1a; PhA Ch: F. 1710. – **Abb.:** Kobylańska $_{22}$ S. 9.

(b) *Andantino*. Reinschrift. – 5 vierzehnzeilige Blätter (21,6 × 28); S. 10 leer, auf S. 9 unten rechts eine Widmung: *à mon bon cher Ch. Bitter (Ritter?) / P. Seligmann / bien heureux de lui offrir ce / manuscrit de F. Chopin.* – Chopin schickte dieses Autograph Anfang 1839 nach Paris an J. Fontana, der es Troupenas übergeben sollte. Danach muß die Hs. des öfteren den Besitzer gewechselt haben; so gehörte sie u.a. H. Prosper Seligmann, Ch. Bitter (s.o.) und schließlich C. Saint-Saëns, der sie 1919 dem Conservatoire de Paris schenkte. – Seit 1964 in der Bibliothèque Nationale Paris, Département de la Musique, Sign. Ms. 107; PhA Ch: F. 1320; PhA ÖNB Wien 328. – **Abb.:** Gesamtfaksimile: Catin $_1$, Cortot $_1$, PWM Ballada F. – S. 1: Binental $_6$ Tafel XLIV, Bory S. 113, DzW III S. 11, Mirska $_9$ S. 196, Pourtalès $_1$ nach S. 168. – S. 2: Mirska $_9$ S. 197, Pourtalès $_1$ vor S. 169. – S. 3: Eaubonne S. 65, Gauthier S. 169, Panigel-Beaufils nach S. 32. – S. 5: Ekier $_6$ Tafel 5. – S. 6: Ekier $_6$ Tafel 6, Juramie S. 108 – S. 8: Bourniquel $_1$ S. 140f. – S. 9: DzW III S. 12, Ekier $_6$ Tafel 7, Sołowcow S. 173.

(c) Fälschung? Fragment: 6 Anfangstakte. – Zehnzeiliges Einzelblatt, unter dem Notentext Datum, Widmung und Unterschrift: *Paris 1839 / Hommage à M ^{me} Berlioz / F Chopin.* – An der Echtheit der Hs. muß gezweifelt werden. A. Hedley hielt sie für eine Fälschung und wies in diesem Zusammenhang hin auf die etwa zur gleichen Zeit (siehe Herkunft) auf dem Markt erschienenen und inzwischen eindeutig als solche erkannten Fälschungen eines angeblichen Chopin-Briefes an M ^{me} Berlioz vom 10. Oktober 1833 und eines Autographs zur Mazurka op. 63 Nr. 2 (Ac, s. S. 136). – Im November 1968 von der Altman Collectors Gallery, New York, zum Verkauf angeboten. – **Abb.:** New York Times 1968 S. 41.

Abschrift: *Ballade / pour le Piano forte / dedié a Mr Robert Schuhmann* (sic!) *par / Chopin* (in Chopins Schrift) / *Op. 36* (sic!). Abschrift von Ad. Gutmann (?) mit eigenhändigen Eintragungen Chopins; angefertigt für Breitkopf & Härtel, 1840 nach Leipzig gesandt. – *Andantino.* 12 vierzehnzeilige Seiten (21,5 × 27,5); S. 1: Titel (s. o.), S. 2 leer, S. 3–11: Text, S. 12 leer. Die Hs. enthält Stechereintragungen. – Bei der im Brief Breitkopf & Härtels vom 1. Februar 1878 an Izabela Barcińska (siehe S. XIII und op. 23, Ac, S. 46) erwähnten Hs. handelt es sich wahrscheinlich um diese Kopie. Später verkaufte die Tochter Robert Schumanns diese Hs. an das Verlagshaus Peters. 1926/27 tauschte Rudolf Nydahl, Stockholm, die Hs., die damals noch für ein Autograph Chopins gehalten wurde, gegen einen Originalbrief W. A. Mozarts ein. – Heute in der SMF, Stockholm; PhA Ch: F. 1469.

Korrigierte Druckexemplare:
(a) Exemplar der Ausgabe E. Troupenas *2.me / Ballade / Pour Le Piano / ... / Par / F. Chopin / Op: 38 / ... / Paris, chez E. Troupenas & Cie*. (T. 925) mit eigenhändigen Eintragungen Chopins. – Band II der Sammelbände O'Méara (II, 11; s. S. XVf.), Bl. 75 r–79 r. – PhA Ch: F. 638.
(b) Exemplar der Ausgabe E. Troupenas (T. 925) mit eigenhändigen Eintragungen Chopins. – Band V der Sammelbände Stirling (s. S. XV).
(c) Exemplar der Ausgabe E. Troupenas (T. 925) mit eigenhändigen (?) Eintragungen Chopins. – Band III der Sammelbände Jędrzejewicz (s. S. XIV), Bl. 1 v–4 r. – PhA Ch: F. 692.

Handschriftliche Verzeichnisse: Stirling V (Neukomm, s. S. XV) – Stirling VII/2 (Chopin, s. S. XV).

Erstausgaben:
(a) deutsche: Leipzig, Breitkopf & Härtel (6330); 1840.
(b) französische: Paris, E. Troupenas (T. 925); BC: Oktober 1840.
(c) englische: London, Chr. Wessel (3555); Oktober 1840.

Briefe: An H. A. Probst: 24. Oktober 1838. – An C. Pleyel: 22. Januar 1839. – An J. Fontana: 22. Januar 1839; 7., 10., 12. und Ende März 1839; 8. August 1839; 23. April 1840. – An Breitkopf & Härtel: 14. Dezember 1839; 10. Dezember 1843. – E. Rudorff an J. Brahms: 21. Oktober 1877.

Literatur: Zu Aa: Henle_{10} KB S. 3 ff., Kobylańska_{22} S. 8. – **Zu Ab:** Ausstellung 1932 BP Pos. 128, – 1937 BP Pos. 157, – 1949 BN Pos. 72, Bory S. 113, Bronarski_8 S. 756 ff., Brown_1 S. 61, – _9 Pos. 102 (2), Cortot_1 S. 10 und 18 ff., Debrun S. 168, DzW III S. 67 ff., Ekier_6 S. 25 ff., Kobylańska_7 S. 17, Lefébure S. 109, Muzyka 1932 S. 162, Oxford II Ballades et Impromptus S. 25, PWM Ballada F S. IV ff., Saint-Saëns S. 212 ff., Tessier S. 76. – **Zu Ac:** New York

Times 1968 S. 41. – **Zu AB:** Brown[9] Pos. 102 (1), DzW III S. 69f., Ekier[2] S. 29, – [6] S. 25ff., Henle[10] KB S. 3ff., Kobylańska[22] S. 8, – [26] S. 378, Kungl. Biblioteket S. 5, Zagiba[3] S. 127ff. – **Zu KDa:** Kobylańska[15] S. 160. – **Zu KDb:** Kobylańska[28] S. 5. – [33] S. 18. – **Zu KDc:** Kobylańska[16] Pos. 46ff.

Opus 39
Scherzo für Klavier
cis-moll
Adolf Gutmann gewidmet
KKp 610–614

649 Takte

Entstehungszeit: 1838/39 (Opieński[1], Binental[6–7], Jachimecki[2–3], Sydow[1]) · 1839 (Hedley[6]; Brown[9]: begonnen im Januar 1839 auf Mallorca, vollendet Mitte 1839).

Autograph: Unbekannt.

Abschrift: *3me Scherzo / pour le piano forte / dedié à Mr Adolphe Gutmann / par / Chopin* (in Chopins Schrift). Für Breitkopf & Härtel angefertigte Abschrift von Adolf Gutmann (?); am 15. Januar 1840 nach Leipzig gesandt. – *Presto con fuoco.* 8 vierzehnzeilige Blätter (21,4 × 28); S. 1: Titel (s.o.), S. 2 leer, S. 3–15: Text, S. 16 leer. Die Hs. enthält Stechereintragungen. – Zur Herkunft siehe op. 21, Ac (S. 42). – Heute in der Musikabteilung der Nationalbibliothek Warschau, Sign. Mus. 224; PhA Ch: F. 1295; PhA ÖNB Wien 370.

Korrigiertes Druckexemplar: Exemplar der Ausgabe E. Troupenas *3me Scherzo / Pour / Le Piano / … / Par / F. Chopin / Op: 39 / … / Paris, chez E. Troupenas & Cie* (T. 926) mit eigenhändigen (?) Eintragungen Chopins. – Band III der Sammelbände Jędrzejewicz (s. S. XIV), Bl. 6r–11r. – PhA Ch: F. 671.

Handschriftliche Verzeichnisse: Stirling V (Neukomm, s. S. XV) – Stirling VII/2 (Franchomme, s. S. XV).

Erstausgaben:
(a) deutsche: Leipzig, Breitkopf & Härtel (6332); 1840.
(b) französische: Paris, E. Troupenas (T. 926); BC: Dezember 1840.
(c) englische: London, Chr. Wessel (3556); Oktober 1840.

93

Briefe: An C. Pleyel: 22. Januar 1839. – An J. Fontana: 22. Januar und 17. März 1839. – An Breitkopf & Härtel: 14. Dezember 1839, 10. Dezember 1843.

Literatur: Zu AB: Ausstellung 1937 BP Pos. 158, Brown$_9$ Pos. 125, Chopin I S. 55, – II S. 95, DzW V S. 100ff., Ekier$_2$ S. 29, – $_6$ S. 49, Henle$_8$ KB S. 5f., Hitzig Nr. 81, M. Idzikowski$_2$ S. 33, Jahresbericht BN S. 55, Janta$_2$ S. 168, Lorentz S. 12, Płaczkowski$_1$ S. 3, – $_2$ S. 3, Prokopowicz$_2$ S. 282, – $_3$ S. 3/5/9, – – $_7$ S. 294ff. und 304, – $_8$ S. 22. – **Zu KD:** Kobylańska$_{16}$ Pos. 46ff.

Opus 40

Zwei Polonaisen für Klavier

Julian Fontana gewidmet

KKp 615–625

Nr. 1 A-dur

Entstehungszeit: 1838 (Jachimecki$_{2-3}$, Sydow$_1$, Hedley$_6$; Brown$_9$: Oktober 1838) · 1838–39 (Opieński$_1$, Binental$_{6-7}$; Kinsky$_1$: Dezember 1838 oder Januar 1839).

Autographe:

(a) Verschollen. *2 Polonaise*(s?) / *pour le Piano* / *dediée*(s?) *à M*^{r} *Tytus* (dieses Wort kaum lesbar) *Woyciechowski* (die letzten drei Wörter durchgestrichen) *son Ami Jules Fontana / par / Chopin.* Daß dieser Titel im Singular abgefaßt ist, könnte darauf schließen lassen, daß er zunächst nur für eine Polonaise geschrieben war. Erste Niederschrift. – *All*$^\circ$ *con brio.* 4 vierzehnzeilige Seiten (21 × 28); S. 1: Titel (s.o.), S. 2–4: Text. – Die Hs. befand sich im Nachlaß von Tadeusz Jentys. Seit dem Zweiten Weltkrieg ist sie verschollen. – PhA Ch: F. 1540. – **Abb.:** S. 2: DzW VIII S. 12, Echo MTA 1891 (mit Titelblatt), Martynow S. 33, Riiber S. 34. – S. 2–4: Binental$_7$ Einlage zwischen S. 102/103.

(b) *2 Polonaises / pour le piano forte / dediées à M*^{r} *Jules Fontana / par Chopin / Œv. 39* (gestrichen) *40.* Reinschrift. – Heft, bestehend aus 6 vierzehnzeiligen Blättern (21,5 × 28); Bl. 1r: gemeinsamer Titel (s.o.), Bl. 1v leer, Bl. 2r–3r: Text von Nr. 1 *Polonaise N*^{o} *1 / All*^{o} *con brio,* Bl. 3v leer. – Chopin schickte das Autograph der beiden Polonaisen op. 40 Anfang 1839 von Mallorca aus an Jul. Fontana nach Paris. Es diente der französischen Erstausgabe als Stichvorlage. Später kam es in das Musikhistorische Museum Wilhelm Heyer in Köln. 1926 wurde es auf einer Versteigerung bei Henrici-Liepmannssohn in Berlin ausgestellt. – Heute in der British Library, London, Sign. Egerton MS. 3040; PhA Ch: F. 1357; PhA ÖNB Wien 315 – N u. P. – **Abb.:** Bl. 1r: Mirska$_9$ S. 204. – Bl. 2r: Mirska$_9$ S. 204, Siwkowska S. 791.

Abschrift: *2 Polonaises / pour le Piano / dediées à son ami / Jules Fontana / par / Fréd. Chopin.* Von J. Fontana für Breitkopf & Härtel angefertigte Kopie; am 15. Januar 1840 nach Leipzig gesandt. – Heft, bestehend aus 6 vierzehnzeiligen Blättern (21,5 × 27,7); Bl. 1r gemeinsamer Titel (s.o.), Bl. 1v leer, Bl. 2r–3r: Text von Nr. 1 *Polonaise N$\underline{^{ro}}$ 1 / All$\underline{^o}$ con brio,* Bl. 3v leer. Die Hs. enthält Stechereintragungen. – Zur Herkunft siehe op. 21, Ac (S. 42). – Heute in der Musikabteilung der Nationalbibliothek Warschau, Sign. Mus. 225; PhA Ch: F. 1300; PhA ÖNB Wien 371.

Korrigiertes Druckexemplar: Verschollen. Siehe op. 9 Nr. 1, KDd (S. 18).

Handschriftliche Verzeichnisse: Stirling V (Neukomm, s. S. XV) – Stirling VII/2 (Franchomme, s. S. XV).

Literatur: Zu Aa: Binental$_7$ S. 145ff., Brown$_9$ Pos. 120 (2), DzW VIII S. 142f., Henle$_6$ KB S. 4f. – **Zu Ab:** Brown$_9$ Pos. 120 (1), Debrun S. 168, Henle$_6$ KB S. 4f., Henrici-Liepmannssohn 1926 Pos. 97, Jonas$_1$ S. 150, Kinsky$_1$ Pos. 664, Kobylańska$_7$ S. 20. – **Zu AB:** Ausstellung 1937 BP Pos. 159, Brown$_9$ Pos. 120 (3), Chopin I S. 55, – II S. 95, Henle$_6$ KB S. 4f., Hitzig Nr. 82, M. Idzikowski$_2$ S. 33, Jahresbericht BN S. 55, Janta$_2$ S. 168, Lorentz S. 12, Mirska$_7$ S. 145, Płaczkowski$_1$ S. 3, – $_2$ S. 3, Prokopowicz$_2$ S. 282, – $_3$ S. 3/5/9, – $_7$ S. 294ff. und 304, – $_8$ S. 22. – **Zu KD:** wie op. 9 Nr. 1, KDd.

Nr. 2 c-moll

Entstehungszeit: 1838/39 (Binental$_{6-7}$, Hedley$_6$, Jachimecki$_{2-3}$, Opieński$_1$, Sydow$_1$; Kinsky$_1$: wie Nr. 1; Brown$_9$: skizziert im Oktober 1838, beendet Anfang 1839).

Autograph: *Polonaise N$\underline{^{ro}}$ 2. / All$\underline{^o}$ maestoso.* 3 Blätter; S. 7–12 des Heftes; Bl. 4r–5v: Text, Bl. 6r/v leer, nähere Angaben, auch zur Herkunft, siehe Nr. 1, Ab. – **Abb.:** Mirska$_9$ S. 205 (Bl. 4r).

Abschrift: *All$\underline{^o}$ maestoso.* Abschrift von J. Fontana. 3 Blätter, Bl. 4r–6v des Heftes; Bl. 4r–5v: Text; Bl. 6r/v leer; nähere Angaben, auch zur Herkunft, siehe Nr. 1, AB.

Korrigierte Druckexemplare:
(a) Exemplar der Ausgabe E. Troupenas *Deux Polonaises / Pour / Le Piano / … / Par / Fred. Chopin. / Op: 40 / … / à Paris, chez E. Troupenas & Cie* (T. 977) mit eigenhändigen Eintragungen Chopins. – Band II der Sammelbände O'Méara (II, 18; s. S. XVf.), Bl. 144v–146r. – PhA Ch: F. 631.
(b) Verschollen. Siehe op. 9 Nr. 1, KDd (S. 18).

Handschriftliche Verzeichnisse: Stirling V (Neukomm, s. S. XV) – Stirling VII/2 (Franchomme, s. S. XV).

Literatur: Zu A: wie Nr. 1, Ab außer Debrun und Jonas; Brown₉ Pos. 121 (1), Henle₆ KB S. 5. – **Zu AB:** wie Nr. 1, AB; Brown₉ Pos. 121 (2), Henle₆ KB S. 5. – **Zu KDa:** Kobylańska₁₅ S. 160. – **Zu KDb:** wie op. 9 Nr. 1, KDd.

Nr. 1 und 2

Erstausgaben:
(a) deutsche: Leipzig, Breitkopf & Härtel (6331); 1840.
(b) französische: Paris, E. Troupenas (T. 977); 1840.
(c) englische: London, Chr. Wessel (3557); November 1841.

Briefe: An C. Pleyel: 22. Januar 1839. – An J. Fontana: 22. Januar, 7. und 17. März, August und 8. Oktober 1839. – An Breitkopf & Härtel: 14. Dezember 1839, 10. Dezember 1843.

Opus 41
Vier Mazurken für Klavier
Stefan Witwicki gewidmet
KKp 626–645

Nr. 1 e-moll

In der deutschen Erstausgabe sind die Nummern 1 und 2 ausgetauscht. Chopin hatte jedoch in einem Brief an Fontana vom 8. August 1839 ausdrücklich die Reihenfolge des Autographs bestätigt.

Entstehungszeit: 28. November 1838 (siehe Aa).

Autographe:
(a) *Mazur.* Vierzehnzeiliges Skizzenblatt (22 × 28), das auf der gleichen Seite noch eine Skizze zum Prélude op. 28 Nr. 4 (s. S. 63) und auf der Rückseite eine Skizze zu op. 28 Nr. 2 (s. S. 61) sowie drei weitere fragmentarische Skizzen (VI/11.–13., s. S. 260) enthält. Auf dem oberen Rand links Tonartenangabe

und Datum: *E moll. Palma. 28 9bre.* – Zur Herkunft siehe op. 28 Nr. 2, Aa
(S. 61). – Heute in der Sammlung von Gregor Piatigorski, Los Angeles; PhA
Ch: F. 590.– **Abb.:** Bronarski₃ S. 104, –₄ S. 14.

(b) *Mazur. / Andantino.* 2 zwölfzeilige Blätter (30,4 × 24,3); S. 4 leer; auf
S. 3 hinter dem letzten Takt die Unterschrift *Chopin.* Die Hs. enthält Stechereintragungen (Troupenas). – Ursprünglich Eigentum von Joh. Brahms. – Heute
im Archiv der Gesellschaft der Musikfreunde, Wien; PhA Ch: F. 852; PhA
ÖNB Wien 325 – N u.P. – **Abb.:** Mirska₉ S. 195 (S. 1 und 3).

(c) *N^{ro} 1 / Adantino.* Fragment: Takte 1–38. Vierzehnzeiliges Einzelblatt
(21,4 × 27,9); S. 1: Titel (s.o.); S. 2: Text, in der Mitte des oberen Randes mit
Bleistift: *Mazurka op. 41 n° 2* – verbessert aus *n° 1* – *(Avec Variantes de l'edi-*
tion). – 1891 erwarb die Bibliothèque du Conservatoire de Paris die Hs. – Seit
1964 in der Bibliothèque Nationale Paris, Département de la Musique, Sign.
Mus. 113; PhA Ch: F. 702; PhA ÖNB Wien 324.

Abschrift: *4 Mazourkas / pour le Piano forte / dediées à / son ami* (die beiden
letzten Wörter durchgestrichen) */ Mr Etienne Witwicki / par F Chopin* (in
Chopins Schrift). Abschrift eines unbekannten Kopisten für alle vier Mazurken
op. 41 mit eigenhändigen Eintragungen Chopins in den Nr. 1 und 2; angefertigt als Stichvorlage für Breitkopf & Härtel; am 15. Januar 1840 nach Leipzig
gesandt. – Heft, bestehend aus 11 zehnzeiligen Blättern (23,3 × 30,2); Bl. 1r:
gemeinsamer Titel (s.o.), Bl. 1v leer, Bl. 2r: Titel zur Nr. 1 *N° 1,* Bl. 2v und
3r: Text von Nr. 1 *And^{tino},* Bl. 3v leer. Die Hs. enthält Stechereintragungen. –
Zur Herkunft siehe op. 21, Ac (S. 42). – Heute in der Musikabteilung der
Nationalbibliothek Warschau, Sign. Mus. 226; PhA Ch: F. 706, Nr. Mikr.
BN 15869; PhA ÖNB Wien 372 – N u. P.

Korrigiertes Druckexemplar: Exemplar der Ausgabe E. Troupenas *Quatre /*
Mazurkas / Pour / Le Piano / ... / Par / Fred. Chopin. / Op. 41. / ... / Paris,
chez E. Troupenas & Cie (T. 978) mit eigenhändigen Eintragungen Chopins. –
Band III der Sammelbände O'Méara (III, 14; s. S. XVf.), Bl. 108r–110r. –
PhA Ch: F. 578.

Handschriftliche Verzeichnisse: Stirling V (Neukomm, s. S. XV) – Stirling
VII/2 (Franchomme, s. S. XV).

Literatur: Zu Aa: Albrecht Pos. 549, Bronarski₃ S. 94, –₄ S. 4, Brown₅
S. 423f., –₉ Pos. 122 (1), Charavay-Darel Pos. 696, DzW X S. 214. – **Zu Ab:**
Brown₉ Pos. 122 (3), DzW X S. 214f., Henle₉ KB S. 6f., Mirska₉ S. 195,
Zagiba₃ S. 139. – **Zu Ac:** Ausstellung 1932 BP Pos. 129. – 1937 BP Pos. 160, –
1947 Liège Pos. 48, – 1949 BN Pos. 125, Brown₁ S. 62, –₉ Pos. 122 (2),
DzW X S. 214, Henle₉ KB S. 6f., Kobylańska₇ S. 19. – **Zu AB:** Brown₉ Pos.
122, Chopin I S. 55, – II S. 95, Henle₉ KB S. 6f., Hitzig Nr. 83, M. Idzikowski₂
S. 33, Janta₂ S. 168, Lorentz S. 12, Miketta₁ S. 466, Mirska₇ S. 145, Płaczkowski₁ S. 3, –₂ S. 3, Prokopowicz₂ S. 282, –₃ S. 3/5/9, –₇ S. 294ff. und
304, –₈ S. 22. – **Zu KD:** Kobylańska₁₅ S. 160.

Nr. 2 H-dur

In der deutschen Erstausgabe sind die Nummern 1 und 2 ausgetauscht. Spätere Auflagen haben die Reihenfolge Nr. 4, 1, 2, 3.

Entstehungszeit: 1838/39 (Sydow$_1$) · 1839 (Binental$_{6-7}$, Hedley$_6$; Brown$_9$: Juli 1839) · 1839/40 (Opieński$_1$).

Autograph: Unbekannt.

Abschrift: *Animato*. Abschrift eines unbekannten Kopisten. 2 Blätter; S. 7–10 des Heftes; Bl. 4r: Titel *N° 2*, Bl. 4v und 5r: Text, Bl. 5v leer; nähere Angaben, auch zur Herkunft, siehe Nr. 1, AB.

Handschriftliche Verzeichnisse: Stirling V (Neukomm, s. S. XV) – Stirling VII/2 (Franchomme, s. S. XV).

Literatur: Zu AB: wie Nr. 1, AB; Brown$_9$ Pos. 126.

Nr. 3 As-dur

In späteren Auflagen der deutschen Erstausgabe an vierter Stelle.

Entstehungszeit: 1839 (Binental$_{6-7}$, Hedley$_6$, Sydow$_1$; Brown$_9$: Juli 1839) · 1839/40 (Opieński$_1$).

Autograph: Unbekannt.

Abschrift: *All*^{tto}. Abschrift eines unbekannten Kopisten. 2 Blätter; S. 11–14 des Heftes; Bl. 6r: Titel *N° 3*, Bl. 6v und 7r: Text, Bl. 7v leer; nähere Angaben, auch zur Herkunft, siehe Nr. 1, AB.

Korrigiertes Druckexemplar: Verschollen. Nach J. Kleczyński (siehe Lit.) fügte Chopin in einem Marcelina Czartoryska gehörenden Druckexemplar dieser Mazurka die folgenden 5 Schlußtakte hinzu:

Handschriftliche Verzeichnisse: Stirling V (Neukomm, s. S. XV) – Stirling VII/2 (Franchomme, s. S. XV).

Literatur: Zu AB: wie Nr. 1, AB; Brown$_9$ Pos. 126. – **Zu KD:** Kleczyński$_4$ S. 183.

Nr. 4 cis-moll

In späteren Auflagen der deutschen Erstausgabe an erster Stelle.

Entstehungszeit: wie Nr. 3.

Autograph: Unbekannt.

Abschrift: *Maestoso.* Abschrift eines unbekannten Kopisten. 4 Blätter; S. 15–22 des Heftes; Bl. 8r: Titel *N° 4*, Bl. 8v–10v: Text, Bl. 11r/v leer; nähere Angaben, auch zur Herkunft, siehe Nr. 1, AB.

Korrigiertes Druckexemplar: Exemplar der Ausgabe E. Troupenas (s. Nr. 1, KD) mit eigenhändigen (?) Eintragungen Chopins. – Band III der Sammelbände Jędrzejewicz (s. S. XIV), Bl. 22v–24r. – PhA Ch: F. 556.

Handschriftliche Verzeichnisse: Stirling V (Neukomm, s. S. XV) – Stirling VII/2 (Franchomme, s. S. XV).

Literatur: Zu AB: wie Nr. 1, AB; Brown$_9$ Pos. 126. – **Zu KD:** DzW X S. 214, Kobylańska$_{16}$ Pos. 46ff.

Nr. 1–4

Erstausgaben:
- (a) deutsche: Leipzig, Breitkopf & Härtel (6335); 1840.
- (b) französische: Paris, E. Troupenas (T. 978); BC 1: Dezember 1840, BC 2: Januar 1841.
- (c) englische: London, Chr. Wessel (3558); Brown$_8$: Mai 1841, Brown$_9$: Dezember 1840.

Briefe: An J. Fontana: 8. August 1839, 27. Juni 1841. – An Breitkopf & Härtel: 14. Dezember 1839, 10. Dezember 1843. – Stefan Witwicki an Chopin: 17. April 1840. – J. Brahms an E. v. Herzogenberg: Januar 1879.

Opus 42
Walzer für Klavier
As-dur
KKp 646–652

289 Takte

Entstehungszeit: 1840; Brown$_9$: Frühjahr 1840.

Autograph: Unbekannt.

Korrigierte Druckexemplare:
(a) Verschollen. Korrekturfahnen zur französischen Erstausgabe von Pacini, der sie mit Brief vom 20. Juni 1840 bei Chopin anmahnt. (Der Brief war vor 1939 im Besitz von Maria Ciechomska, einer Enkelin von Chopins Schwe-

ster Ludwika Jędrzejewicz, später Eigentum ihrer Schwester Laura; seit dem Zweiten Weltkrieg ist er verschollen.) Möglicherweise waren es diese Korrektur-fahnen, die Chopin mit Brief vom 18. Juni 1840 (als Stichvorlage?) an Breit-kopf & Härtel sandte: *Messieurs, M. Paccini publiant le 30 du courant une Valse de moi dans Le cent-et-un je crois bien faire de vous en envoyer une épreuve. / ... / .* (Guttry Nr. 133). Ob diese Abzüge Korrektureintragungen Chopins enthielten, muß offen bleiben.

(b) Exemplar der Ausgabe von A. Pacini *Grande / Valse Nouvelle / Pour Le Piano / Composée par / F. Chopin / Œuv. 42. / ... / Paris, au Magazin de Musique de Pacini / Nº 68. / Des Cent-et-Un.* (3708) mit eigenhändigen Ein-tragungen Chopins. – Band III der Sammelbände O'Méara (III, 6; s. S. XVf.), Bl. 43r–48r (S. 407–415 des Albums Cent-et-Un). – PhA Ch: F. 650.

(c) Exemplar der Ausgabe von A. Pacini (3708) mit eigenhändigen (?) Ein-tragungen Chopins. – Band III der Sammelbände Jędrzejewicz (s. S. XIV), Bl. 25r–30r. – PhA Ch: F. 616.

(d) Exemplar der Ausgabe Pacini (3708) mit eigenhändigen Eintragungen Chopins. – Sammelband Czerkaskaja (s. S. XVI).

Handschriftliche Verzeichnisse: Stirling V (Neukomm, s. S. XV) – Stirling VII/2 (Franchomme, s. S. XV).

Erstausgaben:
(a) deutsche: Leipzig, Breitkopf & Härtel (6419); 1840.
(b) französische: Paris, Pacini (3708); 30. Juni 1840 (siehe KDa).
(c) englische: London, Chr. Wessel (3559); Juli 1840.

Briefe: An J. Fontana: 27. Juni und 18. Oktober 1841. – An Breitkopf & Härtel: 18. Juni 1840 (s.o.), 4. Mai 1841, 10. Dezember 1843. – A. Pacini an Chopin: 22. April und 20. Juni 1840.

Literatur: Zu KDa: Brown[7] S.9, Karłowicz[2] S.312. – **Zu KDb:** Kobylanska[15] S. 160. – **Zu KDc:** Kobylańska[16] Pos. 46ff. – **Zu KDd:** Gajewski S. 3f.

Opus 43
Tarantella für Klavier
As-dur
KKp 654–662

270 Takte

Entstehungszeit: 1841; Brown[9]: Sommer 1841.

Autographe:

(a) *Tarentelle / pour le piano-forte / par F. Chopin / Œv.* (die Opuszahl selbst fehlt!) / *Hambourg / Chez Schubert et Cie / Paris / Chez Troupenas et Cie / Londres / Chez Wessel et Cie.* 4 vierzehnzeilige Blätter; S. 1: Titel (s.o.), S. 2–7: Text, S. 8 leer; auf S. 7 hinter dem letzten Takt die Unterschrift: *F Ch.* – In seinem Brief vom 26. Juli 1841 bittet Chopin Fontana, das Manuskript der Tarantella an Troupenas zu schicken. Fontana behielt jedoch das Autograph und fertigte für alle drei Verleger Kopien an; siehe Brief Chopins an Fontana vom 27. Juni 1841. Die Hs. blieb dann bis zum Zweiten Weltkrieg im Besitz der Erben Fontanas. 1941 wurden bei einem Bombenangriff auf London die Ränder der Hs. durch Feuer beschädigt. – Heute in einer englischen Privatsammlung in Lewes / East Sussex; PhA Ch: F. 1494.

(b) Verschollen. Fragmente: Takte 232–35 und 243 notiert auf 2 Systemen auf der Rückseite eines Briefes vom 29. Juli 1841 an J. Schuberth, den Verleger der deutschen Erstausgabe. Dazu folgender, erläuternder Kommentar: *à la fin ou bien où il y a sempre animato et crescendo à la 8me mesure il faut à la basse (x) fa-bemol (fes) et non la-bemol (as) comme le copiste l'a fait* (es folgen die Takte 232–35) – *la même chose 8 mesures plus tard* (es folgt Takt 243). – Der Brief befand sich früher wahrscheinlich in der Sammlung von Meyer-Cohn, später in der Sammlung von K. Geigy-Hagenbach, Basel.

Abschriften:

(a) *Tarentelle / pour le piano-forte / par F. Chopin / Paris / Op. 43. / Hambourg / chez Schubert et Cie / Londres / chez Wessel et Cie.* Von J. Fontana angefertigte Abschrift, die lange Zeit für ein Autograph Chopins gehalten wurde.– *Presto.* 8 vierzehnzeilige Seiten (21,9 × 28,5); S. 1: Titel (s.o.), S. 2–7: Text, S. 8 leer. Die Hs. diente als Vorlage für die französische EA und enthält entsprechende Stechereintragungen. – Nach einer handschriftlichen Anmerkung auf einem eingelegten Blatt schenkte Chopin diese Hs. seinem Freund Edward Wolff, der sie wiederum an seinen Freund und Schüler Auguste Vincent weitergab; möglicherweise ein Irrtum, da man die Hs. lange für ein Autograph Chopins hielt. Vielleicht war es Fontana, der Wolff seine Kopie schenkte. Auguste Vincent vermachte sie der Bibliothèque du Conservatoire de Paris. – Seit 1964 in der Bibliothèque Nationale Paris, Département de la Musique, Sign. Ms. 122; PhA Ch: F. 1431. – **Abb.:** Catin_2 (Gesamtfaksimile), Mirska_9 S. 161 (S. 2).

(b) Verschollen. Abschrift von J. Fontana. Chopin schrieb am 27. Juni 1841 an Fontana (Guttry Nr. 139): *Ich schicke Dir die Tarantella. Sei so gut und schreib sie ab. Aber ... schau Dir die beste Ausgabe ... von Rossini an. Darin befindet sich eine Tarantella (in A), ich weiß nicht, ob sie im ^{6}/_{8}- oder ^{12}/_{8}-Takt notiert ist. Man kann sie so oder so schreiben. Aber ich möchte, daß meine wie die von Rossini ist. / ... / Ich bitte Dich auch, statt der Wiederholungszeichen alles auszuschreiben. Beeil Dich und gib sie Léo zusammen mit meinem Brief an Schubert.* (Es blieb beim ^{6}/_{8}-Takt des Autographs.)

(c) Verschollen. Abschrift von J. Fontana. In drei Briefen aus dem Sommer

1841 (27. Juni, 26. Juli, 18. August) bittet Chopin Fontana darum, die Tarantella für Wessel abzuschreiben.

Korrigiertes Druckexemplar: Exemplar der Ausgabe E. Troupenas *Tarentelle / Pour / Piano / Par / F. Chopin. / Op: 43. / ... / A Paris, chez E. Troupenas et C.* (T. 1073) mit eigenhändigen Eintragungen Chopins. – Band III der Sammelbände O'Méara (III, 19; s. S. XVf.), Bl. 151r–156r. – PhA Ch: F. 649.

Handschriftliche Verzeichnisse: Stirling V (Neukomm, s. S. XV) – Stirling VII/2 (Franchomme, s. S. XV).

Erstausgaben:
(a) deutsche: Hamburg, J. Schuberth (449); 1841.
(b) französische: Paris, E. Troupenas (T. 1073); BC: Oktober 1841.
(c) englische: London, Chr. Wessel (5295); Oktober 1841.

Briefe: An J. Fontana: 27. Juni, 26. und 29. Juli, 18. und 20. August 1841. – An Schuberth: 20. Juli 1841.

Literatur: Zu Aa: Brown$_9$ Pos. 139 (1), DzW XVIII S. 65f., Henle$_{13}$ KB S. 2, Kobylańska$_7$ S. 23. – **Zu Ab:** Bronarski$_5$ S. 212, Hagenbach Pos. 1731, Stargardt 1906 Pos. 3039, Sydow-Miketta II S. 479f. – **Zu ABa:** Ausstellung 1932 BP Pos. 130, – 1937 BP Pos. 161, – 1949 BN Pos. 175, Brown$_1$ S. 62, – $_9$ Pos. 139 (2), DzW XVIII S. 65f., Hedley$_{11}$ S. 475, Henle$_{13}$ KB S. 2, Kobylańska$_7$ S. 23, – $_{26}$ S. 378, Mirska$_9$ S. 161. – **Zu KD:** Kobylańska$_{15}$ S. 161, Henle$_{13}$ KB S. 2.

Opus 44
Polonaise für Klavier
fis-moll
Prinzessin Charles de Beauvau née Ludmiła Komar gewidmet
KKp 663–667

Entstehungszeit: 1840/41; Brown$_9$: Ende 1840 bis August 1841.

Autograph: Verschollen. Chopin schreibt am 6. Oktober 1841 an Fontana (Guttry Nr. 155): *Schneide mein eigenes Manuskript der Polonaise genauso auseinander wie bei jenem Prélude* (op. 45, s. S. 103), *numeriere die Blätter und falte es dann auch genauso zusammen. / ... / Mechetti wartet darauf.*

Abschrift: Verschollen. Abschrift von J. Fontana. Chopin schreibt am 30. September 1841 an Fontana (Guttry Nr. 154): *... übergib Léo meine Polonaise noch nicht, auch wenn Du sie schon abgeschrieben hast.*

Korrigiertes Druckexemplar: Exemplar der Ausgabe M. Schlesinger *Polonaise / Pour / Piano / ... / Par / F. Chopin: / ... / Op. 44 / ... / A Paris, chez Maurice Schlesinger / ... / 3477. M.S.* mit eigenhändigen Eintragungen Chopins. – Band V der Sammelbände Stirling (s. S. XV).

Handschriftliche Verzeichnisse: Stirling V (Neukomm, s. S. XV) – Stirling VII/2 (Franchomme, s. S. XV).

Erstausgaben:
(a) deutsche: Wien, P. Mechetti (3577); 1841.
(b) französische: Paris, M. Schlesinger (M.S. 3477); 1841.
(c) englische: London, Chr. Wessel (5226, müßte richtig jedoch heißen: 5296); Brown$_8$: März 1842, Brown$_9$: Januar 1842.

Briefe: An J. Fontana: 24. August, 1. oder 8., 11., 18. und 30. September sowie 6. und 18. Oktober 1841. – An P. Mechetti: 23. August 1841. – An Breitkopf & Härtel: 3. Dezember 1841.

Literatur: Zu KD: Kobylańska$_{28}$ S. 6, –$_{33}$ S. 18.

Opus 45

Prélude für Klavier

cis-moll

Prinzessin Elisabeth Tschernischeff gewidmet

KKp 668–672

Entstehungszeit: 1841; Brown$_9$: August–September 1841.

Autographe:
(a) Verschollen. Chopin schreibt am 6. Oktober 1841 an Fontana (Guttry Nr. 155): *Ich schicke Dir das Prélude, in großer Schrift für Schl*(esinger), ... /.
(b) Verschollen. Im gleichen Brief fährt Chopin fort: *..., in kleiner Schrift für Mechetti.* Bereits am 30. September hatte Chopin an Fontana geschrieben: *... ich geb ihm* (Mechetti) *zu jenem Album* (Beethoven-Album) *das heutige Prélude, das gut moduliert ist und das ich ihm ruhig schicken kann* (Guttry Nr. 154).

Korrigiertes Druckexemplar: Exemplar der Ausgabe M. Schlesinger *Prélude / pour / Le Piano / ... / Et Composé Par / F. Chopin / Op. 45. / ... / Paris, Maurice Schlesinger / ... / M.S. 3518* mit eigenhändigen (?) Eintragungen

Chopins. – Band III der Sammelbände Jędrzejewicz (s. S. XIV), Bl. 47 r–51 r. – PhA Ch: F. 518.

Handschriftliche Verzeichnisse: Stirling V (Neukomm, s. S. XV) – Stirling VII/2 (Franchomme, s. S. XV).

Erstausgaben:
(a) deutsche: Wien, P. Mechetti (3594); 1841.
(b) französische: Paris, M. Schlesinger (M.S. 3518); 1841.
(c) englische: London, Chr. Wessel (5297); Brown[8]: März 1842, Brown[9]: Januar 1842.

Briefe: An J. Fontana: 30. September, 6. Oktober und 1. November 1841. – An M. Schlesinger: 5. Oktober 1841. – An Breitkopf & Härtel: 3. Dezember 1841.

Literatur: Zu KD: Kobylańska[16] Pos. 46ff.

Opus 46
Allegro de Concert für Klavier
A-dur
Friederike Müller-Streicher gewidmet
KKp 673–678 und 1275

279 Takte

Entstehungszeit: 1830 (Opieński[1]: wahrscheinlich Anfang 1830) · 1831/32 (Jachimecki[2-3]) · 1840/41 (Hedley[6], Sydow[1]) · 1841 (Brown[9]: entworfen 1832, vollendet im Mai 1841).

Autograph: *Allegro de Concert / pour le piano – forté / dedié à Mademoisselle* (sic!) *F. Müller (de Vienne) / par F Chopin. / Œv. 46 / Breitkopf et Haertel / Maurice Schlesinger. – All.* Maestoso. 20 zwölfzeilige Seiten (21,7 × 28,2); S. 1: Titel (s.o.), S. 2 leer, S. 3–20: Text. Die Hs. enthält Stechereintragungen. – Ob es dieses Autograph oder die im folgenden angeführte Abschrift Fontanas war, aus der Chopin dieses Werk A. Hofman vorgespielt haben soll (s. Lit. Szulc), muß ungewiß bleiben. Möglicherweise gab es auch noch eine dritte, verlorengegangene Hs., denn auf einem Billett (Liepmannssohn 1913 Pos. 615; Stargardt 1959, Pos. 297), dessen Adressatin wir nicht kennen, schreibt Chopin: *J'ai l'honneur de vous envoyer, Mademoiselle, le concerto* *manuscrit que je vous ai promis. – D'avance je me fais un bien grand plaisir de l'entendre exécuter par un talent aussi admirable ... /.* Da das Billett nicht datiert ist, kann man freilich nicht ausschließen, daß hier vielleicht auch von op. 11 oder op. 21 die Rede ist oder von einem verlorengegangenen Konzert. Diese letzte Möglichkeit ist freilich am wenigsten wahrscheinlich. – Chopin schickte dieses Autograph am 18. Oktober 1841 von Nohant an J. Fontana nach Paris, am 12. November des gleichen Jahres dann an Breitkopf & Härtel nach Leipzig; zur weiteren Herkunft siehe op. 21, Ac (S. 42). – Heute in der Musikabteilung der Nationalbibliothek Warschau, Sign. Mus. 227; PhA Ch: F. 1298; PhA ÖNB Wien 373. – **Abb.:** Friedman₅ S. 172 (S. 3), Mirska₉ S. 238 (S. 3 und 4).

Abschrift: *Allegro de Concert / pour le Piano forté / dedié / à M$^{\underline{lle}}$ F. Müller (de Vienne). / par F Chopin / Œv: 46 / Leipsic / Breitkopf et Haertel.* (in Chopins Schrift). Abschrift von Fontana mit eigenhändigen Eintragungen Chopins; angefertigt für M. Schlesinger. – *Allegro maestoso* (alle Tempobezeichnungen von Chopin). 14 vierzehnzeilige Seiten (21,5 × 28); S. 1: Titel (s.o.), S. 2–14: Text. Die Hs. enthält Stechereintragungen. – Heute in der Sammlung Heineman-Foundation, New York; seit 1962 in der Pierpont Morgan Library, New York, deponiert; PhA Ch: F. 1708.

Korrigiertes Druckexemplar: Exemplar der Ausgabe M. Schlesinger *Allegro / De / Concert / Pour le Piano / ... / Par / F. Chopin / Op: 46. / ... / A Paris, chez Maurice Schlesinger / ... / 3481 M.S.* mit eigenhändigen (?) Eintragungen Chopins. – Band III der Sammelbände Jędrzejewicz (s. S. XIV), Bl. 52 r–60 r. – PhA Ch: F. 683.

Handschriftliche Verzeichnisse: Stirling V (Neukomm, s. S. XV) – Stirling VII/2 (Franchomme, s. S. XV).

Erstausgaben:
(a) deutsche: Leipzig, Breitkopf & Härtel (6651); 1841.
(b) französische: Paris, M. Schlesinger (M.S. 3481); 1841.
(c) englische: London, Chr. Wessel (5298); Brown₈: März 1842, Brown₉: Januar 1842.

Briefe: An J. Fontana: 9., 11., 18. und 20. Oktober 1841. – An Breitkopf & Härtel: 4. Mai und 12. November 1841, 10. Dezember 1843. – Mikołaj Chopin an seinen Sohn: 1834 und 11. April 1835. – Friederike Müller an Chopin: 21. Dezember 1841.

Literatur: Zu A: Ausstellung 1937 BP Pos. 162, Brown₉ Pos. 72 (1), Chopin I S. 55, – II S. 95, Henle₁₃ KB S. 2f., Hitzig Nr. 84, Hoesick₉ᵢᵢ S. 83, M. Idzikowski₂ S. 33, Janta₂ S. 168, Kobylańska₇ S. 24, Lorentz S. 12, Mirska₇ S. 145, Płaczkowski₁ S. 3, – ₂ S. 3, Prokopowicz₂ S. 283, – ₃ S. 3/5/9, – ₆ S. 113, – ₇ S. 294ff., 304 und 312, – ₈ S. 22, Szulc₁ S. 81. – **Zu AB:** Albrecht Pos. 542, Brown₉ Pos. 72 (2), Ekier₆ S. 49, Hedley₁₁ S. 476, Heineman S. 87, Henle₁₃ KB S. 2f. – **Zu KD:** DzW XIII S. 70, Kobylańska₁₆ Pos. 46ff.

Opus 47

Ballade für Klavier

As-dur
Pauline de Noailles gewidmet
KKp 679–687

Allegretto

mezza voce

241 Takte

Entstehungszeit: 1840–41 (Hedley[6], Sydow[1]; Opieński[1]: nach 1840; Brown[9]: skizziert 1840, beendet im Sommer 1841) · 1841 (Jachimecki[2-3], Ekier[6]: Niederschrift beendet Ende Oktober 1841).

Autograph: Verschollen. *3me Ballade / pour le Piano forté / dediée à Mademoiselle Pauline de Noailles / par F. Chopin / Œv. 47 / Leipsic Breitkopf et Haertel. / Paris chez M. Schlesinger. – All.to.* 14 zwölfzeilige Seiten (ca. 20 × ca. 26); S. 1: Titel (s.o.), S. 2 leer, S. 3–13: Text, S. 14 leer. – Chopin schickte die Hs. am 12. November 1841 an Breitkopf & Härtel. Später im Besitz verschiedener Antiquariate. 1905 erwarb Graf Juliusz Ostrowski die Hs. bei einem nicht bekannten Antiquariat außerhalb Polens; bis mindestens 1939 noch im Besitz seines Sohnes, Graf Jan Ostrowski in Ujazd. Während des Zweiten Weltkriegs verlorengegangen. – PhA Ch: F. 1334. – **Abb.:** PWM Ballada As Gesamtfaksimile. – S. 1: Mirska[9] S. 239, WN (Prospekt) Tafel 1. – S. 3: Gradstein S. 14, Hedley[13] vor S. 49, Mazel nach S. 272, Mirska[9] S. 239, Stromenger-Sydow vor S. 81, WN (Prospekt) Tafel 2. – S. 5: Ekier[6] Tafel 8, Mazel vor S. 273. – S. 6: DzW (Prospekt) S. 3, Ekier[6] Tafel 9. – S. 7: DzW III S. 10, Ekier[6] Tafel 10, Stromenger-Sydow vor S. 81. – S. 8: Mazel nach S. 288. – S. 12: Mazel vor S. 289.

Abschriften:

(a) Verschollen. Abschrift von Fontana. Mit Brief vom 18. Oktober 1841 schickte Chopin das Ms. des Konzertallegro op. 46 an Fontana und kündigte die Übersendung der Mss. zu den Nocturnes op. 48, zur Fantasie op. 49 und zur Ballade op. 47 an. Fontana sollte von allem Abschriften anfertigen. Die Kopien von op. 46 und 48 sind erhalten (siehe op. 46 AB, S. 105 und op. 48 Nr. 1 AB und Nr. 2 AB, S. 108f.), die von op. 47 und 49 verlorengegangen.

(b) *Ballade de Chopin / op. 47 / copiée sur le manuscrit original / C. St Saëns. – All.to.* 20 sechzehnzeilige Seiten (35,5 × 27,7); Abschrift von Camille Saint-Saëns. S. 1: Vortitel *Ballade en La ♭ / Chopin* (Bleistift) */ copiée d'après le manuscrit / appartenant à Mme de Guitant* (Blaustift), S. 2 leer, S. 3: Haupttitel (s.o.), S. 4 leer, S. 5–18: Text, S. 19/20 leer. – Mme de Guitant war Schülerin von Camille Saint-Saëns. Bei dem in ihrem Besitz befindlichen Ms. handelte es sich wahrscheinlich um die oben erwähnte und inzwischen verschollene Abschrift von Fontana (siehe ABa). Camille Saint-Saëns schenkte seine Abschrift 1919 der Bibliothèque du Conservatoire de Paris (Don No. 34232). – Seit 1964 in der Bibliothèque Nationale, Paris, Département de la Musique, Sign. Ms. 108; PhA Ch: F. 1432. – **Abb.:** WN (Prospekt) Tafel 6 (S. 5).

Korrigierte Druckexemplare:

(a) Exemplar der Ausgabe M. Schlesinger 3^E / *Ballade / Pour / le Piano, / ... / Par / F. Chopin. / ... / Op: 47. / ... / A Paris, chez Maurice Schlesinger / ... / M.S. 3486* mit eigenhändigen Eintragungen Chopins. – Band II der Sammelbände O'Méara (II, 12; s. S. XVf.), Bl. 80r–88r. – PhA Ch: F. 637.

(b) Exemplar der Ausgabe M. Schlesinger (M.S. 3486) mit eigenhändigen Eintragungen Chopins und J. W. Stirlings (?). Die Korrekturen Chopins sind sehr zahlreich und eingreifend. Aus diesem Grund wohl schrieb Chopin auf die erste Textseite folgende Anmerkung: *C'est moi qui ai corrigé / toutes ces notes / Ch.* – Band V der Sammelbände Stirling (s. S. XV).

(c) Exemplar der Ausgabe M. Schlesinger (M.S. 3486. Da die Titelseite in der graphischen Gestaltung von derjenigen der Ausgabe KDa abweicht, muß es sich um eine spätere Auflage handeln.) mit eigenhändigen (?) Eintragungen Chopins. – Band III der Sammelbände Jędrzejewicz (s. S. XIV), Bl. 61r–69r. – PhA Ch: F. 695.

(d) Exemplar der Ausgabe M. Schlesinger (M.S. 3486) mit eigenhändigen Eintragungen Chopins. – Sammelband Czerkaskaja (s. S. XVI).

Handschriftliche Verzeichnisse: Stirling V (Neukomm, s. S. XV) – Stirling VII/2 (Franchomme, s. S. XV).

Erstausgaben:

(a) deutsche: Leipzig, Breitkopf & Härtel (6652); 1842 (?).
(b) französische: Paris, M. Schlesinger (M.S. 3486); 1841.
(c) englische: London, Chr. Wessel (5299); Brown[8]: März 1842, Brown[9]: Januar 1842.

Briefe: An J. Fontana: 18. Oktober 1841. – An Breitkopf & Härtel: 12. November 1841, 10. Dezember 1843. – General de Guitant an E. Ganche: 17. November 1928.

Literatur: Zu A: Ausstellung 1949 BN Pos. 132, Brown[9] Pos. 136 (1 und 2), DzW (Prospekt) S. 3, DzW III S. 67 und 70ff., Ekier[6] S. 47–77, Henle[10] KB S. 5f., Kobylańska[7] S. 22, Lutnista S. 96, Oxford II Ballades et Impromptus S. 29, PWM Ballada As S. IV–VII. – **Zu ABa:** Ekier[6] S. 49–77, PWM Ballada As S. IV–VII. – **Zu ABb:** Brown[1] S. 60, Ekier[6] S. 48–76, Ganche[4] S. 2, Kobylańska[15] S. 153f., – [24] S. 482, PWM Ballada As S. IV–VII. – **Zu KDa:** Ekier[6] S. 52–77, Henle[10] KB S. 5f., Kobylańska[15] S. 160. – **Zu KDb:** DzW III S. 71, Ekier[6] S. 53–77, Ganche[4] S. 124 und 274f., Kobylańska[28] S. 3 und 6, – [33] S. 18, – [37] S. 125. – **Zu KDc:** Ekier[6] S. 52–77, Henle[10] KB S. 5f., Kobylańska[16] Pos. 46ff. – **Zu KDd:** Gajewski S. 3f.

Opus 48

Zwei Nocturnes für Klavier

Laure Duperré gewidmet

KKp 688–701

Entstehungszeit: 1841 (Hedley[6], Sydow[1]; Opieński[1]: nach 1840; Brown[9]: Oktober 1841; – nach Brief Chopins an Breitkopf & Härtel vor dem 12. November 1841).

Nr. 1 c-moll

Autograph: Verschollen. Chopin schreibt am 1. November 1841 an Julian Fontana (Guttry Nr. 159): *Ich schicke Dir zwei Nocturnes, den Rest am Mittwoch. Schreib sie bitte ab.* Am 12. November 1841 schickte Chopin das Autograph an Breitkopf & Härtel.

Abschrift: *13ᵐᵉ et 14ᵐᵉ Nocturnes / pour le piano forte / dediés à Mˡˡᵉ Laure* (ursprünglich *Emilie*) *Duperré / par F. Chopin / Œ. 48 / Leipsic / Breitkopf et Haertel* (in Chopins Schrift) / *M.S. 3487/88* (von fremder Hand). Abschrift von J. Fontana. – Heft, bestehend aus 10 vierzehnzeiligen Blättern (20,9 × 27,5); S. 1: Gemeinsamer Titel (s.o.), S. 2 leer, S. 3: Titel zu Nr. 1 *13ᵐᵉ Nocturne*, S. 4 leer, S. 5–8: Text von Nr. 1 *Lento*, S. 9 und 10 leer. Die Hs. enthält Stechereintragungen (M. Schlesinger). – Zur Herkunft siehe op. 10 Nr. 1, Ab (s. S. 21). – Heute im Museum der ChopGes Inv.-Nr. M/199, 200. PhA Ch: F. 1718; PhA ÖNB Wien 353. – **Abb.:** S. 5: Egert vor S. 97, Wackernagel nach S. 132.

Korrigierte Druckexemplare:

(a) Exemplar der Ausgabe M. Schlesinger *13ᴱ et 14ᴱ / Nocturne / Pour / Piano / … / Par / F. Chopin. / … / Op: 48. / … / En deux Livres / A Paris, chez Maurice Schlesinger / … / 3487 M.S.* mit eigenhändigen Eintragungen Chopins. – Band II der Sammelbände O'Méara (II, 6; s. S. XVf.), Bl. 35r–40r. – PhA Ch: F. 643.

(b) Exemplar der Ausgabe M. Schlesinger (M.S. 3487) mit eigenhändigen Eintragungen Chopins. – Band V der Sammelbände Stirling (s. S. XV).

(c) Exemplar der Ausgabe M. Schlesinger (wie KDa) mit eigenhändigen (?) Eintragungen Chopins. – Band III der Sammelbände Jędrzejewicz (s. S. XIV), Bl. 70r–75r. – PhA Ch: F. 686.

(d) Exemplar der Ausgabe M. Schlesinger (M.S. 3487) mit eigenhändigen Eintragungen Chopins. – Sammelband Czerkaskaja (s. S. XVI).

Handschriftliche Verzeichnisse: Stirling V (Neukomm, s. S. XV) – Stirling VII/2 (Chopin!, s. S. XV).

Literatur: Zu AB: Brown₉ Pos. 142, DzW I S. 71, – VII S. 126f., Ekier₆ S. 49, Henle₄ KB S. 10f., Katalog ChopGes 1971 Pos. 18, Kobylańska₇ S. 24, – ₁₄ Pos. X, – ₂₇ S. 378, Wackernagel S. 125f. – **Zu KDa:** Kobylańska₁₅ S. 160. – **Zu KDb:** DzW VII S. 126f., Kobylańska₂₈ S. 6, – ₃₃ S. 18, Oxford I Nocturnes S. 70. – **Zu KDc:** DzW VII S. 126f., Kobylańska₁₆ Pos. 46ff. – **Zu KDd:** Gajewski S. 3f.

Nr. 2 fis-moll

Autograph: Verschollen. Siehe Nr. 1.

Abschrift: *14* (ursprünglich *13^(me.)*) *Nocturne* (in Chopins Schrift) / *Andantino*. Abschrift von Fontana. 10 Seiten, S. 11–20 des Heftes; S. 11: Titel (s.o.), S. 12 leer, S. 13–17: Text, S. 18–20 leer; nähere Angaben siehe Nr. 1, AB. – Zur Herkunft siehe op. 10 Nr. 1, Ab (s. S. 21).

Korrigierte Druckexemplare:
(a) Siehe Nr. 1, KDa; Bl. 41r–46r.
(b) Siehe Nr. 1, KDb.
(c) Siehe Nr. 1, KDc; Bl. 76r–81r.

Handschriftliche Verzeichnisse: Stirling V (Neukomm, s. S. XV) – Stirling VII/2 (Chopin!, s. S. XV).

Literatur: Zu AB: Brown₉ Pos. 142, DzW I S. 71, – VII S. 127ff., Ekier₆ S.49, Henle₄ KB S. 11f., Katalog ChopGes 1971 Pos. 18, Kobylańska₇ S. 24, – ₁₄ Pos. XI, – ₂₇ S. 378. – **Zu KDa:** wie Nr. 1, KDa. – **Zu KDb:** DzW VII S. 128, Kobylańska₂₈ S. 6, – ₃₃ S. 18. – **Zu KDc:** DzW VII S. 128, Kobylańska₁₆ Pos. 46ff.

Nr. 1 und 2

Erstausgaben:
(a) deutsche: Leipzig, Breitkopf & Härtel (6653); 1842.
(b) französische: Paris, M. Schlesinger (M.S. 3487/88); 1841.
(c) englische: London, Chr. Wessel (5300/01); Brown₈: März 1842, Brown₉: Januar 1842.

Briefe: An Jul. Fontana: 9. und 18. Oktober 1841. – An Breitkopf & Härtel: 12. November und 3. Dezember 1841, 10. Dezember 1843.

Opus 49

Fantasie für Klavier

f-moll

Prinzessin Catherine de Souzzo gewidmet

KKp 702–707

332 Takte   109

Entstehungszeit: 1840/41 (Hedley[6], Sydow[1]) · 1841 (Jachimecki[2-3], Brown[9]: entworfen Anfang 1841, vollendet Oktober 1841; Opieński[1]: nach 1840; – nach Chopins Brief an Breitkopf & Härtel vor dem 12. November 1841).

Autograph: *Fantaisie / pour le piano forté / dediée à Madame la Princesse Catherine de Souzzo / par F. Chopin / Œv. 49 / Breitkopf et Haertel / Paris M. Schlesinger. – Marcia.* 1 vierzehnzeiliges Umschlagsdoppelblatt (21,2 × 27,5), 16 zwölfzeilige Textseiten (21,5 × ca. 28). Die Hs. enthält Stechereintragungen. – Chopin sandte dieses Autograph mit Brief vom 12. November 1841 an Breitkopf & Härtel nach Leipzig; zur weiteren Herkunft siehe op. 21, Ac (s. S. 42). – Heute in der Musikabteilung der Nationalbibliothek Warschau, Sign. Mus. 228; PhA Ch: F. 1301; Nr. Mikr. / BN 15871; PhA ÖNB Wien 374. – **Abb.:** PWM Fantazja Gesamtfaksimile. – S. 1–16: Mazel nach S. 32 – vor S. 225. – S. 1: Bełza vor S. 337, Mirska[9] S. 240, UW nach S. 32.

Korrigierte Druckexemplare:
(a) Exemplar der Ausgabe M. Schlesinger *Fantaisie / Pour / Piano, / … / Par / F. Chopin. / Op: 49. / … / A Paris, chez Maurice Schlesinger / … / 3489 M. S.* mit eigenhändigen (?) Eintragungen Chopins. – Band III der Sammelbände Jędrzejewicz (s. S. XIV), Bl. 82 r– 90 v. – PhA Ch: F. 620.
(b) Exemplar der Ausgabe M. Schlesinger (M.S. 3489) mit eigenhändigen Eintragungen Chopins. – Band V der Sammelbände Stirling (s. S. XV).

Handschriftliche Verzeichnisse: Stirling V (Neukomm, s. S. XV) – Stirling VII/2 (Chopin!, s. S. XV).

Erstausgaben:
(a) deutsche: Leipzig, Breitkopf & Härtel (6654); 1842.
(b) französische: Paris, M. Schlesinger (M.S. 3489); 1841.
(c) englische: London, Chr. Wessel (5301, müßte richtig jedoch heißen: 5302; 5301 ist op. 48 Nr. 2); Brown[8]: März 1842, Brown[9]: Januar 1842.

Briefe: An J. Fontana: 18. und 20. Oktober 1841. – An Breitkopf & Härtel: 4. Mai und 12. November 1841, 10. Dezember 1843. – J. Brahms an Breitkopf & Härtel: 3. April 1879.

Literatur: Zu A: Ausstellung 1937 BP Pos. 163, Brown[9] Pos. 137, Chopin I S. 55, – II S. 95, Ekier[6] S. 15, 49 und 91, Henle[13] KB S. 3–5, Hitzig Nr. 85, M. Idzikowski[2] S. 33, Janta[2] S. 168, Lorentz S. 12, Mazel S. 117, Mirska[7] S. 146, Płaczkowski[1] S. 3, – [2] S. 3, Prokopowicz[2] S. 283, – [3] S. 3/5/9, – [7] S. 294ff., 304 und 312, – [8] S. 22, PWM Fantazja S. IV–XIII, Zagiba[3] S. 137. – **Zu KDa:** DzW XI S. 51, Kobylańska[16] Pos. 46ff. – **Zu KDb:** Kobylańska[28] S. 6, – [33] S. 18.

Opus 50
Drei Mazurken für Klavier
Leon Szmitkowski gewidmet
KKp 708–722

Entstehungszeit: 1841 (Hedley$_6$, Opieński$_1$: nach 1840) · 1841/42 (Sydow$_1$, Brown$_9$: Herbst 1841 bis Sommer 1842).

Nr. 1 G-dur

Autographe:

(a) Verschollen. In einem von Stefan Gąsiorowski, Urenkel von Leon Szmitkowski (siehe Widmung) angefertigten Verzeichnis seiner Kunst- und Dokumentensammlung ist u.a. auch *die Handschrift der Mazurken mit eigenhändiger Widmung (Urfassung, die später im Druck ein wenig umgearbeitet wurde)* erwähnt. Dabei handelte es sich sicher um die Mazurken op. 50. Die Sammlung ging während des Zweiten Weltkrieges verloren.

(b) *3 Mazourkas, pour le piano / dediés à Mr Léon Szmitkowski / Paris M. Schl.(esinger) – Vienne Mechetti – Londres Wessel par* (dediés bis par durchgestrichen) / *F. Chopin. / Œv. 50.* Die Opuszahl 50 wurde offensichtlich erst später von fremder Hand hinzugefügt; Chopin schrieb: *je ne suis pas sûr du numero d'euvre* (sic!), *– ayez la bonté de voir le numero du dernier.* – Heft, bestehend aus 8 vierzehnzeiligen Seiten (22 × 28,5); S. 1: gemeinsamer Titel (s.o.), S. 2 leer, S. 3 und 4: Text von Nr. 1 *N^{ro} 1 / Vivace.* Die Hs. enthält, vor allem in Nr. 3, zahlreiche Korrekturen Chopins und auf allen Seiten Stechereintragungen (Schlesinger). – Da die gedruckte Fassung in zahlreichen Details von diesem Autograph abweicht, könnten Aa und Ab möglicherweise identisch sein. – Bei der 46. Versteigerung von L. Liepmannssohn, Berlin 30./31. Mai 1921, zum Verkauf angeboten. – Heute in der Mary Flagler Cary Music Collection der Pierpont Morgan Library, New York. – **Abb.:** Flagler-Cary Tafel XVI (S. 3).

(c) Fragment. Reinschrift der ersten 12 Takte. Vierzehnzeiliges Einzelblatt (22 × 28,5); in der rechten oberen Ecke: *à* (?) *Mr Gaillard;* Rückseite leer. – Ursprünglich Eigentum von A. Franchomme, dann im Besitz seiner Erben: bis 1903 im Besitz seiner Tochter Cécile Edouard André, danach bis 1942 Eigentum von deren Sohn René Edouard André. Nach dessen Tod blieb die Hs. bis

111

1956 im Besitz seiner Frau Claire Le Mire André, die sie ihren Kindern vererbte. 1958 verkaufte das Pariser Antiquariat Marc Loliée die Hs. an die ChopGes. – Museum der ChopGes Warschau, Inv.-Nr. M/243; PhA Ch: F. 755.

Handschriftliche Verzeichnisse: Stirling VI (Neukomm, s. S. XV) – Stirling VII/2 (Chopin!, s. S. XV).

Literatur: Zu Ab: Bartoszewicz[5] S. 5, Brown[9] Pos. 145 (1), Flagler-Cary Pos. 95, Henle[9] KB S. 7, Liepmannssohn 1921 Pos. 32, R.J. S.17. – **Zu Ac:** Brown[9] Pos. 145 (2), Henle[9] KB S. 7, Katalog ChopGes 1971 Pos. 14, Loliée Pos. 179.

Nr. 2 As-dur

Autographe:
(a) Verschollen. Siehe Nr. 1, Aa.
(b) N^{ro} 2 / *Allegretto*. 2 Seiten, S. 5 und 6 des Heftes; nähere Angaben, auch zur Herkunft, siehe Nr. 1, Ab.

Handschriftliche Verzeichnisse: Stirling VI (Neukomm, s. S. XV) – Stirling VII/2 (Chopin!, s. S. XV).

Literatur: Zu Ab: wie Nr. 1, Ab und Hoesick[81] S. 263.

Nr. 3 cis-moll

Autographe:
(a) Verschollen. Siehe Nr. 1, Aa.
(b) N^{ro} 3 / *Moderato*. 2 Seiten, S. 7 und 8 des Heftes; nähere Angaben, auch zur Herkunft, siehe Nr. 1, Ab.
(c) *Manuscrit de Fred. Chopin. DZ* (Dionizy Zaleski, s.u.). 4 vierzehnzeilige Seiten (21,9 × 28,3); S. 1–3: Text, S. 4 leer. Die Hs. umfaßt nur 160 Takte statt später 192; es fehlen die Takte 105–136. Die Hs. macht in vieler Hinsicht den Eindruck eines ersten Entwurfs. Auf S. 3, hinter dem letzten Takt, die Unterschrift *Fr. Chopin.* – Dionizy Zaleski schenkte dieses Autograph aus der Sammlung Bohdan Zaleski 1926 der Jagellonen-Bibliothek Krakau. – Heute in der Jagellonen-Bibliothek Krakau (ohne Sign.); PhA Ch: F. 548. – **Abb.:** S. 1: Mirska[9] S. 240, Paschałow S. 81, Stromenger-Sydow nach S. 80. – S. 3: Mirska[9] S. 240, Stromenger[4] S. 55. – S. 1–3: Hordyński[3] S. 129f., Kobylańska[2] S. 278–80.

Korrigiertes Druckexemplar: Exemplar der Ausgabe M. Schlesinger *3 / Mazurkas / Pour / Piano / … / Par / F. Chopin. / Op: 50. / … / A Paris, chez Maurice Schlesinger / … / M.S. 3692* mit eigenhändigen Eintragungen Chopins. – Band III der Sammelbände O'Méara (III, 15; s. S. XVf.), Bl. 120v–123r. – PhA Ch: F. 577.

Handschriftliche Verzeichnisse: Stirling VI (Neukomm, s. S. XV) – Stirling VII/2 (Chopin!, s. S. XV).

Literatur: Zu Ab: wie Nr. 1, Ab. – **Zu Ac:** Brown₉ Pos. 145 (3), DzW X
S. 217f., Henle₉ KB S. 8, Hordyński₁ S. 61, – ₃ S. 129f., – ₅ S. 384, Katalog
BJ 1937 S. 18 und Pos. 246, Kobylańska₇ S. 25, Miketta₁ S. 466. – **Zu KD:**
Kobylańska₁₅ S. 160.

Nr. 1–3

Erstausgaben:
(a) deutsche: Wien, P. Mechetti (3682); 1842.
(b) französische: Paris, M. Schlesinger (M.S. 3692); 1842.
(c) englische: London, Chr. Wessel (5303); (August) Oktober 1842.

Briefe: An W. Grzymała: Frühling 1842 (wahrscheinlich handelt es sich bei
den in diesem Brief erwähnten Mazurken um op. 50).

Opus 51

Impromptu für Klavier

Ges-dur
Gräfin Jeanne Batthyany-Esterházy gewidmet
KKp 723–731

105 Takte

Entstehungszeit: 1842; Brown₉: Herbst 1842.

Erste Fassung

Autograph: Unbekannt.

Abschrift: Abschrift von Karol Filtsch, datiert mit *1842* (?). Die Hs. enthält
noch keine Widmung. Nach einer Expertise A. Hedley's von 1965 weist die Hs.
erhebliche Abweichungen gegenüber dem erhalten gebliebenen Autograph
(siehe Zweite Fassung) und der gedruckten Fassung auf. Es handelt sich dabei
wohl um eine Erstfassung des Werkes. – Heute in der Sammlung von Lady
Gwynne-Evans, England (Wales), einer Verwandten von Josef Filtsch, des
Bruders von Karol.

Literatur: Brown₉ Pos. 149 (1).

Zweite Fassung

Autograph: *Impromptu pour le pianoforte / dedié à Madame la Comtesse
Esterházy / née Comtesse Batthyany / par F. Chopin / Œv. 51. / Tempo
giusto.* 4 zwölfzeilige Seiten (22 × 28,5; Beschreibung nach Photokopien, siehe

113

Abb.) – Früher, bis 1926 im Musikhistorischen Museum Wilhelm Heyer, Köln. Auf den Auktionen vom 6./7. Dezember 1926 und vom 23. Februar 1928 bei Henrici & Liepmannssohn in Berlin zum Verkauf angeboten und schließlich von J. A. Stargardt für einen Herrn Kohanowicz in Amerika gekauft. – Heute in der Sammlung von Mrs. Giselle Selden-Goth, Florenz; PhA Ch: F. 1341; PhA ÖNB Wien 383. – **Abb.**: Kinsky₁ Tafel XLIV (S. 1), Pourtalès₂ zwischen S. 98/99 (S. 1 und 2, mit falscher Opusangabe).

Korrigierte Druckexemplare:
(a) Exemplar der Ausgabe M. Schlesinger *3ᵉ / Impromptu / Pour / Piano / … / Par / F. Chopin / Op: 51 / … / A Paris, chez Maurice Schlesinger* (M.S. 3847) mit eigenhändigen Eintragungen Chopins. – Band III der Sammelbände O'Méara (III, 3; s. S. XVf.), Bl. 12r–17r. – PhA Ch: F. 654.
(b) Exemplar der Ausgabe M. Schlesinger (M.S. 3847) mit eigenhändigen Eintragungen Chopins. – Band VI der Sammelbände Stirling (s. S. XV).
(c) Exemplar der Ausgabe M. Schlesinger (M.S. 3847) mit eigenhändigen (?) Eintragungen Chopins. – Band III der Sammelbände Jędrzejewicz (s. S. XIV), Bl. 100r–105r. – PhA Ch: F. 621.

Handschriftliche Verzeichnisse: Stirling VI (Neukomm, s. S. XV) – Stirling VII/2 (Franchomme, s. S. XV).

Erstausgaben:
(a) deutsche: Leipzig, Fr. Hofmeister (2900); 1843.
(b) französische: Paris, M. Schlesinger (M.S. 3847); 1843.
(c) englische: London, Chr. Wessel (5304); Juni 1843.

Briefe: An Breitkopf & Härtel: 15. Dezember 1842. – An M. Schlesinger: 22. Juli 1843 (Beschwerde über Vertauschung der Seiten 3 und 5 in der französischen Erstausgabe).

Literatur: Zu A: Brown₉ Pos. 149 (2), Henle₇ KB S. 5, Henrici-Liepmannssohn 1926 Pos. 98, – 1928 Pos. 72, Kinsky₁ Pos. 665. – **Zu KDa:** DzW IV S. 51, Henle₇ KB S. 5, Kobylańska₁₅ S. 160. – **Zu KDb:** Kobylańska₂₈ S. 6, – ₃₃ S. 18. – **Zu KDc:** Kobylańska₁₆ Pos. 46ff.

Opus 52

Ballade für Klavier

f-moll

Baronin Nathaniel de Rothschild gewidmet

KKp 732–738

239 Takte

Entstehungszeit: 1841 (Ekier$_6$) · 1842 (Brown$_9$, Hedley$_6$, Jachimecki$_2$, Sydow$_1$).

Autographe:
(a) Fragment. Takte 1–79. 4 zwölfzeilige Seiten (22 × 29); auf S. 1 oben rechts: *p*(our) *Mr Dessauer*. Der Text weicht von der späteren, gedruckten Fassung erheblich ab; das Stück ist im $^6/_4$-Takt und gegenüber dem Druck in doppelten Notenwerten notiert. Beschreibung nach den Photokopien der ChopGes. – Chopin fertigte dieses Autograph für seinen Freund J. Dessauer an. Im November 1933 in Luzern zum Verkauf angeboten. – Heute in der Sammlung von Rudolf F. Kallir, New York; PhA Ch: F. 1434; PhA ÖNB Wien 359. – **Abb.:** S. 1: Ekier$_6$ Tafel 11, Hürlimann$_2$ S. 69.
(b) *Ballade, pour le piano, dedié à Madame la Baronne C. de Rothschild par F. Chopin / Leipsic Haertel. – Paris Schles. – Londres Wessel et Stapleton. / Œv. 52*. Fragment. Takte 1–136. – *Andante con moto*. 2 zwölfzeilige Blätter im Album von Cécile Mendelssohn Bartholdy (Bl. 52 und 53); Titel (s.o.) auf dem rechten oberen Rand von S. 1; die Hs. enthält Stechereintragungen. Beschreibung nach Photokopien aus dem Archiv des G. Henle Verlags. – Chopin schickte dieses Autograph zusammen mit seinen Mss. für op. 53 und 54 am 15. Oktober 1843 an Breitkopf & Härtel nach Leipzig. Später Eigentum von Cécile Mendelssohn Bartholdy, die die Hs. in ihr Album einfügte; das Album kam dann in den Besitz ihrer Tochter Elisabeth, verh. Wach. Deren Tochter Maria Wach (†1964) vermachte dann ihre ganze Sammlung der Bodleian Library Oxford. – Bodleian Library Oxford, Sign. Ms. M. Deneke Mendelssohn G. 2.
(c) Verschollen. Chopin schickte mit Brief vom 15. Oktober 1843 ein weiteres Autograph an A. Léo zur Weitergabe an seinen englischen Verleger Wessel.

Korrigiertes Druckexemplar: Exemplar der Ausgabe M. Schlesinger *4e / Ballade / Pour / Piano / Par / F. Chopin / Op: 52. / … / A Paris, chez M^{ce} Schlesinger / … / M.S. 3957* mit eigenhändigen (?) Eintragungen Chopins. – Band III der Sammelbände Jędrzejewicz (s. S. XIV), Bl. 106r–113r. – PhA Ch: F. 693.

Handschriftliche Verzeichnisse: Stirling VI (Neukomm, s. S. XV) – Stirling VII/2 (Franchomme, s. S. XV).

Erstausgaben:
(a) deutsche: Leipzig, Breitkopf & Härtel (7001); Widmung: *à Madame la Baronne C. de Rothschild*; 1843.
(b) französische: Paris, M. Schlesinger (M.S. 3957); Widmung: *à Mme Nathaniel de Rothschild*; 1843.
(c) englische: London, Chr. Wessel (5305); ohne Widmung. Nach Brown$_9$ angekündigt im April 1845, Erscheinungsdatum ungewiß.

Briefe: An Breitkopf & Härtel: 15. Dezember 1842, 15. Oktober und 10. Dezember 1843. – An W. Grzymała: Anfang Oktober 1843. – An A. Léo: 15. Oktober 1843.

Literatur: Zu Aa: Bartoszewicz[3] S. 5, Brown[9] Pos. 146 (1), Ekier[6] S. 78–122, Ganche[4] S. 141f., Henle[10] KB S. 7f., Hürlimann[2] Pos. 161. – **Zu Ab:** Brown[9] Pos. 146 (2), Ekier[6] S. 81ff., Henle[10] KB S. 7f. – **Zu KD:** Ekier[6] S. 79f., Kobylańska[16] Pos. 46ff.

Opus 53

Polonaise für Klavier

As-dur

Auguste Léo gewidmet

KKp 739–743

Entstehungszeit: 1842 (Brown[9], Hedley[6], Jachimecki[2]) · 1842/43 (Ganche: Brief an Opieński vom 23. Juli 1937) · 1843 (Binental[6]).

Autographe:

(a) Skizze der Takte 121–154. Vierzehnzeiliges Einzelblatt (21,7 × 28,5). Rückseite leer. – Früher Eigentum von Pauline Viardot-Garcia. Später, bis 1962, in der Sammlung von Alfred Cortot, dann in der Sammlung von R.O. Lehman, New York. – Die Hs. sollte bei der Auktion vom 8./9. Mai 1972 bei Sotheby, London, zum Verkauf angeboten werden, wurde jedoch am 3./4. Mai dort gestohlen und ist bis heute nicht mehr aufgetaucht. PhA Ch: F. 1491. – **Abb.:** Sotheby 1972 Pos. 213.

(b) *Polonaise, pour le Piano, dediée à Monsieur Auguste Léo, par F Chopin. / Op. 53. / Leipsic Breitkopf et Haertel. Paris Schlesinger. Londres Wessel et Stapleton.* – *Maestoso.* 3 vierzehnzeilige Blätter (21 × 27). Die Hs. enthält Stechereintragungen (Breitkopf & Härtel). – Chopin schickte diese Hs. mit Brief vom 15. Oktober 1843 (siehe op. 52, Ab) an Breitkopf & Härtel nach Leipzig. Bei dem im Brief Breitkopf & Härtels an Izabela Barcińska vom 1. Februar 1878 erwähnten Ms. dieser Polonaise (siehe S. XIII und op. 23, Ac, S. 46) handelte es sich sicher um ein und dieselbe Hs. Noch im Jahre 1880 Eigentum von Clara Schumann. Die häufig mit diesem Autograph zusammen abgebildete Widmung an Clara Wieck, datiert mit 1836, hat mit dem Werk und der Hs. nichts zu tun. Das Widmungsblatt ist irgendwann einmal irrtümlicherweise hinzugefügt worden. Am 8. März 1929 auf der Auktion bei L. Liepmannssohn, Berlin, an das Londoner Auktionshaus Breslauer verkauft. – Heute in der Heineman-Foundation, New York. Seit 1962 in der Pierpont Morgan Library, New York, deponiert; PhA Ch: F. 1701; PhA ÖNB Wien 321 – N u. P. –

Abb.: S. 1: Binental₆ Tafel XL-1, Bory S. 155, DzW VIII S. 10, Gauthier S. 164f., Heineman S. 88, Liepmannssohn 1929 Tafel II, Mirska₉ S. 241, Winternitz Tafel 111. – S. 2: DzW VIII S. 11, Walker nach S. 80.
(c) Verschollen. Mit Brief vom 15. Oktober 1843 schickte Chopin ein weiteres Autograph dieser Polonaise an A. Léo, der es an Chopins englischen Verleger Wessel weiterleitete.

Korrigierte Druckexemplare:
(a) Exemplar der Ausgabe M. Schlesinger *Grande / Polonaise / brillante / Pour / Piano. / Par / F. Chopin / Op: 53 / ... / A Paris, chez M^ce Schlesinger / ... / M.S. 3958* mit eigenhändigen Eintragungen Chopins. – Band VI der Sammelbände Stirling (s. S. XV).
(b) Exemplar der Ausgabe M. Schlesinger (M.S. 3958) mit eigenhändigen Eintragungen Chopins. – Sammelband Czerkaskaja (s. S. XVI).

Handschriftliche Verzeichnisse: Stirling VI (Neukomm, s. S. XV) – Stirling VII/2 (Franchomme, s. S. XV).

Erstausgaben:
(a) deutsche: Leipzig, Breitkopf & Härtel (7002); 1843.
(b) französische: Paris, M. Schlesinger (M.S. 3958); 1843.
(c) englische: London, Chr. Wessel (5306); nach Brown₉ erstmals angekündigt im April 1845, Erscheinungsdatum ungewiß.

Briefe: An Breitkopf & Härtel: 15. Dezember 1842, 15. Oktober und 10. Dezember 1843. – An A. Léo: 15. Oktober 1843. – Breitkopf & Härtel an Izabela Barcińska: 1. Februar 1878. – Ganche an Opieński: 23. Juli 1937.

Literatur: Zu Aa: Ausstellung 1932 BP Pos. 142, – 1949 Nyon Pos. 191, Brown₉ Pos. 147 (1), Sotheby 1972 Pos. 213, Sydow₁ S. 10. – **Zu Ab:** Albrecht Pos. 552, Bargiel S. 7, Bory S. 155, Brown₉ Pos. 147 (2), Debrun S. 168, Ekier₆ S. 91, Hedley₁₁ S. 476, Heineman S. 87, Henle₆ KB S. 7f., Liepmannssohn 1929 Pos. 36, Musical America S. 16, Toledo Museum Pos. 19. – **Zu KDa:** Kobylańska₂₈ S. 6, – ₃₃ S. 18. – **Zu KDb:** Gajewski S. 3f.

Opus 54

Scherzo für Klavier

E-dur
Jeanne de Caraman gewidmet
KKp 744–748

967 Takte   117

Entstehungszeit: 1841–42 (Sydow[1]) · 1842 (Brown[9], Hedley[6]; nach Chopins Brief an Breitkopf & Härtel vor dem 15. Dezember 1842).

Autograph: *Scherzo, pour le piano, dedié à Mlle Jeanne de Caraman par F. Chopin / Leipsic chez Haertel – Paris Schlesinger – Londres Wessel et Stapleton / Œv. 54. – Presto.* 3 zwölfzeilige Doppelblätter (21,9 × 28,8). Die Hs. enthält Stechereintragungen. – Chopin schickte dieses Autograph mit Brief vom 15. Oktober 1843 an Breitkopf & Härtel nach Leipzig. Später war es Eigentum von J. W. Stirling. Nach ihrem Tod im Besitz von Thomas Tellefsen. 1936 erwarb Edouard Ganche in Wien diese Hs. bei Heinrich Hinterberger für seine Sammlung in Lyon. Während des Zweiten Weltkrieges wurde die Hs. auseinandergerissen. Nach Kriegsende fanden sich zwei Bögen auf Schloß Szczytnik in Polen wieder, einer in Krakau. Man deponierte zunächst alles in der Universitätsbibliothek Breslau. – Seit 1947 in der Jagellonen-Bibliothek von Krakau, ohne Signatur; PhA Ch: F. 1325; PhA ÖNB Wien 314 – N u. P. – **Abb.:** PWM Scherzo E Gesamtfaksimile. – S. 1: Hinterberger IV Tafel zu Pos. 12, Mirska[9] S. 241. – S. 10: Mirska[7] S. 144. – S. 11 und 12: DzW V S. 10 f.

Korrigierte Druckexemplare:
(a) Verschollen. Korrekturfahnen – wahrscheinlich zur französischen Erstausgabe. Ganche[4] (siehe Lit.) schreibt: *En corrigeant l'épreuve de la gravure du 4e Scherzo le compositeur effectua plus de quatre-vingts (80) changements.*
(b) Exemplar der Ausgabe M. Schlesinger *4e / Scherzo / Pour / Piano, / Par / F. Chopin / Op: 54 / ... / A Paris, chez M^{ce} Schlesinger / ... / M.S. 3959* mit eigenhändigen Eintragungen Chopins. – Band II der Sammelbände O'Méara (II, 15; s. S. XVf.), Bl. 110r–119r. – PhA Ch: F. 634.

Handschriftliche Verzeichnisse: Stirling VI (Neukomm, s. S. XV) – Stirling VII/2 (Franchomme, s. S. XV).

Erstausgaben:
(a) deutsche: Leipzig, Breitkopf & Härtel (7003); Widmung wie A; 1843.
(b) französische: Paris, M. Schlesinger (M.S. 3959), Widmung nachträglich auf Anweisung Chopins geändert in *à Mlle Clotilde de Caraman*; 1843.
(c) englische: London, Chr. Wessel (5307); nach Brown[9] erstmals angekündigt im April 1845, Erscheinungsdatum ungewiß.

Briefe: An Breitkopf & Härtel: 15. Dezember 1842, 15. Oktober und 10. Dezember 1843. – An M. Schlesinger: 15. November 1843. – E. Ganche an M. Mirska: 13. November 1936.

Literatur: Zu A: Abb S. 13, Brown[9] Pos. 148, DzW V S. 103–107, Ekier[6] S. 69, 91 und 118, Henle[8] KB S. 6ff., Hinterberger IV Pos. 12, Kobylańska[7] S. 25, PWM Scherzo E S. IV–VII. – **Zu KDa:** Ganche[4] S. 139. – **Zu KDb:** Kobylańska[15] S. 160.

Opus 55
Zwei Nocturnes für Klavier
Jane Wilhelmina Stirling gewidmet
KKp 749–760

101 Takte   67 Takte

Entstehungszeit: 1843.

Nr. 1 f-moll

Autographe:

(a) *Deux Nocturnes / pour le piano-forte / dediés à Mademoiselle J. W. Stirling / par F. Chopin / Oev. 55. / Leipsic. Breitkopf et Haertel / Paris chez M. Schlesinger / Londres chez Wessel et Stapleton.* – Heft, bestehend aus 6 vierzehnzeiligen Blättern (21,7 × 28,3); S. 1: gemeinsamer Titel (s. o.), S. 2 und 3 leer, S. 4–6: Text von Nr. 1 *N^{ro} 1 / Andante*, S. 7 und 8 leer. Die Hs. enthält Stechereintragungen. – Dieses Autograph wurde im Juli 1844 durch Vermittlung von J. Maho an Breitkopf & Härtel nach Leipzig gesandt. Zur weiteren Herkunft siehe op. 21, Ac (S. 42). – Heute in der Musikabteilung der Nationalbibliothek Warschau, Sign. Mus. 229; PhA Ch: F. 1305; Nr. Mikr./BN 15872; PhA ÖNB Wien 375. – **Abb.:** S. 1: Friedman$_3$ Bildbeigabe, Stromenger$_3$ S. 531. – S. 4: Mirska$_7$ S. 151, – $_9$ S. 242, Prokopowicz$_2$ S. 283.

(b) *Nocturne op. 55 N$^{\underline{o}}$ 1* (von fremder Hand) / *Andante.* 4 zwölfzeilige Seiten (21,9 × 28,8); S. 1 leer, auf S. 4 unten rechts die Unterschrift *F Chopin.* Es fehlen die Takte 95 und 96 (siehe AB). – Früher in der Bibliothèque du Conservatoire de Paris. Seit 1964 in der Bibliothèque Nationale Paris, Département de la Musique. Sign. Ms. 109; PhA Ch: F. 1497; PhA ÖNB Wien 323. – **Abb.:** S. 2: Mirska$_9$ S. 299. – S. 2–4: Belgodère S. 94.

(c) Fragment T. 1–16. In fis-moll notiert. Eintragung im Stammbuch von Jelizawieta Szeriemietiewa mit der Datumsangabe *Paris, le 8 Décembre, 1842.* – Das Album befindet sich heute in Centralnyj gosudarstwiennyj archiw litieratury i iskusstwa (= Staatliches Zentralarchiv für Literatur und Kunst) Moskau.

Abschrift: *Œv. 55. dedié à Mademoiselle Jane Wilhelmina Stirling / par F Chopin / 20 Mai 1844 / N$^{\underline{ro}}$ 1* (in Chopins Schrift). Von Chopin korrigierte Abschrift eines unbekannten Kopisten nach Ab. – *Andante.* 4 zwölfzeilige Seiten (21,1 × 28,2); S. 1 leer; auf S. 2 oben der Titel (s. o.), auf dem unteren Rand folgende Anmerkung: *cela n'est pas de mon écriture excepté les pedales et les petites notes / Ch*; auf S. 4 hat Chopin die Takte 95 und 96 (Wiederholung von Takt 94) nachgetragen. – Vorbesitzer wie op. 54, A. – Heute in der Jagellonen-Bibliothek Krakau, ohne Signatur; PhA Ch: F. 1466.

Korrigierte Druckexemplare:

(a) Exemplar der Ausgabe M. Schlesinger *2 / Nocturnes / Pour Le / Piano / … / Par / F. Chopin / Op: 55. / … / A Paris, chez M^{ce} Schlesinger* (M. S. 4084)

119

mit eigenhändigen Eintragungen Chopins und der Anmerkung: *donné par l'auteur à M*elle *C. Meara.* – Band II der Sammelbände O'Méara (II, 7; s. S. XVf.), Bl. 47r–50v. – PhA Ch: F. 642.

(b) Exemplar der Ausgabe M. Schlesinger (M.S. 4084) mit eigenhändigen Eintragungen Chopins und J. W. Stirlings (?). – Band VI der Sammelbände Stirling (s. S. XV).

(c) Exemplar der Ausgabe M. Schlesinger (M.S. 4084) mit eigenhändigen Eintragungen Chopins. – Sammelband Czerkaskaja (s. S. XVI).

Handschriftliche Verzeichnisse: Stirling VI (Neukomm, s. S. XV) – Stirling VII/2 (Chopin!, s. S. XV).

Literatur: Zu Aa: Ausstellung 1937 BP Pos. 164, Brown$_9$ Pos. 152 (2), Chopin I S. 55, – II S. 95, Ekier$_6$ S. 91, Henle$_4$ KB S. 2, Hitzig Nr. 86, M. Idzikowski$_2$ S. 33, Jahresbericht BN S. 55, Janta$_2$ S. 168, Kobylańska$_7$ S. 27, Lorentz S. 12, Mirska$_7$ S. 146, Płaczkowski$_1$ S. 3, – $_2$ S. 3, Prokopowicz$_2$ S. 283, – $_3$ S. 3/5 und 9, – $_7$ S. 294ff. und 304, – $_8$ S. 22, Szablowski S. 12ff. – **Zu Ab:** Ausstellung 1932 BP Pos. 131, – 1949 BN Pos. 78, Brown$_1$ S. 62, – $_9$ Pos. 152 (1), Henle$_4$ KB S. 12, Kobylańska$_{15}$ S. 141, – $_{36}$ S. 355. – **Zu Ac:** Brown$_9$ Pos. 152 (3), Siemienowski S. 129. – **Zu AB:** Abb S. 13, Brown$_9$ Pos. 152, Hinterberger S. 1. – **Zu KDa:** Kobylańska$_{15}$ S. 160. – **Zu KDb:** DzW VII S. 129, Kobylańska$_{28}$ S. 6, –$_{33}$ S. 18. – **Zu KDc:** Gajewski S. 3f.

Nr. 2 Es-dur

Autograph: *N*ro *2 / Lento Sostenuto.* 4 Seiten, S. 9–12 des Heftes, S. 12 leer; nähere Angaben, auch zur Herkunft, siehe Nr. 1, Aa und op. 21, Ac (S. 42). – **Abb.:** UW nach S. 224 (S. 9).

Korrigierte Druckexemplare:
(a) Siehe Nr. 1, KDa, Bl. 51r–53r.
(b) Siehe Nr. 1, KDb.

Handschriftliche Verzeichnisse: Stirling VI (Neukomm, s. S. XV) – Stirling VII/2 (Chopin!, s. S. XV).

Literatur: Zu A: wie Nr. 1, Ac. – **Zu KDa und b:** wie Nr. 1, KDa und b.

Nr. 1 und 2

Erstausgaben:
(a) deutsche: Leipzig, Breitkopf & Härtel (7142); 1844.
(b) französische: Paris, M. Schlesinger (M.S. 4084); 1844.
(c) englische: London, Chr. Wessel (5308); nach Brown$_9$ erstmals angekündigt im April 1845, Erscheinungsdatum ungewiß.

Briefe: An Härtel: 19. Dezember 1843. – An Breitkopf & Härtel: 16. Juli 1844. – An Brandus: Winter 1846/47.

Opus 56
Drei Mazurken für Klavier
Catherine Maberly gewidmet
KKp 761–773

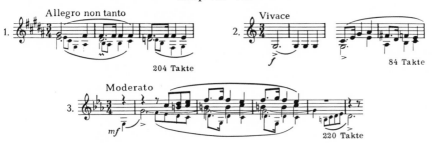

Entstehungszeit: 1843.

Nr. 1 H-dur

Autograph: *3 Mazourkas / pour le piano forte / dediées à Mademoiselle C. Maberly / par F. Chopin / Oev. 56 / Leipsic chez Haertel. / Paris chez Maurice Schlesinger / Londres chez Wessel et Stapleton.* – Heft, bestehend aus 7 vierzehnzeiligen Blättern (22 × 28,2); S. 1: gemeinsamer Titel (s.o.), S. 2 leer, S. 3–6: Text von Nr. 1 *Nꝛo 1 / Allᵉ non tanto,* S. 7 leer. Die Hs. enthält auf allen Seiten Stechereintragungen. – Chopin sandte dieses Autograph im Juli 1844 durch Vermittlung von J. Maho an Breitkopf & Härtel nach Leipzig. Zur weiteren Herkunft siehe op. 21, Ac (S. 42). – Heute in der Musikabteilung der Nationalbibliothek Warschau, Sign. Mus. 230; PhA Ch: F. 598; PhA ÖNB Wien 376 – N u. P.

Korrigiertes Druckexemplar: Exemplar der Ausgabe M. Schlesinger *3 / Mazurkas / Pour / Piano, / ... / Par / F. Chopin / ... / Op: 56 / ... / A Paris, chez Mᶜᵉ Schlesinger* (M.S. 4085) mit eigenhändigen Eintragungen Chopins. – Band VI der Sammelbände Stirling (s. S. XV).

Handschriftliche Verzeichnisse: Stirling VI (Neukomm, s. S. XV) – Stirling VII/2 (Franchomme, s. S. XV).

Literatur: Zu A: Brown[9] Pos. 153 (3), Chopin I S. 55, – II S. 95, Ekier[6] S. 91, Henle[9] KB S. 8, Hitzig Nr. 87, M. Idzikowski[2] S. 33, Jahresbericht BN S. 55, Janta[2] S. 168, Lorentz S. 12, Miketta[1] S. 466, Mirska[7] S. 146, Płaczkowski[1] S. 3, –[2] S. 3, Prokopowicz[2] S. 283, –[3] S. 3/5 und 9, –[7] S. 294ff. und 304, –[8] S. 22, Szablowski S. 12ff. – **Zu KD:** Kobylańska[28] S. 6, –[33] S. 18.

Nr. 2 C-dur

Autographe:
(a) Skizze. Zwölfzeiliges Doppelblatt (21,7 × 28,3); S. 2–4 leer. – Früher Eigentum von Marcelina Czartoryska. 1936 von Bernard Quaritch, London,

121

zum Verkauf angeboten. Danach Eigentum von E. W. Meyerstein. – Heute in der British Library, London (Legat von Edouard W. Meyerstein), Sign. Add. 47861; PhA Ch: F. 777. – **Abb.**: Kleczyński₃ nach S. 104 (Faksimile), Leichtentritt₁ S. 101, Mirska₉ S. 242, Valetta nach S. 336.
(b) *N̄ᵒ 2 / Vivace.* 3 Seiten, S. 8–10 des Heftes; S. 10 leer. – Nähere Angaben, auch zur Herkunft, siehe Nr. 1, A und op. 21, Ac (S. 42). – **Abb.**: S. 8: Concours 1960 S. 3, Mirska₇ S. 146, – ₉ S. 242, UW nach S. 80.

Abschrift: *Mazurka / Vivace.* Kopie von George Sand in ihrem Album. 2 Seiten. – Siehe op. 28 Nr. 2, ABb (S. 61 f.).

Handschriftliche Verzeichnisse: Stirling VI (Neukomm, s. S. XV) – Stirling VII/2 (Franchomme, s. S. XV).

Literatur: Zu Aa: Brown₉ Pos. 153 (1), DzW X S. 219. – **Zu Ab:** Wie Nr. 1, A und Kobylańska₇ S. 27. – **Zu AB:** Henle₉ KB S. 8, Marix-Spire S. 188, Rheims Pos. 98.

Nr. 3 c-moll

Autograph: *N̄ᵒ 3 / Moderato.* 4 Seiten, S. 11–14 des Heftes; nähere Angaben, auch zur Herkunft, siehe Nr. 1, A und op. 21, Ac (S. 42).

Korrigiertes Druckexemplar: Siehe Nr. 1, KD.

Handschriftliche Verzeichnisse: Stirling VI (Neukomm, s. S. XV) – Stirling VII/2 (Franchomme, s. S. XV).

Literatur: Zu A und KD: Wie Nr. 1.

Nr. 1–3

Erstausgaben:
(a) deutsche: Leipzig, Breitkopf & Härtel (7143); 1844.
(b) französische: Paris, M. Schlesinger (M.S. 4085); 1844.
(c) englische: London, Chr. Wessel (5309); nach Brown₉ erstmals angekündigt im April 1845, Erscheinungsdatum ungewiß.

Briefe: An Breitkopf & Härtel: 19. Dezember 1843 und 16. Juli 1844. – A. Hedley an H. King: 5. Februar 1954.

Opus 57

Berceuse für Klavier
Des-dur
Elise Gavard gewidmet
KKp 774–782

Entstehungszeit: 1843 (Hedley[6], Jachimecki[3], Sydow[1]; Brown[9]: 1843, revidiert 1844) · 1844 (Binental[7]).

Autographe:

(a) *Des dur.* Skizze. Zwölfzeiliges Doppelblatt (21 × 28); auf dem oberen Rand von S. 1: *Donné à Monsieur Cortot ce manuscrit de Chopin ayant appartenu / à Madame Pauline Viardot / M. Maupois,* sonst – ebenso wie S. 4 – leer. Es fehlen, wie auch bei Ab und ABb (s. u.), die beiden Einleitungstakte der linken Hand, die Chopin in ABa nachträglich hinzufügte. – Früher Eigentum von Pauline Viardot-Garcia. Später in der Sammlung von Alfred Cortot, Lausanne. – Heute in der Smlg. von R. O. Lehman, New York; PhA Ch: F. 1714; PhA ÖNB Wien 333. – **Abb.:** S. 2: Bory S. 165, Boucourechliev S. 104, Iwaszkiewicz[2] S. 19. – S. 2 und 3: Cortot[1] Bildbeigabe, Gliński S. 167, Mirska[9] S. 243, Murdoch[1] zwischen S. 314/315.

(b) Reinschrift. Zwölfzeiliges Doppelblatt (21,9 × 28,5); S. 1 leer, auf S. 4 nach dem Schlußtakt die Unterschrift *Chopin.* – Früher in der Bibliothèque du Conservatoire du Paris (Legat Rothschild Nr. 29450). – Seit 1901 in der Bibliothèque Nationale Paris, Département de la Musique, Sign. Ms. 115; die Bibliothèque Nationale besitzt unter der Sign. Ms. 123 auch ein Einzelblatt mit der Widmung *A Mademoiselle Elise Gavard son vieux professeur et ami Chopin,* das entweder zur Berceuse oder zum Autograph Ac des Walzers op. 70 Nr. 2 (s. S. 171) gehörte. PhA Ch: F. 1713; PhA ÖNB Wien 331 – N u. P. – **Abb.:** S. 2: Bory S. 165, Gauthier S. 120f., Mirska[9] S. 243, Panigel-Beaufils nach S. 48. – S. 2–4: DzW XI S. 10ff., Oxford II S. 13ff.

Abschriften:

(a) *Berceuse / pour le Piano-forté / dediée à Mademoiselle Elise Gavard / par F. Chopin / Leipsic chez Haertel. / Paris Schlesinger / – / Londres Wessel et Stap. / Œv. 57.* Abschrift eines unbekannten Kopisten mit eigenhändigen Korrekturen Chopins (Titel in Chopins Schrift); angefertigt nach Ab, im Dezember 1844 an Breitkopf & Härtel nach Leipzig geschickt. – *Andante* (in Chopins Schrift). 2 zwölfzeilige Blätter (22 × 28,5); S. 1: Titel (s.o.), S. 2–4: Text; auf S. 2 hat Chopin auf dem linken Rand die beiden Einleitungstakte der linken Hand nachgetragen. Die Hs. enthält Stechereintragungen. – Zur Her-

kunft siehe op. 21, Ac (S. 42). – Heute in der Musikabteilung der Nationalbibliothek Warschau, Sign. Mus. 231; PhA Ch: F. 1294, Nr. Mikr. / BN 15874;
PhA ÖNB Wien 377.

(b) *Berceuse op. 57 de Chopin.* Abschrift eines unbekannten Kopisten. 4 acht-
zeilige Seiten (21,8 × 27,6). Wie in Aa und Ab fehlen die beiden Einleitungs-
takte der linken Hand. – Früher in der Bibliothèque du Conservatoire de Paris.
– Seit 1964 in der Bibliothèque Nationale Paris, Département de la Musique,
Sign. D. 10810; PhA Ch: F. 1711; PhA ÖNB Wien 330 – N u. P. – **Abb.:**
Panigel-Beaufils nach S. 48 (S. 1).

(c) *Berceuse op. 57.* Fragment der ersten 42 Takte. Abschrift des gleichen
Kopisten wie bei ABb. 4 achtzeilige Seiten (21,8 × 27,6). – Früher in der
Bibliothèque du Conservatoire de Paris (Legat Rothschild Nr. 29450). – Seit
1964 in der Bibliothèque Nationale Paris, Département de la Musique, Sign.
D. 10809; PhA Ch: F. 1712; PhA ÖNB Wien 332 – N u. P.

Korrigierte Druckexemplare:
(a) Exemplar der Ausgabe J. Meissonnier *Berceuse / Pour Le / Piano / … /
Par / F. Chopin / … / Op: 57. / … / A Paris, chez J. Meissonnier / … / J.M. 2186*
mit eigenhändigen Eintragungen Chopins. – Band II der Sammelbände
O'Méara (II, 9; s. S. XVf.), Bl. 62r–65r. – PhA Ch: F. 640.
(b) Exemplar der Ausgabe J. Meissonnier (J.M. 2186) mit Eintragungen von
J. W. Stirling (?). – Band VI der Sammelbände Stirling (s. S. XV).

Handschriftliche Verzeichnisse: Stirling VI (Neukomm, s. S. XV) – Stirling
VII/2 (Chopin!, s. S. XV).

Erstausgaben:
(a) deutsche: Leipzig, Breitkopf & Härtel (7259); 1845.
(b) französische: Paris, J. Meissonnier (J. 2186 M.); BC: Juni 1845.
(c) englische: London, Chr. Wessel (6313); Juni 1845.

Briefe: An A. Franchomme: 1. und 2. August 1844. – An seine Familie:
18.–20. Juli 1845. – An Marie de Rozières: Herbst 1845. – An M. Schlesinger:
Dezember (?) 1844. – An Breitkopf & Härtel: 21. Dezember 1844 (unveröffentlicht in deutschem Privatbesitz; Chopin stellt in diesem Brief die Opuszahlen 57/58 um: *1° Sonate (en si mineur) 57, 2° La Berceuse … 58.*).

Literatur: Zu Aa: Ausstellung 1937 BP Pos. 166, – 1947 Liège Pos. 49, –
1949 Nyon Pos. 190, – Pleyel Pos. 72, Bory S. 165, Bronarski$_8$ S. 756 und
759f., Brown$_1$ S. 62, – $_9$ Pos. 154 (1), Cortot$_1$ S. 9/11ff./43f., DzW XI S.53ff.,
Muzyka 1932 S. 162. – **Zu Ab:** Ausstellung 1947 Liège Pos. 50, – 1949 BN
Pos. 136, Bory S. 165, Bronarski$_8$ S. 761, Brown$_1$ S. 62, – $_9$ Pos. 154 (3), DzW
XI S. 53ff., Ekier$_6$ S. 110, Henle$_{13}$ KB S. 5f., Kobylańska$_7$ S. 27, – $_{15}$ S. 141,
Oxford II Berceuse etc. S. 3ff. – **Zu ABa:** Ausstellung 1937 BP pos. 167,
Brown$_9$ Pos. 154 (2), Chopin I S. 55, – II S. 95, Ekier$_6$ S. 91 und 110,
Henle$_{13}$ KB S. 5f., Hitzig Nr. 88, M. Idzikowski$_2$ S. 33, Jahresbericht BN
S. 55, Janta$_2$ S. 168, Lorentz S. 12, Mirska$_7$ S. 146, Płaczkowski$_1$ S. 3, – $_2$

S. 3, Prokopowicz₂ S. 283, – ₇ S. 294ff. und 304, – ₈ S. 22, Szablowski S. 12ff. – **Zu ABb und c:** Henle₁₃ KB S. 5f., Kobylańska₁₅ S. 154. – **Zu KDa:** DzW XI S. 54f., Henle₁₃ KB S. 5f., Kobylańska₁₅ S. 160. – **Zu KDb:** Kobylańska₂₈ S. 6, – ₃₃ S. 18, Oxford II Berceuse etc. S. 1.

Opus 58

Sonate für Klavier

h-moll

Comtesse Emilie de Perthuis gewidmet

KKp 783–790

Entstehungszeit: 1844; Brown₉: Sommer 1844.

Autographe:

(a) Skizze. Fragmente aus dem 1. Satz. Vierzehnzeiliges Einzelblatt (22 × 28,5); S. 2 leer, auf S. 1 unten rechts von fremder Hand: *Sonate, opus 58, esquisses / 1845.* – Zunächst Eigentum von A. Franchomme, dann seiner Erben (siehe op. 50 Nr. 1 Ac, S. 111f). 1958 vom Antiquariat Ronald Davis, Paris, an die ChopGes Warschau verkauft. – Museum der ChopGes, Inv.-Nr. M/234; PhA

(b) Skizze der Takte 33–35 des 1. Satzes. Im Katalog *Lettres Autographes et Manuscrits de Musiciens – Numéro 90. Supplément* des Antiquariats Marc Loliée, Paris, heißt es unter Pos. 180: … *Pièce musicale aut. Sonate opus 58, en si mineur. 1ᵉʳ mouvement, mesures 33 à 35 (1845). 2 lignes en haut d'une page in-fol. oblong.* – Zunächst Eigentum von A. Franchomme, dann seiner Erben (siehe op. 50 Nr. 1 Ac, S. 111f). Vom Antiquariat Marc Loliée, Paris, an Jean Reande, Paris, verkauft.

(c) *Sonate / pour le piano-forte / dediée à Madame la Comtesse E. de Perthuis / par / F. Chopin / Leipsic chez Haertel / Paris Schlesinger / Londres Wessel et Stap. / Œv 58.* – 16 vierzehnzeilige Blätter (21,6 × 28,5); S. 1: Titel (s.o.), S. 2 leer, S. 3–13: 1. Satz *Allᵒ maestoso,* S. 14 leer, S. 15–17: 2. Satz *Scherzo / Molto Vivace,* S. 18 leer, S. 19–22: 3. Satz *Largo,* S. 23–32: 4. Satz *Finale / Presto non tanto;* auf S. 17 hinter dem Schlußtakt des Scherzos die Unterschrift *Ch.* Die Hs. enthält Stechereintragungen. Chopin schickte dieses Autograph 1845 an Breitkopf & Härtel nach Leipzig. Brahms und Clara Schumann benutzten diese Hs. als Vorlage für ihre Revision innerhalb der GA. Weitere

Angaben zur Herkunft siehe op. 21, Ac (S. 42). – Heute in der Musikabteilung der Nationalbibliothek Warschau, Sign. Mus. 232; PhA Ch: F. 1313; PhA ÖNB Wien 378. – **Abb.:** PWM Sonata h Gesamtfaksimile. – S. 1: Bory S. 166. – S. 3: DzW VI S. 12, Mirska$_7$ S. 148, – $_9$ S. 242, Silbermann S. 5, UW nach S. 128, Walker nach S. 160. – S. 19: Ausstellung 1937 BP nach S. XXIV, Lissa$_4$ nach S. 112, Mirska$_9$ S. 243. – S. 32: Silbermann S. 5.

Abschrift: Abschrift von Franz Liszt, mit Varianten. – Früher Eigentum von Olga Janina, einer Schülerin Liszts. – Heute in der Sammlung der Familie Rocheblave, Paris. – **Abb.:** Bory S. 166, François S. 140 (beide Fragmente aus dem Finale).

Korrigierte Druckexemplare:
(a) Exemplar der Ausgabe J. Meissonnier *Sonate / Pour Le / Piano / ... / Par / F. Chopin. / Op: 58 / ... / A Paris, chez J. Meissonnier / ... / J.M. 2187* mit eigenhändigen Eintragungen Chopins. – Band I der Sammelbände O'Méara (I, 7; s. S. XVf.), Bl. 123r–139v. – PhA Ch: F. 663.
(b) Exemplar der Ausgabe J. Meissonnier (J.M. 2187) mit eigenhändigen Eintragungen Chopins. – Band VI der Sammelbände Stirling (s. S. XV).

Handschriftliche Verzeichnisse: Stirling VI (Neukomm, s. S. XV) – Stirling VII/2 (Chopin!, s. S. XV).

Erstausgaben:
(a) deutsche: Leipzig, Breitkopf & Härtel (7260); 1845.
(b) französische: Paris, J. Meissonnier (J. 2187 M.); BC: Juni 1845.
(c) englische: London, Chr. Wessel (6314); Juni 1845.

Briefe: An A. Franchomme: 1. und 2. August 1844. – An M. Schlesinger: vermutlich Dezember 1844. – An Breitkopf & Härtel: 21. Dezember 1844 (siehe op. 57 / Briefe). – An seine Familie: 18.–20. Juli 1845. – An die Familie Kalasanty Jędrzejewicz: Anfang August 1845. – An Marie de Rozières: Herbst 1845. – An Fr. Kalkbrenner: 25. Dezember 1845. – J. Brahms an Breitkopf & Härtel: 31. März 1878.

Literatur: Zu Aa: Brown$_9$ 180 Pos. 155 (1), Katalog ChopGes 1971 Pos. 30, Kobylańska$_{16}$ Pos. 14. – **Zu Ab:** Brown$_9$ Pos. 155 (3), Loliée Pos. 180. – **Zu Ac:** Ausstellung 1937 BP Pos. 168, Bory S. 166, Brown$_9$ Pos. 155 (2), Chopin I S. 55, – II S. 95, DzW VI S. 136ff., Ekier$_6$ S. 91, Henle$_{12}$ KB S. 1–4, Hitzig Nr. 89, M. Idzikowski$_2$ S. 33, Jahresbericht BN S. 55, Janta$_2$ S. 168, Kobylańska$_7$ S. 28, Lorentz S. 12, Mirska$_7$ S. 146, Płaczkowski$_1$ S. 3, – $_2$ S. 3, Prokopowicz$_2$ S. 283, – $_3$ S. 3/5/9, – $_7$ S. 249ff. und 304, – $_8$ S. 22, PWM Sonata h S. IVff., Szablowski S. 12ff., Zagiba$_3$ S. 132. – **Zu AB:** Ausstellung 1937 BP Pos. 298, – 1947 Liège Pos. 156, – 1949 BN Pos. 50, Bory S. 166, Brown$_9$ Pos. 155, PWM Sonata h S. IV. – **Zu KDa:** DzW VI S. 137 und 140, Henle$_{12}$ KB S. 1–3, Kobylańska$_{15}$ S. 159. – **Zu KDb:** Ganche$_4$ S. 130f., Kobylańska$_{28}$ S. 6, – $_{33}$ S. 18, Oxford II Sonates S. 82.

Opus 59
Drei Mazurken für Klavier
KKp 791–806

Entstehungszeit: 1845; Brown$_9$: Juni/Juli 1845.

Nr. 1 a-moll

Autographe:

(a) *3 Mazurkas / pour le piano / par F. Chopin / Op. 59 / Berlin, Stern et Cie. Paris chez Schlesinger. Londres. Wessel. /· (pour être publié le 25 Novembre 1845).* – Ursprünglich Heft, bestehend aus 6 vierzehnzeiligen Blättern (21,8 × 28,6); heute nur noch 4 Blätter; die zwei Blätter mit der Mazurka Nr. 3 wurden abgetrennt (siehe Nr. 3, Aa); auf dem oberen Rand rechts von S. 1 der gemeinsame Titel (s.o.); S. 1–3: Text von Nr. 1 *N^{ro} 1. / Moderato*, S. 4 leer; auf S. 11 hinter dem letzten Takt von Nr. 3 die Unterschrift *Ch* (?). Die Hs. enthält auf allen Seiten Stechereintragungen. – Chopin schickte dieses Autograph von Nohant aus durch Vermittlung von A. Franchomme an Auguste Léo (siehe Brief an Léo vom 9. Oktober 1845), der es an den Verleger Stern nach Berlin weiterleitete. Julius Stern schenkte die Hs. Hans von Bülow, der sie wiederum 1864 seinem Freund C. Kerfack überließ (siehe Brief Bülow's an Kerfack vom 2. November 1864; er befindet sich heute im Besitz der Erben von Stefan Zweig). Später, bis 1926, im Musikhistorischen Museum Wilhelm Heyer in Köln. Am 29. September 1927 und am 23. Februar 1928 wurde die Hs. auf Auktionen von Henrici-Liepmannssohn, Berlin, zum Verkauf angeboten. – Heute Eigentum des Verlagshauses B. Schott's Söhne, Mainz.

(b) Verschollen. In dem oben erwähnten Brief an A. Léo vom 9. Oktober 1845 schreibt Chopin: *Vous m'avez permis, Cher ami, de vous envoyer par Franchomme … les manuscrits pour Wessel.* Gemeint sind die Mazurken op. 59, für die Chopin also zwei Reinschriften angefertigt haben muß.

Korrigiertes Druckexemplar: Exemplar der Ausgabe Brandus *3 / Mazurkas / Pour / Piano / Par / F. Chopin / Op: 59. / … / Paris, / Maison M^{ce} Schlesinger, Brandus et Cie Successeurs / … / B. et Cie 4292* mit eigenhändigen Eintragungen Chopins. – Band III der Sammelbände O'Méara (III, 17; s. S. XVf.), Bl. 134r–137r. – PhA Ch: F. 573.

Handschriftliche Verzeichnisse: Stirling VI (Neukomm, s. S. XV) – Stirling VII/2 (Franchomme, s. S. XV).

Literatur: Zu Aa: Brown$_9$ Pos. 157 (4), DzW X. S. 220, Hedley$_{11}$ S. 477, Henle$_9$ KB S. 9, Henrici-Liepmannssohn 1927 Pos. 68, – 1928 Pos. 73, Kinsky$_1$ Pos. 666. – **Zu KD:** Kobylańska$_{15}$ S. 161.

Nr. 2 As-dur

Autographe:

(a) Doppelautograph, bestehend aus zwei vierzehnzeiligen Doppelblättern (21,7 × 28,5); Blatt 1 enthält auf den Seiten 1 und 4 einen noch skizzenhaften Entwurf mit der Überschrift *As dur,* daneben von fremder Hand *Op 59 N° 2;* Seite 2 und 3 sind leer.

Blatt 2 enthält auf den Seiten 2–4 die Niederschrift der endgültigen Fassung, die allerdings noch zahlreiche Korrekturen und kaum dynamische Angaben aufweist, Überschrift: *N^{ro} 2.*

Beide Doppelblätter befinden sich in der Bibliothèque Musicale de l'Opéra, Paris, Sign. Rés. 50 (1), Eingangs-Nr. 19139; PhA Ch: F. 740 und 776 (Bl. 1) sowie 563 (Bl. 2).

(b) *N^{ro} 2 / Allegretto.* 4 Seiten; S. 5–8 des Heftes, S. 5 leer. – Nähere Angaben, auch zur Herkunft, siehe Nr. 1, Aa.

(c) *Mazurek. / Allegretto.* Vierzehnzeiliges Einzelblatt im Album von Cécile Mendelssohn Bartholdy (Bl. 93); auf dem rechten oberen Rand von S. 1 die Widmung *hommage à Madame F. Mendelssohn Bartholdy / de la part de F Chopin / Paris, 8. Oct. 1845;* Rückseite leer. Beschreibung nach Photokopien aus dem Archiv des G. Henle Verlags. – Felix Mendelssohn Bartholdy bat Chopin mit Brief vom 3. November 1844 um einige Widmungstakte für seine Frau Cécile. Chopin antwortete ihm am 8. Oktober 1845: ... / *Mon cœur n'étant pour rien dans ce retard – faites un acceuil à ces lignes comme si elles vous arrivaient à temps. Si la petite feuille ci-jointe n'est pas trop chiffonnée, et s'il y a encore lieu, veuillez la présenter de ma part à Madame Mendelssohn.* Das beigefügte Blatt fügte Cécile Mendelssohn dann in ihr Album ein. Das Album kam dann in den Besitz ihrer Tochter Elisabeth, verh. Wach, und blieb Eigentum von deren Erben. Ihre Tochter Maria Wach († 1964) vermachte dann ihre ganze Sammlung der Bodleian Library Oxford. – Bodleian Library Oxford, Sign. Ms. M. Deneke Mendelssohn b. 2.

(d) Verschollen. Siehe Nr. 1, Ab.

Korrigiertes Druckexemplar: Exemplar der Ausgabe Brandus (B & Cie 4292) mit eigenhändigen Eintragungen Chopins. – Band VI der Sammelbände Stirling (s. S. XV).

Handschriftliche Verzeichnisse: Stirling VI (Neukomm, s. S. XV) – Stirling VII/2 (Franchomme, s. S. XV).

Briefe: F. Mendelssohn an Chopin: 3. November 1844. – Chopin an F. Mendelssohn: 8. Oktober 1845.

Literatur: Zu Aa: Ausstellung 1947 Liège Pos. 51, Brown₉ Pos. 157 (1), Henle₉ KB S. 9. – **Zu Ab:** wie Nr. 1, Aa außer DzW X. – **Zu Ac:** Brown₉ Pos. 157 (5), Henle₉ KB S. 9. – **Zu KD:** Kobylańska₂₈ S. 6, –₃₃ S. 18.

Nr. 3 fis-moll

Autographe:

(a) *N^ro 3 / Vivace.* 4 Seiten; S. 9–12 des Heftes, S. 12 leer. – Nähere Angaben, auch zur Herkunft, siehe Nr. 1, Aa. Nach Liepmannssohn 1928 trennt sich die Geschichte der Herkunft der Mazurken Nr. 1 und 2 von der Nr. 3. Das Autograph der Nr. 3 tauchte im Katalog XX des Antiquariats H. Hinterberger, Wien, auf und war dann im Besitz von Stefan Zweig. – Heute Eigentum der Erben Stefan Zweigs in London; PhA ÖNB Wien 345 – N u. P. – **Abb.:** Hinterberger XX Tafel V.

(b) Erste Niederschrift in g-moll (!). 4 vierzehnzeilige Seiten (21,5 × 26); S. 4 leer; auf S. 1 oben rechts (von fremder Hand): *Chopin op. 59 N° 3,* links (ebenfalls nicht von Chopin): *p*(our). *Mr. Hiller.* – Früher Eigentum von Ferd. Hiller, später im Besitz der Musikbibliothek Peters in Leipzig. Nach 1945 gehörte die Hs. zunächst Walter Hinrichsen, dann M. B. Cary, deren Sammlung nach ihrem Tode 1967 als Mary Flagler Cary Music Collection in den Besitz der Pierpont Morgan Library, New York, überging. – PhA ÖNB Wien 346 – N u. P.

(c) Verschollen. Siehe Nr. 1, Ab.

Handschriftliche Verzeichnisse: Stirling VI (Neukomm, s. S. XV) – Stirling VII/2 (Franchomme, s. S. XV).

Literatur: Zu Aa: wie Nr. 1, Aa außer DzW X; Brown₉ Pos. 157 (3); dazu Bronarski₂₁ S. 274, Hinterberger XX Pos. 90a. – **Zu Ab:** Bartoszewicz₅ S. 5, Bronarski₉ S. 10, Brown₉ Pos. 157 (2), Flagler Cary Pos. 96, Henle₉ KB S. 9, Kinsky₁ Pos. 666, Vogel S. 13.

Nr. 1–3

Erstausgaben:

(a) deutsche: Berlin, Stern (71); 1845.
(b) französische: Paris, Brandus (4292); BC: April 1846.
(c) englische: London, Chr. Wessel (6315); Dezember 1845.

Briefe: An seine Familie: 18.–20. Juli und 12./26. Dezember 1845. – An die Familie Kalasanty Jędrzejewicz: Anfang August 1845. – An Auguste Léo: 8. Juli und 9. Oktober 1845. – H. v. Bülow an C. Kerfack: 2. November 1864.

Opus 60

Barcarolle für Klavier

Fis-dur

Baronin de Stockhausen gewidmet

KKp 807–814

116 Takte

Entstehungszeit: 1845–46; Brown$_9$: Herbst 1845 bis Sommer 1846.

Autographe:

(a) Skizze. Vierzehnzeiliges Einzelblatt (22 × 28,5); auf S. 1 unten rechts von fremder Hand: *Barcarolle op. 60. Esquisses – 1846.* S. 2 leer. – Zunächst Eigentum von A. Franchomme, später seiner Erben (siehe op. 50 Nr. 1 Ac, S. 111f). 1958 verkaufte der Pariser Antiquar Ronald Davis die Hs. an die ChopGes Warschau. – Heute im Museum der ChopGes Warschau, Inv.-Nr. M/233; PhA Ch: F. 1473. – **Abb.:** Faksimile im Museum der ChopGes.

(b) *Barcarolle / [pour le piano, dediée à Madame la Baronne de Stockhausen] / de [par] F. Chopin / Op. 60 / [– / Paris Brandus. Leipsic Haertel. Londres Wessel.]* [ ] von Chopin durchgestrichen. – *Allegretto.* 8 zwölfzeilige Seiten (21,6 × 28,1); S. 1–7: Text, S. 8 leer. – Chopin schickte diese Hs. im August 1846 zusammen mit Ac und den Autographen zu op. 61 (Ac und d, s. S. 132) und op. 62 (Ab und c, s. S. 133ff.) von Nohant aus durch E. Delacroix nach Paris. Nach Delacroix' Brief an G. Sand vom 12. September 1846 übergab er am 31. August die ganze Sendung A. Franchomme, der dieses Ms. an Brandus weiterleitete. Dann Eigentum von J. W. Stirling. Nach ihrem Tod im Besitz von Thomas Tellefsen. Später, bis zum Zweiten Weltkrieg im Besitz von Edouard Ganche in Lyon. Vor 1939 auf Veranlassung Ganche's bei dem Wiener Antiquariat H. Hinterberger zum Verkauf angeboten; blieb jedoch in der Sammlung Edouard Ganche, Lyon. 1943 bei der Chopin-Ausstellung in Krakau. Danach zunächst verschollen. 1947 im Kreis Kłodzko, Polen, wiedergefunden und vorübergehend in der Universitätsbibliothek Breslau untergebracht. – Heute in der Jagellonen-Bibliothek Krakau, ohne Signatur; PhA Ch: F. 1717. – **Abb.:** PWM Barcarola, Gesamtfaksimile. – S. 1: Jachimecki$_3$ nach S. 288, Petzoldt-Crass Tafel 98, Walker vor S. 177.

(c) *Barcarolle / pour le piano / dediée à Madame la Baronne de Stockhausen / par F Chopin. Op. 60 / Leipsic Haertel Paris Brandus (Schl.) – Londres Wessel. – Allegretto.* 8 vierzehnzeilige Seiten (21,8 × 28,1); S. 1–7: Text, S. 8 leer. Die Hs. enthält Stechereintragungen. – Chopin schickte diese Hs. im August 1846 durch E. Delacroix von Nohant aus an A. Franchomme (siehe Ab), der sie dem Pariser Vertreter von Breitkopf & Härtel, Maho, übergab. Bei der im

130

Brief Breitkopf & Härtels vom 1. Februar 1878 an Izabela Barcińska (siehe op. 23, Ac, S. 46) erwähnten Hs. handelte es sich sicher um dieses Ms. 1880 verlieh Breitkopf & Härtel die Hs. an Joh. Brahms (Hrsg. des Stückes in der Gesamtausgabe). Später im Besitz von Stefan Zweig (siehe Lit.). – Heute im Besitz der Erben von Stefan Zweig in London.

(d) Verschollen. Elisabeth v. Herzogenberg, die Tochter des Barons Stockhausen (deutscher Botschafter in Paris), schreibt am 3. Dezember 1877 an ihren Lehrer J. Brahms: *Von den drei Manuskripten, die jetzt mein Bruder besitzt, ist nur eines, die Barcarolle, die meiner Mutter gewidmet ist, echt, die beiden anderen Kopien.*

Korrigierte Druckexemplare:

(a) Exemplar der Ausgabe Brandus *Barcarolle / Pour / Piano / ... / Par / F. Chopin / Op. 60. / ... / Paris, / Maison M^{ce} Schlesinger, Brandus et Cie Successeurs, / ... / B. et Cie 4609* mit eigenhändigen Eintragungen Chopins. – Band III der Sammelbände O'Méara (III, 21; s. S. XVf.), Bl. 165r–171r. – PhA Ch: F. 659.

(b) Exemplar der Ausgabe Brandus (B. & Cie 4609) mit eigenhändigen Eintragungen Chopins. – Band VI der Sammelbände Stirling (s. S. XV).

Handschriftliche Verzeichnisse: Stirling VI (Neukomm, s. S. XV) – Stirling VII/2 (Franchomme, s. S. XV).

Erstausgaben:

(a) deutsche: Leipzig, Breitkopf & Härtel (7545); 1846.
(b) französische: Paris, Brandus (4609); BC: November 1846.
(c) englische: London, Chr. Wessel (6317); September 1846.

Briefe: An seine Familie: 12.–26. Dezember 1845. – An A. Franchomme: 30. August 1846. – An Breitkopf & Härtel: 19. November 1846. – Delacroix an George Sand: 12. September 1846. – E. v. Herzogenberg am J. Brahms: 15. November und 3. Dezember 1877. – Brahms an E. v. Herzogenberg: Januar 1879. – Brahms an Breitkopf & Härtel: 9. Oktober 1877, 31. März 1878 und 23. September 1880.

Literatur: Zu Aa: Bronarski$_{19}$ S. 238, Brown$_9$ Pos. 158 (3), Katalog Chop-Ges 1971 Pos. 1, Kobylańska$_{16}$ Pos. 15. – **Zu Ab:** Abb S. 13, Brown$_9$ Pos. 158 (1), DzW XI S. 55ff., Ganche$_1$ S. 227, Henle$_{13}$ KB S. 6–8, Hinterberger S. 1, PWM Barkarola S. IVff. – **Zu Ac:** Brown$_9$ Pos. 158 (2), Henle$_{13}$ KB S. 6–8, Zapert S. 2, Zweig S. 320. – **Zu Ad:** Jonas$_1$ S. 143, Zagiba$_3$ S. 132 und 138. – **Zu KDa:** Kobylańska$_{15}$ S. 161. – **Zu KDb:** Kobylańska$_{28}$ S. 6, $-_{33}$ S. 18.

Opus 61
Polonaise-Fantaisie für Klavier
As-dur
Madame A. Veyret gewidmet
KKp 815–821

Entstehungszeit: 1845–46; Brown₉: Herbst 1845 bis Sommer 1846.

Autographe:

(a) *Polonaise. / Lento f mol.* Skizze. – 4 vierzehnzeilige Blätter (21,8 × 28); in der ehemaligen Skizzensammlung von A. Franchomme zwischen S. 160–173; Bl. 1r (S. 161): Titel (s.o.), Bl. 1v und 2r leer, Bl. 2v (S. 165): Skizze der Takte 1–38; als Generalvorzeichnung nur drei ♭; Bl. 3 und 4 leer. – Zunächst Eigentum von A. Franchomme, später im Besitz seiner Erben (siehe op. 50 Nr. 1 Ac, S. 111f.). 1957 verkaufte der Pariser Antiquar Ronald Davis die Hs. an einen unbekannten Käufer. – Heutiger Aufbewahrungsort unbekannt; PhA Ch: F. 1538.

(b) Skizze der Baßlinie der Takte 66f. und 70f. Vierzehnzeiliges Einzelblatt· (21,8 × 28); Rückseite leer. – Zunächst Eigentum von A. Franchomme, später seiner Erben (siehe op. 50 Nr. 1 Ac, S. 111f.). 1959 war die Hs. bei dem Pariser Antiquariat Marc Loliée, danach bei dem Pariser Antiquar Ronald Davis, später in der Sammlung von R. O. Lehman, New York. 1972 wurde sie von Sotheby, London, zum Verkauf angeboten, 1973 von Stargardt, Marburg. – Heute im Museum der ChopGes, Inv.-Nr. M/1341; PhA Ch: F. 1539. – **Abb.:** Kobylańska₃₂ S. 13.

(c) *Op. 61 / Polonaise Fan*(taisie) *par F Chopin. / Leipsic Haertel / Paris Brandus / Londres Wessel.* – *Allº Maestoso.* 8 vierzehnzeilige Seiten (21,7 × 28,4); auf dem oberen Rand von S. 1 der Titel (s.o.). Die Hs. enthält Stechereintragungen. – Chopin schickte diese Hs. im August 1846 von Nohant aus durch E. Delacroix an A. Franchomme (siehe op. 60 Ab, S. 130), der sie an den Pariser Vertreter von Breitkopf & Härtel, Maho, weiterleitete. Weitere Angaben zur Herkunft, s. op. 21, Ac (S. 42). – Heute in der Musikabteilung der Nationalbibliothek Warschau, Sign. Mus. 233; PhA Ch: F. 1303; PhA ÖNB Wien 379. – **Abb.:** S. 1: Bory S. 164, Mazel nach S. 240, Mirska₉ S. 244, UW nach S. 144. – S. 5: Mazel vor S. 241.

(d) Verschollen. Im Begleitschreiben der durch E. Delacroix überbrachten Sendung Chopins an Franchomme (siehe op. 60 Ab, S. 130), datiert vom 30. August 1846, schreibt Chopin: *Voici mes 3 manuscrits pour Brandus (op: 60–62).*

Korrigiertes Druckexemplar: Exemplar der Ausgabe Brandus *Polonaise-Fantaisie / Pour / Piano / ... / Par / F. Chopin. / Op: 61. / ... / Paris, / Maison Mᵍᵉ Schlesinger, / Brandus et Cⁱᵉ / Successeurs / ... / B. et Cⁱᵉ 4610* mit eigenhändigen Eintragungen Chopins. – Band II der Sammelbände O'Méara (II, 20; s. S. XVf.), Bl. 154r–161r. – PhA Ch: F. 629.

Handschriftliche Verzeichnisse: Stirling VI (Neukomm, s. S. XV) – Stirling VII/2 (Franchomme, s. S. XV).

Erstausgaben:
(a) deutsche: Leipzig, Breitkopf & Härtel (7546); 1846.
(b) französische: Paris, Brandus (4610); BC: November 1846.
(c) englische: London, Chr. Wessel (6318); Oktober 1846.

Briefe: An seine Familie: 12.–26. Dezember 1845. – An A. Franchomme: 30. August und 13. September 1846. – An Breitkopf & Härtel: 19. November 1846.

Literatur: **Zu Aa:** Bronarski₁₉ S. 238, DzW XVI S. 154, Henle₆ KB S. 8. – **Zu Ac:** Ausstellung 1937 BP Pos. 169, Bory S. 164, Brown₉ Pos. 159, Chopin I S. 55, – II S. 95, Ekier₆ S. 91 und 118, Henle₆ KB S. 8ff., Hitzig Nr. 90, M. Idzikowski₂ S. 33, Jahresbericht BN S. 55, Janta₂ S. 168, Kobylańska₁₆ Pos. 37, Lorentz S. 12, Mirska₇ S. 147, Płaczkowski₁ S. 3, – ₂ S. 3, Prokopowicz₂ S. 283, – ₃ S. 3/5/9, – ₇ S. 294ff., 304 und 312, – ₈ S. 22, Szablowski S. 12ff. – **Zu KD:** Kobylańska₁₅ S. 160.

Opus 62
Zwei Nocturnes für Klavier
Mademoiselle R. de Könneritz gewidmet
KKp 822–835

Entstehungszeit: 1846.

Nr. 1 H-dur

Autographe:
(a) Verschollen. Skizze. Nach Bronarski (siehe Lit.) befand sich unter den Skizzen aus dem Nachlaß von A. Franchomme auch eine Skizze zu diesem Nocturne.
(b) *2 Nocturnes pour le piano / dediés à Mademoiselle R. de Könneritz / par*

F. Chopin Leipsic Haertel. Paris Maison Schlesinger, Brandus / et C$^{\underline{ie}}$. / Londres Wessel. / Op. 62. Die Widmung lautete ursprünglich anders; der entsprechende Text ist jedoch durchgestrichen und nicht mehr lesbar. – Heft, bestehend aus 4 vierzehnzeiligen Blättern (21,7 × 28,3); auf dem oberen Rand rechts von S. 1 der gemeinsame Titel (s.o.); S. 1–4: Text von Nr. 1 *N$^{\underline{ro}}$ 1 / Andante*; jeweils hinter dem letzten Takt von Nr. 1 und Nr. 2 die Unterschrift *Ch.* Die Hs. enthält Stechereintragungen. – Chopin schickte diese Hs. im August 1846 von Nohant aus durch E. Delacroix an A. Franchomme (siehe op. 60 Ab, S. 130), der sie an den Pariser Vertreter von Breitkopf & Härtel, Maho, weiterleitete. Weitere Angaben zur Herkunft, siehe op. 21, Ac (S. 42). – Heute in der Musikabteilung der Nationalbibliothek Warschau, Sign. Mus. 234; PhA Ch: F. 1306; PhA ÖNB Wien 380. – **Abb.:** S. 1: Bory S. 172, Mirska$_7$ S. 147, – $_9$ S. 244.

(c) *2 Nocturnes pour le piano / dediés à Mademoiselle R. de Könneritz / par F. Chopin. Op. 62 / Paris Brandus Leipsic, Haertel. Londres, Wessel.* – Ursprünglich Heft, bestehend aus 4 vierzehnzeiligen Blättern (22×28,5); auf dem oberen Rand rechts der S. 1 der gemeinsame Titel (s.o.); S. 1–4: Text von Nr. 1 *N$^{\underline{ro}}$ 1 / Andante*; über der Tempoangabe, von fremder Hand: *Deux Nocturnes / par / F. Chopin / op. 62.* Die Hs. enthält Stechereintragungen. – Chopin schickte diese Handschrift im August 1846 von Nohant aus durch E. Delacroix an A. Franchomme (siehe op. 60 Ab, S. 130), der sie dann Brandus übergab. – Später wurden die beiden Nocturnes voneinander getrennt; Nocturne Nr. 1 war nacheinander Eigentum von Aleksander C. Grzymała Turzyński Kahanowicz und Francis J. L. Beckman aus Dubuque. – Heute in der Newberry Library, Chicago; PhA Ch: F. 1613. – **Abb.:** S. 1: DzW VII S. 15, Walker nach S. 176.

(d) Verschollen. *Nocturne. Andante.* Fragment der 6 Anfangstakte. Unter Takt 6 die Unterschrift *FF. Chopin.* – **Abb.:** Faksimilia dieses Fragments finden sich, teilweise zusammen mit lithographierten Portraits, u.a. in folgenden Sammlungen: Bibliothèque du Conservatoire de Paris (Sign. 18965), Archiv der ChopGes (PhA Ch: F. 2095), Historisches Museum Lwów (Kupferstichkabinett), Gesellschaft der Musikfreunde Wien (im Album von Graf Wimpffen; siehe op. 74 Nr. 2 Ac, S. 187).

Korrigiertes Druckexemplar:
Exemplar der Ausgabe Brandus *2 / Nocturnes / Pour / Piano / ... / Par / F. Chopin / Op: 62. / ... / Paris, / Maison M^{ce} Schlesinger, / Brandus et Cie / Successeurs / ... / B. et Cie 4611* mit eigenhändigen Eintragungen Chopins. – Band II der Sammelbände O'Méara (II, 8; s. S. XVf.), Bl. 54r–58r. – PhA Ch: F. 641.

Handschriftliche Verzeichnisse: Stirling VI (Neukomm, s. S. XV) – Stirling VII/2 (Franchomme, s. S. XV).

Literatur: Zu Aa: Bronarski$_{19}$ S. 238. – **Zu Ab:** Ausstellung 1937 BP Pos. 170, Bory S. 172, Brown$_9$ Pos. 161 (2), Chopin I S. 55, – II S. 95, Ekier$_6$ S. 91,

Henle₄ KB S. 13, Hitzig Nr. 91, M. Idzikowski₂ S. 33, Jahresbericht BN S. 55, Janta₂ S. 168, Kobylańska₇ S. 29, Lorentz S. 12, Płaczkowski₁ S. 3, – ₂ S. 3, Prokopowicz₂ S. 283, – ₃ S. 3/5/9, – ₇ S. 294 ff. und 304, – ₈ S. 22, Szablowski S. 12 ff. – **Zu Ac:** Albrecht Pos. 550, Brown₉ Pos. 161 (1), Henle₄ KB S. 13 f. – **Zu KDa:** Kobylańska₁₅ S. 160. **Zu KDb:** Brown₉ Pos. 161.

Nr. 2 E-dur

Autographe:

(a) *N^ro 2. / Lento.* 4 Seiten, S. 5–8 des Heftes. – Nähere Angaben, auch zur Herkunft, siehe Nr. 1, Ab.

(b) *N° 2 / Lento.* 4 Seiten, S. 5–8 des Heftes. – Nähere Angaben siehe Nr. 1, Ac. – Dieses Nocturne Nr. 2 blieb länger im Besitz der Familie Brandus. 1958 kaufte es Arthur Hedley, London, bei Franciszek Studziński in Paris. – Seit 1969 Eigentum von Marie Ferra in Valldemosa, Mallorca; PhA Ch: F. 1619.

Korrigiertes Druckexemplar:

Siehe Nr. 1, KDa, Bl. 58 v–61 r.

Handschriftliche Verzeichnisse: Stirling VI (Neukomm, s. S. XV) – Stirling VII/2 (Franchomme, s. S. XV).

Literatur: Zu Aa: wie Nr. 1, Ab außer Bory, Brown und Kobylańska; Ekier₆ S. 19 und 91, Henle₄ KB S. 14 f. – **Zu Ab:** Brown₉ Pos. 161 (3), Hedley₉ S. 591, – ₁₁ S. 476, Karasowski₂ S. 6. – **Zu KDa/b:** wie Nr. 1, KDa/b.

Nr. 1 und 2

Erstausgaben:

(a) deutsche: Leipzig, Breitkopf & Härtel (7547); 1846.
(b) französische: Paris, Brandus (4611); BC: November 1846.
(c) englische: London, Chr. Wessel (6319); Oktober 1846.

Briefe: An Franchomme: 30. August 1846. – An Breitkopf & Härtel: 19. November 1846. – E. Delacroix an G. Sand: 12. September 1846. – E. Ganche an H. Opieński: 23. Juli 1937.

Opus 63

Drei Mazurken für Klavier
Gräfin Laura Czosnowska gewidmet
KKp 836–848

1.

2.

135

3.

76 Takte

Entstehungszeit: 1846; Brown[9]: Frühherbst 1846.

Nr. 1 H-dur

Autographe:

(a) *Mazourek.* (sic!) Vierzehnzeiliges Doppelblatt (22 × 28,4); S. 1 und 4 leer; auf S. 3 hinter dem Schlußtakt Datum und Unterschrift: *Nohant 1846 FChopin.* – Früher Eigentum von Charles Malherbe, der es der Bibliothèque du Conservatoire de Paris (Legat Ch. Malherbe Nr. 7129) vermachte. – Seit 1964 in der Bibliothèque Nationale Paris, Département de la Musique, Sign. Ms. 112; PhA Ch: F. 810; PhA ÖNB Wien 326 – N u. P. – **Abb.:** S. 2: Binental[6] Tafel XLVIII, Bory S. 167, Gauthier S. 143, Hutschenruyter zwischen S. 40/41. – S. 3: Génies et Réalités (Bildbeigaben), Panigel-Beaufils nach S. 112. – S. 2 und 3: Ausstellung 1949 BN Tafel V, Mirska[9] S. 244f., Poirée S. 73.

(b) Verschollen. Chopin schreibt am 9. November 1846 aus Nohant an A. Franchomme: ... *Je t'envoye une grandissime lettre pour Monsieur Léo . / ... / Et une autre ou pas – seulement une couverture avec les manuscrits pour Schlesinger (Brandus). Il te donnera, comme cela est convenu, 300 francs pour ces 3 Mazourkas.* – Wohl kaum identisch mit Aa, das keinerlei Anzeichen dafür enthält, Brandus als Stichvorlage gedient zu haben.

Handschriftliche Verzeichnisse: Stirling VII/1 (Franchomme, s. S. XV) – Stirling VII/2 (Franchomme, s. S. XV).

Literatur: Zu Aa: Ausstellung 1932 BP Pos. 132, – 1937 BP Pos. 171, – 1949 BN Pos. 79, Bory S. 167, Brown[1] S. 62, – [9] Pos. 162 (1), Cortot[1] S. 43, DzW X S. 222f., Henle[9] KB S. 9, Kobylańska[7] S. 30, Miketta[1] S. 466.

Nr. 2 f-moll

Autographe:

(a) Skizzenfragment der Takte 1–42 (Takt 42 unvollständig). Zwölfzeiliges Einzelblatt (17,5 × 25,5); S. 2 leer. Im Album von René Franchomme. – Chopin schenkte das Album (Aufdruck auf dem Einband: *Souvenir de Chopin A René Franchomme*) zusammen mit diesem Skizzenblatt René Franchomme, Auguste Franchomme's Sohn, der 1860 im Alter von 20 Jahren starb. Dann Eigentum von A. Franchomme. Die Hs. blieb bis heute im Besitz seiner Erben (siehe op. 9 Nr. 1 KDa, S. 18). – Eigentum vom Mme Yvonne Faure in La Croix en Touraine; PhA Ch: F. 745.

(b) Verschollen. Siehe Nr. 1, Ab.

(c) Fälschung! Fragment: T. 1–45. Elfzeiliges Einzelblatt mit der Überschrift *Mazur* und der Tempoangabe *Lento*; über den Takten 7–8 die Widmung: *pour son ami Hector Berlioz.* – Zur Herkunft siehe op. 38, Ac (S. 91f.).

Korrigiertes Druckexemplar: Exemplar der Ausgabe Brandus *3 / Mazurkas / Pour / Piano / ... / Par / F. Chopin. / Op: 63. / ... / Paris, / Maison M^{ce} Schle-

singer, Brandus et Cie Successeurs. / … / B. et Cie 4742 mit eigenhändigen Eintragungen Chopins. – Band VII der Sammelbände Stirling (s. S. XV).

Handschriftliche Verzeichnisse: Stirling VII/1 (Franchomme, s. S. XV) – Stirling VII/2 (Franchomme, s. S. XV).

Literatur: Zu Aa: Ausstellung 1937 BP Pos. 263, Brown$_9$ Pos. 162 (2). – **Zu KD:** Kobylańska$_{28}$ S. 6, – $_{33}$ S. 18.

Nr. 3 cis-moll

Autograph: Verschollen. Siehe Nr. 1, Ab.

Handschriftliche Verzeichnisse: Stirling VII/1 (Franchomme, s. S. XV) – Stirling VII/2 (Franchomme, s. S. XV).

Nr. 1–3

Erstausgaben:

(a) deutsche: Leipzig, Breitkopf & Härtel (7714); 1847 (?).
(b) französische: Paris, Brandus (4742), im Titel ist als englischer Verleger L. A. Jullien, nicht Wessel genannt; BC: Februar 1848.
(c) englische: London, Chr. Wessel (die Plattennummer fehlt, sie müßte 6320 heißen); Dezember 1847.

Briefe: An seine Familie: 11. Oktober 1846. – An A. Franchomme: 9. November 1846. – An Breitkopf & Härtel: 30. Juni 1847.

Opus 64
Drei Walzer für Klavier
KKp 849–869

Entstehungszeit: 1846–47.

Nr. 1 Des-dur
Gräfin Delfina Potocka gewidmet
(Widmung nur in Ac und französischer Erstausgabe)

Autographe:

(a) Skizze. *Tempo di Valse.* Vierzehnzeiliges Einzelblatt (21,9 × 28,2). –

137

Früher im Besitz von Charles Malherbe, der es der Bibliothèque du Conservatoire de Paris vermachte. – Seit 1964 in der Bibliothèque Nationale Paris, Département de la Musique, Sign. Ms. 111 A; PhA Ch: F. 1331. – **Abb.:** Hürlimann₁ Pos. 32, Kobylańska₃₃ S. 18.

(b) *Valse / Vivace*. Achtzeiliges Doppelblatt (15,4 × 25,5); S. 1 und 4 leer, auf S. 3 unter dem letzten System die Unterschrift *F Chopin*. – Früher Eigentum der Familie Rothschild, die es der Bibliothèque du Conservatoire Paris schenkte (Legat Nr. 29450). – Seit 1964 in der Bibliothèque Nationale Paris, Département de la Musique, Sign. Ms. 111 B; PhA Ch: F. 1458; PhA ÖNB Wien 343. – **Abb.:** Hürlimann₁ Pos. 33 (S. 3), Mirska₉ S. 120 (S. 2).

(c) *Nᵗᵒ 1 / Molto Vivace*. 4 Seiten, S. 1–4 eines Konvolutes mit den 3 Walzern op. 64 von Chopin und der Etüde op. 45 von Thalberg, bestehend aus 9 vierzehnzeiligen Blättern (22 × ca. 28); S. 1 leer, S. 2 und 3: Text, S. 4 leer; auf dem rechten oberen Rand von S. 2 die Widmung *à Madame la Comtesse Delphine Potocka*. Die Hs. enthält auf allen Seiten Stechereintragungen (Brandus). – Heute in einer Privatsammlung in Basel, deren Besitzer ungenannt bleiben möchte.

(d) *Vivace*. Vierzehnzeiliges Doppelblatt (21,8 × 28,5); S. 2–4 leer. Chopin schenkte dieses Autograph seiner Schülerin Juliette von Caraman, eine deutsche Cousine der französischen Familie de Caraman (siehe auch Brief von J. v. Caraman an ihre Schwester vom 1. August 1847), die es ihrer Tochter Zina Henwood vererbte. Diese schenkte es später dem Pianisten Holden White, dessen Witwe es dem Royal College of Music in London vermachte. – Beides, Brief und Autograph, heute im Royal College of Music, London, Sign. MS. 4224; PhA Ch: F. 1456. – **Abb.:** Harasowski₄ S. 71, Hedley₁₃ S. 7, Walker vor S. 81.

(e) Fragment. Takte 1–10 (Takt 10 unvollständig). Herausgerissenes Stück Notenpapier (4,6 × 14) mit 2 Systemen; auf die Rückseite ist ein Blatt mit folgendem Text aufgeklebt: *Chopin. Six* (sic!) *premières mesures de la Valse Opus 64 · N° I. dite „Valse du petit chien". Les ébats d'un jeune chien auraient suggéré à Chopin le thème de cette valse. Voir Catalogue du Centenaire N° 81.* Nach Szulc (siehe Lit.) handelt es sich hier allerdings um die Entstehungsgeschichte des Walzers op. 34 Nr. 3. Siehe auch IVb/13 (S. 237). – Ursprünglich Eigentum von A. Franchomme, später seiner Erben (siehe op. 50 Nr. 1 Ac, S. 111f.). Seit 1957 im Besitz des Pariser Antiquariats Ronald Davis, der es im Mai 1967 durch Vermittlung des Antiquars M. Blaizot an Marie Ferra verkaufte. – Eigentum von Marie Ferra in Valldemosa (Mallorca); PhA Ch: F. 1457.

Korrigierte Druckexemplare:

(a) Exemplar der Ausgabe Brandus *3 / Valses / Pour / le Piano / Par / F. Chopin. / op: 64. / N° 1. / Paris, Maison Mᶜᵉ Schlesinger, Brandus et Cⁱᵉ Successeurs / … / B. et Cⁱᵉ 4743* mit eigenhändigen Eintragungen Chopins. Nicht alle

Eintragungen von Chopin! – Band III der Sammelbände O'Méara (III, 7; s. S. XVf.), Bl. 49r–52r. – PhA Ch: F. 666.

(b) Exemplar der Ausgabe Brandus (B. et Cie 4743) mit einer Widmung (auf dem Titelblatt mit Bleistift: *à Mademoiselle JW Stirling / 8 Decembre 1847 Chopin*) Chopins und Eintragungen von J. W. Stirling (?). – Band VII der Sammelbände Stirling (s. S. XV).

Handschriftliche Verzeichnisse: Stirling VII/1 (Franchomme, s. S. XV) – Stirling VII/2 (Franchomme, s. S. XV).

Literatur: Zu Aa: Ausstellung 1949 BN Pos. 81, Brown$_1$ S. 62f., – $_9$ Pos. 164 (2), Henle$_3$ S. 5/7/10, Hürlimann$_1$ S. 168, Kobylańska$_{33}$ S. 18. – **Zu Ab:** Ausstellung 1932 BP Pos. 133, – 1937 BP Pos. 172, – 1949 BN Pos. 81, Brown$_1$ S. 62f., – $_9$ Pos. 164 (2), Harasowski$_4$ S. 71, Henle$_3$ S. 5/7/10, Hürlimann$_1$ S. 168, Kobylańska$_7$ S. 31. – **Zu Ad:** Brown$_9$ Pos. 164 (1), Hedley$_{13}$ S. 6ff. – **Zu Ae:** Davis Pos. 36. – **Zu KDa:** DzW IX S. 124, Kobylańska$_{15}$ S. 160. – **Zu KDb:** Kobylańska$_{28}$ S. 6, – $_{33}$ S. 18.

Nr. 2 cis-moll
Baronin C. de Rothschild gewidmet
(Widmung nur in Ac und der französischen Erstausgabe)

Autographe:
(a) Skizze. Vierzehnzeiliges Doppelblatt (22 × 28,6); S. 2 und 3 leer. – Früher Eigentum der Prinzessin de Chimay. – Heute in der Bibliothèque de l'Opéra Paris (Kaufnummer aus dem Jahre 1940: 19139), Sign. Rés. 50 (1); PhA Ch: F. 1526.
(b) *Valse*. Vierzehnzeiliges Einzelblatt (21,4 × 28). Rückseite leer. – Zur Herkunft siehe Nr. 1, Ab. – Heute in der Bibliothèque Nationale Paris, Département de la Musique, Sign. Ms. 114, PhA Ch: F. 1327; PhA ÖNB Wien 344.
(c) *N^{ro} 2 / tempo giusto*. 6 Seiten, S. 5–10 des Konvolutes; auf dem rechten oberen Rand von S. 5 die Widmung *à Madame la Baronne C. de Rothschild*; S. 6, 8 und 10 leer. – Nähere Angaben, auch zur Herkunft, siehe Nr. 1, Ac.

Korrigierte Druckexemplare:
(a) Siehe Nr. 1, KDa, Bl. 53r–57r.
(b) Siehe Nr. 1, KDb. Enthält auch Eintragungen Chopins.

Handschriftliche Verzeichnisse: Stirling VII/1 (Franchomme, s. S. XV) – Stirling VII/2 (Franchomme, s. S. XV).

Literatur: Zu Aa: Ausstellung 1947 Liège Pos. 52, Brown$_9$ Pos. 164 (4), Henle$_3$ S. 5/7/10. – **Zu Ab:** Ausstellung 1932 BP Pos. 134, – 1937 BP Pos. 173, Brown$_1$ S. 63, – $_9$ Pos. 164 (3), DzW IX S. 125, Ganche$_1$ S. 226, Henle$_3$ S. 5/7/10, Kobylańska$_7$ S. 31, Oxford I Valses S. 50. – **Zu KDa:** DzW IX S. 125, Kobylańska$_{15}$ S. 160. – **Zu KDb:** wie Nr. 1, KDb.

Nr. 3 As-dur
Comtesse Katarzyna Branicka gewidmet
(Widmung nur in Ab und der französischen Erstausgabe)

Autographe:
(a) Skizze. 4 vierzehnzeilige Seiten (21,8 × 28,5); S. 3 leer. – Zur Herkunft siehe Nr. 2, Aa.
(b) *N^ro 3 / Moderato.* 8 Seiten, S. 11–18 des Konvoluts; auf dem rechten oberen Rand von S. 11 die Widmung *à Mlle la Comtesse Catherine Branicka*; S. 12, 14, 16 und 18 leer. – Nähere Angaben, auch zur Herkunft, siehe Nr. 1, Ac.

Korrigiertes Druckexemplar: Siehe Nr. 1, KDa, Bl. 58r–62r.

Handschriftliche Verzeichnisse: Stirling VII/1 (Franchomme, s. S. XV) – Stirling VII/2 (Franchomme, s. S. XV).

Literatur: Zu Aa: Wie Nr. 2, Aa. – **Zu Ab:** Bronarski[21] S. 90, Hoesick[9 III] S. 79. – **Zu KDa:** wie Nr. 1, KDa.

Nr. 1–3

Erstausgaben:
(a) deutsche: Leipzig, Breitkopf & Härtel; die drei Walzer erschienen getrennt mit den Verlagsnummern 7715–17, in einem Band mit der Verlagsnummer 7721; 1847 (?).
(b) französische: Paris, Brandus (4743), im Titel ist als englischer Verleger L. A. Jullien, nicht Wessel, genannt; BC: Februar 1848.
(c) englische: Nr. 1 und 2 – London, Cramer & Beale (4368/69); 1848. Nr. 1–3 – London, Chr. Wessel (6321–23); September 1848.

Briefe: An Breitkopf & Härtel: 30. Juni 1847. – Juliette von Caraman an ihre Schwester (s. o.): 1. August 1847.

Opus 65

Sonate für Klavier und Violoncello
g-moll
Auguste Franchomme gewidmet
KKp 870–888

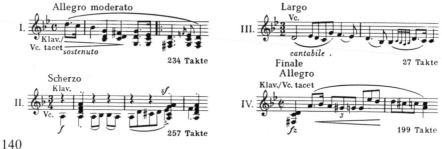

Entstehungszeit: 1845–46; Brown₉: Herbst 1845–1846.

Skizzen: Im Besitz von A. Franchomme befanden sich über 100 Blätter mit Skizzen, die nach allgemeiner Meinung größtenteils zu dieser Sonate gehörten. Die Identifizierung der einzelnen Skizzen ist jedoch wissenschaftlich noch nicht gesichert. Die einzelnen Skizzenblätter sind heute über die ganze Welt verstreut. Für eine abschließende Beurteilung wäre jedoch eine Durchsicht aller usprünglich zu Franchomme's Sammlung gehörenden Skizzen notwendig. Die Reihe der im folgenden angeführten Skizzen kann daher keinen Anspruch auf Vollständigkeit erheben.

(a) *Sonate avec Violoncelle.* 36 zwölf- und vierzehnzeilige Blätter (4 Doppelblätter, 28 Einzelblätter; 22 × 28,4); S. 1: Gesamttitel (s.o.), S. 45: Titelseite zum 2. Satz *Scherzo*, S. 67: Titelseite zum 4. Satz *finale*. Bis auf die Seiten 10, 14, 20, 24, 30, 36, 38 und 46 sind alle verso-Seiten leer, ebenso die Seiten 68–72; auf den Seiten 15 und 17 ist nur die Cellostimme notiert. – Zunächst Eigentum von A. Franchomme, später seiner Erben (siehe op. 50 Nr. 1 Ac, S. 111f.). 1958 verkaufte das Pariser Antiquariat Ronald Davis die Hs. an die ChopGes. – Museum der ChopGes, Inv.-Nr. M/232; PhA Ch: F. 1426. – **Abb.:** S. 25: Lissa₃ nach S. 236, Mirska₉ S. 245. – S. 39: DzW XVI S. 11.

(b) Skizze zum 1. Satz (Takt 24–42). Vierzehnzeiliges Einzelblatt (21,9 × 28,9); auf dem linken Rand folgende Notiz von Franchomme: *Fragment du manuscrit de la Sonate pour Piano et Violoncelle de F: Chopin donné à mon bon et cher ami Ph: de Cunisllon* (?). *Aug^{te} Franchomme 21^{9 bre}* (18)60. Rückseite leer. – Die Hs. war ursprünglich Eigentum von A. Franchomme, der sie 1860 seinem Freund Ph. de Cunisllon (?) schenkte (s.o.). 1891 erwarb sie die Bibliothèque du Conservatoire de Paris. – Seit 1964 in der Bibliothèque Nationale Paris, Département de la Musique, Sign. Ms. 116; PhA Ch: F. 1609; PhA ÖNB Wien 55.

(c) Skizze zum 1. Satz. Vierzehnzeiliges Einzelblatt; Rückseite leer. Die Hs. enthält zahlreiche Striche und Tintenflecke; Chopin hat schließlich die ganze Seite durchgestrichen. – Ursprünglich Eigentum von A. Franchomme, später seiner Erben (siehe op. 50 Nr. 1 Ac, S. 111f.). Die Hs. wurde 1959 vom Pariser Antiquariat Ronald Davis verkauft. Der Käufer will ungenannt bleiben. – Die ChopGes besitzt seit 1959 eine Kopie; PhA Ch: F. 1349. – **Abb.:** Ausstellung 1932 BP nach S. 62, – 1947 Liège S. 26.

(d) Skizze zum 2. Satz. 17 Takte auf einem vierzehnzeiligen Einzelblatt; Rückseite leer. – Zunächst Eigentum von A. Franchomme, später seiner Erben (siehe op. 50 Nr. 1 Ac, S. 111f.). Am 13. Mai 1958 bei einer Auktion von J. A. Stargardt, Marburg, zum Verkauf angeboten. – **Abb.:** Stargardt 1958 S. 82.

(e) Skizze. Vierzehnzeiliges Doppelblatt (22 × 28,5); S. 1 leer, S. 2–4 ursprünglich als S. 7–9 paginiert. – Zunächst Eigentum von A. Franchomme, später seiner Erben (siehe op. 50 Nr. 1 Ac, S. 111f.). 1958 verkaufte das Pariser Antiquariat Marc Loliée die Hs. an die ChopGes. – Museum der ChopGes, Inv.-Nr. M/238; PhA Ch: F. 1766.

(f) Skizze. Vierzehnzeiliges Doppelblatt (22 × 28,5); S. 2 und 3 leer, S. 1 und 4 ursprünglich als S. 16 und 17 paginiert. – Herkunft wie SKe. – Heute im Museum der ChopGes, Inv.-Nr. M/239; PhA Ch: F. 1757.

(g) Skizze. Vierzehnzeiliges Einzelblatt (ursprünglich Doppelblatt, das zweite Blatt ist jedoch abgerissen; 22 × 28,5); S. 1 ursprünglich als S. 10 paginiert; Rückseite leer. – Herkunft wie SKe. – Heute im Museum der ChopGes, Inv.-Nr. M/242; PhA Ch: F. 1770.

(h) Skizze. Vierzehnzeiliges Einzelblatt (22 × ca. 28); die Rückseite ist, da das Blatt eingerahmt ist, nicht einsehbar; die Vorderseite ist durchgestrichen. – Zunächst Eigentum von A. Franchomme, später seiner Erben (siehe op. 50 Nr. 1 Ac, S. 111f.). Heute im Besitz von Michel Bolloré, Paris, der es 1958 bei dem Pariser Antiquariat Ronald Davis kaufte.

(i) Skizze. 3 Blätter, Blatt 1 vierzehn-, Blatt 2 und 3 zwölfzeilig; die Rückseiten von Blatt 2 und 3 sind leer, Blatt 1 enthält nur Skizzen zum Klavierpart. – Ursprünglich Eigentum von A. Franchomme, später seiner Erben (siehe op. 50 Nr. 1 Ac, S. 111f.); 1959 bot Leon Kostecki, Paris, die Hs. der ChopGes zum Kauf an. Die Transaktion fand jedoch nicht statt. Die beiden zwölfzeiligen Blätter kaufte R. F. Kallir, New York. Heute sind sie in der Sammlung von R. O. Lehman, New York. Das vierzehnzeilige Blatt tauchte am 9. Juni 1970 bei einer Auktion von Stargardt, Marburg, auf und ist heute ebenfalls in der Sammlung von R. O. Lehman, New York. – **Abb.:** Stargardt 1970₁ S. 17.

(j) Skizze. In dem 1958 herausgegebenen Katalog Nr. 90 des Auktionshauses M. Breslauer, London, finden sich unter Pos. 161 folgende Angaben: *Autograph Musical Manuscript: sketches for violin and piano, for a Violin Sonata. 14 staves, 1 pages 4to. oblong, neatly mounted £ 200.* Wie die Abb. im Katalog zeigt (s. u.), handelte es sich dabei um eine Skizze zur Cellosonate op. 65. – **Abb.:** Breslauer 1958 Tafel 44.

(k) Skizze. Vierzehnzeiliges Einzelblatt (22,2 × 28,5). Zwischen System 10 und 11 auf S. 1 die Anmerkung *cos' innego (= etwas anderes).* – Ursprünglich Eigentum von A. Franchomme, später seiner Erben (siehe op. 50 Nr. 1 Ac, S. 111f.). Am 7. November 1962 verkaufte der Berner Antiquar Stuker die Hs. durch Vermittlung von Franciszek Studziński, Paris, an die ChopGes. – Museum der ChopGes, Inv.-Nr. M/602; PhA Ch: F. 2135. – **Abb.:** Stuker Tafel 5.

(l) Verschollen. Skizze. Im Katalog XXVIII des Wiener Antiquariats V. A. Heck finden sich unter Pos. 32a folgende Angaben: *Eigenhändiges musikalisches Skizzenblatt. O. O. D. u. U. 1¹/₂ SS. qu.-fol. Auf der 1. Seite flüchtige Skizzen zu einer Cellosonate, auf d. 2. Seite musiktheoret. Skizze* (siehe VIIc/3, S. 268), *.../ Am oberen leeren Rande der 1. Seite (von der Gegenseite geschrieben): „M. Madame Sand. Madame, Madame, Madame, Madame, Madame" u. am linken Rande von oben nach unten geschrieben: „Ma/dame/M/a/M/a/".*

Autographe:

(a) *Sonate.* Entwurf. 27 vierzehnzeilige Seiten; S. 1–11: 1. Satz *Sonate / Maestoso* (Originalpaginierung S. 1–12, S. 4 fehlt, auf S. 6 fehlt die Pagina),

S. 12–15: 2. Satz *Scherzo* (dieser Satz ist nur sehr skizzenhaft notiert), S. 16 und 17: 3. Satz *Largo,* S. 18–27: 4. Satz *Finale / Allº assai.* Beschreibung nach den Kopien der ChopGes. – Ursprünglich Eigentum von A. Franchomme, später seiner Erben (siehe op. 50 Nr. 1 Ac, S. 111f.). – Die ChopGes besitzt Photokopien des Originals; PhA Ch: F. 1424. – **Abb.:** Barbedette vor dem Vortitel, Bory S. 173, DzW XVI S. 10, Sydow-Miketta II nach S. 208 (alle S. 1).

(b) *Sonata z Violonczellą.* 37 vierzehnzeilige Blätter (22 × 28,2). Titel bzw. Tempoangaben der vier Sätze: 1. Satz: *Maestoso,* 2. Satz: *Scherzo,* 3. Satz: *Adagio,* 4. Satz: *Finale de la Sonate avec V$\underline{^{lle}}$ / Nohant 46.* Trotz der nicht übereinstimmenden Titel und Tempoangaben ist nicht auszuschließen, daß Aa und Ab zum Teil identisch sind. – Ursprünglich Eigentum von A. Franchomme, später seiner Erben (siehe op. 50 Nr. 1 Ac, S. 111f.). 1958 verkaufte das Pariser Antiquariat Ronald Davis die Hs. an eine Pariser Privatsammlung, deren Besitzerin ungenannt bleiben möchte und auch nur einen kurzen Einblick gewährte. Ein Vergleich zwischen Aa und Ab war deshalb nicht möglich. Die Abbildungen (siehe Aa) können daher nicht eindeutig Aa oder Ab oder beiden zugeordnet werden. – Eine vollständige Hs. dieser Sonate, die als Stichvorlage für den Erstdruck (Brandus, s.u.) gedient haben kann, ist heute nicht bekannt.

Abschrift: *Partie de Violoncelle de la Sonate pour Piano et Violoncelle / de Chopin écrite sous Sa dictée par moi Franchomme.* 10 vierzehnzeilige Seiten (35 × 27). Franchomme fertigte diese Kopie wahrscheinlich im Jahre 1847 an. – Die Erben Franchomme's schenkten diese Hs. der Bibliothèque Nationale Paris (Don Nº 6899). – Bibliothèque Nationale, Paris, Département de la Musique, Sign. Ms. 10.510; PhA Ch: F. 1610.

Korrigiertes Druckexemplar: Exemplare der Ausgabe Brandus *Sonate / Pour / Piano et Violoncelle, / … / Par / F. Chopin. / … / Op: 65. / … / Paris. Maison M^{ce} Schlesinger. Brandus et Cie Successeurs / … / B. et Cie 4744* mit eigenhändigen Eintragungen und einer Widmung (auf dem Titelblatt: *J. W. Stirling. 5 Janvier 1848*) Chopins. – Band VII der Sammelbände Stirling (s. S. XV).

Handschriftliche Verzeichnisse: Stirling VII/1 (Franchomme, s. S. XV) – Stirling VII/2 (Franchomme, s. S. XV).

Erstausgaben:
(a) deutsche: Leipzig, Breitkopf & Härtel (7718); Niecks[2], Sydow[1]: Oktober 1847, Brown[9]: Januar 1848.
(b) französische: Paris, Brandus (4744); BC: Februar 1848.
(c) Eine englische Erstausgabe erschien erst posthum, nach 1860.

Briefe: An seine Familie: 12./26. Dezember 1845, 11. Oktober 1846, 28. März/ 19. April 1847. – An Breitkopf & Härtel: 30. Juni 1847.

Literatur: Zu SKa: Bronarski[19] S. 238, – [21] S. 319, DzW XVI S. 154ff., Katalog ChopGes 1971 Pos. 32, Kobylańska[16] Pos. 38ff., Wojdan S. 13. – **Zu SKb:**

Brown$_1$ S. 62, – $_9$ Pos. 160 (1), DzW XVI S. 154f., Kobylańska$_{15}$ S. 144. – **Zu SKc:** Ausstellung 1932 BP Pos. 135, Kobylańska$_7$ S. 29. – **Zu SKd:** Brown$_9$ Pos. 160 (3), Stargardt 1958 Pos. 424. – **Zu SKe:** Katalog ChopGes 1971 Pos. 43. – **Zu SKf:** Katalog ChopGes 1971 Pos. 42. – **Zu SKg:** Katalog ChopGes 1971 Pos. 41. – **Zu SKi:** Brown$_9$ Pos. 160 (5), Stargardt 1970$_1$, Pos. 35. – **Zu SKk:** Katalog ChopGes 1971 Pos. 31, Kobylańska$_{21}$ Pos. 41, – $_{23}$S. 8, Stuker Pos. 88. – **Zu SKl:** Heck Pos. 32a. – **Zu Aa und b:** Ausstellung 1932 BP Pos. 135/36, – 1937 BP Pos. 174, – 1949 BN Pos. 137, Bory S. 173, Brown$_9$ Pos. 160 (2), Kobylańska$_{35}$ S. 7. – **Zu AB:** Kobylańska$_{15}$ S. 151. – **Zu KD:** Kobylańska$_{28}$ S. 6, – $_{33}$ S. 18.

II
ZU LEBZEITEN CHOPINS
ERSCHIENENE WERKE OHNE OPUSZAHLEN
(chronologisch)

IIa

Bis 1830

1.

Polonaise für Klavier

g-moll

Comtesse Wiktoria Skarbek gewidmet

KKp 889 und 1301

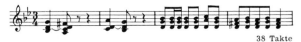

38 Takte

Entstehungszeit: 1817.

Autograph: Unbekannt. – Die Stichvorlage für die polnische Erstausgabe bildete wohl ein von Chopins Vater angefertigtes Manuskript.

Nach einer Notiz aus der *Gazeta Korrespondenta Warszawskiego i Zagranicznego* vom 6. Oktober 1818 übergab der achtjährige Chopin der Zarin-Mutter Maria Teodorowna *„zwei polnische Tänze für Klavier, die er selbst komponiert hat und welche die Monarchin, indem sie das so frühe Talent des Knaben lobte und ihn zum Weitermachen ermunterte, sehr freundlich entgegennahm"*. Wahrscheinlich handelte es sich dabei um diese Polonaise und um die Polonaise B-dur (IVa/1, S. 211).

Erstausgabe: Warschau, J. J. Cybulski (Nr. 114?); 1817. – *Polonoise / pour / le Piano = Forte / Dediée / à Son Excellence Mademoiselle la Comtesse / Victoire Skarbek / faite / par Frédéric Chopin / Musicien agé de huit Ans.* – In der Sammlung Hoboken befindet sich ein Exemplar, auf dessen Titelseite das Wort „faite" getilgt ist.

Literatur: Brown₉ Pos. 1, Pamiętnik Warszawski 1818 S. 112 (erste Pressenotiz über Chopin), Jachimecki₁ₐ S. 70f.

2./3.

Zwei Mazurken für Klavier

in G- und B-dur

KKp 891–900

1.

40 Takte

2.

28 Takte

147

Entstehungszeit: 1826 (siehe Brief an Jan Białobłocki vom 8. Januar 1827, Guttry Nr. 19).

Autograph (?): Verschollen. Nach einem Brief O. Kolbergs an M. A. Szulc vom 15. Dezember 1874 improvisierte Chopin während eines Tanzabends diese beiden und die Mazurka in D-dur (IVa/7, s. S. 218). Der Bruder O. Kolbergs, Wilhelm, soll Chopin genötigt haben, diese Stücke aufzuzeichnen. Es muß offen bleiben, ob Chopin selbst oder irgendein anderer (siehe ABa) Niederschriften angefertigt hat.

Abschriften:
(a) Abschrift eines unbekannten Kopisten. Zehnzeiliges Einzelblatt (34,5 × 25,7); auf der Vorderseite die Mazurka in G-dur, auf der Rückseite die Mazurka in B-dur; auf dem oberen Rand von S. 1: *Dwa Mazury Fr. Chopina utworzone prawdopodobnie w 1826, litografowane przez Wilh. Kolberga ucznia szkoły applikacyjnej / później ... / w zakładzie którego był uczniem. Egzemplarz prawdopodobnie jedyny, własność J. Sik (= Zwei Mazurken von Fr. Chopin, komponiert wahrscheinlich 1826, lithographiert von Wilh. Kolberg, einem Schüler der Militär-Schule / später (... das Folgende ist unleserlich) / in dessen Anstalt er Schüler war. Wahrscheinlich einziges Exemplar, Eigentum von J. Sik. / Józef Sikorski?).* – Heute in der Bibliothek der Warschauer Musikgesellschaft, Sign. 23/Ch; PhA Ch: F. 788.
(b) Abschrift eines unbekannten Kopisten aus der 2. Hälfte des 19. Jahrhunderts. Zwölfzeiliges Einzelblatt (22 × 27,9); auf der Vorderseite die Mazurka in G-dur: *1. Mazourka F Ch.,* auf der Rückseite die Mazurka in B-dur: *2. M.(azurka) F. Ch.* – Früher in der Bibliothèque du Conservatoire de Paris. – Seit 1964 in der Bibliothèque Nationale Paris, Département de la Musique, Sign. D. 10806.
(c) Verschollen. O. Kolberg schickte mit Brief vom 15. Dezember 1874 die Hss. dreier Mazurken und eines Adagios an M. A. Szulc. Wahrscheinlich handelte es sich dabei um von O. Kolberg selbst angefertigte Abschriften nach der von seinem Bruder Wilhelm lithographierten Erstausgabe (s. u.). Szulc benutzte diese Kopie als Vorlage für seine 1875 bei Leitgeber erschienene Ausgabe dieser beiden Mazurken.

Korrigiertes Druckexemplar: Verschollen. Exemplar der von Wilh. Kolberg lithographierten polnischen Erstausgabe (s. o. ABa) mit eigenhändigen Eintragungen Chopins (siehe Lit. Hoesick). – Früher im Besitz von A. Poliński in Warschau.

Erstausgaben:
(a) polnische: Warschau, Lithographie von Wilh. Kolberg (ohne Titel und Verlagsangabe); 1826. Es wurden nur 30 Exemplare hergestellt. – PhA Ch: F. 790.
(b) deutsche: Leipzig, Breitkopf & Härtel, Band XIII der GA; 1879.

Briefe: An Jan Białobłocki: 8. Januar 1827. – M.A. Szulc an O. Kolberg: 19. November 1874 und 25. Januar 1875. – O. Kolberg an M.A. Szulc: 15. Dezember 1874 und 22. Januar 1875.

Literatur: Zu A: Brown₉ Pos. 16, DzW X S. 228, Kleczyński₁ S. 513f., Parnas₁ S. 21, – ₂ S. 93, Szulc₂ S. 3, Turczynowicz S. 507ff. – **Zu ABa:** Henle₉ KB S. 11, Kobylańska₂₇ S. 384. – **Zu ABb:** Henle₉ KB S. 11. – **Zu KD:** DzW X S. 228f., Hoesick₈₁ S. 161.

IIb

Nach 1830

1.

Grand Duo Concertant für Klavier und Violoncello

E-dur

über Themen aus der Oper „Robert le Diable" von G. Meyerbeer komponiert von Chopin und A. Franchomme

Adèle Forest gewidmet

KKp 901 und 902

Entstehungszeit: 1832 (Hedley₅, Brown₉: Anfang 1832) · 1832/33 (Sydow₁).

Halbautograph: *Grand Duo Concertant / Pour Piano et Violoncelle / sur des thèmes de Robert le Diable / Dédié à Mademoiselle / Adèle Forest / Par / Frédéric Chopin / et Auguste Franchomme / violoncelle solo de l'opera Nᵃˡ Italien et / premier violoncelle de la Chambre du Roi.* – 22 zwölfzeilige Seiten (25,6 × 35,5); S. 1: Titel (s.o.), S. 2–22: Text (Tempoangabe: *Largo*); Titelblatt und Cellostimme von Franchomme, Klavierpart von Chopin geschrieben. Die Hs. enthält Stechereintragungen. – Ursprünglich Eigentum von A. Franchomme, später seiner Erben (siehe op. 50 Nr. 1 Ac, S. 111f.), die diese Hs. 1951 der Bibliothèque du Conservatoire de Paris schenkten (Schenkung Nr. 6700). – Seit 1964 in der Bibliothèque Nationale Paris, Département de la Musique, Sign. Ms. 10310; PhA Ch: F. 1430. – **Abb.:** Kobylańska₁₅ nach S. 152 / Tafeln 1–8 (Titelblatt, Introduktion, S. 5, 18, 19 und 22).

Erstausgaben:
(a) deutsche: Berlin, A. M. Schlesinger (1777); 1833.
(b) französische: Paris, M. Schlesinger (M.S. 1376); 1833.
(c) englische: London, Chr. Wessel (1085), mit der Opusnummer 12 versehen (die Variationen über „Ludovic", das tatsächliche op. 12, erschienen ausnahmsweise nicht bei Wessel, sondern bei Cramer, Addison & Beale); Sydow[1]: März 1838 (Druckfehler?), Brown[9]: Dezember 1833.

Briefe: An Tytus Woyciechowski: 12. Dezember 1831 (Guttry Nr. 66).

Literatur: Brown[9] Pos. 70, Debrun S. 168ff., Kobylańska[15] S. 149f., –[24] S. 482, –[36] S. 302 und 328.

2.

Variation Nr. 6
E-dur
aus dem Variationszyklus „Hexameron"
über ein Marschthema
aus der Oper „I Puritani" von V. Bellini

KKp 903 und 904

17 Takte

Entstehungszeit: 1837 (Brown[9], Hedley[6], Hoesick[6 III], Szczepańska) · 1841 (Jachimecki[2], Sydow[1]).
Das Hexameron ist ein Gemeinschaftswerk der Komponisten Liszt, Thalberg, Pixis, Herz, Czerny und Chopin, wobei Liszt am meisten beteiligt war. Es wurde für ein im Frühjahr 1837 von der Prinzessin Christina Belgiojoso-Trivulzio veranstaltetes Wohltätigkeitskonzert komponiert und von den beteiligten Komponisten selbst uraufgeführt. Das Werk besteht aus einer Introduktion (Liszt), Thema (s.o., Liszt), sechs Variationen (Var. 1: Thalberg, Var. 2: Liszt, Var. 3: Pixis, Var. 4: Herz, Var. 5: Czerny, Var. 6: Chopin. – An die Variationen 3, 5 und 6 schließen sich von Liszt komponierte „Ritornelle" an) und Finale (Liszt).

Autograph: Unbekannt.

Abschrift: *Largo / F. C. / Fragment* (s.o.) *de variation sur la Marche des Puritains; composé par Chopin / pour le concert de M^e la Princesse Belgiojoso au bénéfice des pauvres.* Abschrift eines unbekannten Kopisten. – Zehnzeiliges Doppelblatt (31 × 24); S. 2–4 leer. Die Hs. befindet sich im Album von Helena Rostworowska, geb. Moszyńska. Das Album enthält Erstausgaben der Werke

150

Chopins; auf dem Einband steht folgender Titel: *F. Chopin. Rondeaux. Variations. Impromptus. Fantaisies. Scherzos. Allegros. Concerts. Trio.* – Helena Rostworowska vererbte dieses Album Zofia Rostworowska aus Niegoszowice. Später im Besitz von Zuzanna Czyżewska, Krakau. 1959 erwarb die Jagellonen-Bibliothek Krakau das Album von J. Pasiomkówna. – Jagellonen-Bibliothek Krakau, Sign. 59:373; PhA Ch: F. 1463.

Erstausgaben:

(a) deutsche: Wien, T. Haslinger *Hexameron. / Morceaux de Concert. / Grandes / Variations de Bravoure / pour Piano / sur la / Marche des Puritains de Bellini. / Composées / pour le Concert de Mme la Princesse Belgiojoso au Bénéfice des pauvres / par M.M. / Liszt, Thalberg, / Pixis, Henri Herz, Czerny et Chopin. / ... / Vienne, chez Tob. Haslinger / ... / (T.H. 7700); Niecks[2], Sydow[1]: 1841; Brown[9]: 1839.*

(b) französische: Paris, B. Latte. – Ein Exemplar der Ausgabe von B. Latte ist nicht mehr auffindbar. Niecks[2] und Sydow[1] geben als Verleger der französischen Erstausgabe Troupenas an. Im Titel der deutschen Erstausgabe ist jedoch Latte genannt, allerdings ist dort als Verleger der englischen Erstausgabe M. Mori angegeben, – eine falsche Angabe. Maria Szczepańska gibt an, das Werk sei 1837 entstanden und noch im gleichen Jahr bei B. Latte im Druck erschienen (siehe Lit.).

(c) englische: London, Cramer & Co. (406); 1839.

Literatur: Szczepańska S. 41ff., Brown[9] Pos. 113.

3.

Drei Etüden für Klavier
Ignace Moscheles gewidmet (?)
KKp 905–917

Entstehungszeit: 1839 (Hedley[6], Sydow[1]; Brown[9]: Spätherbst 1839) · 1840 (Hoesick[6 III]).

Die *Méthode Des Méthodes* war ein dreibändiges Etuden-Sammelwerk so unterschiedlicher Komponisten wie Fétis, Moscheles (die als Generalherausgeber

151

fungierten), Bénédict, Chopin, Döhler, Heller, Henselt, Liszt, Mendelssohn, Méreaux, Rosenheim, Thalberg und Wolff.

Nr. 1 f-moll

Autographe:

(a) Heft, bestehend aus 5 vierzehnzeiligen Blättern (Querformat); S. 1: ursprünglich leer; nach einer mündlichen Mitteilung von A. Hedley schrieb Moscheles dann einen für alle 3 Etüden geltenden gemeinsamen Titel darauf; S. 2 und 3: Text von Nr. 1 *Etude (1) / Andantino*; auf dem unteren Rand von S. 3 folgende Anmerkung von Moscheles: *Cette étude est expressement ecrit pour la Methode des Methodes des Pianistes,* S. 4 leer. Die Hs. enthält Stechereintragungen (M. Schlesinger)! – Ursprünglich Eigentum von I. Moscheles, später seines Sohnes Felix, der die Hs. (ohne das Blatt mit der Etüde Nr. 2) 1907 dem Pianisten Marc Hambourg schenkte. Das Blatt mit der Etüde Nr. 2 blieb im Besitz von Moscheles' Tochter. Später wurde die Hs. wieder vereinigt und befand sich in der Sammlung von A. Hedley, London. – Seit 1969 im Besitz von Maria Ferra, Valldemosa (Mallorca); PhA Ch: F. 1681. – **Abb.:** S. 2: Mirska$_9$ S. 236. – S. 1–3: Niecks$_{2\,II}$ nach S. 380.

(b) Ganche (siehe Lit.) spricht von zwei Autographen dieser Etüde. Dieser Hinweis wird durch eine mündliche Mitteilung A. Hedley's bekräftigt, wonach sich ein zweites Autograph (Skizze?) in englischem Privatbesitz (East-Sussex) befinden soll. – Heutiger Aufbewahrungsort ungewiß.

(c) Fragment. Takte 1–23. 1 zehnzeilige Seite im Album von Jenny Vény; zwischen den Systemen 9 und 10 Unterschrift und Datum: *F Chopin / Paris le 8 Dec. 1841.* Das Album enthält auch noch Autographe von Cherubini, Liszt, Moscheles, Berlioz u. a. – Heute in der Houghton Library (Harvard University) in Cambridge/Mass., Sign. MS Mus. 103 (Inv.-Nr. • 54 CM-13).

(d) Fragment. Takte 1–15 (unvollständig). 1 vierzehnzeilige Seite (28 × 41) im Album von Jean Pierre Dantan (S. 42); Text auf den letzten 6 Systemen; auf dem unteren Rand: *à Mr Dantan. Paris, 16 Juin / 1841. Chopin.* Das Album enthält Eintragungen von Rossini, Cherubini, Meyerbeer, Liszt, Thalberg, Paganini, Berlioz, Kalkbrenner, Moscheles u. a. – Heute in der Bibliothèque Nationale Paris, Département de la Musique, Sign. Mus. Rés. Vm$^{7\cdot}$ 537; PhA Ch: F. 1607.

Korrigiertes Druckexemplar: Verschollen. Nach Ganche (siehe Lit.) existierte ein Druckexemplar dieser Etude mit Korrektureintragungen Chopins. Es ist heute nicht mehr nachzuweisen.

Handschriftliche Verzeichnisse: Stirling VII/1 (Franchomme, s. S. XV) – Stirling VII/2 (Franchomme, s. S. XV).

Literatur: Zu Aa: Brown$_9$ Pos. 130 (3), DzW II S. 164f., Harasowski$_2$ S. 6, – $_3$ S. 25ff., Hedley$_1$ S. 2, – $_7$ S. 3, – $_9$ S. 591, – $_{11}$ S. 476, Henle$_2$ S. 7f., Kobylańska$_7$ S. 21, Niecks$_{2\,II}$ S. XI, Zimmermann S. 159. – **Zu Ab:** Ganche$_4$

S. 274. – **Zu Ac:** Brown$_9$ Pos. 130 (2), Kobylańska$_{35}$ S. 7, – $_{37}$ S. 126. – **Zu Ad:** Ausstellung 1949 BN Pos. 155, Brown$_9$ Pos. 130 (1). – **Zu KD:** Ganche$_4$ S. 274.

Nr. 2 As-dur

Autograph: *Etude 2 / All*^{tto}. 2 Seiten, S. 5 und 6 des Heftes. – Nähere Angaben, auch zur Herkunft, siehe Nr. 1, Aa.

Handschriftliche Verzeichnisse: Stirling VII/1 (Franchomme, s. S. XV) – Stirling VII/2 (Franchomme, s. S. XV).

Literatur: Zu A: wie Nr. 1, Aa außer Hedley$_{11}$; DzW II S. 166f.

Nr. 3 Des-dur

Autograph: *Etude 3 / All*^{tto}. 4 Seiten, S. 7–10 des Heftes; S. 7 und 10 leer. – Nähere Angaben, auch zur Herkunft, siehe Nr. 1, Aa. – **Abb.:** S. 8: Hedley$_2$ nach S. 56, Hedley$_3$ nach S. 176.

Handschriftliche Verzeichnisse: Stirling VII/1 (Franchomme, s. S. XV) – Stirling VII/2 (Franchomme, s. S. XV).

Literatur: Zu A: wie Nr. 1, Aa außer Harasowski, Hedley$_9$ und $_{11}$; DzW II S. 165, Henle$_2$ S. 7f. und 11.

Nr. 1–3

Erstausgaben:
(a) deutsche: Berlin, A. M. Schlesinger (2423); 1840.
(b) französische: Paris, M. Schlesinger (M.S. 2345), Reihenfolge: Nr. 1, 3, 2; BC: November 1840.
(c) englische: London, Chappell (6084); nach Brown$_9$ Nr. 3–5 in Teil III des *Complete System of Instruction for the Pianoforte*; Vorwortdatum wie bei der französischen Erstausgabe, erschienen jedoch erst im Januar 1841.

Briefe: An M. Schlesinger: 19. November, 1. Dezember 1839. – An Jul. Fontana: 18. Oktober 1841.

4.
Mazurka für Klavier
a-moll

KKp 918

Entstehungszeit: 1840; Brown$_9$: Sommer 1840.

Autograph: Unbekannt.

Erstausgaben:
(a) deutsche: Mainz, B. Schott (6493), Nr. 2 im Album *Notre Temps;* 1842.
(b) französische: Paris, E. Troupenas (978); 1845.
(c) englische: London, Chr. Wessel (6316); Januar 1846.

Literatur: Brown₉ Pos. 134.

5.

Mazurka für Klavier
a-moll
Emile Gaillard gewidmet
KKp 919–924

Entstehungszeit: 1840 (Brown₉) · 1840–41 (Sydow₁) · 1841 (Brown₈, Hedley₆, Jachimecki₃).

Autograph: Unbekannt.

Abschrift: *Mazourka dedié à Son ami Emile Gaillard / Allegretto.* Abschrift eines unbekannten Kopisten. – 2 zwölfzeilige Blätter (25,8 × 33); S. 4 leer; auf S. 1 oben links der Titel (s.o.), rechts: *par Fr. Chopin.* Jachimecki (sein Gutachten, in deutscher Übersetzung, befindet sich in der Bibliothek der Polnischen Akademie der Wissenschaften in Krakau, Sign. PAN. 3723), M. Idzikowski und Kornelia Parnas halten die Hs. für ein Autograph Chopins. – Apolonia Larisch-Niedzielska schenkte 1930 diese Hs. ihrer Schwiegertochter, Frau Zofia Jaroszewska, die sie später an den Krakauer Verleger Marian Krzyżanowski verkaufte. Nach dem Zweiten Weltkrieg befand sich die Hs. im Besitz von Marian Lipiński, der sie der ChopGes zum Kauf anbot. Die ChopGes mußte den Kauf jedoch ablehnen, ebenso das National-Museum Warschau und die Jagellonen-Bibliothek Krakau. – Der heutige Aufbewahrungsort ist unbekannt; PhA Ch: F. 785.

Korrigiertes Druckexemplar: Exemplar der Ausgabe Chabal *Mazourka / Pour Le / Piano / ... / Par / Fr. Chopin / Op. 43* (sic! Ein Teil der Auflage ist falsch numeriert; die Opuszahl 43 erhielt die Tarantella) mit eigenhändigen (?) Eintragungen des Komponisten. – Band III der Sammelbände Jędrzejewicz (s. S. XIV), Bl. 36r–39r; PhA Ch: F. 588.

Handschriftliche Verzeichnisse: Stirling VI (Neukomm, der Druck befindet sich erst in Band VII, s. S. XV) – Stirling VII/1 und VII/2 (Franchomme, s. S. XV).

Erstausgaben:

(a) französische   Paris, M. Schlesinger, im *Album de Pianistes Polonais*; Januar 1841.

(b) deutsche: Berlin, Bote & Bock (3359); 1855.

Literatur: Zu AB: Bronarski[14] S. 165ff., – [21] S. 305ff., Ganche[4] S. 142f., Henle[9] KB S. 11. – **Zu KD:** Kobylańska[16] Pos. 46–48. – **Zu EAa:** Brown[9] Pos. 140.

III
POSTHUM ERSCHIENENE WERKE
MIT OPUSZAHLEN

Opus 66

(Fantaisie)-Impromptu für Klavier

cis-moll

Baronesse F. d'Este gewidmet

KKp 932–939

138 Takte

Entstehungszeit: 1834 (Fontana, Brown[8], Hedley[6], Jachimecki[3], Niecks[2], Sydow[1]) · 1835 (Brown[9], Hedley[10]) · 1839 (Opieński[1]).

Autographe:

(a) *All² agitato.* 2 zwölfzeilige Seiten (24,2 × 33,3) im Album der Baronesse F. d'Este; auf dem oberen Rand rechts von S. 1 die Widmung: *Composé pour Mme la / Baronne d'Este par / FF Chopin*; auf S. 2 nach dem Schlußtakt die Datumsangabe: *Paris Vendredi / 1835.* Die Hs. weicht an vielen Stellen von den posthumen Drucken ab (siehe Lit. Auktionsprospekt), wobei die Varianten der Drucke wohl im Zuge einer späteren Überarbeitung durch Chopin nachgetragen wurden und nach der Meinung von A. Rubinstein (siehe Lit. Schirmer) wohl die endgültige Fassung darstellen. – Das Album, das außerdem Eintragungen von Cherubini, Rossini, Bellini u.a. enthält, befand sich bis 1960 im Besitz einer Urenkelin von A. Franchomme, Mme Philippe Couturier. Es wurde am 10. Juni 1960 bei einer Auktion im Hôtel Drouot, Paris, von Artur Rubinstein ersteigert. – **Abb.:** Schirmer S. 2 (T. 5–8).

(b) Verschollen. Nach M. Karłowicz (siehe Lit.) schreibt Fontana in einem Brief an Chopins Schwester Ludwika Jędrzejewicz, in seinen Händen befänden sich folgende Klavierkompositionen: 2 Polonaisen, ein Rondo für zwei Klaviere, der Trauermarsch, die Phantasie für Madame d'Este, 7 Mazurken und 6 Walzer. Über die Art der Hss. wird in diesem Brief nichts mitgeteilt. Möglicherweise handelte es sich dabei teilweise auch um Abschriften.

Abschriften:

(a) *(Fantaisie) / Impromptu de Chopin / (op. 66).* Fantaisie und Opuszahl nachträglich von fremder Hand hinzugefügt. – Sammelhandschrift von A.

159

Franchomme. 8 zwölfzeilige Seiten (34,6 × 27,8); S. 1: Lied op. 74 Nr. 2 (ABc, s. S. 188), S. 2–6: Text zu diesem Impromptu, S. 7: Mazurka op. 67 Nr. 4 (ABb, s. S. 162), S. 8 leer. Aus der Tatsache, daß die Kopie des Liedes op. 74 Nr. 2 den Vermerk *Mélodie inédite de Chopin* enthält, die S. 2–6 mit der Abschrift dieses Impromptus aber keinen derartigen Hinweis enthalten, könnte man schließen, daß die Hs. zwischen 1855 und 1859 (Erscheinungsjahre der beiden Erstausgaben) entstanden ist. – Ursprünglich Eigentum von A. Franchomme, dann seiner Erben (siehe op. 50 Nr. 1 Ac, S. 111f.). Später in der Bibliothèque du Conservatoire de Paris. – Seit 1964 in der Bibliothèque Nationale Paris, Département de la Musique, Sign. Ms. 10491; PhA Ch: F. 1649.

(b) *Impromptu inedit / pour le Piano / Par Frédéric Chopin / Janv. 49.* Abschrift von A. Franchomme. Nach Hedley[7] (siehe Lit.) nach dem Autograph Chopins; aber sicher nicht nach Aa (s. o.). – *All° Agitato.* 8 zwölfzeilige Seiten (36 × 27); S. 1: Titel (s. o.), S. 2–6: Text, S. 7–8 leer. – A. Franchomme schenkte diese Kopie der Fürstin Marcelina Czartoryska. Später Eigentum des Antiquars Pierre Berès, Paris, dann im Besitz von A. Hedley, London. – Seit 1963 im Museum der ChopGes, Inv.-Nr. M/632; PhA Ch: F. 1651. – **Abb.:** S. 1: Kobylańska[25] S. 2, Mirska[9] S. 70.

(c) *Allegro agitato.* Abschrift des Grafen Fernand de Cotba. 6 zwölfzeilige Seiten; S. 1 leer, S. 2–5: Text. Auf S. 1 oben links: *Mlle Marie Lichtenstein en la priant d'en faire usage / pour Elle meme* (?), dazu eine unleserliche Unterschrift; unten rechts die irrtümliche Anmerkung: *Manuscrit de Fr. Chopin Berlin* (?) *le 5. Juillet 1839*; S. 6 enthält Skizzen zu den vier Schlußtakten des Stückes. – Ferdinand Cotba schenkte diese Hs. Marie Lichtenstein. Später in der Musikbibliothek des Verlages Peters in Leipzig. – Heute in der Deutschen Bücherei in Leipzig; PhA Ch: F. 1903.

(d) Verschollen. Nach Ganche (siehe Lit.) ließ Chopin von Marie Roubaud de Cournand, seiner letzten Schülerin, eine Abschrift dieses Werkes nach seinem Autograph anfertigen.

Handschriftliche Verzeichnisse: Stirling VII/1 (Franchomme, s. S. XV) – Stirling VII/2 (Franchomme, s. S. XV).

Erstausgaben: Die Opuszahlen der posthum veröffentlichten Werke Chopins stammen alle aus der jeweiligen deutschen Erstausgabe von A. Schlesinger. Die französische Parallelausgabe von J. Meissonnier enthielt keine Opusangaben.

(a) deutsche: Berlin, A. M. Schlesinger (4392); 1855.
(b) französische: Paris, Jos. Meissonnier (3523); 1856.
(c) englische: London, Ewer & Co. (ohne Platten-Nummer); Erscheinungsdatum ungewiß.

Briefe: Fontana an Ludwika Jędrzejewicz (s. o., Ab).

Literatur: Zu Aa: Brown[9] Pos. 87, France-Soir 1960 S. 12, Henle[7] S. 4f., – [7] KB S. 5f., Hôtel Drouot 1960, Schirmer S. 2. – **Zu Ab:** Karłowicz[2] S. 371. –

Zu ABa: Henle $_7$ KB S. 6, Kobylańska $_{15}$ S. 154. – **Zu ABb:** Brown $_9$ Pos. 87, Hedley $_7$ S. 4, – $_{11}$ S. 476f., Harasowski $_3$ S. 25, Katalog ChopGes 1971 Pos. 10, Kobylańska $_{25}$ S. 2. – **Zu ABd:** Ganche $_1$ S. 87 und 222.

Opus 67

Vier Mazurken für Klavier

KKp 940–965

Nr. 1 G-dur

Anna Młokosiewicz gewidmet

(siehe Jędrzejewicz-Verzeichnis)

Entstehungszeit: 1835.

Autograph: Unbekannt.

Handschriftliche Verzeichnisse: Stirling VII/1 (Franchomme, s. S. XV) – Stirling VII/2 (Franchomme, s. S. XV) – Jędrzejewicz S. 4 Nr. 4 (s. S. XVII); über Takt 1: *p*.(our) *Mlle Młokosiewicz.*

Nr. 2 g-moll

Entstehungszeit: 1845 (Jachimecki $_3$, Opieński $_1$, Sydow $_1$) · 1848 (Jędrzejewicz-Verzeichnis, Binental $_7$) · 1849 (Fontana, Hedley $_6$, Hoesick $_{6\,III}$, Niecks $_2$; Brown $_9$: Sommer 1849).

Autograph: Unbekannt.

Handschriftliche Verzeichnisse: Stirling VII/1 (Franchomme, s. S. XV) – Stirling VII/2 (Franchomme, s. S. XV) – Jędrzejewicz S. 4 Nr. 2 (s. S. XVII).

Nr. 3 C-dur

Adelina (?) Hoffman gewidmet

(siehe Jędrzejewicz-Verzeichnis)

Entstehungszeit: 1835.

Autograph: Unbekannt.

161

Handschriftliche Verzeichnisse: Stirling VII/1 (Franchomme, s. S. XV) – Stirling VII/2 (Franchomme, s. S. XV) – Jędrzejewicz S. 4 Nr. 3 (s. S. XVII); über dem Auftakt und Takt 1: *p.*(pour) *M$^{\underline{e}}$ Hoffman.*

<h3 style="text-align:center">Nr. 4 a-moll</h3>

Entstehungszeit: 1846 (Fontana, Brown$_9$, Hedley$_6$, Jachimecki$_3$, Niecks$_2$, Opieński$_1$, Sydow$_1$; auf dem Autograph: 46 oder 48?).

Autographe:

(a) *Allegretto.* Vierzehnzeiliges Einzelblatt (21,8 × 28,3); auf S. 1 unten die Datumsangabe: *Paris 46* (man könnte auch *48* lesen), Rückseite leer. – Früher Eigentum von Joh. Brahms, der es der Gesellschaft der Musikfreunde Wien schenkte. – Archiv der Gesellschaft der Musikfreunde Wien, ohne Signatur; PhA Ch: F. 543; PhA ÖNB Wien 334. – **Abb.:** Mirska$_9$ S. 311.

(b) *Mazurka.* 1 Seite in einem Album (15 × 25) mit vorgedruckten Notenlinien; Unterschrift und Datum: *Fr. Chopin / 28. Nov. 1847.* Der Notentext weicht von allen anderen bekannten Fassungen (siehe Aa, Ac und EA) stark ab. Das Album enthält auch Eintragungen von Rossini, Spontini, Mendelssohn, Strauß, Strawinsky u. a.; Chopins Autograph befindet sich etwa in der Mitte dieser Eintragungen. – Das Album gehörte einer geborenen und verheirateten Rothschild, die Schülerin Chopins war. – Heute im Besitz ihrer Urenkelin, Mme Karl Hans Strauss, Paris.

(c) Verschollen. Ganche (siehe Lit.) veröffentlichte 1925 eine bis dahin unbekannte Fassung nach einem Autograph, zu dem er keine näheren Angaben macht. – Ob die zahlreichen Unterschiede zwischen der posthumen Erstausgabe und den drei Autographen auf ein viertes Autograph oder auf eigenmächtige Änderungen Fontanas zurückgehen, bleibt ungewiß.

Abschriften:

(a) *Mazurka / Chopin. / Pour Madame la princesse Marceline Czartoryska. / T.T.*; das ist wohl eine persönliche Widmung des Kopisten Thomas Tellefsen. – *Allegretto.* 4 zwölfzeilige Seiten (31 × 23,9); S. 1: Titel (s. o.), S. 2 und 3: Text, S. 4 leer. Die Abschrift wurde wohl im Jahre 1850 angefertigt. – Früher Eigentum von Marcelina Czartoryska. Später in der Sammlung von Arthur Hedley, London. – Seit 1963 im Museum der ChopGes, Inv.-Nr. M/625; PhA Ch: F. 584.

(b) *allegretto.* 1 Seite, S. 7 der von A. Franchomme angefertigten Sammelhandschrift. – Nähere Angaben, auch zur Entstehungszeit der Hs. und zur Herkunft, siehe op. 66, ABa (S. 159f.). – Seit 1964 in der Bibliothèque Nationale Paris, Département de la Musique, Sign. Ms. 10491; PhA Ch: F. 585.

(c) *Allegretto.* Fragment. Abschrift von A. Franchomme ohne das Trio. – Zwölfzeiliges Einzelblatt; Rückseite leer. – Ursprünglich Eigentum von A. Franchomme, dann seiner Erben (siehe op. 50 Nr. 1 Ac, S. 111f.). Später in der Bibliothèque du Conservatoire de Paris. – Heute in der Bibliothèque Nationale Paris, Département de la Musique, Sign. Ms. 10491.

(d) *Allegretto*. Abschrift eines unbekannten Kopisten in einem Album, das wahrscheinlich Maria de Vista Allegre Amparo, Fürstin Władysławowa Czartoryska gehörte. – 4 sechszeilige Seiten (17 × 26,7); Text auf S. 2 und 3, S. 1 und 4 leer; Bl. 21 und 22 des Albums, das auf 99 Blättern Hss. und Drucke verschiedener Komponisten (u. a. Donizetti und Mozart) enthält. – Heute im Nationalmuseum Krakau, Abt. Sammlung der Familie Czartoryski, Sign. Kl. 109 Musicalia (Kontrollnummer des Albums: MNK XVI – 3044 Ew.).

Handschriftliche Verzeichnisse: Stirling VII/1 (Franchomme, s. S. XV) – Stirling VII/2 (Franchomme, s. S. XV) – Jędrzejewicz S. 4 Nr. 8 (s. S. XVII); zwischen den beiden Systemen die Anmerkung: *od Stockhausena jako ostatni nieznany (= von Stockhausen als letzte unbekannte Mazurka)*.

Literatur: Zu Aa: Brown$_9$ Pos. 163 (3), DzW X S.231, Henle$_9$ KB S.10, Zagiba$_3$ S. 139. – **Zu Ab:** Henle$_9$ KB S. 10, Kobylańska$_{37}$ S.126. – **Zu Ac:** Bronarski$_1$ S. 57f., Brown$_9$ Pos.163 (2), DzW X S.231, Ganche$_1$ S.236f. – **Zu ABa:** Brown$_9$ Pos.163, Hedley$_6$ S.5, Henle$_9$ KB S.10, Katalog ChopGes 1971 Pos.15. – **Zu ABb:** Henle$_9$ KB S.10, Kobylańska$_{15}$ S.154. – **Zu ABd:** Henle$_9$ KB S.10, Hordyński$_4$ S.187, – $_5$ S. 380, Prokopowicz$_4$ Pos.34.

Nr. 1–4

Erstausgaben:
(a) deutsche: Berlin, A. M. Schlesinger (4393); 1855.
(b) französische: Paris, Jos. Meissonnier (3524); 1856.

Opus 68
Vier Mazurken für Klavier
KKp 966–987, 1305 und 1308b

Nr. 1 C-dur

Entstehungszeit: 1829 (Brown$_9$, Hedley$_6$, Sydow$_1$) · 1830 (Fontana, Jachimecki$_3$, Niecks$_2$, Opieński$_1$).

Autograph: Verschollen. Im Stammbuch von Emilia Elsner (s. S. XIIIf.).

Handschriftliche Verzeichnisse: Stirling VII/1 (Franchomme, s. S. XV) – Stirling VII/2 (Franchomme, s. S. XV) – Jędrzejewicz S. 4 Nr. 5 (s. S. XVII).

Nr. 2 a-moll

Entstehungszeit: 1827 (1826? siehe Jędrzejewicz-Verzeichnis).

Autograph: Verschollen. Im Stammbuch von Emilia Elsner (s. S. XIIIf.).

Handschriftliche Verzeichnisse: Stirling VII/1 (Franchomme, s. S. XV) – Stirling VII/2 (Franchomme, s. S. XV) – Jędrzejewicz S. 4 Nr. 7 (s. S. XVII); das entsprechende Incipit fehlt, nur Klammer und Schlüssel sind notiert; auf dem Rand davor die Anmerkung *stary smutny (alter trauriger) 826*. Da Nr. 2 die einzige Nummer aus op. 68 wäre, die in diesem Verzeichnis fehlt, liegt die Vermutung nahe, daß Ludwika Jędrzejewicz hier den Anfang dieser Mazurka notieren wollte. Oder sollte es sich um ein verlorengegangenes Werk handeln?

Nr. 3 F-dur

Entstehungszeit: 1829 (Brown$_9$, Hedley$_6$, Sydow$_1$) · 1830 (Fontana, Jachimecki$_3$, Niecks$_2$, Opieński$_1$).

Autograph: Verschollen. Im Stammbuch von Emilia Elsner (s. S. XIIIf.).

Handschriftliche Verzeichnisse: Stirling VII/1 (Franchomme, s. S. XV) – Stirling VII/2 (Franchomme, s. S. XV) – Jędrzejewicz S. 4 Nr. 6 (s. S. XVII).

Nr. 4 f-moll

Entstehungszeit: 1848 (Jędrzejewicz-Verzeichnis, Binental$_7$, Opieński$_1$ und Sydow$_1$: 1848 oder 1849) · 1849 (Fontana, Hedley$_6$, Hoesick$_{6\,III}$, Jachimecki$_3$, Niecks$_2$; Brown$_9$: Sommer 1849).
Nach Fontana war diese Mazurka das letzte Werk, das Chopin niedergeschrieben hat.

Autographe:
(a) Skizze. Vierzehnzeiliges Einzelblatt (22 × 28,5); auf S. 1 über dem ersten Takt: *F mol Maz*; über dem ersten Takt der Akkolade 11/12: *F dur*; Rückseite leer. – Ursprünglich Eigentum von A. Franchomme, später seiner Erben (siehe op. 50 Nr. 1 Ac, S. 111f.). 1958 verkaufte das Pariser Antiquariat Ronald Davis dieses Skizzenblatt an die ChopGes. – Museum der ChopGes, Inv.-Nr. M/235; PhA Ch: F. 1481/3. – **Abb.:** Bełza vor S. 433, Bronarski$_{21}$ nach S. 320, Ekier$_3$ S. 4, Kobylańska$_{12}$ S. 43, – $_{16}$ Tafel 7, Mirska$_9$ S. 312, Nowik$_1$ S. 49/69.
(b) Verschollen. Jan Koźmian erwähnt in seinem Nekrolog (siehe Lit.), daß Chopins letzte Mazurka Delfina Potocka gewidmet sei und Chopin sie immer an den Trauermarsch aus der Sonate op. 35 angehängt habe. Falls damit tatsächlich die Mazurka op. 68 Nr. 4 gemeint war, muß wohl ein zusammenhän-

gendes Autograph dieser Mazurka existiert haben. Von den heute bekannten Mazurken ist keine Delfina Potocka gewidmet. Vielleicht meinte Koźmian aber auch eine heute nicht mehr bekannte Mazurka?

Abschriften:
(a) Verschollen. Nach einem von E. Ganche (siehe Lit.) veröffentlichten Brief J. W. Stirlings an Ludwika Jędrzejewicz vom 18. Juni 1852 hatte A. Franchomme auf zwei Notenblättern den Versuch unternommen, das Werk nach der oben erwähnten Skizze zu rekonstruieren: ... *il (Franchomme) me l'a apporté d'abord sur deux morceaux de papier, comme il n'osait pas unir les deux parties; mais en y ajoutant une note (le mi) d*$^{\underline{s}}$ (dans) *la Basse avec le Si cela fait un tout.* Hier handelte es sich offensichtlich um den ersten Versuch, diese Mazurka nach der oben erwähnten Skizze zu rekonstruieren.

(b) *Dernière Mazurka de Chopin composée à Chaillot.* Abschrift von A. Franchomme, wohl Reinschrift seines Rekonstruktionsversuchs (siehe ABa). – Vierzehnzeiliges Einzelblatt (22 × 28,5); auf S. 1 über dem 5. System: *Suite de la dernière Mazurka*; Rückseite leer. Es scheint noch eine zweite Reinschrift dieser Rekonstruktion gegeben zu haben, denn J. W. Stirling schreibt am 12. Dezember 1853 an Ludwika Jędrzejewicz (siehe Lit. Ganche), daß eine *copie nette* dieses Stückes nach Warschau gesandt worden sei. Das hier besprochene Ms. blieb dagegen immer im Besitz Franchomme's und seiner Erben. – Weitere Angaben zur Herkunft siehe A. – Heute im Museum der ChopGes, Inv.-Nr. M/236; PhA Ch: F. 1481/4. – **Abb.:** Ekier$_3$ S. 4, Nowik$_1$ S. 73.

Handschriftliche Verzeichnisse: Stirling VII/1 (Franchomme, s. S. XV) – Stirling VII/2 (Franchomme, s. S. XV) – Jędrzejewicz S. 4 Nr. 1 (s. S. XVII); über den beiden Anfangstakten: *Mazourki, dwa ostatnie (= die zwei letzten Mazurken).*

Literatur: Zu Aa: Bronarski$_{18}$ S. 381ff., – $_{19}$ S. 238, – $_{21}$ S. 319ff., Brown$_9$ Pos. 168, DzW X S. 232f., – XVI S. 154, Ekier$_3$ S. 10f., Harasowski$_3$ S. 25, Henle$_9$ KB S. 11, Karłowicz$_2$ S. 342 und 345, Katalog ChopGes 1971 Pos. 16, Kobylańska$_{16}$ Pos. 58, Nowik$_1$ S. 44–85, – $_3$ S. 89. – **Zu Ab:** Koźmian S. 690. – **Zu ABa:** Bronarski$_{18}$ S. 381, – $_{21}$ S. 318 und 327, DzW X S. 227, Ekier$_3$ S. 10, Ganche$_1$ S. 140, Karłowicz$_2$ S. 345. – **Zu ABb:** Bronarski$_{18}$ S. 385, – $_{21}$ S. 327, Brown$_9$ Pos. 168, Ekier$_3$ S. 10f., Ganche$_1$ S. 146, Harasowski$_3$ S. 25, Karłowicz$_2$ S. 342 und 345, Katalog ChopGes 1971 Pos. 17, Kobylańska$_{16}$ Pos. 59, Nowik$_1$ S. 44–85, – $_3$ S. 89.

Erstausgabe: Berlin, A. M. Schlesinger; Titel: *Dernière Pensée Mazurka*; 1852.

Nr. 1–4

Erstausgaben:
(a) deutsche: Berlin, A. M. Schlesinger (4394); 1855.
(b) französische: Paris, Jos. Meissonnier (3525); 1856.

Opus 69
Zwei Walzer für Klavier
KKp 988–1006

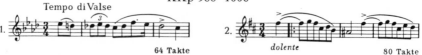

Nr. 1 As-dur
Widmungen siehe Aa–c

Entstehungszeit: 1835 (Autograph: September 1835, Binental[7], Hedley[6], Sydow[1]; Brown[9]: 24. September 1835) · 1836 (Jędrzejewicz-Verzeichnis, Fontana, Hoesick[6 III], Jachimecki[3], Niecks[2], Opieński[1]).

Autographe:

(a) *Verschollen. Tempo di Valse.* 2 zwölfzeilige Seiten (21,6 × 28) im Album Nr. 1 von Maria Wodzińska; auf S. 1 oben rechts: *pour Mlle Marie*; auf S. 2 über dem 6. System die Unterschrift *FF Chopin,* über dem 7. System die Orts- und Datumsangabe: *Drezno Sept. 1835.* – Zur Herkunft siehe op. 9 Nr. 2, Ab (s. S.18f.). – PhA Ch: F. 1361; PhA ÖNB Wien 354. – **Abb.:** S. 1: Binental[6] Tafel XXVII, Iwaszkiewicz[1] vor S. 161, Richter vor S. 49, Stromenger[4] S. 37, Weissmann S.17. – S.1 und 2: Binental[1–2] Pos. 53f., Bory S. 105, Hoesick[6 II] nach S. 532, Leichtentritt[1] nach S. 64, Mirska[9] S. 147, Opieński[3] nach S. 256, Simonides-Bednář Tafel 30, Szulc[1] nach S. 296 (Szulc und nach ihm viele andere veröffentlichten auch eine Lithographie, die bedeutende Abweichungen vom Autograph aufweist), Wodziński S. 250f.

(b) *Tempo di Valse.* 1 vierzehnzeilige Seite (23 × 30,5); auf dem oberen Rand rechts die Widmung: *à Mme Peruzzi hommage de FF Chopin 1837.* – Früher Eigentum von Frau Peruzzi, später von Robert Woods Bliss. – Heute im Besitz seiner Witwe, die die Hs. in der Harvard University, Dumbarton Oaks Research Library, Washington, deponierte; PhA Ch: F. 1703.

(c) *Valse.* 2 achtzeilige Blätter (15,5 × 25,4); S. 1: Titel (s.o.), S. 2 und 3: Text, S. 4 leer; auf S. 3 unten rechts die Widmung: *à Mademoiselle Charlotte de Rothschild hommage F. Chopin Paris 1842.* – Ursprünglich Eigentum von Charlotte Rothschild, später im Besitz ihrer Erben, die es 1901 der Bibliothèque du Conservatoire de Paris vermachten (Schenkungs-Nr. 29450). – Seit 1964 in der Bibliothèque Nationale Paris, Département de la Musique, Sign. Ms. 121; PhA Ch: F. 1330; PhA ÖNB Wien 336. – **Abb.:** Cortot[1] Faksimile, Hachette-Fabbri S. 4, Pourtalès zwischen S. 64/65, Peuples Amis 1949 S. 55.

Abschriften:

(a) *Valse inédite par F: Chopin / Copiée et donnée à Mademoiselle / Stirling / Par son bien affectionné et tout devoué / Aug^{te} Franchomme / Paris 22 mai 1850.* – 4 vierzehnzeilige Seiten (21,8 × 28,5); S. 1: Titel (s.o.), S. 2 und 3:

Text, S. 4 leer. – Ursprünglich Eigentum von J. W. Stirling, später ihrer Erben. Ihre Nichte Anne D. Houstoun übergab die Hs. 1927 Ed. Ganche. Die gesamte Sammlung von Ganche wurde kurz vor dem Zweiten Weltkrieg von dem Wiener Antiquar Heinr. Hinterberger zum Verkauf angeboten, war aber bis 1939 noch nicht verkauft. 1943 bei der Chopin-Ausstellung in Krakau ausgestellt. Zur weiteren Geschichte der Hs, siehe op. 60, Ab (S. 130). – Heute in der Jagellonen-Bibliothek Krakau, ohne Sign.; PhA Ch: F. 1467.

(b) *Valse inedite de F. Chopin / Copiée et donnée à Ma Cécile bien Chérie / Aug.^{te}Franchomme / Mai* (18)*50.* – 4 achtzeilige Seiten (17,5 × 27); S. 1: Titel (s. o.), S. 2 und 3: Text, S. 4 leer. Auf den Seiten 2 und 3 Bleistift-Korrekturen.– Ursprünglich Eigentum von A. Franchommes Tochter Cécile; später im Besitz ihrer Erben. Die Witwe von A. Franchomme's Enkel René Edouard André, Claire Le Mire André (gest. 1956), vermachte die Hs. der Bibliothèque du Conservatoire de Paris (Schenkungs-Nr. 6900). – Seit 1964 in der Bibliothèque Nationale Paris, Département de la Musique, Sign. Ms. 10.511; PhA Ch: F. 1498.

(c) Abschrift des Grafen Fernand de Cotba. Sechzehnzeiliges Einzelblatt; die Takte 27/28 sind unvollständig; auf der Rückseite ist ein Lied (Melodie und Text) eines nicht genannten Komponisten notiert. Auf S. 1 in der Mitte des oberen Randes: *Mlle Marie Lichtenstein*; zu Beginn des ersten Systems: *Chopin Inedit Berlin Juin* (?) *1842.* – Zur Herkunft siehe op. 66, ABc (S. 160). – Heute in der Deutschen Bücherei Leipzig; PhA Ch: F. 1902.

(d) *Valse inédite par Frédéric Chopin* (von anderer Hand als der Notentext). Abschrift eines unbekannten Kopisten. – 2 zehnzeilige Blätter (13,5 × 17,5); S. 1: Titel (s. o.), S. 2 und 3: Text, S. 4 leer. Der ganze Text ist mit schwarzer Tinte geschrieben. An zahlreichen Stellen ist er von derselben Hand, die den Titel geschrieben hat, mit blauer Tinte verbessert. – Früher in der Bibliothèque du Conservatoire de Paris. – Seit 1964 in der Bibliothèque Nationale Paris, Département de la Musique, Sign. D. 10808; PhA ÖNB Wien 335.

Handschriftliche Verzeichnisse: Stirling VII/1 (Franchomme, s. S. XV) – Stirling VII/2 (Franchomme; die Walzer op. 69 und 70 sind als Nr. 1–5 numeriert, s. S. XV) – Jędrzejewicz S. 3 Nr. 10 (s. S. XVII); über dem Auftakt und den ersten beiden Takten: *1836 Adieu tempo di Valso.*

Briefe: Maria Wodzińska an Chopin: September 1835.

Literatur: Zu Aa: Ausstellung 1937 BP Pos. 63, Binental$_1$ S. 164, –$_2$ S. 150, –$_3$ S. 10 und Pos. 43, –$_5$ S. 87, Bory S. 105, Bronarski$_1$ S. 56, –$_8$ S. 758f., Brown$_9$ Pos. 95 (1), DzW IX S. 126f., Ganche$_1$ S. 224, Gebethner/Wolff 386 S. 3, Hedley$_{10}$ S. 168, Henle$_3$ S. 5/8/10, Hoesick$_3$ S. 438, –$_{6\,II}$ S. 168, –$_{6\,III}$ S. 472, Karłowicz$_1$ S. 94 und 97, –$_2$ S. 249f., Kobylańska$_{24}$ S. 483, Koszewski$_1$ S. 2, Nichols S. 613, Niecks$_{2I}$ S. 304f., Parnas$_2$ S. 74f., Stablewska S. VII, Szulc$_1$ S. 290ff. – **Zu Ab:** Albrecht Pos. 553, Bronarski$_1$ S. 56, Brown$_9$ Pos. 95 (2), Czartkowski$_1$ S. 442, –$_2$ S. 383, Henle$_3$ S. 5/8/10,

Niecks$_{2\,II}$ S. 339. – **Zu Ac:** Ausstellung 1932 BP Pos. 137, – 1937 BP Pos. 175, – 1949 BN Pos. 36, Bronarski$_1$ S. 56, – $_8$ S. 756 und 758f., Brown$_1$ S. 61, – $_9$ Pos. 95 (3), DzW IX S. 127, Ganche$_1$ S. 148 und 222/24, Henle$_3$ S. 5/8/10, Kobylańska$_{15}$ S. 146, Koszewski$_1$ S. 2, Muzyka 1932 S. 162, Oxford I Valses S. 62. – **Zu ABa:** Brown$_9$ Pos. 95 (4), Ganche$_1$ S. 225, Hinterberger S. 4. – **Zu ABb:** Kobylańska$_{15}$ S. 156. – **Zu ABd:** Henle$_3$ S. 5/8/10.

Nr. 2 h-moll

Wilhelm Kolberg gewidmet (siehe A a)

Entstehungszeit: 1829.

Autographe:

(a) *Valse*. Sechszeiliges Einzelblatt (11 × 24); auf S. 1 oben rechts: *przez (= durch) F: Chopin,* auf dem unteren Rand: *Oryginał Walca ofiarowanego memu bratu Wilhelmowi w r. 1829 ofiaruje Bibliotece Jagiellońskiej d. 29 marca 1881.* (= *Das Original des Walzers, der im Jahre 1829 meinem Bruder Wilhelm gewidmet wurde, schenke ich der Jagellonen-Bibliothek, 29. März 1881) O. Kolberg.* – Heute in der Jagellonen-Bibliothek Krakau (s.o.), ohne Signatur; PhA Ch: F. 1700. – **Abb.:** S. 1: DzW IX S. 12. – S. 2: Mayzner$_3$ nach S. 48. – S. 1 und 2: Hordyński$_3$ S. 129f., Kobylańska$_9$ S. 202.

(b) Verschollen. Die 1852 in Krakau bei J. Wildt erschienene Ausgabe dieses Walzers (zusammen mit op. 70 Nr. 2) hat folgenden Titel: *Deux Valses / Mélancoliques / composées / Pour Le Piano-Forte / et écrites sur l'album / de M$^{\underline{me}}$ La Comtesse P^{xxx} / en 1844. / par Frédéric Chopin. / Œuvre posthume. / Propriété de I. Wildt. / Librairie-editeur. / À Cracovie.* (Jagellonen-Bibliothek Krakau, Sign. 10577 III Muz.). – Nach Briefen O. Kolbergs an M. A. Szulc war mit Comtesse Pxxx Comtesse Plater gemeint, in deren Album sich also ein Autograph dieses Walzers befunden haben muß.

Abschriften:

(a) Abschrift eines unbekannten Kopisten. 4 Seiten (21,7 × 27,7); auf den Systemen 5 und 6 von S. 1 sind die vier Schlußtakte notiert, der Haupttext auf S. 3 (untere Hälfte) und 4; S. 2 und 3 (obere Hälfte) enthalten den Walzer op. 70 Nr. 1 (s. S. 170). – Früher Eigentum der Familie Rothschild, die es 1901 der Bibliothèque du Conservatoire de Paris vermachte (Schenkungs-Nr. 29450). – Seit 1964 in der Bibliothèque Nationale Paris, Département de la Musique, Sign. D. 10812; PhA Ch: F. 1532 (S. 1); PhA ÖNB Wien 337.

(b) *Valse de F. Chopin*. Abschrift eines unbekannten Kopisten – ohne den Mittelteil (Trio). 4 zehnzeilige Seiten (24,9 × 31,6). Der ehemalige Leiter der Musikabteilung der Schloßbibliothek Kórnik, M. Kolabińska, nahm als Entstehungszeit dieser Hs. etwa 1880 an. Z. Skorupska (siehe Lit.) dagegen setzt die Hs. in die Zeit zwischen 1840–50. – Die Hs. befand sich im Besitz des ehemaligen Gutes Zbiersk bei Kalisz (in Polen), dessen Verwalter sie 1952 der Schloßbibliothek Kórnik schenkte. – Schloßbibliothek Kórnik, Sign. N. 2813; PhA Ch: F. 1524.

Handschriftliche Verzeichnisse: Stirling VII/1 (Franchomme, s. S. XV) – Stirling VII/2 (Franchomme, s. S. XV) – Jędrzejewicz S. 3 Nr. 3 (s. S. XVII); Überschrift: *Valse.*

Literatur: Zu Aa: Brown$_9$ Pos. 35 (2), DzW IX S. 127 und 288, Henle$_3$ S. 6/8/10, Hordyński$_1$ S. 61, – $_3$ S. 129f., Kobylańska$_9$ S. 202 und 279, – $_{27}$ S. 384, Nichols S. 613. – **Zu Ab:** Brown$_9$ Pos. 35 (1) und S. 196, DzW IX S. 128, Karasowski$_1$ S. 380, – $_{2\,II}$ S. 272f., Niecks$_{1\,II}$ S. 387, Sydow$_1$ Pos. 115. – **Zu ABa:** Brown$_9$ Pos. 35 (3). – **Zu ABb:** Skorupska$_1$ S. 489.

Erstausgaben:

(a) polnische: Krakau, J. Wildt (ohne Plattennummer; Titel siehe Ab) zusammen mit op. 70 Nr. 2; 1852.

(b) englische: London, Chr. Wessel (8015); nach Brown$_9$ brachte auch Wessel, noch vor A. M. Schlesinger, 1853 eine Einzelausgabe dieses Walzers heraus.

Nr. 1 und 2
Erstausgaben:

(a) deutsche: Berlin, A. M. Schlesinger (4395), zahlreiche Abweichungen von den hss. Quellen; 1855.

(b) französische: Paris, Jos. Meissonnier (3526); 1856.

Opus 70
Drei Walzer für Klavier
KKp 1007–1033, 1308a und 1309–1311

Nr. 1 Ges-dur

Entstehungszeit: 1833 (siehe Ab; Brown$_9$) · 1835 (Fontana, Brown$_8$, Hedley$_6$, Hoesick$_{6\,III}$, Jachimecki$_3$, Niecks$_2$, Sydow$_1$) · 1836 (Opieński$_1$).

Autographe:

(a) Verschollen. Skizze. Nach Karłowicz (siehe Lit.) befanden sich im Besitz von Chopins Schwester Ludwika Jędrzejewicz zwei Skizzenblätter mit den *„kaum lesbaren Skizzen zum Walzer Ges-dur und einer Komposition im 6/8-Takt in Es-dur"* (siehe VI/5, S. 258). Später soll das Blatt mit der Skizze zu op.

169

70 Nr. 1 Eigentum der Familie Ciechomski, zuletzt (bis zum Zweiten Weltkrieg) von Laura Ciechomska in Warschau gewesen sein.

(b) *Valse*. Das Original konnte nicht eingesehen werden. Die Hs. soll einen Umschlag mit folgendem Vermerk (in französischer Sprache) haben: *Autograph. Zwei Walzer. Komponiert und überreicht durch Frédéric Chopin. 1833.* – Die Hs. wurde im Oktober 1967 im Château de Thoiry bei Paris gefunden und von François Lesure als echt bestätigt. – Eigentum des Vicomte Paul de la Panouse (zusammen mit op. 18; siehe op. 18 Ab, S. 39).

(c) *Valse par F. Chopin.* Zwölfzeiliges Einzelblatt (23,5 × 30). Auf S. 1 nach dem letzten Takt die Datumsangabe: *Paris 8/8 32*; Rückseite leer. – Heute Eigentum von Mr Allen Rowland; nach dessen Angaben wurde die Hs. (zusammen mit op. 18 Ac, s. S. 39) im späten 19. Jh. von seiner Familie erworben. – Seit 1957 in der Yale University, New Haven, Conn., deponiert.

Abschrift: *Walzer.* Abschrift eines unbekannten Kopisten. S. 2 und 3 (obere Hälfte) der Hs., die auch den Walzer op. 69 Nr. 2 enthält. – Nähere Angaben, auch zur Herkunft, siehe op. 69 Nr. 2 ABa (S. 168).

Handschriftliche Verzeichnisse: Stirling VII/1 (Franchomme, s. S. XV) – Stirling VII/2 (Franchomme, s. S. XV).

Literatur: Zu Aa: Brown$_9$ Pos. 92 (1), Karłowicz$_2$ S. 378. – **Zu Ab:** Brown$_9$ Pos. 92 (3), Kobylańska$_{35}$ S. 7, – $_{37}$ S. 126. – **Zu AB:** Brown$_9$ Pos. 92 (2), Henle$_3$ S. 6/8/10.

Nr. 2 f-moll

Der Erstdruck enthält keine Widmung; siehe jedoch die Widmungen Aa–d.

Entstehungszeit: 1840/41 (Jędrzejewicz-Verzeichnis, Opieński$_1$) · 1841? (siehe Aa; Brown$_9$: Juni 1841) · 1842 (siehe Ab; Hedley$_6$) · 1843 (Fontana, Jachimecki$_3$, Niecks$_2$, Sydow$_1$).

Autographe:

(a) *All^{to}*. 1 zehnzeilige Seite (22,3 × 30,2) im Album von Marie de Krudner (S. 8); Auf dem oberen Rand rechts die Widmung *à Mademoiselle Marie de Krudner Paris le 8 Juin 1841 FChopin*. – Früher Eigentum von Charles Malherbe, der die Hs. 1910 der Bibliothèque du Conservatoire de Paris schenkte. – Seit 1964 in der Bibliothèque Nationale Paris, Département de la Musique, Sign. W. 20, 1; PhA Ch: F. 1449; PhA ÖNB Wien 338.

Nach Siemienowski und Brown$_9$ (siehe Lit.) befand sich, ebenfalls in einem Album von Marie de Krudner, das Autograph eines Walzers mit der Datumsangabe „8. Dezember 1842"; Lesefehler? Wohl mit der hier beschriebenen Hs. identisch. – Das Album enthält ein Vorsatzblatt mit Inhaltsangaben; danach enthielt es früher auch Autographe (?) zu einer Etüde, einem Nocturne und einem Prélude von Chopin.

(b) Zwölfzeiliges Einzelblatt (Querformat); hinter dem letzten Takt die Unterschrift *Fch*; auf System 12 und dem unteren Rand rechts die Widmung *à Ma-*

170

dame Oury Paris 10 Dcembre 1842. F. Chopin. Rückseite leer. – Chopin schenkte dieses Autograph der Pianistin Anne Caroline de Belleville Oury und bat sie in einem Brief, diesen Walzer für sich zu behalten (*„... Je ne voudrais pas qu'elle vît le grand jour".).* Später, bis Juni 1895, Eigentum des Londoner Instrumentenbauers Mr Collard. Etwa 1910 erwarb der Sammler Westley-Manning die Hs., die schließlich 1949 in die Sammlung von A. Hedley kam. – Seit Januar 1963 im Besitz von Jacques Samuel, Wien; PhA Ch: F. 1445. – **Abb.:** Mirska₉ S. 239.

(c) *Valse.* Vierzehnzeiliges Doppelblatt (22,2 × 28,4); auf S. 1 oben rechts die Widmung *à Mlle Elise Gavard;* hinter dem letzten Taktstrich die Unterschrift *Chopin;* S. 2–4 leer. – Früher in der Bibliothèque du Conservatoire de Paris. – Seit 1964 in der Bibliothèque Nationale Paris, Département de la Musique, Sign. Ms. 117; die Bibliothèque Nationale besitzt unter der Sign. Ms. 123 auch ein Einzelblatt mit der Widmung *A Mademoiselle Elise Gavard son vieux professeur et ami Chopin,* das entweder zu diesem Walzer oder zum Autograph der Berceuse op. 57, Ab (s. S. 123) gehört. PhA Ch: F.1460; PhA ÖNB Wien 339. – **Abb.:** Larousse S. 193.

(d) *Valse.* Vierzehnzeiliges Einzelblatt (21 × ca. 30,2); auf S. 1 oben die Widmung *à Mme la C^{sse} Eszterhazy F Chopin;* hinter dem letzten Takt die Unterschrift *F C.* Das Autograph ist auf ein Passepartout aufgeklebt, so daß die Ruckseite nicht einzusehen ist. – Eigentum der Bibliothèque Musicale François Lang in Abbaye de Royaumont (Frankreich); PhA Ch: F. 1443.

(e) *Valse.* Zwölfzeiliges Einzelblatt (21,9 × 28,5); ohne Widmung. Auf dem oberen Rand, von fremder Hand, *Valse Œuvres posthumes op. 70 n° 2;* unten rechts: *Chopin.* Die Ruckseite enthält einige Takte einer unbekannten Melodie, von fremder Hand. – Die Familie Rothschild vermachte dieses Autograph 1901 der Bibliothèque du Conservatoire de Paris (Schenkungs-Nr. 29450). – Seit 1964 in der Bibliothèque Nationale Paris, Département de la Musique, Sign. Ms. 110; PhA Ch: F. 1329; PhA ÖNB Wien 338.

(f) Verschollen. Im Album von Comtesse Plater. Siehe op. 69 Nr. 2, Ab (S. 168).

Abschriften:

(a) Abschrift von Julian Fontana. Fragment: Takte 44–73. 1 sechszeilige Seite (13,8 × 20,3). – Seit 1924 in der öffentlichen Stadtbibliothek Bromberg, Sign. Rps 650 II; PhA Ch: F. 1447.

(b) *Valse Legato.* Abschrift von Marcelina Czartoryska (nach einer mündlichen Mitteilung von A. Hedley). Achtzeiliges Einzelblatt; Text auf beiden Seiten. – Ursprünglich in der Sammlung von Marcelina Czartoryska. Später Eigentum von A. Hedley, London, der sie vor 1969 an einen unbekannten Käufer verkaufte. – PhA Ch: F. 1440. – Bis vor kurzem befand sich im Besitz des Antiquariates Pierre Berès, Paris, ein Blatt mit den ersten vier Takten dieses Walzers, ebenfalls geschrieben von Marcelina Czartoryska, die ihre Abschrift aber wohl neu begonnen hat, da Takt 4 dieses Fragmentes teilweise verschmiert ist.

(c) *Valse*. Abschrift eines unbekannten Kopisten. 4 achtzeilige Seiten; S. 4 leer; auf dem oberen Rand der S. 1 rechts (von anderer Hand): *F. Chopin*. – Die Hs. befindet sich seit 1940 (Kaufnummer 19139) in der Bibliothèque Musicale de l'Opéra Paris, Sign. Rés. 50 (3); PhA Ch: F. 1442.

(d) Abschrift eines unbekannten Kopisten; wahrscheinlich aus der 2. Halfte des 19. Jahrhunderts. Zwanzigzeiliges Einzelblatt (35 × 26,8); auf der Ruck-seite *Barcarolle. Andante sostenuto* eines nicht genannten Komponisten. – Ursprunglich Eigentum von A. Franchomme, spater seiner Erben (siehe op. 50 Nr. 1 Ac, S. 111f.). Claire Le Mire André schenkte die Hs. der Bibliothèque du Conservatoire de Paris. – Seit 1964 in der Bibliothèque Nationale Paris, Département de la Musique, Sign. D. 11768.

Handschriftliche Verzeichnisse: Stirling VII/1 (Franchomme, s. S. XV) – Stirling VII/2 (Franchomme, s. S. XV) – Jędrzejewicz S. 3 Nr. 12 (s. S. XVII).

Briefe: An Anne C. de Belleville Oury: 10. Dezember 1842 (?, siehe Datums-angabe auf Ab).

Literatur: Zu Aa: Ausstellung 1932 BP Pos. 141, Bronarski[18] S. 387, –[21] S. 331, Brown[1] S. 62, –[9] Pos. 138 (1 und 8), DzW IX S. 129f., Henle[3] S. 6/8/10, Koby-lańska[7] S. 26, –[15] S. 147, Siemienowski S. 129. – **Zu AB:** Bronarski[18] S. 397, –[21] S. 331, Brown[9] Pos. 138 (2), DzW IX S. 129f., Harasowski[3] S. 25, Hedley[6] S. 4, Henle[3] S. 6/8/10, Kobylańska[7] S. 26. – **Zu Ac:** wie Aa; Ausstellung 1932 BP Pos. 139, Brown[9] Pos. 138 (4); dazu Ganche[1] S. 222 und 235, Kobylańska[36] S. 336. – **Zu Ad:** Bronarski[18] S. 387, –[21] S. 331, DzW IX S. 129f., Kański S. 5. – **Zu Ae:** wie Aa; Ausstellung 1932 BP Pos. 138, Brown[9] Pos. 138 (7), Kobylańska[15] S. 147f.; dazu: Ausstellung 1937 BP Pos. 177. – **Zu Af:** Brown[9] Pos. 138 (5) und S. 196, DzW IX S. 128, Karasowski[1] S. 380, –[2II] S. 272f., Niecks[1II] S. 387, Sydow[1] Pos. 115. – **Zu ABa:** Dziennik Bydgoski 1924 S. 6, Księga pamiątkowa S. 110. – **Zu ABb:** Brown[9] Pos. 138 (3). – **Zu ABc:** Brown[9] Pos. 138 (6). – **Zu ABd:** Brown[9] Pos. 138 (7).

Erstausgabe: Siehe op. 69 Nr. 2, EAa.

Nr. 3 Des-dur

Entstehungszeit: 1829 (Brief Chopins an T. Woyciechowski vom 3. Oktober 1829; Jachimecki[3], Sydow[1], Hedley[6]; Brown[9]: 3. Oktober 1829) · 1830 (Jędrzejewicz-Verzeichnis, Fontana; Binental[7], Niecks[2], Opieński[1]).

Autographe:

(a) Verschollen. Chopin schreibt am 3. Oktober 1829 an Tytus Woyciechowski nach Poturzyn (Guttry Nr. 35): „...*ich habe schon mein Ideal,..., das mich heute morgen zu diesem Walzer inspirierte, den ich Dir schicke. Beachte die mit einem + bezeichnete Stelle. Niemand außer Dir weiß davon. ... Im Trio soll die Baß-stimme bis zum oberen es des Diskants im fünften Takt dominieren, ... / du wirst es schon selbst fühlen.*" Wahrscheinlich ein erster Entwurf.

(b) Verschollen. – Im Stammbuch von Emilia Elsner (s. S. XIIIf.).

Handschriftliche Verzeichnisse: Stirling VII/1 (Franchomme, s. S. XV) – Stirling VII/2 (Franchomme, s. S. XV) – Jędrzejewicz S. 3 Nr. 8 (s. S. XVII).

Briefe: An T. Woyciechowski: 3. Oktober 1829.

Literatur: Zu Aa: Brown$_9$ Pos. 40. – **Zu Ab:** Brown$_9$ Pos. 40, Hoesick$_1$ S. 149, –$_{61}$ S. 119f., –$_{71}$ S. 104, –$_{91}$ S. 118, Sydow$_1$ Pos. 97.

Erstausgaben:

Nr. 1–3

(a) deutsche:　　Berlin, A. M. Schlesinger (4396); 1855.
(b) französische:　Paris, Jos. Meissonnier (3527); 1856.

Opus 71

Drei Polonaisen für Klavier

KKp 1034–1054

Nr. 1 d-moll

Entstehungszeit: 1817 (Hedley$_7$) · 1825 (Brown$_9$) · 1827 (Jędrzejewicz-Verzeichnis, Fontana; Binental$_7$, Hedley$_6$, Hoesick$_{61}$, Jachimecki$_{2-3}$, Niecks$_2$, Opieński$_1$, Sydow$_1$).

Autograph (?): Verschollen. *Polonaise.* Fragment der Takte 1–47. – 1 zwölfzeilige Seite. Die Echtheit dieser Hs. ist nicht ganz geklärt. Die Reproduktion Nowickis, die die einzige Grundlage für unsere Beschreibung darstellt, ist schlecht und läßt gewisse Zweifel aufkommen. – Chopin schickte das Autograph dieser Polonaise an T. Woyciechowski nach Poturzyn; es blieb im Besitz der Erben Woyciechowskis; zuletzt Eigentum von Józef T. Wydżga auf Gut Wożuczyn, wo es im Ersten Weltkrieg verbrannte. – PhA Ch: F. 1537. – **Abb.:** Nowicki S. III, Kobylańska$_9$ S. 134.

Abschrift: *Polonoise.* Abschrift wahrscheinlich von Chopins Vater Mikołaj Chopin. Zwölfzeiliges Doppelblatt (25,5 × 34); S. 1: Titel (s.o.), S. 2 und 3: Text (Überschrift: *Polonaisse*), S. 4 leer. Auf S. 1 beim Titel die Unterschrift *N C* (Nicolas Chopin?); auf dem Rand von S. 1 in kindlicher Schrift: *Le Comte Michel Skarb*(ek). Nach der Meinung von A. Hedley$_7$ (siehe Lit.) ist die Hs. *„one of the very earliest if not the earliest of the manuscripts of Chopin's works*

173

which still survive". – Früher Eigentum von Marcelina Czartoryska. Später im Besitz des Pianisten Riccardo Vinès, von dem A. Hedley die Hs. erwarb. – Seit 1963 im Museum der ChopGes Warschau, Inv.-Nr. M/622; PhA Ch: F. 1722.

Handschriftliche Verzeichnisse: Stirling VII/1 (Franchomme, s. S. XV) – Stirling VII/2 (Franchomme, s. S. XV) – Jędrzejewicz S. 1 Nr. 1 (s. S. XVII); vor dem Incipit, zwischen den Systemen 1/2: (1)*827 1. Polonez, na fortepiano (= Polonaise für Klavier).*

Literatur: Zu A: Bronarski$_9$ S. 465, Brown$_9$ Pos. 11, DzW VIII S. 149, Henle$_6$ KB S. 11, Kobylańska$_9$ S. 134, Nowicki S. III/IV. – **Zu AB:** Brown$_9$ Pos. 11, Harasowski$_3$ S. 25, Hedley$_7$ S. 1, – $_{11}$ S. 477, Henle$_6$ KB S. 11, Katalog ChopGes 1971 Pos. 24.

Entstehungszeit: 1828.   **Nr. 2 B-dur**

Autograph: Unbekannt.

Abschrift: *Polonaise.* Abschrift von Ludwika Jędrzejewicz. Die Hs. wurde lange fur ein Autograph Chopins gehalten. Daß diese Kopie von Chopins älterer Schwester angefertigt wurde, geht aus einem Schriftvergleich mit dem Jędrzejewicz-Verzeichnis hervor. Vor allem das Wort Polonaise uber dem Auftakt, die Schlussel und Akzidentien, die Notenbalken usw. sprechen dafur. – 4 zehnzeilige Seiten (24,7 × 31,7); der Text ist fortlaufend zunächst auf den Innen-, dann auf den Außenseiten des Doppelblattes notiert, also auf S. 2, 3, 4 und 1. Die Systeme 5–7 von S. 4 enthalten Fragmente der Polonaise Nr. 3. – Fruher Eigentum von Marcelina Czartoryska. Später, bis 1962 im Besitz von A. Hedley, London. – Seit 1963 im Museum der ChopGes Warschau, Inv.-Nr. M/623; PhA Ch: F. 1535.

Handschriftliche Verzeichnisse: Stirling VII/1 (Franchomme, s. S. XV) – Stirling VII/2 (Franchomme, s. S. XV) – Jędrzejewicz S. 1 Nr. 2 (s. S. XVII); vor dem Incipit, zwischen den Systemen 3/4: (1)*828 2. Polonez.*

Literatur: Zu AB: Brown$_9$ Pos. 24, Harasowski$_3$ S. 25, Hedley$_7$ S. 1f., – $_9$ S. 591, – $_{11}$ S. 477, Katalog ChopGes 1971 Pos. 25.

Nr. 3 f-moll

Entstehungszeit: 1828 (Jędrzejewicz-Verzeichnis; Brown$_9$, Binental$_7$) · 1829 (siehe Aa; Fontana, Hedley$_6$, Jachimecki$_2$, Niecks$_2$, Sydow$_1$).

Autographe:
(a) Verschollen. Chopin schreibt am 14. November 1829 an Tytus Woyciechowski (Guttry Nr. 37): *Ich konnte die Zusendung meiner Polonaise in f-moll, die das Interesse der Prinzessin Eliza* (Radziwiłł) *geweckt hat, nicht abschlagen. Bitte, schick sie mir mit der allerersten Post hierher* (nach Warschau), *denn ich*

will nicht als unhöflich gelten, – und aus dem Gedächtnis will ich sie nicht nieder-
schreiben, Liebster, weil ich sie vielleicht anders schreibe als sie in Wirklich-
keit ist.

(b) Verschollen. Siehe Brief Chopins an T. Woyciechowski (Aa); danach hat
er für Prinzessin Eliza Radziwiłł eine zweite Niederschrift angefertigt.

(c) *Polonaise.* 6 sechszeilige Seiten (13,3 × 17,7); auf S. 1 oben die Anmerkung: *Diese Polonaise hat mir Chopin selbst geschrieben* (nach Mario Uzielli,
einem ehemaligen Eigentümer der Hs., fertigte Chopin dieses Autograph *„für
eine ihm befreundete Dame"* an); auf den unteren Rand schrieb Chopin: *Mille
pardon pour la mauvaise écriture FFCh. / Stuttgard 1836* (die Hs. ist allerdings sehr schön und sorgfältig geschrieben); bis zum Auftauchen dieser Hs.
wußte man nichts von einem Aufenthalt Chopins in Stuttgart, der wohl mit
der Reise Chopins von Paris nach Marienbad zusammenhängt. – Die Hs. war
nacheinander im Besitz der Antiquare Hans Schneider (München, 1957), Nicolas Rauch (Genf) und Mario Uzielli (Liestal, 1958; s.o.). Uzielli verkaufte das
Autograph schließlich der ChopGes Warschau. – Museum der ChopGes Warschau, Inv.-Nr. M/339; PhA Ch: F. 1453.

(d) Zwölfzeiliges Einzelblatt. Die Hs. weicht von dem Autograph Ac stark ab,
stimmt dagegen mit der posthumen Veröffentlichung Fontanas ziemlich über-
ein; sie macht im großen und ganzen den Eindruck einer ersten Niederschrift,
ohne jede Vortragsbezeichnung. Ihre Echtheit ist nicht mit letzter Sicherheit
festzustellen; im Vergleich mit den Autographen dieser Epoche (1828/29)
sind neben gewissen Ähnlichkeiten auch deutliche Unterschiede festzustellen.
Auf der anderen Seite unterscheidet sich die Schrift auch wesentlich von den
Handschriften aller uns bekannten Kopisten. Möglicherweise hat sich Woyciechowski, dessen Notenhandschrift wir leider nicht kennen, eine Kopie angefertigt, bevor er das in seinem Besitz befindliche Autograph an Chopin
schickte (s.o., Aa)! Nach Bronarski (siehe Lit.) befand sich in der Sammlung
der Familie Fatio in Genf *„eine Handschrift der posthumen Polonaise f-moll /
... / Die Schrift hat hier ganz andere Züge als bei der soeben beschriebenen
Handschrift* (Skizze zum Prélude op. 28 Nr. 2, s. S. 61). *Aber der Unterschied
zwischen den besonders deutlich notierten, gewissenhaft gestochenen Noten und
den Spinnenbeinchen jenes Manuskripts ist so groß, daß man sich unmöglich
vorstellen kann, Chopins Schrift habe sich im Laufe von zwei Jahren so sehr
geändert und «entwickelt»."* Die Identität dieser Hs. mit der oben angeführten
ist nicht auszuschließen. Die Sammlung Fatio wurde am 15.–17. Juni 1932 im
Hôtel Drouot in Paris versteigert; eine Hs. der Polonaise op. 71 Nr. 3 ist im
Verkaufskatalog zwar nicht aufgeführt, doch trägt die Echtheitsbestätigung von
E. Ganche für unsere Hs. Ad immerhin die Unterschrift von Henri Darel, der
die Versteigerung der Sammlung Fatio vorbereitet hatte. – Nach Angaben des
heutigen Eigentümers ca. 100 Jahre im Besitz eines bekannten französischen
Diplomaten. – Heute Eigentum von D. Opochinsky, New York, der die Hs.
im Mai 1965 durch Vermittlung der Librairie de l'Abbaye in Paris kaufte (mit
Echtheitsbestätigung von Jacques Lambert); PhA Ch: F. 1452.

Abschrift: *Polonaise 3.* Fragmentarische Abschrift von Ludwika Jędrzejewicz: T. 1–13 (6–13 nur rechte Hand). – Siehe op. 71 Nr. 2, AB.

Handschriftliche Verzeichnisse: Stirling VII/1 (Franchomme, s. S. XV) – Stirling VII/2 (Franchomme, s. S. XV) – Jędrzejewicz S. 1 Nr. 3 (s. S. XVII); vor dem Incipit, zwischen den Systemen 5/6: (1)*828 3. Polonaise.*

Briefe: An T. Woyciechowski: 14. November 1829.

Literatur: Zu Aa: DzW VIII S. 151. – **Zu Ac:** Asow S. 200, Brown$_9$ Pos. 30 (3), DzW VIII S. 151f., Henle$_6$ S. 12, Katalog ChopGes 1971 Pos. 26, Kobylańska$_{16}$ Pos. 34, – $_{24}$ S. 485f. – **Zu Ad:** Bronarski$_4$ S. 13, Brown$_9$ Pos. 30 (2), Henle$_6$ KB S. 12. – **Zu AB:** Brown$_9$ Pos. 24 und 30 (1), Harasowski$_3$ S. 25, Hedley$_7$ S. 2, Katalog ChopGes 1971 Pos. 25.

Erstausgaben: **Nr. 1–3**
(a) deutsche: Berlin, A. M. Schlesinger (4397–99); 1855.
(b) französische: Paris, Jos. Meissonnier (3528–30); 1856.

Opus 72

Da Opus 72 von Fontana willkurlich zusammengestellte Stucke verschiedener Gattungen enthalt, fuhren wir unter dem Gesamttitel nur die Erstausgaben an. Die übrigen, handschriftlichen Quellen sowie die Incipits sind bei den Einzelnummern angegeben.

Erstausgaben:
(a) deutsche: Berlin, A. M. Schlesinger (4400); 1855.
(b) französische: Paris, Jos. Meissonnier (3531); 1856.

Opus 72 Nr. 1

Nocturne für Klavier

e-moll

KKp 1055–1058

Entstehungszeit: 1827.

Autograph: Unbekannt.

Handschriftliche Verzeichnisse: Stirling VII/1 (Franchomme, s. S. XV) – Stirling VII/2 (Franchomme, s. S. XV).

Erstausgabe: Siehe Sammeltitel op. 72.

176

Opus 72 Nr. 2

Trauermarsch für Klavier

c-moll

KKp 1059–1068 und 1277

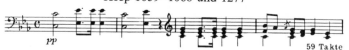

pp   59 Takte

Entstehungszeit: 1827 (Jędrzejewicz-Verzeichnis; Binental[7], Brown[9], Hoesick[61]; Opieński[1]: 1827 oder 1829?) · 1829 (Fontana, Hedley[6], Jachimecki[2-3], Niecks[2], Sydow[1]).

Fontana schreibt am 14. März 1854 an L. Jędrzejewicz, er habe in Gegenwart eines Herrn Maho die unveröffentlichten Werke Chopins Ferd. Hiller zur Beurteilung vorgespielt. Hiller habe u. a. den Marsch abgelehnt. Möglicherweise war dieser Marsch gemeint, der dann freilich doch veröffentlicht wurde. Siehe auch Vd/1-3 (S. 247).

Autograph (?): Ganche (siehe Lit.) erwähnt ein Autograph, dessen Text völlig von der Fassung der von Fontana besorgten Erstausgabe abweiche. Da Ganche kein Schriftexperte war, ist freilich eine Verwechslung mit einer der Abschriften nicht auszuschließen (siehe ABa).

Abschriften:

(a) *Marche funèbre / par / Frédéric Chopin.* Abschrift von Thomas Tellefsen. – 4 zwölfzeilige Seiten (23,8 × 30,4); S. 1: Titel (s.o.), unter System 12 Datum und Unterschrift: *9 Mai 1850 T. T.*; S. 2 und 3: Text; S. 4 leer. Die von der posthumen Erstausgabe stark abweichende Fassung dieser Kopie wurde erstmals 1928 von Ed. Ganche veröffentlicht (*The Oxford Original Edition of Frédéric Chopin,* London 1932). – Ursprünglich Eigentum von Marcelina Czartoryska, für die Th. Tellefsen diese Kopie angefertigt hatte. Später Eigentum des Pariser Antiquars Pierre Berès, dann im Besitz von A. Hedley. – Seit 1963 im Museum der ChopGes, Inv.-Nr. M/624; PhA Ch: F. 1734.

(b) Abschrift eines unbekannten Kopisten. Fassung wie ABa. – Vierzehnzeiliges Einzelblatt (21,9 × 28,7); Text auf S. 1; die Rückseite enthält, in anderer Handschrift, eine Kopie der *Mazourka de Chłopicki Karola Kurpińskiego,* darunter das Datum *23 Novembre 1849.* – Mme Rothschild vermachte diese Hs. 1901 der Bibliothèque du Conservatoire de Paris (Schenkungs-Nr. 29450). – Seit 1964 in der Bibliothèque Nationale Paris, Département de la Musique, Sign. D 10807; PhA Ch: F. 1748.

(c) *1ʳᵉ Marche Funèbre de Chopin.* Abschrift eines unbekannten Kopisten. Fassung wie ABa. – 4 zwölfzeilige Seiten (24,1 × 33); S. 1: Titel (s.o.), S. 2 und 3: Text, S. 4 leer. – Heute in der Bibliothèque Nationale Paris, Département de la Musique, Sign. D. 11765.

(d) *Marche Funèbre par Frédéric Chopin. (1829) / Tempo di Marcia.* Abschrift eines unbekannten Kopisten; ohne das Trio. Fassung wie EA. – Zwölfzeiliges

177

Einzelblatt (36 × 26); vor dem 1. Takt: *(1829.) Piano. M.M. ♩ = 84*; auf der Rückseite: *Die schönsten Augen. (: Stigelli :)* ohne Worte. – Der ehemalige Leiter der Musikabteilung der Schloßbibliothek Kórnik, M. Kolabińska, nahm als Entstehungszeit dieser Hs. etwa 1860 an. Z. Skorupska (siehe Lit.) dagegen setzt die Hs. in die Zeit zwischen 1840–50. – Die Hs. befand sich im Besitz des ehemaligen Gutes Zbiersk bei Kalisz (Polen), dessen Verwalter sie 1952 der Schloßbibliothek Kórnik schenkten. – Schloßbibliothek Kórnik, Sign. N. 2832; PhA Ch: F. 1525.

Handschriftliche Verzeichnisse: Stirling VII/1 (Franchomme, s. S. XV) – Stirling VII/2 (Franchomme, s. S. XV) – Jędrzejewicz S. 1 Nr. 5 (s. S. XVII); vor dem Incipit, zwischen den Systemen 9/10: *5. Marche funèbre 1827.*

Erstausgaben: Siehe Sammeltitel op. 72.

Literatur: Zu A: Ganche[1] S. 227, Oxford II Berceuse … S. 85 und 88. – **Zu ABa:** Brown[9] Pos. 20 (2), Harasowski[3] S. 25, Hedley[6] S. 5, Katalog Chop-Ges 1971 Pos. 12. – **Zu ABb:** Kobylańska[15] S. 155. – **Zu ABd:** Skorupska[1] S. 489.

Opus 72 Nr. 3
Drei Ecossaisen für Klavier
KKp 1069–1085

Entstehungszeit: 1826 (Jędrzejewicz-Verzeichnis; Binental[7], Brown[9], Hedley[6], Jachimecki[3], Opieński[1], Sydow[1]) · 1830 (Fontana, Jachimecki[2], Niecks[2]).

Nr. 1 D-dur
Autograph: Unbekannt.

Handschriftliche Verzeichnisse: Stirling VII/1 (Franchomme, s. S. XV) – Stirling VII/2 (Franchomme, s. S. XV) – Jędrzejewicz S. 4, Ecossaise Nr. 3 (s. S. XVII).

Nr. 2 G-dur
Autograph: Verschollen. Im Stammbuch von Emilia Elsner (s. S. XIIIf.).

Abschrift: *Ecossois.* Abschrift von Oskar Kolberg. – Zwölfzeiliges Einzelblatt (18,5 × 22); Text auf den Systemen 8 und 9 der Rückseite; am Ende der gleichen Akkolade und auf den Systemen 11 und 12 ist die 3. Ecossaise op. 72 Nr. 3 notiert; auf den Systemen 1–6 das Ende des Liedes *Piosnka Litewska,* op. 74 Nr. 16 (s. S. 207); der Anfang dieses „Litauischen Liedes" ist auf der Vorderseite des Blattes notiert. – Bisher galt diese Hs. immer als Autograph Chopins; ein genauer Vergleich mit den im Museum der Warschauer Musikgesellschaft aufbewahrten Handschriften O. Kolbergs läßt jedoch keinen Zweifel daran, daß es sich um eine Kopie von O. Kolberg handelt. – Früher Eigentum von George T. Keating. – Heute in der Memorial Library of Music, Stanford University (Kalifornien); PhA Ch: F. 1726. – **Abb.:** Kobylańska$_{27}$ nach S. 384 Tafel 4.

Handschriftliche Verzeichnisse: Stirling VII/1 (Franchomme, s. S. XV) – Stirling VII/2 (Franchomme, s. S. XV) – Jędrzejewicz S. 4, Ecossaise Nr. 1 (s. S. XVII).

Literatur: Zu A: Hoesick$_1$ S. 149, – $_{61}$ S. 119f., – $_{71}$ S. 104, – $_{91}$ S. 118, Kobylańska$_{27}$ S. 383, Sydow$_1$ Pos. 97. – **Zu AB:** Albrecht Pos. 544, Brown$_3$ S. 54, – $_9$ Pos. 12, Henle$_{13}$ KB S. 8, Kobylańska$_{27}$ S. 379 und 382f.

Nr. 3 Des-dur
Autograph: Verschollen. Im Stammbuch von Emila Elsner (s. S. XIIIf.).

Abschrift: Siehe Nr. 2; über dem Auftakt: *№ 2.*

Handschriftliche Verzeichnisse: Stirling VII/1 (Franchomme, s. S. XV) – Stirling VII/2 (Franchomme, s. S. XV) – Jędrzejewicz S. 4, Ecossaise Nr. 2 (s. S. XVII).

Literatur: Zu AB: wie zu Nr. 2, AB.

Nr. 1–3
Erstausgaben: Siehe Sammeltitel op. 72.

Opus 73

Rondo
C-dur
KKp 1086–1091

Entstehungszeit: 1828; Brown$_9$: Sommer 1828.

408 Takte

179

A Fassung für ein Klavier

Aloys Fuchs gewidmet

Autograph: 4 vierzehnzeilige Blätter (23,7 × 31); auf S. 1 oben links die Widmung: *à M* *Fuchs FF Chopin,* unten rechts die Unterschrift *FF Chopin;* S. 2–7: Text, S. 8 leer. Auf dem Umschlag: *Originale von Friedrich Chopin. Pianist und Komponist in Paris. / :Rondo fürs Clavier: / Vom Verfasser selbst als Geschenk erhalten und für die Autographen* = *Sammlung des hiesigen Musik* = *Vereins übergeben. Aloys Fuchs. Wien im Novbr 1840* (siehe auch op. 7 Nr. 3 Aa, S. 14). – Chopin schenkte dieses Autograph 1830 oder 1831 Aloys Fuchs, der es 1840 dem Wiener Musik-Verein (heute Gesellschaft der Musikfreunde) für dessen Autographensammlung übergab. – Heute im Archiv der Gesellschaft der Musikfreunde Wien, ohne Signatur; PhA Ch: F. 1670; PhA ÖNB Wien 357. – **Abb.:** S. 3: DzW XII S. 10–12. – S. 2–7: Kobylańska$_9$ S. 142f., Zagiba$_3$ nach S. 112.

Erstausgabe: Die Fassung dieses Autographs wurde erstmals in der Paderewski-Ausgabe (DzW XII) veröffentlicht. Bei der von Schlesinger als op. 73 B herausgegebenen Fassung für ein Klavier handelt es sich um eine fremde Bearbeitung.

Literatur: Zu A: Bronarski$_{22}$ S. 18–24/26, DzW XII S. 134ff., Brown$_9$ Pos. 26, Hoesick$_{71}$ S. 330, Iwaszkiewicz$_3$ S. 679, Jachimecki$_9$ S. 222, Kobylańska$_9$ S. 142, –$_{31}$ S. 5, –$_{36}$ S. 288, Zagiba$_2$ S. 36ff., –$_3$ S. 76f. und 139, –$_4$ S. 75.

B Fassung für zwei Klaviere

Autograph: Verschollen. Chopin schreibt am 9. September 1828 an Tytus Woyciechowski (Guttry Nr. 22): ... *In Sanniki habe ich jenes Rondo in C-dur umgearbeitet (das letzte wenn Du Dich erinnerst), und zwar in eine Fassung für zwei Klaviere.* Auch in seinem Brief an Woyciechowski vom 27. Dezember 1828 (Guttry Nr. 26) spricht Chopin von der Umarbeitung dieses Rondos für zwei Klaviere und berichtet, daß er es zusammen mit Fontana gespielt habe. Bei der von Fontana in einem Brief an Ludwika Jędrzejewicz (siehe Lit. Karłowicz) neben anderen Manuskripten erwähnten Hs. des Rondos für zwei Klaviere handelt es sich möglicherweise um das in den beiden oben zitierten Briefen erwähnte Autograph.

Handschriftliche Verzeichnisse: Stirling VII/1 (Franchomme, s. S. XV) – Stirling VII/2 (Franchomme, s. S. XV) – Jędrzejewicz S. 2 Nr. 7 (s. S. XVII); vor dem Incipit, zwischen den Systemen 1/2: *r. 1828. 7 Rondo à deux pianos;* sowohl der Anfang des primo-, als auch der des secondo-Parts ist notiert.

Erstausgaben:
(a) deutsche: Berlin, A. M. Schlesinger (4401); 1855.
(b) französische: Paris, Jos. Meissonnier (3532); 1856?

Briefe: An T. Woyciechowski: 9. September und 27. Dezember 1828. – An seine Familie: 25. Juni 1831.

Literatur: Zu A: Karłowicz$_2$ S. 371.

Opus 74
17 Lieder für eine Singstimme
mit Klavierbegleitung

Da die Lieder op. 74 erst von J. Fontana als Gruppe zusammengefaßt und herausgegeben wurden, sind unter diesem Sammeltitel nur die Erstausgaben des ganzen Opus angeführt. Die handschriftlichen Quellen und Einzelausgaben sowie die Textanfänge der einzelnen Lieder sind bei den Einzelnummern angegeben.

Erstausgaben:

(a) deutsche: Berlin, A. M. Schlesinger, mit einem Vorwort von J. Fontana. Polnische Fassung *Zbiór Śpiewów Polskich* (4638–53); 1857. – Deutsche Fassung in der Übersetzung von Ferd. Gumbert (4797–4812); 1859. Diese Erstausgaben enthielten nur 16 Lieder (s. Brief Fontanas von 1853 an Ludwika Jędrzejewicz); das Lied op. 74 Nr. 17 kam erst bei der Neuauflage von 1872 dazu und wurde 1873 auch als Einzelausgabe herausgegeben.

(b) polnische: Warschau, Gebethner & Wolff (84–99); für diese Ausgabe wurden Schlesingers Platten verwendet; 1859 (Besprechung in der Nr. 40 der Warschauer Zeitschrift *Ruch Muzyczny*, 1859).

(c) französische: Paris, J. Hamelle (1467); 1879.

(d) englische: London; Lucas, Weber & Co. (299); nach Brown₉ mit englischem Text in der Übersetzung von J. J. Troutbeck nach Ferd. Gumbert (s.o.); 1874.

Opus 74 Nr. 1
Życzenie · (Mädchens Wunsch)
Lied für eine Singstimme mit Klavierbegleitung
G-dur
Text von Stefan Witwicki
KKp 1092–1100 und Anhang Nr. XVII

Entstehungszeit: 1829.

Autographe:

(a) Verschollen. 1 achtzeilige Seite (18,2 × 23,1); Klavierbegleitung ohne eigens notierte Singstimme; der Text der 1. Strophe ist zwischen den beiden Klaviersystemen notiert, der Text der 2. Strophe auf den unteren Rand geschrieben. Nach Binental (siehe Lit.) handelt es sich bei dieser Hs. um den *„ersten schöpferischen Entwurf von «Życzenie»"*. – Die Hs. war ursprünglich Eigentum der Familie Jędrzejewicz, später der Familie Ciechomski; zuletzt in der Sammlung von Leopold Binental in Warschau, die während des Zweiten Weltkriegs verlorenging. – PhA Ch: F. 1642. – **Abb.:** Binental$_{1-2}$ Pos. 26; bei den folgenden Abb. fehlt jeweils der untere Rand mit dem Text der 2. Strophe: DzW XVII S. 12, Gibert nach S. 72, Harasowski$_1$ Tafel 96, Hoesick$_{7 II}$ S. 217, Karłowicz$_2$ nach S. 384, –$_3$ S. 211, Kobylańska$_1$ S. 11, –$_2$ S. 38, –$_9$ S. 198, Leichtentritt$_1$ nach S. 32, Martynow S. 25, Die Musik nach S. 10, Niewiadomski S. 4 des Umschlags, Paderewski nach S. 12, Peuples Amis S. 58, Stromenger$_1$ S. 4, Valetta S. 401, Walker vor S. 209, Weissmann S. 13.

(b) Verschollen. Im Stammbuch von Emilia Elsner (s. S. XIIIf.) als Nr. 6 eingetragen. Überschrift nach Hoesick$_1$ (siehe Lit.): *Życzenie (Gdybym ja była słoneczkiem na niebie ...). Wiersz (= Gedicht) St. Witwickiego, muzyka F. C.*

(c) Verschollen. Maria Wodzińska schreibt im September 1835 an Chopin: *„... dieses Lied (Życzenie) hab' ich in diesen Tagen bekommen, aber ich habe nicht den Mut, es zu singen; denn ich fürchte, wenn es von Ihnen ist, wird es bald ganz verändert sein, wie z. B. «Wojak»"*. Möglicherweise ist hier jedoch nicht von einem Autograph die Rede, sondern von der Niederschrift dieses Liedes durch Ludwika Jędrzejewicz in Maria Wodzińskas Album Nr. 3 (siehe ABb).

Abschriften:

(a) *№ 1. / Le souhait / d'une jeune fille. // Życzenie / Piosnka Sielska Stef. Witwickiego / Muzyka / Fred$^{\underline{ka}}$ Chopin. // Berlin, Propriété de Ad. M. Schlesinger / S. 4638* (Verlagshinweis und Verlagsnummer von anderer Hand) – Abschrift, angefertigt als Stichvorlage für A. M. Schlesinger von Julian Fontana (Nr. 1–4, 10, 13 und 16) und einem unbekannten Kopisten (Nr. 5–9, 11, 12, 14, 15 und 17; Titel immer von Fontana). Die Hs. enthält auf 34 Blättern alle 17 Lieder op. 74. Die jeweils zwölf Systeme der einzelnen Blätter (im Querformat 27 × 35) sind zu jeweils vier Akkoladen geordnet mit größeren Zwischenräumen zwischen dem System für die Singstimme und den Klaviersystemen. Die polnischen Titel sind jeweils nach rechts abgesetzt zwischen das 7. und 10. System geschrieben. Auf der jeweils ersten Notenseite der Nummern 1–7 steht unten in der Mitte noch einmal die Verlagsnummer und rechts die Angabe *Berlin, Verlag und Eigenthum der Schlesingerschen Buch- und Musikhandlung*, bei den Nr. 1–5 und 7 in der linken oberen Ecke auch noch der Hinweis *Hochformat*. Die Nr. 1–7 und 17 enthalten auf der ersten Notenseite auch noch einmal den polnischen, französischen und (zu Nr. 1, 2, 4 und 7; von anderer Hand) deutschen Titel. Vor dem ersten System der Singstimme steht bei den Nr. 1–7 jeweils untereinander die Stücknummer, der Hinweis

Canto und die Jahreszahl, vor dem ersten Klaviersystem der Hinweis *Piano* und die Metronomangabe; ab Nr. 8 fehlen die Besetzungsangaben. Die Liedtexte sind bis auf Nr. 17 jeweils nur in polnischer Sprache niedergeschrieben. Bl. 1r: Titel zu Nr. 1 (s. o.), Bl. 1v leer, Bl. 2r/v: Text. – *Życzenie. Piosnka Sielska Stef. Witwickiego Muzyka Fred*^{ka} *Chopin. / Le Souhait d'une jeune fille. / Mädchens Wunsch. // Allegro ma non troppo. / M. M. ♩ = 112*; Datumsangabe (s. o.) *1829.* – Die Hs. befand sich seit Ende der 1920er Jahre im Besitz von Anthony van Hoboken, der sie von Walter Höckner erworben hatte. Heute befindet sich die Hs. in der ÖNB Wien; PhA ÖNB Wien 1328.

(b) Verschollen. *Życzenie.* Abschrift von Ludwika Jędrzejewicz im Album Nr. 3 (S. 6 und 7) von Maria Wodzińska. Singstimme mit Klavierbegleitung. Die Niederschriften in diesem Album wurden lange für Autographe Chopins gehalten. Erst durch das Auffinden des Jędrzejewicz-Verzeichnisses (s. S. XVII) konnte auf Grund eingehender Schriftvergleiche nachgewiesen werden, daß es sich um Kopien von Chopins Schwester handelt (siehe Lit. Hedley). Nach der Beschreibung von Kornelia Parnas (siehe Lit.) zählte das während des Zweiten Weltkriegs verloren gegangene Album Nr. 3 „*24 Notenseiten mit blauen Linien, Format 21 × 17* (nach Binental 21,7 × 17,1; siehe Lit.). *Die ersten vier Seiten umfassen das Lento con gran espressione für Klavier* (siehe IVa/16 ABa, S. 226). *Auf den Seiten 6–24 sind die folgenden Lieder mit Klavierbegleitung notiert: Życzenie (S. 6–7), Poseł (S. 8*; op. 74 Nr. 7), *Gdzie lubi (S. 10–11*; op. 74 Nr. 5), *Hulanka (S. 12*; op. 74 Nr. 4), *Pieśń Litewska (S. 14–16*; op. 74 Nr. 16), *Precz mi z oczu (S. 17–18*; op. 74 Nr. 6), *Wojak (S. 19–20*; op. 74 Nr. 10), *und Czary (S. 22–23,* siehe IV a/11 ABa, S. 222). *Im Jahre 1900 habe ich dieses Heft bei Breitkopf & Härtel in polnischer Sprache herausgegeben / ... /, in deutscher Sprache / ... / 1911/12 erschien die französische Übersetzung / ... /.* – Zunächst Eigentum von Maria Wodzińska, später, bis mindestens 1910, im Besitz ihrer Erben. Spätestens 1930 in der Staatlichen Kunstsammlung Warschau. – Während des Zweiten Weltkriegs ging das Album verloren. – PhA Ch: F. 1640; PhA ÖNB Wien 356. – **Abb.:** Parnas₁ S. 4f., Wasylewski zwischen S. 90/91.

(c) Verschollen. Abschrift von J. Fontana nach dem Autograph. Julian Fontana schreibt am 2. Juli 1852 an Ludwika Jędrzejewicz: „... / *In Warschau habe ich noch die folgenden Lieder nach seinen eigenen Handschriften –– er hatte sie mir geliehen –– fehlerlos mit der ganzen Klavierbegleitung abgeschrieben: 1. Życzenie, 2. Hulanka (op. 74 Nr. 4), 3. Poseł (op. 74 Nr. 7), 4. Gdzie lubi (op. 74 Nr. 5), 5. Wojak (op. 74 Nr. 10), 6. Precz z moich oczu von Mickiewicz (op. 74 Nr. 6). ... Von seiner Hand notiert und ziemlich vollständig mit Verbesserungen und Varianten habe ich die folgenden drei: 7. Smutna rzeka (op. 74 Nr. 3), 8. Narzeczony (op. 74 Nr. 15), 9. Pierścień (op. 74 Nr. 14).* Das Original des Briefes befindet sich heute im Museum der ChopGes Warschau, Inv.-Nr. M/330. – Das sind bis auf das Lied *Czary* die gleichen Lieder, die auch im Stammbuch Elsner (s. S. XIIIf.) und im Album Nr. 3 von Maria Wodzińska (s. ABb) enthalten sind; das Lied *Czary* hat Fontana ja des Namens Chopin für unwürdig gehalten (siehe IVa/11 ABb, S. 222f.).

(d) Verschollen. Abschrift von Leonard Niedźwiecki. Im August 1846 schreibt Niedźwiecki in sein Tagebuch (in der Bibliothek der Polnischen Akademie der Wissenschaften in Kórnik; Bl. 269): *„Am Sonntag* (9. August) *habe ich Mademoiselle Darécu* (Pianistin und Sängerin) *die Abschrift eines Liedes von Chopin nach Worten von Witwicki gegeben.* «Gdybym była słoneczkiem na niebie»*".

(e) Verschollen, Abschrift von Leonard Niedźwiecki. Am 14. Dezember 1849 schreibt Niedźwiecki in sein Tagebuch (s.o.; Bl. 321): *„Geburtstag von Prinzessin Izabella* (Czartoryska). *Ich habe für sie das idyllische Lied von Stefan Witwicki abgeschrieben, Życzenie, mit Chopins Tonsatz* (...).

(f) Verschollen. Abschrift eines unbekannten Kopisten mit Korrekturen J. Fontanas. J. W. Stirling bittet in einem Brief vom März 1852 (siehe Lit. Karłowicz und Ganche) im Namen von A. Franchomme Ludwika Jędrzejewicz darum, von den vier in ihren Händen befindlichen Liedern Kopien anfertigen zu lassen. In einem Brief vom 18. Juni 1852, ebenfalls an L. Jędrzejewicz, beklagt sie sich darüber, daß die Abschriften voller Fehler seien. Sie ließ sie deshalb von Fontana durchsehen und schreibt am 2./3. Juli 1852 an L. Jędrzejewicz: *„... Je lui ai fait voir les copies que vous m'avez envoyés de Pierscien* (op. 74 Nr. 14), *Sliczny Chlopiec* (op. 74 Nr. 8), *Życzenie, Gdzie lubi* (op. 74 Nr. 5), *Wojak* (op. 74 Nr. 10) – *il avait celle-ci. Et il a corrigé vos copies.* / ..., *et je lui ai fait voir le D Wojak en re mineur* (op. 74 Nr. 11) – ... *je lui ai fait voir la copie de Błyło* (sic!) *ranne ziołko en re maj:* (op. 74 Nr. 7)." Der Brief enthält auch eine Zusammenstellung sämtlicher in J. W. Stirlings Besitz befindlichen Hss., die wir hier wiedergeben:

MSS page	*4* (worauf sich diese Ziffern beziehen, konnte bisher noch nicht geklärt werden) *System Filozoficzny podstarościego* (siehe Vd/6, S. 248)
MSS page	*6 D Wojaki koniec en re mineur* (op. 74 Nr. 11) / *qui a sur la même feuille*
MSS	*7 Sliczny Chlopiec* (op. 74 Nr. 8)
MSS	*8 trois feuilles avec des paroles*
MSS	*9 Mc Potocka avec des paroles*
MSS	*O że Bog jest* (siehe Vd/7, S. 248f.)
MSS	*Błysło ranne ziołko (Poseł)* (op. 74 Nr. 7)
Copie	*5 Pierscien* (op. 74 Nr. 14) *et sur la même feuille*
Copie	*6 Sliczny Chlopiec* (op. 74 Nr. 8)
Copie	*Życzenie*
Copie	*Gdzie lubi* (op. 74 Nr. 5)
Copie	*Wojak* (op. 74 Nr. 10)
MSS page	*11* (?) *deux feuilles et 1/2 Braniutko* (op. 74 Nr. 16)
MSS p.	*2 „O niemów"* sans Basse. (Keines der uns heute bekannten Stücke Chopins enthält diesen Text; siehe Vd/8, S. 249)
Mss.	*de 2 Mazurkas*

(g) *1. Życzenie, Piosnka sielska Stef. Witwickiego.* Abschrift eines unbekannten

Kopisten. – *Allegro ma non troppo. M. M.* ♩ *= 112*. Neunzeiliges Einzelblatt; Rückseite leer. Singstimme mit Klavierbegleitung, ohne Worte. – Die Hs. war früher Eigentum von Prof. O. Hornik, der sie der Gemeinde Karlin vermachte. Im Jahre 1918 übergab die Gemeinde Karlin die Hs. dem Prager Nationalmuseum. – Heute im Prager Nationalmuseum, Musikabteilung.

(h) *Śpiewy Polskie Chopina. (Paryż. 1. Stycz. 1843)* (= *Polnische Gesänge Chopins. Paris. 1. Jan. 1843*). Abschrift eines unbekannten Kopisten (Stefan Grotkowski?) mit Korrekturen Fontanas. – 14 zehnzeilige Seiten (23,2 × 30,5); S. 1: Titel (s. o.), auf S. 2–13 (Originalpaginierung S. 1–12) in folgender Reihenfolge die Lieder op. 74 Nr. 5, 1, 7, 6, 4 und 10; S. 14 leer. Die Hs. gehörte ursprünglich zu einer größeren Sammlung (Paginierung S. 63–76 mit Tinte). – Die Hs. enthält also die gleichen sechs Lieder, die auch Fontana nach eigenem Zeugnis abgeschrieben hat (siehe ABc). Die beiden letzten Lieder sind als Nr. 6 und Nr. 7 bezeichnet; ob ein und welches Lied die fehlende Nr. 5 bildete, muß offenbleiben; vielleicht das im Stammbuch Elsner (s. S. XIIIf.) zusammen mit diesen 6 Liedern enthaltene Lied *Czary* (IVa/11, S. 222), vielleicht aber auch op. 74 Nr. 2 op. 74 Nr. 3 oder op. 74 Nr. 8. – *N^r 2. Życzenie. Pieśń Sielska, Stef. Witwickiego. („Gdybym ja była słoneczkiem“);* 4. Seite des Heftes. – Nach Angaben Krystyna Muszyńskas von der Handschriftenabteilung der Nationalbibliothek Warschau war die Hs. früher Eigentum von Graf Władysław Plater und wurde später in dem von ihm gegründeten Polnischen Nationalmuseum in Rapperswil aufbewahrt. – Seit 1959 in der Musikabteilung der Nationalbibliothek Warschau; Sign. Mus. 1302.

Erstausgaben:
(a) Kiew, Antoni Kocipiński (Platten-Nr. 48), ohne Komponisten-Angabe; deshalb hielt Liszt, der die Melodie von *Życzenie* in seinen *Glanes de Woronince* (Kistner, 1849) benutzte, dieses Lied wohl für ein polnisches Volkslied. – Erscheinungsdatum: Brown$_9$: 1837, Tomaszewski: wahrscheinlich um 1836. Diese Ausgabe wurde ca. 1856 vom gleichen Verleger neu herausgebracht, diesmal mit dem Namen Chopins.
(b) Siehe Sammeltitel op. 74; in der Fontana-Ausgabe, deren Fassung von den Mss. teilweise stark abweicht, ist das Lied nach A-dur transponiert.
(c) Paris, *Le Journal de Musique, 1ère année, no 8, Samedi 22 Juillet 1876*. Diese Nummer der Zeitschrift brachte im Anhang drei Stücke von Chopin: dieses Lied (S. 1), einen Auszug aus dem Rondo des Klavierkonzertes op. 11 – *Fragment détaché du Rondo du Concerto en Mi (Piano, et Orchestre)* – und einen 74 Takte langen Ausschnitt aus dem *Bolero* op. 19 – *Chanson de Zingara: souvenir du voyage en Espagne* – (Chopin war freilich erst fünf Jahre nach der Entstehung des *Bolero* in Spanien).
Das Lied hat den Titel *La Reine des Songes* und ist mit dem Text eines Gedichtes von George Sand unterlegt: *„Quand la lune se lève / Dans un pale rayon, / Elle vient comme un rêve, / Comme une vision“*. Es ist nach B-dur transponiert und auf Grund der Anpassung an den neuen Text an einigen Stellen melodisch

und rhythmisch verändert. Welche Hs. dieser Ausgabe zugrunde lag und ob diese Fassung überhaupt von Chopin stammt, muß vorerst ungeklärt bleiben.

Briefe: Maria Wodzińska an Chopin: September 1835. – J. Fontana an L. Jędrzejewicz: 2. Juli 1852. – J. W. Stirling an L. Jędrzejewicz: März, 18. Juni und 2./3. Juli 1852.

Literatur: Zu Aa: Barbag S. 22ff., Binental$_1$ S. 151f., – $_2$ S. 135f., Bronarski$_7$ S. 404, Brown$_9$ Pos. 33 (1), DzW XVII S. 73, Ganche$_1$ S. 217f., Hoesick$_{9\,II}$ S. 159, Jachimecki$_2$ S. 148, Kobylańska$_7$ S. 9, Parnas$_1$ S. 19, – $_2$ S. 82. – **Zu Ab:** Brown$_3$ S. 53f., – $_9$ Pos. 33 (2) und S. 196, Hoesick$_1$ S. 149, – $_{61}$ S. 119f., – $_{71}$ S. 104, – $_{91}$ S. 118, Jachimecki$_2$ S. 147, Kobylańska$_7$ S. 9, Parnas$_2$ S. 94, Sydow$_1$ Pos. 97. – **Zu Ac:** Kobylańska$_1$ S. 11, Parnas$_2$ S. 79. – **Zu ABb:** Brown$_3$ S.54, – $_9$ Pos. 33 (3), Binental$_1$ S. 151, – $_2$ S.135, DzW XVII S. 73, Ganche$_1$ S. 222, Hedley$_8$ S. 4f., – $_{11}$ S. 477, Jacobson S. 191, Kobylańska$_7$ S. 9, Parnas$_1$ S. VII, XIII und 19, – $_2$ S. 82/87/93, Wasylewski S. 19. – **Zu ABc:** Brown$_3$ S. 57, Karłowicz$_2$ S. 370, Kobylańska$_{24}$ S. 485. – **Zu ABd:** Skorupska$_2$ S.105. – **Zu ABf:** Brown$_3$ S. 57, Ganche$_1$ S. 142, Karłowicz$_2$ S. 343, – $_3$ S. 205. – **Zu EAc:** Ausstellung 1937 BP Pos. 186, Brown$_3$ S. 64, – $_9$ Pos. 33, Karasowski$_{2\,II}$ S. 273, Katalog ChopGes 1969 Pos. 344, Kobylańska$_{19}$ S. 1, Paris Match 1961 S. 21, Niecks$_{1\,II}$ S. 387, Osservatore Romano 1961 S. 2, Ruch Muzyczny 1961 S. 23, Tomaszewski$_1$ S. 89.

Opus 74 Nr. 2

Wiosna · (Frühling)

Lied für eine Singstimme mit Klavierbegleitung

g-moll

Text von Stefan Witwicki

KKp 1101–1112

Entstehungszeit: 1838; Brown$_9$: April 1838 (siehe Aa).

Autographe: Nach bekannten Quellen gibt oder gab es elf Niederschriften dieses Stückes (Autographe und Abschriften). Nur zwei dieser elf Hss. (Af und ABa) enthalten auch den Text des Liedes. Brown (siehe Lit.) gibt dem Stück zwei Positionsnummern – Pos. 116 mit, Pos. 117 ohne Singstimme. Da jedoch Singstimme und Klavierdiskant völlig gleichlaufen, kann man im Grunde nicht von zwei verschiedenen Fassungen sprechen. Aus diesem Grund sind zunächst die datierten Hss. in chronologischer Reihenfolge aufgeführt, danach jene, die

186

keine Datumsangabe enthalten, was jedoch nicht heißt, daß sie später entstanden sind. Die Herausgeberin dieses Katalogs konnte nur vier der zehn Hss. im Original einsehen, hatte also keine Möglichkeit, die Echtheit der übrigen sechs Hss. nachzuprüfen.

(a) Brown (siehe Lit.) erwähnt ein Autograph, das die Datumsangabe *April 1838* enthalte und nur den Klavierpart notiere. Nähere Angaben, etwa zu Herkunft und Aufbewahrungsort, macht Brown nicht. In der übrigen Chopin-Literatur ist diese Hs. unbekannt.

(b) *(Wiosna z pieśni sielskich)* / *Lento.* Klavierpart; die Singstimme ist nicht eigens notiert. – 1 vierzehnzeilige Seite (27,5 × 21,5) im Stammbuch von Eryk Jachowicz; auf S. 33 des Albums aufgeklebt; hinter dem letzten Takt die Unterschrift *F Chopin*, auf dem unteren Rand das Datum: *Paryż 3 Wrz. 1844, w pół do 3^{ciej} po północy (= Paris 3. Sept. 1844, um halb 3 Uhr nach Mitternacht).* – Wahrscheinlich hatte Chopin dieses Autograph für seine Schwester Ludwika niedergeschrieben, die im September 1844 wieder nach Polen zurückkehrte. Von ihr kam es dann wohl später in den Besitz der befreundeten Familie Jachowicz. In das Stammbuch von Eryk Jachowicz wurde das Blatt wohl erst später eingeklebt. Das Album war lange Zeit in Privatsammlungen, zuletzt, 1951, in Włocławek. – Seit 1952 in der Ossoliński-Bibliothek Wrocław (Breslau), Sign. II 12.293; PhA Ch: F. 1355. – **Abb.:** Prószyński S. 8.

(c) *Wiosna paroles de Witwicki.* / *Andantino.* Singstimme mit Klavierbegleitung, ohne Text. – 1 zwölfzeilige Seite (17,4 × 26) im Album des Grafen Victor de Wimpffen; auf S. 35 des Albums aufgeklebt; nach dem letzten Takt Unterschrift und Datum: *F Chopin / Paris 5 fev. 1846.* – Graf Victor de Wimpffen schenkte diese Hs. 1898 der Gesellschaft der Musikfreunde Wien. – Archiv der Gesellschaft der Musikfreunde Wien, ohne Signatur; PhA Ch: F. 1633. – **Abb.:** Mirska₉ S. 105, Orga S. 1 des Umschlags, Zagiba₃ nach S. 112.

(d) *Lento.* Klavierpart; die Singstimme ist nicht eigens notiert. – Vierzehnzeiliges Einzelblatt, Rückseite leer; zwischen System 12–13 Widmung und Datum: *Kochanemu Teofilowi Kwiatkowskiemu F Chopin 4 Sept. 1847. Paryż (= dem lieben Teofil Kwiatkowski F Chopin 4. Sept. 1847. Paris).* – Zunächst Eigentum von T. Kwiatkowski; nach dessen Tod (1891) im Besitz seiner Erben. Die Hs. wurde bei der Auktion vom 18./19. Februar 1969 von J. A. Stargardt, Marburg, zum Verkauf angeboten und von einem ungenannten Käufer erworben. – Heute Eigentum von Gerhard Stempnick, Berlin. – **Abb.:** Barbedette S. III, Stargardt 1969 S. 143.

(e) Das Album von Sophie Horsley enthält ein Autograph des Klavierparts mit der Datumsangabe *London, 28 June 1848* (nach einer mündlichen Mitteilung von A. Hedley, 1960). – Es befindet sich heute in der Privatsammlung der Familie Horsley in London.

(f) *Wiosna. (Witwicki).* – 1 Seite mit drei von Hand gezogenen Systemen im Album von Fanny Erskine, einer Verwandten von J. W. Stirlings Schwester Catherine Erskine. Singstimme mit Klavierbegleitung, auf einer Linie notiert; darüber der Text der ersten drei Strophen des Gedichtes von Witwicki. Unten rechts: *souvenir de Crumpsal House / à Mademoiselle Fanny Erskine / F Chopin / 1. Sept. 1848.* – Heute im Fitzwilliam Museum in Cambridge. – **Abb.:** Harasowski₁ Tafel 89.

(g) *Wiosna, paroles de Witwicki / Allegretto.* Nur Klavierpart. – 2 sechszeilige Seiten (14 × 20,5) im Album von Frau Kiéné; auf S. 2 hinter dem letzten Takt die Widmung: *à Madame Kiéné, hommage respectueux de son dévoué Chopin*; links davon die Ortsangabe *Paris.* – Ca. 1951 noch im Besitz des Londoner Antiquars Otto Haas, tauchte die Hs. 1954 im Katalog des New Yorker Antiquariats Walter R. Benjamin (siehe Lit.), am 17. Juni 1958 bei einer Auktion von Sotheby in London auf. – Der heutige Besitzer ist unbekannt. – **Abb.:** Sotheby 1958 vor S. 57 (nur S. 2).

(h) Verschollen. Nach Binental (siehe Lit.) befand sich bis 1939 in der Sammlung von Leopold Kronenberg, Warschau, ein Autograph dieses Liedes.

Abschriften:

(a) *N° 2. / Le printemps // Wiosna / Piosnka Sielska Stef. Witwickiego / Muzyka / Fred^{ka} Chopin // S. 4639.* Abschrift von Julian Fontana. – 2 Blätter, Bl. 3r–4v des Heftes; Bl. 3r: Titel (s.o.), Bl. 3v/4r: Text – *Wiosna, Piosnka Sielska Stef. Witwickiego, Muzyka Fred^{ka} Chopin / Le printemps. / Der Frühling. // M.M. ♩. = 69 Andantino;* Datumsangabe: *1838,* Bl. 4v leer. – Nähere Angaben, auch zur Herkunft, siehe op. 74 Nr. 1, ABa (S. 182f.).

(b) *All^{tto}.* Abschrift eines unbekannten Kopisten mit Nachträgen Chopins. Tempoangabe, Unterschrift und Datum von Chopins Hand (siehe Lit. Hordyński). Singstimme mit Klavierbegleitung, auf einer Linie notiert. – Fünfzeiliges Einzelblatt (10,5 × 29); von einem größeren Blatt abgeschnitten; Rückseite leer; auf S. 1 unter dem letzten Takt Unterschrift und Datum: *Chopin / Warriston Crescent 1848* (Warriston Crescent ist der Name der Straße in Edinburgh, in der Chopin bei Adam Łyszczyński wohnte). – Wahrscheinlich schenkte Chopin dieses Autograph der Frau von A. Łyszczyński. Später Eigentum von Cecilia Działyńska, die die Hs. später der Schloßbibliothek Kórnik schenkte. – Schloßbibliothek Kórnik, Sign. N. 2810; PhA Ch: F. 1522. – **Abb.:** Hordyński₆ nach S. 38.

(c) *Mélodie inédite de Chopin.* Abschrift von A. Franchomme; Klavierpart; die Singstimme ist nicht eigens notiert. – 1 zwölfzeilige Seite (34,6 × 27); erste Seite der Sammelabschrift Franchomme's, die außerdem noch das Impromptu op.66 (ABa, s. S. 159f.) und die Mazurka op. 67 Nr. 4 (ABa, s.S. 162) enthält. Zur möglichen Bedeutung des Vermerks *Mélodie inédite de Chopin* (auf dem oberen Rand links) für die Bestimmung der Entstehungszeit dieser Hs. siehe op.66, ABa. – Zur Herkunft siehe op.66, ABa. – Heute in der Bibliothèque Nationale Paris, Département de la Musique, Sign.Ms. 10.491; PhA Ch: F. 1631.

Erstausgaben:

(a) Warschau, Aleksander Gins (ohne Plattennummer); *Nowe Śpiewy dla Dzieci / ... / Z melodiami Fryderyka Chopina / ... / 1856 (= Neue Gesänge für Kinder mit Melodien von Frédéric Chopin).* In dieser Ausgabe ist der Singstimme der Text eines Gedichtes von Stanisław Jachowicz (siehe Ab) unterlegt. (b) Siehe Sammeltitel op. 74.

Briefe: Cecylia Działyńska an ihre Mutter: 1858.

Literatur: Zu Aa: Brown₉ Pos. 117 (1). – **Zu Ab:** Biuletyn Ossolińskich S. 42, German S. 218, Kobylańska₁₅ S. 155, Prószyński S. 8. – **Zu Ac:** Ausstellung 1949 Pos. 43, Brown₉ Pos. 117 (3), Orga S. 2 des Umschlags, Zagiba₃ S. 139. – **Zu Ad:** Barbedette S. IX und 58, Brown₉ Pos. 117 (4), Stargardt 1969 Pos. 570. – **Zu Ae:** Brown₉ Pos. 117 (5), Gotch S. 50. – **Zu Af:** Brown₉ Pos. 116 (2), Harasowski₁ S. 250f., Hoesick-Podolska S. 13, Orga S. 2 des Umschlags. – **Zu Ag:** Benjamin₁ Pos. e 437, Brown₉ Pos. 117 (2), Orga S. 2 des Umschlags, Sotheby 1958 Pos. 405. – **Zu Ah:** Ausstellung 1932 BP Pos. 125, Binental₄ Pos. 56, Brown₉ Pos. 116 (1). – **Zu ABb:** Brown₉ Pos. 116 (1) und 117 (6), Hordyński₆ S. 35, Kobylańska₁₅ S. 155, Skorupska₁ S. 489. – **Zu ABc:** Kobylańska₁₅ S. 155.

Opus 74 Nr. 3

Smutna rzeka · *(Trübe Wellen)*

Lied für eine Singstimme mit Klavierbegleitung

fis-moll

Text von Stefan Witwicki

KKp 1113 und 1114

Entstehungszeit: 1831.

104 Takte

Autograph: Verschollen. Siehe Brief Fontanas an Ludwika Jędrzejewicz vom 2. Juli 1852 (op. 74 Nr. 1 ABc, S. 183).

Abschrift: *N⁰ 3. / Le fleuve triste. // Smutna Rzeka / Piosnka Sielska Stef. Witwickiego. / Muzyka / Fred^{kā} Chopin // S. 4640.* Abschrift von Julian Fontana. – 2 Blätter, Bl. 5r–6v des Heftes; Bl. 5r: Titel (s.o.), Bl. 5v/6r: Text – *Smutna Rzeka Piosnka Sielska Stef. Witwickiego, Muzyka Fred^{ka} Chopin. / Le fleuve triste. // Allegretto*; Datumsangabe: *1831,* Metronomangabe: M.M. ♩ = 96; Bl. 6v leer. – Nähere Angaben, auch zur Herkunft, siehe op. 74 Nr. 1, ABa (s. S. 182f.).

Erstausgaben: Siehe Sammeltitel op. 74.

Briefe: J. Fontana an L. Jędrzejewicz: 2. Juli 1852.

Literatur: Zu A: wie op. 74 Nr. 1, ABc.

189

Opus 74 Nr. 4

Hulanka · (Bacchanal)
Lied für eine Singstimme mit Klavierbegleitung
C-dur
Text von Stefan Witwicki
KKp 1115–1119

24 Takte

Entstehungszeit: 1830.

Autograph: Verschollen. Im Stammbuch von Emilia Elsner (s. S. XIIIf.) als Nr. 3 eingetragen. Überschrift nach Hoesick (siehe Lit.): *Hulanka (Szynkareczko, szafareczko …). Wiersz St. Witwickiego, muzyka F. Chopina (= Gedicht von St. Witwicki, Musik F. Chopin).*

Abschriften:

(a) *N⁰ 4. / L'Orgie. // Hulanka / Piosnka Sielska Stef͞a Witwickiego / Muzyka / Fred͞ᵏᵃ Chopin // S. 4641.* Abschrift von Julian Fontana. – 2 Blätter, Bl. 7r–8v des Heftes; Bl. 7r: Titel (s.o.), Bl. 7v/8r: Text – *Hulanka Piosnka Sielska Stef. Witwickiego, Muzyka Fredᵏᵃ Chopin. / L'Orgie. / Bacchanal // Vivace;* Datumsangabe: *1830,* Metronomangabe: *M.M.* ♩ = 63; auf Bl. 8r ist nebeneinander der Text der Strophen III–V aufgeschrieben; Bl. 8v leer. – Nähere Angaben, auch zur Herkunft, siehe op. 74 Nr. 1, ABa (S. 182f.).

(b) Verschollen. Abschrift von J. Fontana. Siehe Brief Fontanas an L. Jędrzejewicz vom 2. Juli 1852 (op. 74 Nr. 1 ABc, S. 183).

(c) Verschollen. *Hulanka.* Abschrift von L. Jędrzejewicz im Album (Nr. 3, S. 12) von Maria Wodzińska. Singstimme mit Klavierbegleitung. Siehe op. 74 Nr. 1, ABb (S. 183). – PhA Ch: F. 1626; PhA ÖNB Wien 356. – **Abb.:** Kobylańska₉ S. 268, Parnas₁ S. 9.

(d) Abschrift eines unbekannten Kopisten. Wegen zahlreicher orthographischer Fehler in den Titelüberschriften wohl kein Pole. Singstimme mit Klavierbegleitung (ohne Worte). – Sammelhandschrift, bestehend aus zweimal zwei zwölfzeiligen Blättern (27,8 × 35); sie enthält neben op. 74 Nr. 4 noch op. 74 Nr. 8, 7, 6, 14, 16, 14 und 12 (in dieser Reihenfolge). *Hulanka* ist auf den Systemen 4–12 von Bl. 1v notiert (nach op.74 Nr.7). – Früher in der Bibliothèque du Conservatoire de Paris. – Seit 1964 in der Bibliothèque Nationale Paris, Département de la Musique, Sign. D. 10813.

(e) Abschrift eines unbekannten Kopisten. Singstimme mit Klavierbegleitung (ohne Worte). – Zwölfzeiliges Doppelblatt (35 × 26,5); Text auf S. 4; auf S. 1–3: op. 74 Nr. 6 (s. S. 193, ABe). – Ursprünglich Eigentum von A. Franchomme, spater seiner Erben. Claire Le Mire André schenkte die Hs. der Bibliothèque du Conservatoire de Paris (Don 6956). – Seit 1964 in der Bibliothèque Nationale Paris, Département de la Musique; Sign. D. 11766.

(f) *N⁰ 6. Hulanka, pieśń sielska S. Witwickiego. „Szynkareczko, szafareczko".* – Abschrift eines unbekannten Kopisten (Stefan Grotkowski?) mit Korrekturen Fontanas. – 1 Seite, 10. Seite des Heftes. – Nähere Angaben, auch zur Herkunft, siehe op. 74 Nr. 1, ABh (S. 185).

Erstausgaben:

(a) Der Verleger J. K. Żupański in Posen veröffentlichte 1831 eine nach A-dur transponierte Fassung dieses Liedes mit einem neuen Text (Anfang: *Hej, Polaku, hej rodaku* = *Hei Pole, hei Landsmann*). Titel der Veröffentlichung (in deutscher Übersetzung): *Patriotisches Lied, Musik von Frédéric Chopin, Verse von S. Hernisz, Schüler der Warschauer Rabbiner-Schule, später Leutnant im Regiment der Masuren im Jahre 1831.* – Ein Exemplar dieser Ausgabe bedindet sich in der Schloßbibliothek Kórnik; PhA Ch: F. 1625. – Nach Tomaszewski (siehe Lit.) wurde dieses Lied häufiger mit neuen Texten unterlegt, u. a. mit einem Gedicht von Wincenty Pol, dichtender Leutnant der Litauischen Kavallerie; es beginnt mit den Worten: *Litwineczko, kochaneczko (= kleine Litauerin, mein Liebchen).*

(b) Siehe Sammeltitel op. 74.

Briefe: Fontana an L. Jędrzejewicz: 2. Juli 1852.

Literatur: Zu A: Brown₃ S. 53f., – ₉ Pos. 50 (2) und S. 196, Hoesick₁ S. 148f., – ₆₁ S. 119f., – ₇₁ S. 104, – ₉₁ S. 118, Jachimecki₂ S. 147, Parnas₂ S. 94, Sydow₁ Pos. 97. – **Zu ABb:** wie op. 74 Nr. 1, ABc. – **Zu ABc:** Binental₄ Pos. 50, Brown₃ S. 54, – ₉ Pos. 50 (3) und S. 196, Chybiński S. 9, DzW XVII S. 74f., Ganche₁ S. 222, Hedley₈ S. 4f., – ₁₁ S. 477, Jachimecki₁ S. 234, Jacobson S. 191, Kobylańska₉ S. 268, Parnas₁ S. VII und 19f., – ₂ S. 82 und 87. – **Zu EAa:** Kobylańska₈ S. 22 und 25, Tomaszewski₁ S. 82, – ₂ S. 405.

Opus 74 Nr. 5

Gdzie lubi? · (Was ein junges Mädchen liebt)

Lied für eine Singstimme mit Klavierbegleitung

A-dur

Text von Stefan Witwicki

KKp 1120–1123a

Entstehungszeit: 1829.

Autograph: Verschollen. Im Stammbuch von Emilia Elsner (s. S. XIIIf.) als Nr. 1 eingetragen. Überschrift nach Hoesick (siehe Lit.): *Gdzie lubi? Pieśń sielanka St. Witwickiego. Muzyka F. C. (= Idyllisches Lied von St. Witwicki. Musik F. C.).*

Abschriften:

(a) *№ 5. / Ce qu'aime une jeune fille. // Gdzie lubi / Piosnka Sielska Stef. Witwickiego / Muzyka / Fred*^{ka} *Chopin // S.4642.* Abschrift eines unbekannten Kopisten. – 2 Blätter, Bl. 9r–10v des Heftes; Bl. 9r: Titel (s.o.), Bl. 9v/10r: Text – *Gdzie lubi Piosnka Sielska Stef. Witwickiego, Muzyka Fred*^{ka} *Chopin. / Ce qu'aime une jeune fille. // Allegro*; Datumsangabe: *1829*, Metronomangabe: *M.M. ♩. = 72*; Bl. 10v leer. – Nahere Angaben, auch zur Herkunft, siehe op. 74 Nr. 1, ABa (S. 182f.).

(b) Verschollen. Abschrift von J. Fontana. Siehe Brief Fontanas an L. Jędrzejewicz vom 2. Juli 1852 (op. 74 Nr. 1 ABc, S. 183).

(c) Verschollen. *Gdzie lubi?* Abschrift von L. Jędrzejewicz im Album (Nr. 3, S. 10 und 11) von Maria Wodzińska. Singstimme mit Klavierbegleitung. Siehe op. 74 Nr. 1 ABb (S.183). – PhA Ch: F. 1630; PhA ÖNB Wien 356. – **Abb.:** Parnas₁ S. 7f.

(d) Verschollen. Abschrift eines unbekannten Kopisten. Siehe Brief J. W. Stirlings an L. Jędrzejewicz vom 2./3. Juli 1852 (op. 74 Nr. 1 ABf, S. 184).

(e) *№ 1. Gdzie lubi? pieśń sielska S. Witwickiego.* – Abschrift eines unbekannten Kopisten (Stefan Grotkowski?) mit Korrekturen Fontanas. – 2 Seiten, 2. und 3. Seite des Heftes. – Nähere Angaben, auch zur Herkunft, siehe op. 74 Nr. 1, ABh (S.185).

Erstausgaben: Siehe Sammeltitel op. 74.

Briefe: J. Fontana an L. Jędrzejewicz: 2. Juli 1852. – J. W. Stirling an L. Jędrzejewicz: März, 18. Juni und 2./3. Juli 1852.

Literatur: Zu A: Brown₃ S. 53f., – ₉ Pos. 32 (1) und S. 196, Hoesick₁ S. 148, – ₆I S. 119f., – ₇I S. 104, – ₉I S. 118, Jachimecki₂ S. 147, Parnas₂ S. 94, Sydow₁ Pos. 97. – **Zu ABb:** wie op. 74 Nr. 1, ABc. – **Zu ABc:** Binental₄ Pos. 49, Brown₃ S. 54, – ₉ Pos. 32 (2) und S. 196, DzW XVII S. 75, Ganche₁ S. 222, Hedley₈ S. 4f., – ₁₁ S. 477, Jachimecki₁ S. 234, Jacobson S. 191, Parnas₁ S. VII und 19, – ₂ S. 82f./87/95. – **Zu ABd:** wie op. 74 Nr. 1, ABf.

Opus 74 Nr. 6

Precz z moich oczu · (Mir aus den Augen)

Lied für eine Singstimme mit Klavierbegleitung

f-moll

Text von Adam Mickiewicz

KKp 1124–1129

Entstehungszeit: 1830. Brown₉: Frühjahr 1830.

57 Takte

Autographe:

(a) Skizze in a-moll. Sechzehnzeiliges Einzelblatt (25,7 × 33). S. 1: Text, S. 2 leer. Einige Takte sind mit Textfragmenten der 1. Strophe unterlegt. – Die Hs. wurde am 20./21. Februar 1973 bei der Auktion des Antiquariats J. A. Stargardt, Marburg, zum Verkauf angeboten. Dann Eigentum des Antiquariats H. Schneider in Tutzing, das sie im August 1975 der ChopGes verkaufte. – Museum der ChopGes, Inv.-Nr. M/1460. – **Abb.:** Stargardt 1973 Pos. 632.

(b) Verschollen. Im Stammbuch von Emilia Elsner (s. S. XIII) als Nr. 2 eingetragen. Überschrift nach Hoesick (siehe Lit.): *Do M... Wiersz (= Verse) A. Mickiewicza. Muzyka F. C. z H-minor, (Precz z moich oczu ...).*

Abschriften:

(a) *№ 6 / „Fuis mes regards" // „Precz z moich oczu." / Słowa A. Mićkiewicza / muzyka / Fred*^{ka} *Chopin. // S. 4643.* Abschrift eines unbekannten Kopisten. – 2 Blätter, Bl. 11r–12v des Heftes; Bl. 11r: Titel (s.o.), Bl. 11v/12r: Text – *Precz z moich oczu Słowa A. Mickiewicza, Muzyka Fred*^{ka} *Chopin. / Fuis mes regards. // Larghetto*; Datumsangabe: *1830*, Metronomangabe: *M. M. ♩ = 72*; Bl. 12v leer. – Nähere Angaben, auch zur Herkunft, siehe op. 74 Nr. 1, ABa (S. 182f.).

(b) Verschollen. Abschrift von J. Fontana. Siehe Brief Fontanas an L. Jędrzejewicz vom 2. Juli 1852 (op. 74 Nr. 1 ABc, S. 183).

(c) Verschollen. Abschrift von L. Jędrzejewicz im Album (Nr. 3, S. 17 und 18) von Maria Wodzińska. Singstimme mit Klavierbegleitung. Siehe op. 74 Nr. 1, ABb (S. 183). – PhA Ch: F.1624; PnA ÖNB Wien 356. – **Abb.:** DzW XVII S. 10f., Kobylańska₃ S. 6, – ₉ S. 203, Parnas₁ S. 15f., Walker nach S. 208 (S. 18).

(d) *Andantino.* Abschrift eines unbekannten Kopisten. Singstimme mit Klavierbegleitung. 2 Seiten; Bl. 2r und v der Sammelhandschrift; auf System 4 von Bl. 2v beginnt bereits der Text von op. 74 Nr. 14; nähere Angaben, auch zur Herkunft, siehe op. 74 Nr. 4, ABd (S. 190).

(e) *Andantino.* Abschrift eines unbekannten Kopisten. Singstimme mit Klavierbegleitung. Zwölfzeiliges Doppelblatt (35 × 26,5); Text auf S. 1–3; auf S. 4: op. 74 Nr. 4. – Zur Herkunft siehe op. 74 Nr. 4, ABe (S. 190).

(f) *Precz z moich oczu! / Andantino espressivo.* Abschrift eines unbekannten Kopisten, um 1830–40 (?). Singstimme mit Klavierbegleitung. Der Kopist hat das Lied nach g-moll transponiert. – Neunzeiliges Doppelblatt (24 × 31,2); Text auf S. 1 und 2, auf S. 3 und 4: ein Lied mit dem Titel *Abends am Fenster*; auf dem unteren Rand der S. 2 ist der Text der beiden letzten Strophen notiert. – Die Hs. wurde 1952 vom ehemaligen Gut Zbiersk bei Kalisz der Schloßbibliothek Kórnik übergeben. – Schloßbibliothek Kórnik, Sign. N. 2816; PhA Ch: F. 1523.

(g) *N*^r *4. Wiersz Mickiewicza. „(Precz z moich oczu)".* – Abschrift eines unbekannten Kopisten (Stefan Grotkowski?) mit Korrekturen Fontanas. – 4 Seiten, 6. (System 7) – 9. Seite des Heftes. – Nähere Angaben, auch zur Herkunft, siehe op. 74 Nr. 1, ABh (S. 185).

Erstausgaben: Siehe Sammeltitel op. 74.

Briefe: J. Fontana an L. Jędrzejewicz: 2. Juli 1852.

Literatur: Zu Aa: Stargardt 1973 S. 145. – **Zu Ab:** Brown$_3$ S. 53f., – $_9$ Pos. 48 (1) und S. 196, Hoesick$_1$ S. 148, – $_{61}$ S. 119f., – $_{71}$ S. 104, – $_{91}$ S. 118, Jachimecki$_2$ S. 147, Kobylańska$_3$ S. 11, – $_7$ S. 11, Parnas$_2$ S. 94, Sydow$_1$ Pos. 97. – **Zu ABb:** wie op. 74 Nr. 1 ABc. – **Zu ABc:** Binental$_4$ Pos. 53, Brown$_3$ S. 54, – $_9$ Pos. 48 (2) und S. 196, DzW XVII S. 75, Ganche$_1$ S. 222, Hedley$_8$ S. 4f., – $_{11}$ S. 477, Jachimecki$_1$ S. 234, Jacobson S. 191, Kobylańska$_3$ S. 11, – $_7$ S. 11, – $_9$ S. 203, Parnas$_1$ S. VII und 19, – $_2$ S. 82/87/95. – **Zu ABd und e:** wie op. 74 Nr. 4 ABd und e. – **Zu ABf:** Skorupska$_1$ S. 489.

Opus 74 Nr. 7

Poseł · (Der Bote)
Lied für eine Singstimme mit Klavierbegleitung
D-dur
Text von Stefan Witwicki
KKp 1130–1136

Entstehungszeit: 1830 (Brown$_9$, Hedley$_6$, Sydow$_1$) · 1831 (Fontana, Hoesick$_{71}$).

Autographe:

(a) *Poseł. S.*(tefan) *W.*(itwicki) *11 Kartka / Andantino / z chłopska, ale nie wesoło (= bäurisch, aber nicht fröhlich).* Zehnzeiliges Einzelblatt (13,3 × 10,3). Singstimme mit Klavierbegleitung. Erste Niederschrift; Rückseite leer. In der Smlg. von G. Mecklenburg (J. A. Stargardt), Marburg.

(b) Verschollen. Im Stammbuch von Emilia Elsner (s. S. XIIIf.) als Nr. 5 eingetragen. Überschrift nach Hoesick (siehe Lit.): *Poseł St. Witwickiego, muzyka F.C.*

(c) Verschollen. Siehe Liste am Ende des Briefes J. W. Stirlings vom 2. Juli 1852 an L. Jędrzejewicz (op. 74 Nr. 1 ABf, S. 184); im Brief selbst ist allerdings nur von einer Abschrift die Rede. Möglicherweise ist die Einreihung der Hs. dieses Liedes unter die Autographe der oben erwähnten Liste ein Irrtum.

Abschriften:

(a) *N° 7. / Le messager // Poseł / Piosnka Sielska St. Witwickiego / Muzyka / Fred*^{ka} *Chopin // S. 4644.* Abschrift eines unbekannten Kopisten. – 2 Blätter,

194

Bl. 13r–14v des Heftes; Bl. 13r: Titel (s.o.), Bl. 13v–14v: Text – *Poseł Piosnka Sielska Stef. Witwickiego, Muzyka Fred*[ka] *Chopin. / Le Messager / Der Bote // Andantino. / M.M. ♪ = 100,* Datumsangabe: *1831.* – Nähere Angaben, auch zur Herkunft, siehe op. 74 Nr. 1, ABa (S.182f.).

(b) Verschollen. Abschrift von J. Fontana. Siehe Brief Fontanas an L. Jędrzejewicz vom 2. Juli 1852 (op. 74 Nr. 1 ABc, S. 183).

(c) Verschollen. *Poseł / Andantino.* Abschrift von L. Jędrzejewicz im Album Nr.3 (S. 8) von Maria Wodzińska (siehe op.74 Nr.1 ABb, S.183). Singstimme mit Klavierbegleitung. – PhA Ch: F. 1646; PhA ÖNB Wien 356. – **Abb.:** Binental$_{1-2}$ Pos. 34, – $_6$ Tafel XII, Kobylańska$_1$ S. 11, – $_9$ S. 202, Parnas$_1$ S. 6.

(d) Verschollen. Abschrift eines unbekannten Kopisten. Siehe Brief J. W. Stirlings vom 2./3. Juli 1852 an L. Jędrzejewicz (op. 74 Nr. 1 ABf, S.184). Siehe auch Ac.

(e) *Poseł S*(tefan) *W.*(itwicki) *11 Kartka / Z chłopska ale nie wesoło (= bäurisch, aber nicht fröhlich) / Andantino.* Abschrift eines unbekannten Kopisten. Singstimme mit Klavierbegleitung. 2 Seiten; Bl. 1r und v der Sammelhandschrift; auf den Systemen 1–9 von Bl. 1r ist op. 74 Nr. 8 notiert; ab Mitte der Systeme 8/9 beginnt jedoch bereits op. 74 Nr. 7; auf System 4 von Bl. 1v beginnt der Text von op. 74 Nr. 4. Nähere Angaben, auch zur Herkunft, siehe op. 74 Nr. 4, ABd (S. 190).

(f) *N*$^{\underline{\epsilon}}$ *3. Poseł, pieśń sielska S. Witwickiego. „(Błysło ranne ziołko)". Andantino.* – Abschrift eines unbekannten Kopisten (Stefan Grotkowski?) mit Korrekturen Fontanas. – 2 Seiten, 5. und 6. (System 1–6) Seite des Heftes. – Nähere Angaben, auch zur Herkunft, siehe op. 74 Nr. 1, ABh (S. 185).

Erstausgaben: Siehe Sammeltitel op. 74.

Briefe: Witwicki an Chopin: 6. Juli 1831. – J. Fontana an L. Jędrzejewicz: 2. Juli 1852. – J. W. Stirling an L. Jędrzejewicz: 2./3. Juli 1852.

Literatur: Zu Aa: Trybuna Wolności 1956 S. 8. – **Zu Ab:** Brown$_3$ S. 53f., – $_9$ Pos. 50 (2) und S. 196, Hoesick$_1$ S. 149, – $_{6I}$ S. 119f., – $_{7I}$ S. 104, – $_{9I}$ S. 118, Jachimecki$_2$ S. 147, Kobylańska$_1$ S. 11, – $_7$ S. 11, Parnas$_2$ S. 94, Sydow$_1$ Pos. 97. – **Zu Ac:** wie op. 74 Nr. 1, ABf. – **Zu ABb:** wie op. 74 Nr. 1, ABc. – **Zu ABc:** Binental$_1$ S. 157f., – $_2$ S. 142f., – $_4$ Pos. 48, – $_6$ S. 118, Brown$_3$ S. 54, – $_9$ Pos. 50 (1) und S. 196, DzW XVII S. 75, Ganche$_1$ S. 222, Hedley$_8$ S. 4f., – $_{11}$ S. 477, Jachimecki$_1$ S. 234, Jacobson S. 191 und 196, Kobylańska$_1$ S. 13, – $_9$ S. 202, Parnas$_1$ S. VII und 19, – $_2$ S. 82f./87/95. – **Zu ABd:** wie op. 74 Nr. 1, ABf. – **Zu ABe:** wie op. 74 Nr. 4, ABd.

Opus 74 Nr. 8

Śliczny chlopiec · (Mein Geliebter)
Lied für eine Singstimme mit Klavierbegleitung
D-dur

Text von Bohdan Zaleski

KKp 1137–1142

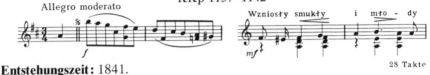

Entstehungszeit: 1841.

Autographe:

(a) Verschollen. Chopin schreibt am 18. September 1844 an seine Schwester Ludwika: *„... / Nach Wien habe ich Dir das versprochene Lied «Śliczny chłopiec czego chcieć» geschickt, nach Krakau einige Worte an Frau Skarbek. Falls Du weder das eine noch das andere erhalten hast, was leicht möglich ist, da die österreichische Post sehr langsam kriecht, so laß Dir den Krakauer Brief nachschicken; ... / Der Wiener Brief ist nicht so wichtig. Das Lied schreib ich Dir noch einmal auf."* – So konnten also schon zu Chopins Lebzeiten seine Autographe verlorengehen. Die Hs. ist nie mehr aufgetaucht.

(b) Verschollen. Siehe Liste am Ende des Briefes J. W. Stirlings vom 2./3. Juli 1852 an L. Jędrzejewicz (op. 74 Nr. 1 ABf, S. 184).

Abschriften:

(a) *N⁰ 8. / Oh! le beau garçon! // Sliczny Chłopiec / Słowa Bogdana (sic!) Zaleskiego / muzyka / Fred͞ka͞ Chopin. // S. 4645.* Abschrift eines unbekannten Kopisten. – 2 Blätter, Bl. 15r–16v des Heftes; Bl. 15r: Titel (s.o.), Bl. 15v/16r: Text – *Allegro moderato,* Datumsangabe: *1841,* Metronomangabe: *M.M.* ♩ = *96;* auf Bl. 16r ist unter der zweiten Akkolade nebeneinander der Text der Strophen II und III aufgeschrieben; Bl. 16v leer. – Nähere Angaben, auch zur Herkunft, siehe op. 74 Nr. 1, ABa (S. 182 f.).

(b) Verschollen. Abschrift von J. Fontana. Siehe Brief J. W. Stirlings vom 2./3. Juli 1852 an L. Jędrzejewicz (op. 74 Nr. 1 ABf, S. 184): *„Il (Fontana) ne connaissait pas Sliczny Chlopiec et l'avait copié."*

(c) Verschollen. Abschrift eines unbekannten Kopisten. Siehe Brief J. W. Stirlings vom 2./3. Juli 1852 an L. Jędrzejewicz (op. 74 Nr. 1 ABf, S. 184).

(d) Verschollen. Abschrift eines unbekannten Kopisten. – M. Karłowicz (siehe Lit.) gibt den Inhalt eines Briefes J. Fontanas vom 6. Januar 1853 an L. Jędrzejewicz wie folgt wieder: *„... die Handschriften, die ihm Chopins Angehörige schickten, empfing Fontana von Madame Veyret persönlich, und er bestätigte ihren Empfang. Unter ihnen befanden sich sieben Manuskripte und fünf Kopien von Liedern, von denen er die Mehrzahl schon in einer Abschrift besaß. Von Nutzen waren für ihn nur «Śliczny chłopiec», das nicht ganz vollständig war,*

196

«*Dwojaki koniec*» (op. 74 Nr. 11) *und* «*Z gór, gdzie dźwigali*» (op. 74 Nr. 9)
... / *Von* «*Śliczny chłopiec*» *sagt er, es sei eine von Chopins letzten Kompositionen.*" Im Vorwort zur Erstausgabe gab er dann als Kompositionsdatum richtig das Jahr 1841 an.

(e) *Sliczny Chlopies wiesz* (= Verse) *S*(tefan) *Wit:*(wicki) *mysyka F Chop.* /
Allegretto. Abschrift eines unbekannten Kopisten. Singstimme mit Klavierbegleitung. Die Zuschreibung an Witwicki ist falsch! – 1 Seite; Bl. 1r der Sammelhandschrift; etwa ab Mitte der Systeme 8/9 beginnt, direkt an das Ende dieses Liedes anschließend, op. 74 Nr. 7; nähere Einzelheiten, auch zur Herkunft, siehe op. 74 Nr. 4, ABd (S. 190).

Erstausgaben: Siehe Sammeltitel op. 74.

Briefe: Chopin und G. Sand an L. Jędrzejewicz: 18. September 1844. – J. Fontana an L. Jędrzejewicz: 2. Juli 1852 und 6. Januar 1853. – J. W. Stirling an L. Jędrzejewicz: 2./3. Juli 1852.

Literatur: Zu Aa: Kobylańska$_{24}$ S. 483, – $_{36}$ S. 326f. – **Zu Ab und ABc:** Brown$_3$ S. 57, Ganche$_1$ S. 142 Karłowicz$_2$ S. 343, – $_3$ S. 205. – **Zu ABb:** Ganche$_1$ S. 142. – **Zu ABd:** Karłowicz$_2$ S. 370f. – **Zu ABe:** siehe op. 74 Nr. 4, ABd.

Opus 74 Nr. 9

Melodia
Lied für eine Singstimme mit Klavierbegleitung
e-moll
Text von Zygmunt Krasiński
KKp 1143–1144a und 1382

Entstehungszeit: 1847.

Autograph: Verschollen. Im Album von Delfina Potocka. Nach M. Karłowicz (siehe Lit.) schrieb J. Fontana am 6. Januar 1853 sinngemäß an L. Jędrzejewicz: „... – *Frau Potocka hat alles aufgeklärt, was jenes Lied betrifft, das nach den Worten eines Anonymus (Zyg. Kr.), «Z gór, gdzie dźwigali ...»* (= *Aus den Bergen schleppten sie ...), komponiert ist. Sie hat sich angeboten, das Album aus Nizza zu schicken, in dem jenes Lied in Chopins Handschrift notiert ist.*" Auch J. W. Stirling schreibt in Briefen vom 17. September 1851 und vom 4. März 1852 an L. Jędrzejewicz, daß sich im Album von Delfina Potocka eine ganze

Anzahl (!) von Liedern befinde, die freilich nicht alle von Chopin stammen mußten. – Hoesick₅ (siehe Lit.) schreibt: *Dieses Albumblatt (mit Melodia) befindet sich im Besitz des Grafen Alexander Tyszkiewicz in Mohylow am Dniestr.* Richtig wäre: ... im Besitz von Aleksandra Tyszkiewicz, der Nichte von Delfina Potocka, in Mohylew Podolski.

Nach einem Nekrolog von Jan Koźmian (siehe Lit.) interessierte sich Chopin in seinen letzten Lebensjahren sehr für die Dichtung Krasińskis und vertonte wahrscheinlich auch noch andere Texte dieses Dichters. Szulc (siehe Lit.) nennt auch zwei Titel: *O wiem, że Polska* und *Pytasz się, czemu ucichły me pieśni* (= *Oh ich weiß, daß Polen* und *Du fragst, warum meine Lieder schweigen;* s. Anh. Ic/4 und 5, S. 281).

Abschriften:

(a) *N⁰ 9. / Une mélodie. // Melodya / słowa Anonyma / Muzyka / Fred^ka Chopin. // S. 4646.* Abschrift eines unbekannten Kopisten. – 2 Blätter; Bl. 17r–18v des Heftes; Bl. 17r: Titel (s.o.), Bl. 17v/18r: Text – *Andante,* Datumsangabe: *1847,* Metronomangabe: *M.M.* ♩ *= 92;* Bl. 18v leer. – Nähere Angaben, auch zur Herkunft, siehe op. 74 Nr. 1, ABa (S. 182f.).

(b) Verschollen. Abschrift eines unbekannten Kopisten. Siehe Brief Fontanas vom 6. Januar 1853 an L. Jędrzejewicz (op. 74 Nr. 8 ABd, S. 196f.).

Erstausgaben: Siehe Sammeltitel op. 74.

Briefe: J. W. Stirling an L. Jędrzejewicz: 17. September 1851 und 4. März 1852. – J. Fontana an L. Jędrzejewicz: 6. Januar 1853. – A. Tyszkiewicz an F. Hoesick: 7. Oktober 1907.

Literatur: Zu A: Brown₃ S. 53 und 57f., – ₉ Pos. 165 und S. 196, Hoesick₅ S. 35, – ₆ᴵᴵᴵ S. 195f., – ₇ᴵᴵ S. 486, – ₉ᴵᴵᴵ S. 243f., Karłowicz₂ S. 339f., 342 und 370, Kobylańska₁ S. 12, – ₃₆ S. 344, Koźmian S. 689, Szulc₁ S. 206. – **Zu ABb:** Karłowicz₂ S. 370f.

Opus 74 Nr. 10

Wojak · (Der Reiter vor der Schlacht)
Lied für eine Singstimme mit Klavierbegleitung
As-dur
Text von Stefan Witwicki
KKp 1145–1154 und 1399

Entstehungszeit: 1830; Brown₉: Frühjahr 1830.

Autographe:

(a) Verschollen. Im Stammbuch von Emilia Elsner (s. S. XIIIf.) als Nr. 7 eingetragen. Überschrift nach Hoesick₁ (siehe Lit.): *Wojak St. Witwickiego.*

(b) *Wojak / Vivace M.M. 96 =* ♪. Vierzehnzeiliges Einzelblatt (16,5 × 22,5); auf S. 2 nur noch die Systeme 1–2 mit Text; über System 4 links Ort und Datum: *Wiedeń. 21 Czerw 18* (= *Wien 21. Juni 18/31*), darüber die Unterschrift. – Ein handschriftliches Verzeichnis der Autographe und Erinnerungsstücke Chopins aus dem Nachlaß Leon Ciechomskis (Bibliothek der ChopGes, Inv.-Nr. M 685) notiert unter Pos. 11: *«Wojak», Lied Autograph Chopins an seine Schwester Ludwika gesandt.* Von Ludwika Jędrzejewicz kam die Hs. in den Besitz ihrer Tochter Ludwika Chiechomska, dann ihrer Enkelin Laura Ciechomska; diese verkaufte das Ms. vor 1939 an Arthur Rubinstein. – Seit 1977 im Museum der ChopGes, Inv.-Nr. D/166.

(c) Verschollen. L. Jędrzejewicz schrieb in einem Zusatz zu einem Brief Mikołaj Chopins vom 15. Dezember 1835 an ihren Bruder: „... / *er* (der Bruder von Brykczyński) *ist von Dir so sehr entzückt, daß er alle Deine bisher herausgekommenen Kompositionen zu einem schönen Buch binden läßt. / ... / Durch einen Bekannten, ..., bittet er um irgendeine von Deinen Handschriften; er will sie zur Erinnerung dort einheften. Wir wissen, ..., daß Du es nicht magst, aber jenes gute Herz hat uns so sehr zu Dank verpflichtet, daß ich mich entschieden habe, ihm eines von Deinen Stücken zu geben, aber ein gutes. Meine Wahl ist auf jenes Lied «Konik» gefallen, das ich für mich abschreibe, damit nicht zugunsten anderer ein mir teures Gedächtnis verlorengeht. – Konik* ist das gleiche Lied wie *Wojak*, mit anderem Titel. Wahrscheinlich wurde dieses Lied auch mit einem anderen Text gesungen, dessen Anfang Bronarski (siehe Lit.) zitiert: *Rży mój konik.*

Abschriften:

(a) *N⁰ 10. / Le guerrier. // Wojak / Piosnka Sielska Stef. Witwickiego / Muzyka / Fred^ka Chopin. // S. 4647.* Abschrift von Julian Fontana. – 2 Blätter, Blatt 19r–20v des Heftes; Bl. 19r: Titel (s.o.), Bl. 19v/20r: Text – *Vivace*, Datumsangabe: *1830*, Metronomangabe: *M.M. 96 =* ♩.; auf Bl. 19v ist nach der ersten Strophe auf der rechten Seite der vierten Akkolade untereinander der Text für das *2me Coup^t und 3me Coup^t* aufgeschrieben, Bl. 20r enthält das im Notentext abweichende *Dernier Couplet*; Bl. 20v leer. – Nähere Angaben, auch zur Herkunft, siehe op. 74 Nr. 1, ABa (S. 182f.).

(b) Verschollen. Abschrift von J. Fontana. Siehe Brief Fontanas vom 2. Juli 1852 an L. Jędrzejewicz (op. 74 Nr. 1 ABc, S. 183).

(c) Verschollen. Abschrift von L. Jędrzejewicz. Siehe Angaben zu Ac.

(d) Verschollen. *Wojak / Vivace M.M. 96 =* ♪. – Abschrift von L. Jędrzejewicz im Album (Nr. 3, S. 19 und 20) von Maria Wodzińska (siehe op. 74 Nr. 1 ABb, S. 183). – PhA Ch: F. 1622; PhA ÖNB Wien 356. – **Abb.:** Parnas₁ S. 13f.

(e) *Wojak Witwickiego / Vivace M.M. 96 =* ♪. Abschrift von Oskar Kolberg. Singstimme mit Klavierbegleitung. Blatt 43 seiner Handschriftensammlung.

2 zehnzeilige Seiten (24 × 30); auf dem linken Rand von S. 1: *Muzyka Fryderyka Chopin 1831* (diese Datierung ist falsch, es sei denn, sie bezieht sich auf das Entstehen dieser Kopie). – Heute in der Bibliothek der Warschauer Musikgesellschaft, Sign. R 1209². Inv.-Nr. 1923; PhA Ch: F. 1621.

(f) *Wojak – Chopin.* Abschrift von Fürst Kazimierz Lubomirski (?) in dessen Album. 8 zehnzeilige Seiten (23 × 29,5, S. 17–24 des Albums). Singstimme mit Klavierbegleitung. – Heute in der Bibliothek der Warschauer Musikgesellschaft, Sign. R. 1272, Inv.-Nr. 1088; PhA Ch: F. 1620.

(g) Verschollen. Abschrift eines unbekannten Kopisten. Siehe Brief J. W. Stirlings vom 2./3. Juli 1852 an L. Jędrzejewicz (op. 74 Nr. 4 ABf, S. 191).

(h) *Konik przez Chopina spiew z towarzyszeniem Fortepjanu (= Pferdchenlied von Chopin mit Klavierbegleitung) / Allegretto.* Abschrift eines unbekannten Kopisten. Singstimme mit Klavierbegleitung. 4 vierzehnzeilige Seiten (30,3 × 24,5); S. 1: auf den Systemen 1–2 der Schluß eines unbekannten Musikstücks, auf den Systemen 5–6 der Titel (s. o.); der Notentext beginnt erst auf System 7; S. 4 leer. Der Wortlaut des Gedichtes von Witwicki ist an vielen Stellen verändert; die Strophen 5 und 4 folgen in umgekehrter Reihenfolge; die Strophe 3 fehlt ganz. – Ł. Pietrusiński kaufte diese Hs. 1912 bei dem Antiquar Marek Hölcel in Lwów; 1961 verkaufte er sie an die ChopGes. – Museum der ChopGes, Inv.-Nr. M/501; PhA Ch: F. 1623.

(i) *Nº 7. Wojak, pieśń sielska Witwickiego. „(Rży i mój gniady)“. Vivace.* – Abschrift eines unbekannten Kopisten (Stefan Grotkowski?) mit Korrekturen Fontanas. – 3 Seiten, 11.–13. Seite des Heftes. Auf S. 13 unten rechts von Fontanas Hand: *vu et corrigé par JF, Paris Mai 28, 1843.* – Nähere Angaben, auch zur Herkunft, siehe op. 74 Nr. 1, ABh (S. 185).

Erstausgaben:
(a) Kiew, Antoni Kocipiński (Platten-Nr. 44), ohne Komponistenangabe; Erscheinungsdatum nach Brown₉: 1837. Die Ausgabe wurde 1856 vom gleichen Verlag neu herausgebracht, diesmal mit dem Namen Chopins.
(b) Siehe Sammeltitel op. 74.

Briefe: M. Wodzińska an F. Chopin: September 1835. – L. Jędrzejewicz an ihren Bruder: 15. Dezember 1835. – J. Fontana an L. Jędrzejewicz: 2. Juli 1852. – J. W. Stirling an L. Jędrzejewicz: 2./3. Juli 1852.

Literatur: Zu Aa: Brown₃ S. 53f. – ₉ Pos. 47 (2) und S. 196, Hoesick₁ S. 149, – ₆₁ S. 119f., – ₇₁ S. 104, – ₉₁ S. 118, Jachimecki₂ S. 147, Parnas₂ S. 94, Sydow₁ Pos. 97. – **Zu Ab:** Brown₃ S. 54, – ₉ Pos. 47 (4), Janta₁ S. 2, Kobylańska₂₄ S. 483, Poliński₁ Pos. 536. – **Zu Ac:** Bronarski₂ S. 9, Kobylańska₃₆ S. 312. – **Zu ABb:** Brown₃ S. 57, Karłowicz₂ S. 370, Kobylańska₂₄ S. 485. – **Zu ABc:** wie Ac. – **Zu ABd:** Barbag S. 29, Binental₄ Pos. 52, Brown₃ S. 54, – ₉ Pos. 47 (3) und S. 196, DzW XVII S. 75f., Ganche₁ S. 222, Hedley₈ S. 4f., – ₁₁ S. 477, Jachimecki₁ S. 234, Jacobson S. 191, Parnas₁ S. VII und 19, – ₂ S. 82/87/95. – **Zu ABe:** Kobylańska₂₇ S. 379 und 384. –

Zu ABf: Prokopowicz₄ Pos. 501. – **Zu ABg:** wie op. 74 Nr. 1, ABf. – **Zu ABh:** Katalog ChopGes 1971 Pos. 20.

Opus 74 Nr. 11

Dwojaki koniec · (Zwei Leichen)

Lied für eine Singstimme mit Klavierbegleitung

d-moll

Text von Bohdan Zaleski

KKp 1155–1156a und 1260

Entstehungszeit: 1845.

Autograph: Verschollen. Siehe Brief J. W. Stirlings vom 2./3. Juli 1852 an L. Jędrzejewicz: *... je lui* (Fontana) *ai fait voir le D Wojak en re mineur* (siehe op. 74 Nr. 1 ABf, S. 184). Nach der Liste am Ende dieses Briefes war *Dwojaki koniec* auf einem Blatt mit dem Lied op. 74 Nr. 8 notiert.
Die falsche Schreibweise *D Wojak* statt *Dwojaki* der Nichtpolin J. W. Stirling verführte Fontana wohl dazu, in seinem Brief vom 2. Juli 1852 an Ludwika Jędrzejewicz von einem Lied *Wojak* von Zaleski zu sprechen. Ein Gedicht Zaleskis mit diesem Titel ist jedoch nicht bekannt.

Abschriften:
(a) *N° 11. / La double fin // Dwojaki koniec / Dumka Bogdana* (sic!) *Zaleskiego / Muzyka / Fred*ᵏᵃ *Chopin. // S. 4648.* Abschrift eines unbekannten Kopisten. – 2 Blätter, Bl. 21r–22v; Bl. 21r: Titel (s.o.), Bl. 21v/22r: Text – *Allegretto,* Datumsangabe: *1845,* Metronomangabe: *M.M.* ♩ *= 100*; Bl. 22v leer. – Nähere Angaben, auch zur Herkunft, siehe op. 74 Nr. 1, ABa (S. 182f.).
(b) Verschollen. Abschrift eines unbekannten Kopisten. Siehe Brief Fontanas vom 6. Januar 1853 an L. Jędrzejewicz (op. 74 Nr. 8, ABd, S. 196f.).

Erstausgaben: Siehe Sammeltitel op. 74.

Briefe: J. W. Stirling an L. Jędrzejewicz: 2./3. Juli 1852. – J. Fontana an L. Jędrzejewicz: 6. Januar 1853.

Literatur: Zu A: wie op. 74 Nr. 1, ABf. – **Zu ABb:** Karłowicz₂ S. 370f.

Opus 74 Nr. 12

Moja pieszczotka · (Meine Freuden)
Lied für eine Singstimme mit Klavierbegleitung
Ges-dur
Text von Adam Mickiewicz
KKp 1157–1161

Entstehungszeit: 1837.

70 Takte

Autographe:

(a) Verschollen. Skizze in As-dur. 4 zehnzeilige Seiten (20,5 × 28). S. 1 enthält gewissermaßen die Geschichte dieser Hs. in den aufeinanderfolgenden Widmungen (in deutscher Übersetzung): *Der Fürstin Marcellina Czartoryska aus dem Hause Radziwiłł in Ehrerbietung T.(eofil) Kwiatkowski – 1872. Paris / ... / Zur Erinnerung an den 19. März 1871. Dem Grafen Stanisław Tarnowski Marcelina Czartoryska. 17. Novembre 1872 Krakau. / Zur Erinnerung an den 26. Februar 1885. An Władisław Żeleński zum Tage der ersten Aufführung von Wallenrod. St. Tarnowski.* Auf S. 2 und 3: Notentext; auf dem oberen Rand von S. 2 der Hinweis: *Pieszczotka Mickiewicza w ges trzeba śpiewać (= Liedchen von Mieckiewicz ist in Ges zu singen)*, auf S. 3 die Anmerkung: *dane było T. Kwiatkowskiemu po śmierci Szopena 1849 (= an T. Kwiatkowski nach Chopins Tod im Jahre 1849.)* S. 4 leer. – Zur Herkunft siehe oben; zuletzt im Besitz von Władysław Żeleńskis Sohn Tadeusz Żeleński-Boy, dessen Sammlung im Zweiten Weltkrieg verlorenging. PhA Ch: F. 1365. –
Abb.: S. 1 und 2: Binental$_{1-2}$ Pos. 76–78, Kobylańska$_1$ S. 12, $-_2$ S. 53f., $-_7$ S. 17f. – S. 2: Zárate S. 79. – S. 2 und 3: Mirska$_9$ S. 100.

(b) *Ritornela.* 2 neunzeilige Seiten (13,5 × 20,6); Bl. 3v und 4r in einem Album, dessen Bl. 1r die folgende Anmerkung enthält (in deutscher Übersetzung): *Das Album ist ein Geschenk Chopins. Mit eigener Hand hat er hier das von ihm selbst komponierte Lied moja Pieszczotka eingetragen.* Singstimme mit unterlegtem Text, ohne Klavierbegleitung. – Nach den Katalogen (siehe Lit.) von 1892 im Besitz der Krakauer Musik-Gesellschaft. Am 19. Juni 1899 von einem Unbekannten durch Vermittlung von Władysław Fischer dem Nationalmuseum Krakau übergeben. – Nationalmuseum Krakau, Sign. 76089; PhA Ch: F. 1644.

Abschriften:

(a) *№ 12. / „Mes delices" // „Moja pieszczotka"* (sic!) / *Slowa* (sic!) *A. Mićkiewicza / muzyka / Fred$^{\underline{ka}}$. Chopin // S. 4649.* Abschrift eines unbekannten Kopisten. – 2 Blätter, Bl. 23r–24v des Heftes; Bl. 23r: Titel (s.o.), Bl. 23v–24v: Text – *Allegretto*, Datumsangabe: *1837*, Metronomangabe: *M. M. ♩ =*

202

120.– Nähere Angaben, auch zur Herkunft, siehe op. 74 Nr. 1, ABa (S. 182f.).
(b) *Ritornello.* Abschrift eines unbekannten Kopisten. Singstimme mit Klavierbegleitung. 2 Seiten; Bl. 4r und v der Sammelhandschrift; auf den Systemen 1–3 von Bl. 4r ist noch das Ende von op. 74 Nr. 14 notiert; nähere Angaben, auch zur Herkunft, siehe op. 74 Nr. 4, ABd (S. 190).

Erstausgaben: Siehe Sammeltitel op. 74.

Literatur: Zu Aa: Ausstellung 1937 BP Pos. 180, Binental₁ S. 172, – ₂ S. 158, – ₄ Pos. 57, Brown₃ S. 55, – ₉ Pos. 112, DzW XVII S. 76, Hoesick₆ III S. 486, – ₇II S. 816, – ₉IV S. 245, Kobylańska₁ S. 13, – ₃ S. 11. – **Zu Ab:** Fach-Katalog Pos. 22 und 24, Hordyński₂ S. 390, – ₅ S. 393, Nossig Pos. 22 und 24. – **Zu ABb:** wie op. 74 Nr. 4, ABd.

Opus 74 Nr. 13

Nie ma czego trzeba · *(Melancolie)*

Lied für eine Singstimme mit Klavierbegleitung

a-moll

Text von Bohdan Zaleski

KKp 1162–1164

Entstehungszeit: 1845.

Autograph: Unbekannt.

Abschriften:

(a) *N⁰ 13. / (Mot pour mot.) / „Il n'y a pas ce qu'il faut" // „Niema czego trzeba" / Słowa Bogdana* (sic!) *Zaleskiego / Muzyka / Fred*ᵏᵃ *Chopin // S. 4650.* Abschrift von Julian Fontana. – 2 Blätter, Bl. 25r–26v des Heftes; Bl. 25r: Titel (s.o.), Bl. 25v/26r: Text – *Lento,* Datumsangabe: *1845,* Metronomangabe: *M.M.* ♩ = *63,* auf der vierten Akkolade von Bl. 25v ist nebeneinander der Text der Strophen II und III aufgeschrieben, die Strophe IV ist – mit einer eigenen kurzen Coda – auf Bl. 26r notiert; Bl. 26v leer. – Nähere Angaben, auch zur Herkunft, siehe op. 74 Nr. 1, ABa (S. 182f.).
(b) *Melodie de Fr. Chopin.* Abschrift von A. Franchomme. Zwanzigzeiliges Einzelblatt (34,7 × 26,5); Rückseite leer. Singstimme mit Klavierbegleitung (ohne Worte). – Ursprünglich Eigentum von A. Franchomme, später seiner Erben, die die Hs. der Bibliothèque du Conservatoire de Paris schenkten (Don 6879). – Heute in der Bibliothèque Nationale Paris, Département de la Musique, Sign. Ms. 10.490; PhA Ch: F. 1634.

Erstausgaben: Siehe Sammeltitel op. 74.

Literatur: Zu ABb: Kobylańska₁₅ S. 156.

Opus 74 Nr. 14

Pierścień · (Das Ringlein)
Lied für eine Singstimme mit Klavierbegleitung
Es-dur
Text von Stefan Witwicki
KKp 1165–1169

Entstehungszeit: 8. September 1836 (siehe Ab).   24 Takte

Autographe:

(a) Skizze. Die Singstimme ist, mit einigen wenigen Abweichungen, ganz
notiert; von der Klavierbegleitung fehlen die ersten vier Takte ganz, im übrigen
sind nur einige Akkorde notiert. – Zwölfzeiliges Einzelblatt (23,4 × 30,5);
Rückseite leer. Auf dem oberen Rand der S. 1, von Fontanas Hand: *Premier
jet de la Chanson polonaise «Pierścień» l'Anneau composée par Frédéric Chopin
en 1841* (siehe jedoch Datumsangabe auf Ab), *publiée sous le N⁰ 14 dans la
Collection de ses Œuvres posthumes (2ᵐᵉ partie, Chants), par Jules Fontana.* –
Ursprünglich Eigentum Fontanas. Die Bemerkung auf dem unteren Rand von
S. 1 *(Offert à Mʳ Bixio. Paris le 2 Nov: 1864. J. Fontana)* zeigt möglicherweise
einen Besitzwechsel an. Am 6. November 1959 tauchte die Hs. bei einer Versteigerung im Hôtel Drouot, Paris, als Stück aus einer *Collection d'un amateur*
auf. 1962 verkaufte sie der Pariser Antiquar Alain Brieux an die ChopGes. –
Seit Januar 1963 im Museum der ChopGes, Inv.-Nr. M/605; PhA Ch: F.
1628.

(b) Verschollen. Singstimme mit Klavierbegleitung. 1 zwölfzeilige Seite (Parnas:
22 × 29, Binental: 22,4 × 29) im Album Nr. 2 (Bl. 6) von Maria Wodzińska,
das auch die Etüden op. 25 Nr. 1 und 2 enthielt (s. S. 49f. und 51). Auf dem
oberen Rand links das Datum: *Drezno 8. 7ᵇʳᵉ 1836 (= Dresden 8. September
1836),* hinter dem letzten Takt die Unterschrift: *Ch (?).* – Zur Herkunft siehe
op. 9 Nr. 2, Ab (S. 18f.). – PhA Ch: F. 1360; PhA ÖNB Wien 355. – **Abb.:**
Binental₁₋₂ Pos. 55, Kobylańska₂ S. 58, Mirska₉ S. 150, Richter S. 80.

Abschriften:

(a) *N⁰ 14. / L'anneau. // Pierścień / Piosnka Sielska St. Witwickiego / muzyka /
Fredᵏᵃ Chopin. // S. 4651.* Abschrift eines unbekannten Kopisten. – 2 Blätter,
Bl. 27r–28v des Heftes; Bl. 27r: Titel (s.o.), Bl. 27v/28r: Text – *Moderato,*

Datumsangabe: *1841* (siehe jedoch Datumsangabe auf Ab), Metronomangabe: *M.M.* ♩ = *100*; Bl. 28v leer. – Nähere Angaben, auch zur Herkunft, siehe op. 74 Nr. 1, ABa (S. 182f.).

(b) Verschollen. Abschrift eines unbekannten Kopisten. Siehe Brief J. W. Stirlings vom 2./3. Juli 1852 an L. Jędrzejewicz (op. 74 Nr. 1 ABf, S. 184). Nach der Liste am Ende dieses Briefes war *Pierścień* auf einem Blatt mit dem Lied op. 74 Nr. 8 notiert.

(c) *Pierścień. Wiersz (= Verse) S. Wit. musyka F Ch.* Abschrift eines unbekannten Kopisten. Singstimme mit Klavierbegleitung. 1 Seite; Bl. 2v der Sammelhandschrift; auf den Systemen 1–3 ist das Ende von op. 74 Nr. 6 notiert; nähere Angaben, auch zur Herkunft, siehe op. 74 Nr. 4, ABd (S.190).

(d) *Pierścień. Wiercz S Wit: muzyka F Chop.* Abschrift eines unbekannten Kopisten (wie ABc). Singstimme mit Klavierbegleitung. 2 Seiten; Bl. 3v und 4r der Sammelhandschrift; auf den Systemen 1–6 von Bl. 3v ist noch das Ende von op. 74 Nr. 16, auf den Systemen 4–12 von Bl. 4r bereits der Anfang von op. 74 Nr. 12 notiert; nähere Angaben, auch zur Herkunft, siehe op. 74 Nr. 4, ABd (S.190).

Erstausgaben: Siehe Sammeltitel op. 74.

Briefe: J. Fontana an L. Jędrzejewicz: 2. Juli 1852. – J. W. Stirling an L. Jędrzejewicz: 2./3. Juli 1852.

Literatur: Zu Aa: Brown₃ S. 57, – ₉ Pos. 103 (2), Cornuau₁ Pos. 20, Katalog ChopGes 1971 Pos. 21, Kobylańska₂₁ Pos. 39, – ₂₃ S. 8, – ₂₄ S. 485. – **Zu Ab:** Barbag S. 46, Binental₁ S. 164, – ₂ S. 150, – ₄ Pos. 55, Brown₃ S. 54, – ₉ Pos. 103 (1), DzW XVII S. 76, Hoesick₉ᵢᵢ S. 380, Jacobson S. 202, Kobylańska₁ S. 12, – ₇ S. 17, – ₂₃ S. 8, Parnas₂ S. 77 und 91. – **Zu ABb:** wie op. 74 Nr. 1, ABf.

Opus 74 Nr. 15

Narzeczony · (Die Heimkehr)
Lied für eine Singstimme mit Klavierbegleitung
c-moll
Text von Stefan Witwicki
KKp 1170–1172

Entstehungszeit: 1831.

48 Takte

Autograph: Verschollen. Siehe Brief Jul. Fontanas vom 2. Juli 1852 an L. Jędrzejewicz (op. 74 Nr. 1 ABc, S.183).

Abschriften:

(a) *N⁰ 15. / Le promis. // Narzeczony / Piosnka Sielska Stef. Witwickiego / Muzyka / Fred^ka̲ Chopin // S. 4652.* Abschrift eines unbekannten Kopisten. – 2 Blätter, Bl. 29r–30v; Bl. 29r: Titel (s.o.), Bl. 29v/30r: Text – *Prestissimo,* Datumsangabe: *1831,* beim Textanfang neues Tempo mit Metronomangabe: *Agitato vivo.* ♩ = *108*; auf der ersten Akkolade von Bl. 30r ist nebeneinander der Text der Strophen II–IV aufgeschrieben, die Strophe V – mit einem neuen Schluß – ist gesondert notiert; Bl. 30v leer. – Nähere Angaben, auch zur Herkunft, siehe op. 74 Nr. 1, ABa (S. 182f.).

(b) Verschollen. Nach Karłowicz (siehe Lit.) befanden sich im Besitz von Laura Ciechomska Abschriften eines Briefes von Wessel und zweier Briefe von Breitkopf & Härtel an Fontana zusammen mit einer von Fontana angefertigten Kopie dieses Liedes.

Erstausgaben: Siehe Sammeltitel op. 74.

Briefe: Jul. Fontana an L. Jędrzejewicz: 2. Juli 1852.

Literatur: Zu A: wie op. 74 Nr. 1, ABc. – **Zu ABb:** Karłowicz₂ S. 374.

Opus 74 Nr. 16

Piosnka litewska · (Litauisches Lied)
Lied für eine Singstimme mit Klavierbegleitung
F-dur
Text von Ludwik Osiński
KKp 1173–1178

Entstehungszeit: 1831.

46 Takte

Autographe:

(a) Skizze. 4 sechszeilige Seiten (11,5 × 18,7); auf S. 2 notierte Chopin teilweise auch den Text (jeweils nur einzelne Wörter oder Silben). – Władysław Mickiewicz, der Sohn von Adam Mickiewicz, schenkte diese Hs. dem Adam Mickiewicz-Museum in Paris, Sign. 1108; PhA Ch: F. 1643.

(b) Verschollen. Siehe Brief J. W. Stirlings vom 2./3. Juli 1852 an L. Jędrzejewicz (op. 74 Nr. 1 ABf, S.184). Nach der Liste am Ende dieses Briefes umfaßte die Hs. 2¹/₂ Blätter.

Abschriften:

(a) *N⁰ 16 / Chanson Lithuanienne // Piosnka Litewska / Słowa Stef. Witwickiego / Muzyka / Fred^ka̲ Chopin. // S. 4653.* Abschrift von Julian Fontana. – 3 Seiten, Bl. 31r–32r des Heftes; Bl. 31r: Titel (s.o.), Bl. 31v/32r: Text – *Allegro moderato,* Datumsangabe: *1831,* Metronomangabe: *M.M.* ♩ = *88,* bei Textbeginn: *M.M.* ♩ = *72.* – Nähere Angaben, auch zur Herkunft, siehe op. 74 Nr. 1, ABa (S. 182f.).

(b) *Andantino.* Abschrift von Oskar Kolberg. Singstimme mit Klavierbegleitung. – Zwölfzeiliges Einzelblatt (18,5 × 22); Text auf S. 1 und den ersten sechs Systemen von S. 2; auf der unteren Hälfte von S. 2 hat Kolberg die beiden letzten Ecossaisen op. 72 Nr. 3 (s. S. 179) notiert. Auf dem oberen Rand von S. 1 rechts: *F Chopin.* – Früher Eigentum von George T. Keating. – Heute in der Memorial Library of Music, Stanford University, Kalifornien; PhA Ch: F. 1726. – **Abb.:** Kobylańska$_{27}$ nach S. 384 (Tafel 3 und 4), Patten S. 58.

(c) Verschollen. Abschrift von L. Jędrzejewicz im Album Nr. 3 (S. 14–16) von Maria Wodzińska. Singstimme mit Klavierbegleitung. Siehe op. 74 Nr. 1, ABb (S. 183). – PhA Ch: F. 1645; PhA ÖNB Wien 356. – **Abb.:** Parnas$_1$ S. 10–12.

(d) Abschrift eines unbekannten Kopisten. Singstimme mit Klavierbegleitung. 2 Seiten; Bl. 3r und v der Sammelhandschrift; auf System 7 von Bl. 3v beginnt bereits op. 74 Nr. 14; nähere Angaben, auch zur Herkunft, siehe op. 74 Nr. 4, ABd (S. 190).

Erstausgaben: Siehe Sammeltitel op. 74. Als Dichter ist dort irrtümlich Stefan Witwicki angegeben. Auch die Abschriften ABa–c enthalten diesen Fehler, der in der Chopin-Literatur lange beibehalten worden ist.

Briefe: J. W. Stirling an L. Jędrzejewicz: 2./3. Juli 1852.

Literatur: Zu Aa: Brown$_3$ S. 54, – $_9$ Pos. 63 (1), Kobylańska$_7$ S. 12, – $_{27}$ S. 382, Lewak S. 205. – **Zu Ab:** Kobylańska$_{27}$ S. 382. – **Zu ABb:** Albrecht Pos. 551, Brown$_3$ S. 54, – $_9$ Pos. 63 (2), Kobylańska$_{27}$ S. 379 und 382f., Patten Pos. 217. – **Zu ABc:** Binental$_4$ Pos. 51, Brown$_3$ S. 54, – $_9$ Pos. 63 (3) und S. 196, DzW XVII S. 77, Ganche$_1$ S. 222, Hedley$_8$ S. 4f., – $_{11}$ S. 477, Jachimecki$_1$ S. 234, Jacobson S. 191, Parnas$_1$ S. VII und 19, – $_2$ S. 82 und 87. – **Zu ABd:** Kobylańska$_{27}$ S. 382.

Opus 74 Nr. 17

Leci liście z drzewa · *(Polens Grabgesang)*

Lied für eine Singstimme mit Klavierbegleitung

es-moll

Text von Wincenty Pol

KKp 1179–1181, 1380 und 1381

112 Takte

Entstehungszeit: 1835 (Jachimecki$_3$) · 1836 (Brown$_9$, Hedley$_6$, Sydow$_1$; Fontana: 3. Mai 1836 – siehe ABa).

207

Autograph: Unbekannt.

Abschriften:

(a) *Śpiew z mogiły Janusza (= Gesang an Janusz's Grab) / Moderato.* Abschrift von J. Fontana. Singstimme mit Klavierbegleitung. – 4 vierzehnzeilige Seiten (21,4×28,2); auf S. 1 am Rand vor dem ersten Takt das Datum *3 Maja 1836,* das sich sowohl auf die Entstehung dieses Liedes als auch auf die Anfertigung der Kopie beziehen kann. Nach einem Brief Fontanas vom 2. Juli 1852 an L. Jędrzejewicz hat Chopin noch weitere Gedichte aus Pols Zyklus „*Lieder des Janusz*" vertont. Er erinnere sich an eine ganze Reihe von Liedern, die Chopin aber trotz wiederholten Bittens nie aufgeschrieben habe. „*Diesem Schicksal unterlagen insbesondere die Lieder des Janusz, von denen er zehn oder zwölf komponierte. Sie waren, wenn überhaupt den vorherigen ähnlich, erhabener und wehmütiger. Das ist alles zum Unglück mit Sicherheit verloren*". Nach Tomaszewski[1] und Sowiński (siehe Lit.) war unter ihnen das Lied „*Pożegnanie*" *(= Abschied).* – Nach der Aufschrift auf dem zur Hs. gehörenden Umschlag früher im Besitz von Adam Wieniawski. – Heute in der Bibliothek der Warschauer Musik-Gesellschaft, Sign. 21 / Ch; PhA Ch: F. 1627. Nr. Mikr. / BN 9803.

(b) *Chant du Tombeau. // Śpiew z Mogiły / słowa Janusza / Muzyka / Fr.*[ka] *Chopin.* Abschrift eines unbekannten Kopisten. – 5 Seiten, Bl. 32v–34v des Heftes; Bl. 32v: Titel (s.o.), anderes zwölfzeiliges Notenblatt, auf die ursprünglich leere Seite 32v aufgeklebt, zwischen System 8/9 noch folgender, eingeklammerter Hinweis: *NB Cette mélodie doit être / gravée separément, en dehors / de la Collection*; Bl. 33r–34r: Text – *Śpiew z Mogiły Pieśń Janusza, Muzyka Fred.*[ka] *Chopin,* links von diesem polnischen Titel steht noch einmal der französische (s.o.), rechts davon noch einmal die eingeklammerte Anmerkung der Titelseite (s.o.); darunter, von anderer Hand, der deutsche Titel *Ein Grabgesang*; rechts über dem ersten System der Hinweis: *Deutsche Worte von Ferd. Gumbert*; Tempoangabe: *Moderato,* Datumsangabe: *3 Mai 1836,* Metronomangabe: *M.M. ♩ = 104*; in der Mitte unter dem letzten System die Verlagsnummer *S. 4654*; Bl. 34v leer. – Nähere Angaben, auch zur Herkunft, siehe op. 74 Nr. 1, ABa (S. 182f.).

Erstausgaben: Siehe Sammeltitel op. 74.

Literatur: Zu ABa: Hoesick[6 II] S. 112, – [7 I] S. 507, – [9 II] S. 105f., Jełowicki S. 115, Karłowicz[2] S. 370, Kurier Codzienny 1947 S. 2, Parnas[2] S. 94, Prokopowicz[1] S. 77, Sowiński[2] S. 59, Tomaszewski[1] S. 82, – [2] S. 405. – **Zu ABb:** Brown[9] Pos. 101.

IV
POSTHUM ERSCHIENENE WERKE
OHNE OPUSZAHLEN
(chronologisch)

IVa
Bis 1830

1.

Polonaise für Klavier

B-dur

KKp 1182, 1183 und 1302

Entstehungszeit: 1817 (Brown$_9$; Jachimecki$_6$: Sommer oder Herbst 1817) ·
1817/18 (Mikołaj Chopin; siehe AB).

Autograph: Unbekannt.

Abschrift: Verschollen. *Polonoise / pour le / Piano=Forté. / Composée par
F Chopin agé de 8 ans.* Niederschrift von Chopins Vater Mikołaj Chopin. Acht-
zeiliges Doppelblatt (23 × 36); S. 1: Titel (s.o.), S. 2 und 3: Text *Polonoise,*
S. 4 wahrscheinlich leer. Hoesick$_8$ und Poliński (siehe Lit.) hielten die Hs. für
eine Kopie von W. Żywny. – Siehe auch Anmerkung zur Polonaise in g-moll,
IIa/1 (S. 147). – Die Hs. befand sich früher im Besitz von Aleksander Poliński in
Warschau, später in den Staatlichen Kunstsammlungen Warschau (nach Jachi-
mecki$_6$, siehe Lit.; nach Jachimecki$_7$ und Sydow$_1$, siehe Lit., war dagegen das
Warschauer Nationalmuseum der letzte Aufbewahrungsort), aus denen sie
während des Zweiten Weltkriegs abhanden kam. – PhA Ch: F. 1541. –
Abb.: Jachimecki$_5$ S. IIf., –$_6$ S. 28f. (ohne S. 1), Kobylańska$_9$ S. 42, Muzyka
1934 S. 79 (ohne S. 1).

Erstausgabe: Krakau, Verlagsbuchhandlung S. A. Krzyżanowski, zusammen
mit den Polonaisen in g-moll (IIa/1, S. 147) und As-dur (IVa/2, S. 212) unter
dem Titel *Trzy Polonezy z lat najmłodszych 1817–1821 (= Drei Polonaisen aus
den frühen Jahren 1817–1821)* hrsg. von Z. Jachimecki; 1947.

Literatur: Zu AB: Brown$_9$ Pos. 3, DzW VIII S. 153, Feicht S. 39, Henle$_6$
KB S. 13, Hoesick$_4$ S. 105, –$_{61}$ S. 34, –$_{71}$ S. 30, –$_{81}$ S. 161, –$_{91}$ S. 49, 350 und
377, Jachimecki$_2$ S. 34, –$_3$ S. 113f. und 342, –$_5$ S. IIf., –$_6$ S. 27ff., –$_7$ S. 8,
–$_8$ S. 46, Kobylańska$_9$ S. 42 und 276, Muzyka 1934 S. 78 und 81, Poliński$_3$
S. 18, Sydow$_1$ Pos. 83.

2.

Polonaise für Klavier

As-dur
Wojciech Żywny gewidmet
KKp 1184

59 Takte

Entstehungszeit: 23. April 1821 (siehe A).

Autograph: *Polonaise / pour / le Piano Forté / composée et dediée / A Monsieur A. Żywny / par son Elève / Frederyk Chopin / a Varsovie / ce 23 Avril 1821.* Sechszeiliges Doppelblatt (23,1 × 27,9); S. 1: Titel (s.o.), S. 2 und 3: Text, S. 4 leer. – Chopin schenkte dieses Ms. Wojciech Żywny an dessen Namenstag. Später war es im Besitz von Józef Jarecki, der es wahrscheinlich Adam Münchheimer überließ. Jedenfalls ist Münchheimer im Wiener Ausstellungskatalog von 1892 als Eigentümer dieses Autographs genannt. – Bibliothek der Warschauer Musikgesellschaft, Sign. 1/Ch; PhA Ch: F. 1492. – Nr. Mikr. BN/ 9784. – **Abb.:** S. 1–3: Abbiati S. 579, Bory S. 47, Bourniquel$_1$ S. 36, Echo MTA 1899 S. 486f., Gebethner und Wolff 2515 S. 2, Hoesick$_{6I}$ S. 42f., Kobylańska$_9$ S. 43, Leichtentritt$_1$ nach S. 16, Martynow S. 17, Simonides-Bednař Tafel 10, Valetta S. 281, Weissmann S. 7. – S. 1 (Titelseite): Binental$_6$ Tafel VIII/2, Boucourechliev S. 16, Horodyska S. 14, Prochazka$_2$ S. 11. – S. 2: Horodyska S. 34, Kongress 1960 S. 14. – S. 2 und 3: Jachimecki$_6$ S. 34.

Erstausgaben:
(a) polnische: Warschau, Gebethner und Wolff (2515), hrsg. von Jan Micha- łowski; 1902.
(b) deutsche: Berlin, Beilage in der Zeitschrift *Die Musik,* Jg. 1908 Nr. 1.

Literatur: Ausstellung 1932 BP Pos. 37, – 1937 BP Pos. 33, Binental$_4$ Pos. 40, – $_6$ S. 118, Bory S. 47, Brown$_9$ Pos. 5, DzW VIII Pos. 153, Echo MTA 1899 S. 486f., Fach-Katalog Pos. 19, Henle$_6$ KB S. 13, Hoesick$_{6I}$ S. 45, – $_{8II}$ S. 247f., Jachimecki$_2$ S. 35f. – $_3$ S. 119f. und 342, – $_6$ S. 25 und 33ff., – $_7$ S. 8, – $_8$ S. 46, Kobylańska$_5$ S. 36, – $_7$ S. 1, – $_9$ S. 43, – $_{13}$ Pos. 11, – $_{16}$ Pos. 1, – $_{24}$ S. 482, Die Musik (Beilage), Nossig Pos. 19, Opieński$_1$ S. 153, Prokopowicz$_1$ S. 76 – Pos. 14, Sydow$_1$ Pos. 85.

212

3.

Polonaise für Klavier

gis-moll
Madame Du-Pont gewidmet
KKp 1185–1187

Moderato

61 Takte

Entstehungszeit: 1822 (Brown[9], Hedley[6], Hoesick[61], Opieński[1], Sydow[1]) ·
1822–24 (Jachimecki[2–3] und [8]) · 1824 (ABb und EAa).
DzW VIII und Niecks[11] erwähnen zwar auch die Angaben bei ABb und EAa,
fugen allerdings hinzu, daß der Stil des Werkes auf eine spätere Entstehungszeit
schließen lasse.

Autographe:

(a) Verschollen. In einer Anmerkung zu S. 217 des Buches „Fryderyk Chopin
…" von M. A. Szulc (Original im Museum der ChopGes, Inv.-Nr. M/66)
schreibt Oskar Kolberg (in deutscher Übersetzung): … / *Kaufman hat vor
einigen Jahren in Warschau eine Polonaise unter folgendem Titel herausgegeben:
von einem berühmten Künstler, der vor einigen Jahrzehnten in Paris starb (Gis-
moll? wahrscheinlich aus dem Album von T. Woyciechowski).* Diese Anmerkung ist freilich recht anfechtbar. So ist es kaum wahrscheinlich, daß Chopin
in das Album Woyciechowskis ein mit einer Widmung an Madame Du-Pont
versehenes Autograph geschrieben haben soll. Auch die Tatsache, daß Kolberg
sich uber die Tonart des Stucks nicht ganz im klaren ist, also offenbar aus dem
Gedächtnis schrieb, stimmt bedenklich. Schließlich hat das in der Bibliothek
der ChopGes aufbewahrte Exemplar der Ausgabe von Kaufmann (Inv.-
Nr. 1119) auch einen anderen als den von Kolberg angegebenen Titel, nämlich: *Polonaise / pour le Piano-Forte / composée et dediée / à Mͤ Du-Pont /
par / Fr. Chopin. / Œuvre posthume. / Propriété de l'Editeur / Varsovie Josef
Kaufmann. / 20.*

(b) Verschollen. Die im folgenden beschriebene Abschrift ABb (S. 1, System 1)
und die Ausgabe Kaufmann (auf dem unteren Rand von S. 1) enthalten die folgende, in beiden Fallen völlig gleichlautende Anmerkung: *O ile z manuskryptu
i dedykacji wnosić można, kompozyzja ta napisaną została w 14 roku życia
przez Fryderyka Chopin, – i nigdzie dotychczas drukowaną nie była* (= Soviel
man aus dem Manuskript und der Widmung schließen kann, schrieb Chopin dieses Stück im Alter von 14 Jahren. Es ist bis heute nirgendwo gedruckt worden).

Abschriften:

(a) *Polonez Moderato.* Abschrift eines unbekannten Kopisten. – 6 Seiten
(26,8 × 21,7); Text auf den Seiten 2–6 (original als S. 1–5 paginiert); die

213

jeweils zwölf Notensysteme sind von Hand gezogen. S. 1 enthält, von anderer Hand, den Titel à *Mme Du= Pont / Polonaise / par / Fr: Chopin / Œuvre post-h*(ume); die eingeklammerten Buchstaben sind von wieder anderer Hand, desgleichen die Anmerkung etwas weiter unten rechts: *tous pays / Varsovie chez J. Kauffmann.* Die Hs. enthält Stechereintragungen. – Der Pariser Vertreter des Verlagshauses Schott, das die deutsche Erstausgabe dieses Werkes herausbrachte, schickte die Hs. nach Mainz. Sie blieb bis heute in den Archiven des Verlages.

(b) *Polonez.* Abschrift eines unbekannten Kopisten. Vierzehnzeiliges Doppelblatt (32,5 × 25,8); Text auf S. 1 und 2; auf S. 1 die oben (siehe Ab) erwähnte Anmerkung, S. 3 leer. Die S. 4 enthält, in anderer Handschrift, den Anfang des Werkes eines nicht genannten Komponisten. Die Abschrift ist sehr wahrscheinlich nach der Ausgabe Kaufmann angefertigt worden. – Łucjusz Pietrusiński verkaufte diese Hs. im Mai 1961 an die ChopGes. – Heute im Museum der ChopGes, Inv.-Nr. M/502; PhA Ch: F. 1678.

Erstausgaben:
(a) polnische: Warschau, J. Kaufmann (20); 1864.
(b) deutsche: Mainz, Schott (17.943); 1864.

Literatur: Zu Aa: Kobylańska[27] S. 388, Turczynowicz S. 502f. – **Zu Ab:** Brown[9] Pos. 6, Gebethner und Wolff 951 S. 128, Jachimecki[3] S. 121, Kaufmann S. 3, Niecks[11] S. 54. – **Zu ABb:** Katalog ChopGes 1971 Pos. 27.

4.

Variationen für Klavier
über das Lied „Der Schweizerbub"
E-dur
Katarzyna Sowińska née Schroeder gewidmet
KKp 925–927

Entstehungszeit: 1820–25 (Szulc[1]) · 1822–29 (DzW XIII) · 1824? (Niecks[2]) · 1825? (Jachimecki[3]: wahrscheinlich 1825, vielleicht 1824) · 1826 (Hedley[6]; Brown[9]: Sommer 1826) · 1826–27 (Sydow[1]).

Autographe:
(a) *Steh' auf, steh' auf, o du Schweitzer Bub / varié / pour le piano-forte / dedié /*

à Mme Sowińska, née de Schroeder / par / Fréderic Chopin. 8 zehnzeilige Seiten (23,4 × 31,5); S. 1: Titel (s. o.), S. 2: *Introduzione. M. M.* ♩ = *100,* S. 3: *Thema. Simplice, senza ornamenti. M. M.* ♩ = *100* und *Var: I. M. M.* ♩ = *88,* S. 4: *Var: 2. M. M.* ♩ = *76* und *Var: 3. M. M.* ♩ = *66,* S. 5: Fortsetzung der Var. 3 und *Var: 4. Meno mosso.* ♩ = *76 Metr. de Maelzel,* S. 6–8: *Tempo di Valso. M. M.* ♩ = *80.* Brown (siehe Lit.) bestreitet die Echtheit der Hs.; es ist jedoch zu bedenken, daß Chopin sie einer prominenten Persönlichkeit schenken wollte und daher kalligraphisch schön schrieb. – Ursprünglich Eigentum von Katarzyna Sowińska; sie übergab die Hs. 1852 Oskar Kolberg, der sie am 19. Juni 1874 der Akademie der Wissenschaften in Krakau schenkte (Anmerkung von Kolberg auf dem Titelblatt). – Bibliothek der polnischen Akademie der Wissenschaften in Krakau, Sign. 1439; PhA Ch: F. 1608. – **Abb.:** Kobylańska₉ S. 212 (S. 1 und 2), DzW XIII S. 10ff. (S. 2–4).
Szulc (siehe Lit.) schreibt: *Oskar Kolberg berichtete, er sei bis heute (1873) im Besitz von Variationen, die Chopin als kaum über zehn Jahre alter Knabe auf Geheiß der Generalin Sowińska in deren Wohnung innerhalb weniger Viertelstunden komponiert habe.* Wahrscheinlich „komponierte" er diese Variationen auf dem Klavier; denn wenn er sie in so kurzer Zeit notiert hätte, dann müßte es noch eine andere Handschrift geben. Diejenige, die wir hier beschreiben, ist eine Schönschrift, die allein wohl mehr als eine Stunde eingenommen hat.
(b) Verschollen. Chopin schreibt am 11. September 1841 an J. Fontana: *„Hasslinger / ... / will heute die Sachen veröffentlichen, die ich ihm unentgeltlich vor zwölf Jahren in Wien gegeben habe. Wie gefällt Dir das? – Ich werde ihm nicht antworten, oder ich schreibe ihm einen gesalzenen Brief, ... /"* (Guttry Nr. 148). „Diese Sachen" sind die Variationen E-dur und die Klaviersonate op. 4. Haslingers Ausgaben erschienen dann wahrscheinlich doch erst 1851.

Abschrift: Verschollen. Abschrift von O. Kolberg (?). Nach einem Brief O. Kolbergs an M. A. Szulc vom 15. Dezember 1874 übergab er 1867 der Musikgesellschaft Lwów eine Kopie dieser Variationen zusammen mit einer Kopie des E-dur-Walzers IVa/12 (siehe S. 223). Nach Kolbergs Angaben soll diese Hs. als Stichvorlage für Haslinger gedient haben; Haslinger hatte jedoch wahrscheinlich ein Autograph als Vorlage (siehe Ab).

Handschriftliche Verzeichnisse: Stirling VII/2 (Franchomme, s. S. XV).

Erstausgaben:
(a) deutsche: Wien, Haslinger (T. H. 8148); 1851?
(b) französische: Paris, S. Richault (4358); 1851?
(c) englische: London, Cocks (9728); 1852?
(d) polnische: Warschau, *Echo Muzyczne,* hrsg. von Jan Kleczyński; 1. Oktober 1880.

Briefe: An T. Woyciechowski: 9. September 1828. – An seine Familie: 1. Dezember 1830. – An J. Fontana: 11. September 1841.

Literatur: Zu Aa: Brown₉ Pos. 14, DzW XIII S. 72ff., Fach-Katalog Pos. 23, Henle₁₃ KB S. 8, Hoesick₄ S. 360, Hordyński₅ S. 392f., Jachimecki₂ S. 134, −₃ S. 296, −₆ S. 39f., Kobylańska₉ S. 212 und 279, −₂₇ S. 384, −₃₆ S. 277 und 294, Nossig Pos. 23, Szulc₁ S. 29. – **Zu AB:** Turczynowicz S. 502f., 508 und 510.

5.

Polonaise für Klavier

b-moll

Wilhelm Kolberg gewidmet

KKp 1188 und 1189

68 Takte

Entstehungszeit: 1826; Sydow₁: in der Nacht vom 27. Juli 1826, Brown₉: Juli 1826.

Autograph: Verschollen. Nach Niecks (siehe Lit.) schenkte Chopin vor seiner Abreise nach Duszniki (Reinertz) Wilhelm Kolberg als Abschiedsgeschenk ein Autograph dieser Polonaise.

Abschrift: Verschollen. *Adieu* (ursprünglich *Les Adieux*) *à Guil. Kolberg (en partant pour Reinerz) Polonoise. 1826. / p.(ar) Chopin.* Die Hs. ist wahrscheinlich von Oskar Kolberg angefertigt. – 4 zwölfzeilige Seiten; S. 1–3: Text, S. 4 leer; auf den Systemen 3–10 von S. 2 hat Kolberg ein als *Mazur Oborski z 181* (?) betiteltes Stück notiert; auf dem oberen Rand von S. 3, die den Mittelteil enthält, die Anmerkung *Au revoir! / Trio tiré d'un air de la Gazza ladra par Rossini* (die letzten beiden Wörter sind durchgestrichen; es handelt sich um die Cavatina Nr. 4 aus dem 1. Akt von Rossinis Oper *La Gazza Ladra*); auf dem unteren Rand dieser Seite die Anmerkung: *Quelques jours avant son depart Ch. [ ] était avec Kolberg [ ] accompagné de Kolberg assistait [ ] une representation de la Gazza ladra de Rossini [ ] assistait au concert où on chantait [ ].* – Die Hs. war früher Eigentum von Ch. Malherbe und kam später in die Bibliothèque du Conservatoire de Paris, wo sie vor 1935 (d.i. vor Inventarisierung) verlorenging. Im Département de la Musique der Bibliothèque Nationale Paris wird eine Photokopie aufbewahrt, Sign. F.S. 251; PhA ÖNB Wien 329. —
Abb.: Turczynowicz vor S. 513.

O. Kolberg erwähnt diese Polonaise auch in seinem Brief vom 15. Dezember 1874 an M. A. Szulc. Er zitiert darin den Schluß des Trio-Teils, der von der sonst überlieferten Fassung erheblich abweicht (wohl weil Kolberg ihn aus dem Gedächtnis niederschrieb):

216

Erstausgaben: Nach Brown (siehe Lit.) wurde 1826 in Warschau eine Lithographie dieser Polonaise veröffentlicht; sie ist jedoch nirgends nachzuweisen.
(a) deutsche: Leipzig, Breitkopf & Härtel, GA Bd. XIII Nr. 16; 1879.
(b) polnische: Warschau, Beilage zur Zeitschrift *Echo Muzyczne,* Nr. 12 S. 89–95; 3. Juni 1881.

Literatur: Zu A: Breitkopf & Härtel$_1$, Brown$_9$ Pos. 13, Echo M 1881 S. 89 und 96, Gebethner und Wolff 953 S. 141, Henle$_6$ KB S. 13f., Jachimecki$_3$ S. 126 und 342, – $_8$ S. 47, Kobylańska$_{27}$ S. 384, – $_{35}$ S. 8, – $_{37}$ S. 128, Niecks$_{11}$ S. 54f., Sydow$_1$ Pos. 90. – **Zu AB:** Brown$_9$ Pos. 13, Kobylańska$_{27}$ S. 384, – $_{37}$ S. 128, Turczynowicz S. 508f. – **Zu EA:** Brown$_9$ Pos. 13.

6.
Variationen für Klavier vierhändig
über ein italienisches Lied
D-dur
KKp 1190–1192

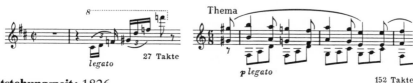

Entstehungszeit: 1826.

Autograph: Unbekannt.

Abschrift: Fragment. Abschrift eines unbekannten Kopisten. Die Hs. wurde und wird teilweise auch heute noch als Autograph angesehen. – 10 zwölfzeilige Seiten (22,5 × 32,2); ein Doppelblatt ist verloren; es enthielt wahrscheinlich auf Bl. 1r den Titel, auf Bl. 1v Introduktion und Thema des secondo- und auf Bl. 2r das Ende des primo-Parts; Bl. 2v war wohl leer. Die Hs. enthält zahlreiche Ergänzungen und Verbesserungen (Bleistift). Das Thema, das Chopin auch in *Souvenir de Paganini* (siehe IVa/10, S. 221f.) verwendet hat (aus Paganinis *Carnevale di Venezia* op. 10), kannte Chopin wahrscheinlich aus der von dem irischen Dichtermusiker Thomas Moore veröffentlichten Sammlung von Volksliedern (siehe Jędrzejewicz-Verzeichnis). Nach Hordyński und PWM Wariacje D (siehe Lit.) soll Chopin die Hs. 1841/42 in Paris Kornel Krzeczunowicz geschenkt haben; dieser habe sie Teofil Ostaszewski vermacht, in dessen Familie die Hs. lange Zeit geblieben sei. 1964 kaufte die Jagellonen-Bibliothek Krakau die Hs. von Stanisław Mycielski. – Jagellonen-Bibliothek Krakau, Musikabteilung. Sign. BJ 1964: 1. – **Abb.:** PWM Wariacje D Gesamtfaksimile, Hordyński$_8$ S. 3 (S. 2).

217

Handschriftliche Verzeichnisse: Jędrzejewicz S. 2 Nr. 11 (s. S. XVII); als Entstehungszeit und Titel sind angegeben: (1)*826. 11* (= laufende Nummer) *Variation(s?) sur un air National de Moore à 4 mains / Po introdukcji takie thema (= Nach der Einleitung folgendes Thema).*

Erstausgabe: Krakau, Polskie Wydawnictwo Muzyczne (= Polnischer Musikverlag; 5835); hrsg. und ergänzt von J. Ekier; 1965.

Literatur: Zu AB: Brown$_9$ Pos. 12 (A), – $_{10}$ S. 30, Ekier$_4$ S. 24ff., Hordyński$_8$ S. 3, Jachimecki$_8$ S. 47, – $_9$ S. 266, Opieński$_1$ S. 158, PWM Wariacje D S. 4ff., Sydow$_1$ Pos. 92, Walker S. 292. – **Zu HV:** Brown$_9$ Pos. 12 (A), Karłowicz$_2$ S. 378.

7.

Mazurka für Klavier

D-dur

KKp 1193–1196

50 Takte

Erstfassung der Mazurka IVb/2 (S. 229).

Entstehungszeit: 1824–28 (Jachimecki$_8$, Szulc$_2$, auch nach DzW X läßt der Stil des Werks auf eine Entstehung vor 1829 schließen) · 1826/27 (O. Kolberg, siehe A) · 1829 (Brown$_9$, Hedley$_6$, Opieński$_1$) · 1829–30 (Breitkopf & Härtel$_1$, Niecks$_{2\,II}$, Jachimecki$_3$).

Autograph (?): Verschollen. Nach einem Brief O. Kolbergs an M.A.Szulc vom 15. Dezember 1874 improvisierte Chopin während eines Tanzabends diese und die beiden Mazurken in G- und B-dur (siehe II/2., 3. A, S. 148). Der Bruder O. Kolbergs, Wilhelm, soll Chopin genötigt haben, diese Stücke aufzuschreiben. Es muß offen bleiben, ob Chopin selbst oder irgendein anderer (siehe unten, ABb) eine Niederschrift angefertigt hat.

Abschriften:

(a) Verschollen. Abschrift von O. Kolberg. Nach dem Vorwort zu der von Szulc herausgegebenen Erstausgabe (siehe unten) diente ihm eine von O. Kolberg angefertigte Kopie dieser Mazurka als Vorlage.

(b) Verschollen. Abschrift eines unbekannten Kopisten. Nach dem Vorwort zur GA von Breitkopf & Härtel (Bd. XIII Nr. 6) diente als Quelle die Abschrift eines unbekannten Kopisten. Es ist freilich nicht auszuschließen, daß die Kopien a und b miteinander identisch sind (siehe auch A).

Erstausgaben:

(a) polnische: Poznań, M. Leitgeber (M.L. 18); hrsg. von M. A. Szulc; enthalt als Nr. 2 und 3 die beiden Mazurken in G- und B-dur (siehe IIa/2., 3., S. 148) und das Nocturne in cis-moll (siehe IV a/16, S. 226); 1875.

(b) deutsche: Leipzig, Breitkopf & Härtel (C. XIII. 6.), Gesamtausgabe Bd. XIII Nr. 6; 1880.

Briefe: O. Kolberg an M. A. Szulc: 15. Dezember 1874.

Literatur: Zu A: Brown₉ Pos. 31, DzW X S. 229, Kleczyński₁ S. 513f., Parnas₂ S. 93, Szulc₂ S. 3, Turczynowicz S. 507ff. – **Zu ABa:** Szulc₂ S. 3 – **Zu ABb:** Breitkopf & Härtel₁, DzW X S. 229.

8.

Polonaise für Klavier

Ges-dur

KKp 1197–1200

127 Takte

Entstehungszeit: 1828 (Jachimecki₃) · 1828–29 (Jachimecki₈) · 1829 (Jędrzejewicz-Verzeichnis; Hedley₆, Opieński₁, Sydow₁; Brown₉: wahrscheinlich vor Juli 1829).

Autograph: Verschollen. Nach Jachimecki₃ (siehe Lit.) existierte in Paris ein Autograph dieser Polonaise, nach dem eine Abschrift fur den Verlag Schott angefertigt wurde (siehe ABb).

Abschriften:

(a) *Polonez.* Abschrift eines unbekannten Kopisten. – Heft, bestehend aus 6 Blättern (27,2 × 21); Text auf den Seiten 1–8, auf den Systemen 11/12 von S. 8 beginnt die Mazurka C-dur (IVb/3, s. S.229); die jeweils zwölf Notensysteme jeder Seite sind von Hand gezogen. Auf S. 1, neben der Überschrift, von anderer Hand: *par Chopin;* das Ganze ist von wieder anderer Hand mit Bleistift durchgestrichen und durch einen neuen Titel ersetzt: *Polonaise. / Oeuvre posthume. / p*(ar) *F. Chopin.* Von gleicher Hand stammt auch die Aufschrift auf dem Umschlagblatt (30,5 × 18,5): *Polonaise et* (*Valse* – durchgestrichen) *Mazurka / par / F. Chopin. / Œuvres posthumes. / Polonaise, / 20029 / en Solb majeur – Mazurka, / 20030 / en Ut majeur.* Die Hs. enthält Stechereintragungen. – Der Pariser Vertreter des Verlagshauses Schott schickte die Hs. nach Mainz. Sie blieb bis heute in den Archiven des Verlags.

(b) Verschollen. Abschrift von O. Kolberg. Nach Opieński[1] und Jachimecki[2] (siehe Lit.) existierte eine von O. Kolberg angefertigte Abschrift dieser Polonaise. Das Ms. soll sich in der Sammlung von Aleksander Poliński befunden haben.

Handschriftliches Verzeichnis: Jędrzejewicz S. 1 Nr. 4 (s. S. XVII); vor dem Incipit, zwischen den Systemen 7/8: (1)*829 4. Polonaise.*

Erstausgaben:
(a) polnische: Warschau, J. Kaufmann (170); 1870.
(b) deutsche: Mainz, Schott (20.029); 1870.

Literatur: Zu A: Jachimecki[3] S. 132. – **Zu ABa:** Jachimecki[3] S. 132, Niecks[2II] S. 359. – **Zu ABb:** Henle[6] KB S. 14, Jachimecki[2] S. 31 und 37, –[3] S. 132, –[4] S. 5, Kobylańska[27] S. 379f., Sydow[1] Pos. 103. – **Zu HV:** Brown[9] Pos. 36, Ekier[1] S. 464, Karłowicz[2] S. 377, Kobylańska[16] Pos. 62.

9.

Jakież kwiaty, jakie wianki …
(Welche Blumen, welche Kränze)

Lied
G-dur
Text von Ignacy Maciejowski
Vaclav Hanka gewidmet
KKp 1201 und 1202

Ja-kież kwiaty ja-kie wian-ki,   splotę na cześź Han-ki?   Co bratniego ludu pieśni

Entstehungszeit: 23. August 1829 (siehe A).   12 Takte

Autograph: *Mazur.* 1 Seite (Blatt 11r) im Album von Vaclav Hanka (tschechischer Gelehrter, 1791–1861). Singstimme ohne Klavierbegleitung. Der Notentext ist auf zwei von Hand gezogene Systeme geschrieben; nach dem letzten Takt die Unterschrift *F. Chopin.* Unter dem zweiten System sind die weiteren Strophen notiert, darunter das Datum *W Pradze, dnia 23 sierpnia 1829 (= Prag, 23. August 1829).* – Vaclav Hanka vermachte sein Album dem Nationalmuseum Prag, wo man erst 1960 eine Photokopie des Originals, das inzwischen nur noch unvollständig erhalten ist, auffand. – Heute im Nationalmuseum Prag, Sign. IX.H. 25 (Abt. Handschriften); PhA Ch: F. 812. – **Abb.:** Vollständig: Procházka[2] S. 75, Simonides-Bednař Tafel 17. – Fragment: Kobylańska[9] S. 177, Miketta[1] S. 458, Procházka[2] S. 74, Sydow-Miketta I nach S. 264.

220

Abschrift: Verschollen. Hs. von Franciszek Maciejowski. Singstimme ohne Klavierbegleitung. – F. Maciejowski, der Bruder von Ignacy Maciejowski, berichtete in einem Brief vom 6. April 1856 an K. W. Wójcicki über die Entstehungsgeschichte dieses Liedes: ... / *Hanka bat sie* (I. Maciejowski und Chopin) *darum, sie möchten ihm ... eine Erinnerung in das Stammbuch schreiben. – Sie nahmen das Stammbuch mit in ihre Wohnung. Mein Bruder Ignacy entwarf ein Gedicht über die Bruderschaft zwischen Lech und Czech (Polen und Tschechen), und Chopin komponierte die entsprechende Mazurka.* Maciejowski fügte dem Brief auf einem gesonderten Blatt Chopins Melodie bei, die er wohl aus dem Gedächtnis niederschrieb. Der Brief wird heute im Nationalmuseum Krakau, Handschriften-Abteilung, Sign. 507/17, aufbewahrt, jedoch ohne das Blatt mit Maciejowskis Kopie.

Erstausgaben:

(a) polnische: in Wójcickis Buch: *Cmentarz Powązkowski pod Warszawą (= Der Friedhof Powązki bei Warschau)*; Warschau 1856, Bd. II, S. 262.

(b) tschechische: In der Zeitschrift *Dalibor* (Nr. 6) im Aufsatz *Chopin v Praze v roce 1829 (= Chopin in Prag im Jahre 1829)* von Otokar Hostinský; 1879.

Briefe: An seine Familie: 26. August 1829. – F. Maciejowski an K. W. Wójcicki: 6. April 1856.

Literatur: Zu A: Bronarski[9] S. 3 und 54, Brown[9] Pos. 39, Hostinský S. 46f., Jachimecki[3] S. 319, –[8] S. 48, Karasowski[21] S. 114, Kobylańska[2] S. 66ff., –[5] S. 39f. –[7] S. 8, –[9] S. 177, –[36] S. 270f., Miketta[1] S. 452ff., –[2] S. 17f., Opieński[2] S. 10f., –[3] S. 15, Procházka[1] S. 365 und 373, –[2] S. 73ff., Sydow[1] Pos. 101, Wójcicki S. 262. – **Zu AB:** Wójcicki S. 262.

10.

Souvenir de Paganini

Variationen für Klavier

A-dur

KKp 1203

91 Takte

Entstehungszeit: 1828 (Jachimecki[7]) · 1829 (Hedley[6], Sydow[1]; Brown[9]: Sommer 1829).

221

Autograph: Verschollen. Im Beitext zur Erstveröffentlichung des Werkes in der Halbmonatsschrift *Echo Muzyczne* 1881 schreibt Jan Kleczyński: „*«Souvenir de Paganini», das wir in unserer Musikbeilage bringen, gehört zu den bis heute noch nicht gedruckten Jugendwerken Chopins. Die Echtheit dieser Variationen scheint keinem Zweifel zu unterliegen. Den Notentext hat uns Adam Münchheimer gegeben, der ihn wiederum von Józef Nowakowski hat.*“ Nach Brown (siehe Lit.) war das Autograph unter den Ausstellungsgegenständen der internationalen Musikausstellung in Wien, 1892. Es ist jedoch nicht im Ausstellungskatalog aufgefuhrt. Zum Thema siehe Anmerkung zu IVa/6, AB (S. 217).

Erstausgabe: Warschau, Einlage im *Echo Muzyczne,* 1881 Nr. 5.

Literatur: Zu A: Brown₉ Pos. 37, DzW XIII S. 78, Kleczyński₁ S. 40.

11.

Czary · (Zauber)

Lied für eine Singstimme mit Klavierbegleitung

d-moll

Text von Stefan Witwicki

KKp 1204–1206

18 Takte

Entstehungszeit: 1829–30 (Jachimecki₂₋₃) · 1830 (Brown₉, Hedley₆, Jachimecki₈) · 1830–31 (Parnas₁).

Autograph: Verschollen. Im Stammbuch von Emilia Elsner (s. S. XIIIf.) als Nr. 4 eingetragen. Überschrift nach Hoesick (siehe Lit.): *Czary St. Witwickiego, muzyka Fryderyka C.Hopina.*

Abschriften:

(a) Verschollen. *Czary.* Abschrift von Ludwika Jędrzejewicz im Album Nr. 3 (S. 22 und 23 – die S. 23 enthält nur die Textstrophen 2–7) von Maria Wodzińska. Singstimme mit Klavierbegleitung. – Zur weiteren Beschreibung des Albums und zur Herkunft siehe op. 74 Nr. 1, ABb (S. 183). – PhA Ch: F. 1639; PhA ÖNB Wien 356. – **Abb.:** Parnas₁ S. 17f.

(b) Verschollen. Abschrift eines unbekannten Kopisten. In einem Brief vom 6. Januar 1853 an L. Jędrzejewicz schreibt J. Fontana, er halte die Lieder *Że Bóg jest* (siehe Vd/7, S. 248f.), *System filozoficzny Podstarościego* (siehe Vd/6, S. 248) und *Czary* des Namens Chopin für unwürdig (nach Karłowicz, siehe Lit); er nahm sie dann ja auch nicht in seine Ausgabe der Lieder Chopins auf. –

Bei den Hss., die er von diesen Liedern besaß, handelte es sich wahrscheinlich um Kopien, die L. Jędrzejewicz in Warschau hatte anfertigen lassen.

Erstausgaben: Krakau, Polskie Wydawnictwo Muzyczne (= Polnischer Musikverlag; 242), Band XVII der Paderewski-Ausgabe; 1954.

Briefe: J. Fontana an L. Jędrzejewicz: 6. Januar 1853.

Literatur: Zu A: Brown$_3$ S. 53 f. und 63, – $_9$ Pos. 51 (2) und S. 196, DzW XVII S. 77, Hoesick$_1$ S. 149, – $_{61}$ S. 119 f., – $_{71}$ S. 104, – $_{91}$ S. 118, Jachimecki$_2$ S. 147 und 152, – $_3$ S. 313 und 319, Parnas$_2$ S. 94, Sydow$_1$ Pos. 97. – **Zu Aba:** Barbag S. 3, Binental$_4$ Pos. 54, Brown$_3$ S. 54 und 63, – $_9$ Pos. 51 (3), Chybiński S. 10, DzW XVII S. 67 und 77, Ganche$_1$ S. 222, Hedley$_8$ S. 4 f., – $_{11}$ S. 477, Jachimecki$_2$ S. 152, – $_3$ S. 319, Jacobson S. 191, Kobylańska$_1$ S. 12 f., Parnas$_1$ S. VII f. und 19, – $_2$ S. 82 f., 87 und 93 f. – **Zu ABb:** DzW XVII S. 78, Karłowicz$_2$ S. 371.

12.

Walzer für Klavier

E-dur

KKp 1207, 1207a und 1208

Entstehungszeit: 1829 (Brown$_9$, DzW IX, Hedley$_6$, Jachimecki$_3$ und $_8$, Mikuli$_5$, Niecks$_{21}$, Sydow$_1$) · 1830 (Jędrzejewicz-Verzeichnis; Karłowicz$_2$).

Autograph (?): Verschollen. Karol Mikuli hat in seiner Ausgabe (Titel hier in deutscher Übersetzung) *Polnische Volkslieder aus Oskar Kolbergs Sammlausgabe, für Klavier gefaßt von Karol Mikuli* auf S. 6 diesen Walzer veröffentlicht mit der Anmerkung: *nach einer Hs. aus dem Jahre 1829.* Ob es sich bei dieser Hs. um ein Autograph oder um eine Kopie handelte, muß allerdings offenbleiben. Möglicherweise handelte es sich bei der Hs., die O. Kolberg (laut Brief vom 15. Dezember 1874 an M. A. Szulc) 1867 zusammen mit einer Kopie der Schweizerbub-Variationen (IV a/4, S. 215) der Musikgesellschaft Lwów überließ, um dieses von Mikuli erwähnte Manuskript.

Handschriftliches Verzeichnis: Jędrzejewicz S. 3 Nr. 9 (s. S. XVII); ursprünglich war als Entstehungsjahr 1828 und 1829 angegeben. Beide Daten sind jedoch durchgestrichen und durch das Datum *1830* ersetzt.

Erstausgaben:
(a) polnische: Krakau, W. Chaberski; 1871.
(b) deutsche: Leipzig, Breitkopf & Härtel; Gesamtausgabe, Bd. 13, Abt. 1, Nr. 22; 1880.

Literatur: Zu A: DzW IX S. 131, Jachimecki₈ S.48, Karłowicz₂ S.378, Turczynowicz S. 502f. und 508. – **Zu HV:** Brown₉ Pos. 44, Karłowicz₂ S. 378, Kobylańska₁₆ Pos. 62.

13.

Walzer für Klavier

As-dur

KKp 1209–1211

48 Takte

Entstehungszeit: 1827 (Brown₉, Hedley₆, Jachimecki₈; Sydow₁, Hoesick₇₁:
1826 oder 1827) · 1830 (Jędrzejewicz-Verzeichnis).

Autographe:
(a) Verschollen. Im Album von Emilia Elsner (s. S. XIIIf.).
(b) *Valse.* Achtzeiliges Blatt (18 × 23,2) im Album von Frau Dr. Le Brun (siehe
Lit. Hoesick); hinter dem letzten Takt die Unterschrift *FF Chopin*; Rückseite
leer. – Früher Eigentum von Frau Dr. Le Brun; später im Besitz von Graf
Maurycy Zamoyski, der die Hs. nach Hoesick (siehe Lit.) um 1900–1904 der
Warschauer Musik-Gesellschaft schenkte. – Bibliothek der Warschauer Musik-
Gesellschaft, Sign. 12/Ch; PhA Ch: F. 1363, Nr. Mikr. BN/9795. – **Abb.:**
Kobylańska₉ S. 124, –₁₃ S. 15, –₁₇ S. 11.

Handschriftliche Verzeichnisse: Jędrzejewicz S. 3 Nr. 4 (s. S. XVII); *Valse.*
Ursprünglich war als Entstehungsjahr *1828/29* angegeben. Beide Daten sind
durchgestrichen und durch (18)*30* ersetzt.

Erstausgabe: Leipzig, Breitkopf & Härtel (23.183 II), Supplement zur Gesamtausgabe; 1902.

Literatur: Zu Aa: Brown₃ S. 63, –₉ Pos. 21 (2) und S. 196, DzW IX S. 131,
Hoesick₁ S. 149, –₆₁ S. 119f., –₇₁ S. 104 und 108, –₉₁ S. 118, Jachimecki₉
S. 207, Kobylańska₇ S. 5, Koszewski₂ S. 10, Opieński₁ S. 153, Sydow₁
Pos. 98, Thompson S. 332. – **Zu Ab:** Brown₉ Pos. 21 (1), Henle₃ S. 6/8/10,
Hoesick₄ S. 533, Kobylańska₇ S. 5, –₉ S. 124, –₁₃ Pos. 14, –₁₇ Pos. 15, –₁₈
Pos. 62, –₃₆ S. 305, Prokopowicz₁ Pos. 19 und S. 77. – **Zu HV:** Jachimecki₉
S. 266, Karłowicz₂ S. 378, Kobylańska₁₆ Pos. 62.

224

14.

Walzer für Klavier

Es-dur
KKp 1212

72 Takte

Entstehungszeit: 1827 (Brown$_9$, Hedley$_6$, Jachimecki$_8$; Sydow$_1$, Hoesick$_{71}$: 1826 oder 1827) · 1829–30 (Brown$_9$ – siehe Lit. – bezieht sich irrtümlich auf das Incipit eines anderen Walzers in Es-dur aus dem Jędrzejewicz-Verzeichnis – Vb/7 – und gibt als Entstehungszeit 1829–30 an).

Autograph: Verschollen. Im Stammbuch von Emilia Elsner (s. S. XIIIf.).

Erstausgabe: Leipzig, Breitkopf & Härtel (23.183 I), Supplement zur Gesamtausgabe; 1902.

Literatur: Brown$_3$ S. 63, – $_9$ Pos. 46 (2) und S. 196, DzW IX S. 131, Hoesick$_1$ S. 149, – $_{61}$ S. 119f., – $_{71}$ S. 104 und 108, – $_{91}$ S. 118, Jachimecki$_9$ S. 207, Koszewski$_1$ S. 2, – $_2$ S. 10. Opieński$_1$ S. 153, Sydow$_1$ Pos. 97, Thompson S. 332.

15.

Walzer für Klavier

e-moll
KKp 1213 und 1214

131 Takte

Entstehungszeit: 1830; Brown$_9$: (? Mai) 1830.

Autograph: Unbekannt.

Abschrift: Verschollen. Nach Jachimecki (siehe Lit.) schickte der Pariser Vertreter des Verlagshauses Schott eine Niederschrift dieses Walzers zusammen mit Kopien der Polonaise in Ges-dur (siehe IVa/8 ABa, S. 219) und der Mazurka in C-dur (siehe IVb/3 AB, S. 229) nach Mainz. Sicher handelte es sich auch bei diesem Ms. um eine Abschrift.

Erstausgaben:
(a) polnische: Warschau, J. Kaufmann; 1868 (nach Sydow$_1$: 1863).
(b) deutsche: Mainz, Schott (19.551); 1868.

Literatur: Zu A: Brown$_9$ Pos. 56, Jachimecki$_3$ S. 132.

16.

(Nocturne für Klavier)

Lento con gran espressione

cis-moll

Seiner Schwester Ludwika gewidmet

KKp 1215–1222 und 1306

65 Takte

Entstehungszeit: vor 1830 (Opieński₁) · 1830 (Jędrzejewicz-Verzeichnis; Hedley₆, Jachimecki₃; Brown₉: Frühjahr 1830) · 1833 (Sydow₁).

Autographe:

(a) *Adagio.* Zehnteiliges Einzelblatt. − Früher Eigentum von Marcelina Czartoryska. Später im Antiquariat P.Berès, Paris; ab 1952 im Besitz von A.Hedley in London. − Seit 1969 Eigentum von A.M.Ferra in Valldemosa, Mallorca; PhA Ch: F.1723. − **Abb.:** S.1–2 Kobylańska₉ S.264. − S.1: Berès Tafel XIII zu Pos.192, Hedley₉ S.589.

(b) Verschollen. Nach Szulc (siehe Lit.) notierte Chopin dieses Stück in kleiner Schrift auf einem Viertelbogen und fügte es einem Brief an seine Schwester Ludwika bei. Das Blatt soll folgende Widmung enthalten haben: *Siostrze Ludwice dla wprawy, nim się zabierze do mego drugiego koncertu (= Der Schwester Ludwika zur Übung, ehe sie sich an mein zweites Konzert begibt)*; siehe auch Anmerkung im Jędrzejewicz-Verzeichnis: *Lento przysłane mi z Wiednia 1830 r. Lento w rodzaju Nokturna (= Lento an mich gesandt aus Wien 1830. Lento in der Art eines Nocturne).* − 1863 ging die Hs. (ebenfalls nach Szulc) beim Brand des Zamoyski-Palais in Warschau verloren, in dem zu dieser Zeit Chopins andere Schwester Izabela zusammen mit ihrem Mann Antoni Barciński wohnte.

Abschriften:

(a) Verschollen. *Lento con gran esspressione.* Abschrift von Ludwika Jędrzejewicz im Album (Nr. 3) von Maria Wodzińska (S. 1–4 des Albums, S. 4 leer). Zur weiteren Beschreibung des Albums und zur Herkunft siehe op. 74 Nr. 1, ABb (S. 182f.). − PhA Ch: F. 1366; PhA ÖNB Wien 356. − **Abb.:** S. 1: Bory S. 72, DzW VII S. 11, Pourtalès₃ vor S. 145. − S. 1–3: Binental₁₋₂ Pos. 28ff., Kobylańska₃₆ Tafel 22ff., Parnas₁ S. 1ff.

(b) *Lento con gran esspressione / F. Chopin.* Abschrift von Oskar Kolberg. − Zwölfzeiliges Einzelblatt; auf dem oberen Rand links von S. 1 die Anmerkung (Bleistift): *dla siostry Ludwiki (= für die Schwester Ludwika)*; siehe Ab. Seite 2 enthält eine andere Niederschrift O. Kolbergs. Die Hs. wurde lange für ein Autograph gehalten, doch deuten alle Merkmale der Schrift und aucn das von Kolberg häufig benutzte zwölfzeilige Notenpapier eindeutig auf Oskar Kolberg.

226

Wahrscheinlich war es diese Hs., die sowohl M. A. Szulc als auch N. Janotha für ihre jeweiligen Erstveröffentlichungen als Vorlage diente. – Früher (bis 1894) im Besitz von Natalia Janotha (London?); danach Eigentum von A. Poliński in Warschau. – Heute in der Staatsbibliothek Leningrad (Saltykov-Szczedrin-Bibliothek); PhA Ch: F. 1618. – **Abb.**: Echo MTA 1894$_{1-2}$ S. 506, Janotha$_1$ S. 1 des Umschlags, Kobylańska$_{27}$ nach S. 384 und vor S. 385, Kriemlew S. 214.

(c) *Reminiscences. Nocturne pour le piano dediée* (sic!) *à sa sœur Louise par Frederic Chopin. Œuvre posthume.* Abschrift von Milij Bałakiriev, 1894 nach Kolbergs Kopie (siehe ABb) angefertigt. – *Lento con gran esspressione.* 2 zehnzeilige Doppelblätter (32,2 × 26,5); S. 1: Titel (s.o.), S. 2–6: Text (S. 5 durchgestrichen und auf S. 6 neu geschrieben), S. 7 und 8 leer. – Nach einer Bleistifteintragung auf der Titelseite: *autograf Bałakirewa A. Pol* (= *Autograph von Bałakirev A. Pol*/iński) früher wohl im Besitz von Aleksander Poliński in Warschau. – Heute in der Bibliothek der Warschauer Musikgesellschaft, Sign. 24/Ch; PhA Ch: F. 1612.

(d) Verschollen. Die Ausgabe Steingräber und ebenso die Ausgabe Hamelle (7879) enthalten eine Anmerkung, wonach ihnen als Vorlage eine Hs. aus der Kollektion eines polnischen Privatsammlers gedient hat, dessen Sohn sie ihnen 1895 zur Veröffentlichung überlassen habe. Eine Identität dieser Hs. mit der Abschrift O. Kolbergs (siehe ABb) ist freilich nicht auszuschließen.

Handschriftliches Verzeichnis: Jędrzejewicz S. 2 Nr. 9 (siehe Ab und S. XVII).

Erstausgaben:

(a) polnische: Poznań, M. Leitgeber (M.L. 18); hrsg. v. M. A. Szulc als *Adagio,* enthält als Nr. 1–3 die drei Mazurken in D-dur (IV a/7, S. 218), G-dur und B-dur (II/2., 3., S. 147f.); Vorwortdatum: 5. Januar 1875.

(b) englische: London, E. Aschenberg & Co (971), hrsg. v. Nat. Janotha; 1894.

Briefe: An seine Schwester Ludwika: 1830 (siehe Ab).

Literatur: Zu Aa: Belotti$_1$ S. 61ff., Berkeley S. 171, Brown$_4$ S. 208f., –$_9$ Pos. 49 (1), DzW XVIII S. 68ff., Harasowski$_2$ S. 6, –$_3$ S. 25, Hedley$_7$ S. 2, –$_9$ S. 591, Henle$_4$ S. 4ff., –$_4$ KB S. 15f., Kobylańska$_9$ S. 264 und 279, –$_{27}$ S. 282, Sabrafin S. 24. – **Zu Ab:** Belotti$_1$ S. 63ff., Brown$_4$ S. 208, –$_9$ Pos. 49 (2), Karłowicz$_2$ S. 377, Kleczyński$_1$ S. 513f., Kobylańska$_7$ S. 11, –$_9$ S. 279, –$_{24}$ S. 482, –$_{27}$ S. 380f., Opieński$_1$ S. 131, Parnas$_1$ S. VII und 19ff., Szulc$_1$ S. 3. – **Zu ABa:** Ausstellung 1932 BP Pos. 146, Belotti$_1$ S. 61ff., Binental$_1$ S. 153, –$_2$ S. 136, –$_4$ S. 10 und Pos. 46, –$_5$ S. 87, Bronarski$_5$ S. 404, Brown$_3$ S. 63, –$_4$ S. 211, –$_9$ Pos. 49 (4) und S. 196, Chybiński S. 9f., DzW XVIII S. 68ff., Ganche$_1$ S. 222, Hedley$_8$ S. 4f., –$_{11}$ S. 477, –$_{13}$ S. 21, Henle$_4$ S. 4ff., –$_4$ KB S. 15f., Jachimecki$_1$ S. 234, –$_3$ S. 198f. und 350, Kobylańska$_3$ S. 11, –$_7$ S. 11, –$_9$ S. 279, –$_{27}$ S. 381f., Parnas$_1$ S. VII und 19, –$_2$ S. 82 und 87, Sydow$_1$

227

Pos. 109. – **Zu ABb**: Belotti₁ S. 62ff., Brown₄ S. 208 und 210, – ₉ Pos. 49 (3), DzW XVIII S. 68ff., Echo MTA 1894₁ S. 502, – ₂ S. 503, – ₃ S. 525, – ₄ S. 538, Echo MTA 1899₁ S. 465, – ₂ S. 478, Hedley₁₁ S. 477, Henle₄ S. 4ff., – ₄ KB S. 15, Janotha₁ S. 1 des Umschlags, Kleczyński₁ S. 513f., Kobylańska₉ S. 279, – ₂₇ S. 379ff., Kriemlew S. 214, Parnas₁ S. 21, – ₂ S. 93, Szulc₂ S. 3. – **Zu ABc**: Belotti₁ S. 62ff., Brown₄ S. 210, Kobylańska₉ S. 279, – ₂₇ S. 282. – **Zu ABd**: DzW XVIII S. 68, Hamelle S. 2. – **Zu HV**: Belotti₁ S. 63f., Brown₄ S. 208, DzW XVIII S. 68, Karłowicz₂ S. 377, Kobylańska₁₆ Pos. 62, – ₂₄ S. 482, – ₂₇ S. 381.

IVb

Nach 1830

1.

Mazurka für Klavier

B-dur

Mademoiselle Alexandrine Wołowska gewidmet

KKp 1223

Entstehungszeit: 24. Juni 1832 (siehe Autograph).

Autograph: *Mazur. dédié à Mlle Alexandrine Wołowska par F. Chopin. Paris 24/6 832.* Neunzeiliges Einzelblatt (12,8 × 19,5), auf S. 35 des Albums von Aleksandra Wołowska, verh. Faucher, aufgeklebt. Titel und Widmung auf dem ersten System. – Früher im Besitz von A. Wołowska-Faucher, später Eigentum von Feliks Manga Jasieński (Patenkind von A. Wołowska-Faucher), Krakau (Musée Jasieński). – Heute im Nationalmuseum Krakau, Abt. Czapski, Sektion III, Inv.-Nr. FJ 151663; PhA Ch: F. 800. – **Abb.**: Lamus S. 259 (farbiges Faksimile), Mirska₇ S. 134, – ₉ S. 117, Tobiasz₁ S. 125, – ₂ S. 20.

Erstausgabe: Krakau, Polskie Wydawnictwo Muzyczne (= Polnischer Musikverlag; 240), Band X der Paderewski-Ausgabe; 1956.

Literatur: **Zu A**: Bronarski₇ S. 401, Brown₉ Pos. 73, DzW X S. 230, Kobylańska₇ S. 13, Lamus S. 259, Miketta₁ S. 446ff. und 466, Mirska₇ S. 134, – ₉ S. 117, Sydow₁ Pos. 107, Tobiasz₁ S. 118 und 125, – ₂ S. 20.

228

2.

Mazurka für Klavier

D-dur
KKp 1224

Zweitfassung der Mazurka IVa/7 (S. 218).

Entstehungszeit: 1832.

Autograph: Unbekannt.

Erstausgabe: Leipzig, Breitkopf & Härtel (Gesamtausgabe Band XIII, Nr. 7); welche Hs. Breitkopf & Härtel für diese Fassung zugrunde lag, ist unbekannt; 1880.

Literatur: Brown$_9$ Pos. 71, DzW X S. 230, Jachimecki$_3$ S. 163, – $_8$ S. 49, Thompson S. 332.

3.

Mazurka für Klavier

C-dur
KKp 1225, 1226 und 1304

Entstehungszeit: 1825 (Jachimecki$_8$, Sydow$_1$) · 1833 (Breitkopf & Härtel$_1$, Brown$_9$, Hedley$_6$, Jachimecki$_3$, Miketta$_1$, Niecks$_2$).

Autograph: Verschollen. Nach Jachimecki$_3$ (siehe Lit.) existierte in Paris ein Autograph dieser Mazurka, nach dem eine Abschrift (s. u.) für den Verlag Schott angefertigt wurde.

Abschrift: *Chopin Mazurka pour le Piano.* Abschrift eines unbekannten Kopisten. 5 Seiten, S. 8–12 des Heftes, das auch die Polonaise in Ges-dur enthält (IVa/8, s. S. 219); auf den Systemen 1–10 der S. 8 ist noch der Schluß dieser Polonaise notiert. Der Titel stammt von drei verschiedenen Schreibern, die beiden ersten Worte sind durchgestrichen; über den Takten 3 und 4 ist mit Bleistift ein neuer Titel notiert: *Mazurka / Oeuvre posthume. / p*(ar) *F. Chopin.* Die Hs. enthält Stechereintragungen. – Nähere Angaben, auch zur Herkunft, siehe IVa/8, ABa (S. 219).

Erstausgaben:
(a) polnische: Warschau, J. Kaufmann (171); 1870.
(b) deutsche: Mainz, Schott (20.030); 1870.

Sydow (siehe Lit.) erwähnt eine bei Gebethner und Wolff und Schott erschienene Mazurka in G-dur. Eine Verwechslung mit dieser Mazurka in C-dur ist nicht auszuschließen.

Literatur: Zu A: Brown₉ Pos.82, DzW X. S.230, Jachimecki₃ S.132 und 349, −₈ S.47, Miketta₁ S. 439ff., Sydow₁ Pos. 89 und 91. − **Zu AB:** Henle₉ KB S. 11f.

4.

Mazurka für Klavier

As-dur

KKp 1227 und 1228

57 Takte

Entstehungszeit: 1834; Brown₉: Juli 1834.

Autographe:

(a) *Mazur.* Sechszeiliges Einzelblatt (10,8 × 17); auf dem oberen Rand rechts von S. 1 das Datum: *Paryż. 1834*; auf S. 2 hinter dem letzten Takt die Unterschrift *FF Chopin.* – Das Blatt befand sich früher im Album von Maria Szymanowska, in das es allerdings wohl erst nach ihrem Tod (1831), möglicherweise von ihrer Tochter Celina, Frau von A. Mickiewicz, eingefügt wurde. Später Eigentum von A. Mickiewiczs Sohn Władysław, dessen Tochter das Album 1931 dem A. Mickiewicz-Museum (Biblioteka Polska) in Paris übergab. – Das Blatt wird heute gesondert aufbewahrt im A. Mickiewicz-Museum Paris, Album musical. Hs. 973; PhA Ch: F. 818. – **Abb.:** S. 1: Ausstellung 1932 BP nach S. 64, – 1947 Liège S. 17, Ferra₁ vor S. 65, – ₂ nach S. 72, Kobylańska₂₆ S. 8, Leichtentritt₂ vor S. 421. – S. 2: Mirska₆ S. 4. – S. 1 und 2: DzW X S. 10f., Mirska₁ S. 3 des Umschlags, – ₃ S. 1054, – ₅ S. 4, – ₇ S. 127, – ₈ S. 94f., – ₉ S. 81.

(b) Fälschung! *Mazur.* Fragment der ersten 22 Takte. Sechszeiliges Einzelblatt mit blauer Vignette (15 × 23,8); auf die leere S. 2 ist ein Gutachten von Pierre Cornuau aufgeklebt, das die Echtheit bestätigt. Inzwischen ist das Ms. jedoch eindeutig als Fälschung ausgewiesen. – Seit spätestens 1964 Eigentum von A.M. Ferra in Valldemosa, Mallorca; inzwischen jedoch wieder an den Pariser Eigentümer zurückgegeben. – **Abb.:** Kobylańska₂₆ S. 8.

Erstausgabe: Warschau, Gebethner und Wolff (G. 6905 W.), hrsg. von M. Mirska, die das Autograph entdeckt hatte; 1930.

Literatur: Zu Aa: Ausstellung 1932 BP Pos. 140, – 1947 Liège Pos. 53, Bronarski₇ S. 401ff., Brown₉ Pos. 85 (1), DzW X S. 230f., Jachimecki₃ S. 177f., Kobylańska₇ S. 14, – ₂₆ S. 8f., – ₃₆ S. 293, Leichtentritt₂ S. 421f.,

Lewak S. 175, Mirska₁ S. 2 des Umschlags, – ₂ S. 2, – ₃ S. 1054, – ₄ S. 97, – ₅ S. 4, – ₆ S. 4, – ₇ S. 126, – ₈ S. 41, – ₉ S. 81, Sydow₁ Pos. 112. – **Zu Ab:** Brown₉ Pos. 85 (2), Kobylańska₂₆ S. 7 ff.

5.

Klavierstück

Largo

Es-dur

KKp 1229

16 Takte

Entstehungszeit: Nach Bronarski hielt sich Chopin nur 1832, 1834, 1838, 1840, 1847 und 1849 (siehe DzW XVIII), vielleicht auch 1833 und 1836 Anfang Juli (siehe A) in Paris auf. Die Angabe 1837? bei Brown₉ (siehe Lit.) kann also nicht stimmen.

Autograph: *Largo.* (nicht als Überschrift, sondern als Tempobezeichnung über Takt 1). Vierzehnzeiliges Einzelblatt (21,9 × 28,5); unter den letzten Takten Datum und Unterschrift: *Paris le 6 Juillet Ch*; Ruckseite leer. – Fruher in der Bibliothèque du Conservatoire de Paris. – Seit 1964 in der Bibliothèque Nationale Paris, Département de la Musique, Sign. Ms. 120; PhA Ch: F. 1321; PhA ÖNB Wien 342. – **Abb.:** Bronarski₁₆ vor S. 65, DzW XVIII S. 12, Mirska₉ S. 82.

Erstausgabe: Warschau, Towarzystwo Wydawnicze Muzyki Polskiej (= Gesellschaft für die Herausgabe Polnischer Musik, Nr. 83), zusammen mit dem Nocturne in c-moll (siehe IVb/8, S. 233) hrsg. von L. Bronarski; 1938.

Literatur: Zu A: Bronarski₁₁ S. 3, – ₁₆ S. 60 ff., Brown₁ S. 61, – ₉ Pos. 109, DzW XVIII S. 71 f., Jachimecki₃ S. 321, Kobylańska₇ S. 35, Ligocki S. 8, Searle S. 223, Sydow₁ Pos. 108.

6.

Klavierstück

Cantabile

B-dur

KKp 1230

14 Takte

Entstehungszeit: 1834 (siehe Autograph).

231

Autograph: Verschollen. *Cantabile* (nicht als Überschrift, sondern als Vortrags-bezeichnung über Takt 1). 1 sechszeilige Seite; hinter dem letzten Takt Unter-schrift und Datum: *FF Chopin Paris 1834.* Beschreibung nach Hagenbach, dem als Vorlage ein von einer nicht genannten Persönlichkeit ausgeliehenes, nach dem Autograph angefertigtes Klischee gedient hat. – PhA Ch: F. 1735. – **Abb.:** Hagenbach S. 262, Mirska₉ S. 82.

Erstausgabe: Warschau, *Muzyka* Nr. 4–6; L. Bronarski: *Pamiątki Szope-nowskie (= Chopins Andenken)*; 1931.

Literatur: Bronarski₅ S. 216f., Brown₉ Pos. 84, DzW XVIII S. 71, Hagenbach S. 296, Mirska₉ S. 82, Sydow₁ Pos. 110.

7.

(Prélude) für Klavier
As-dur
Pierre Wolff gewidmet
KKp 1231 und 1232

41 Takte

Entstehungszeit: 18. (10.?) Juli 1834 (siehe Autograph).

Autograph: *Presto con leggiero.* 1 zwölfzeilige Seite (die Abb. in *Pages d'Art,* auf die sich diese Beschreibung stützt, könnte allerdings auch eine Montage von zwei Textseiten sein); in der Mitte zwischen den Systemen 11 und 12: *Paris. 18(10?) Juillet 1834,* etwas weiter rechts: *A mon Ami P. Wolff. FF Chopin.* – Chopin schenkte dieses Autograph Pierre Wolff, seit 1835 Professor am Genfer Konservatorium, der es später seiner Schülerin Aline Forget schenkte. Die Hs. blieb bis 1962 im Besitz der Familie Forget; dann verkaufte sie Edouard Forget an das Spokane Conservatory, Spokane, Washington. – Spokane Conservatory, Spokane, Washington, ohne Signatur; PhA Ch: F. 1377. – **Abb.:** Mirska₉ S. 81, Pages d'Art S. 282/IX.

Abschrift: Verschollen. Abschrift von J. Fontana. Chopin schreibt in einem Brief aus dem Jahre 1834 an J. Fontana: *Schreib mir bitte, wenn es Dir möglich ist, das Prélude As-dur ab. Ich möchte es Perthuis geben.*

Erstausgabe: Genf, Zeitschrift *Pages d'Art;* Titel: *Prélude inédit;* August 1918.

Briefe: An J. Fontana: 1834.

Literatur: Zu A: Bronarski[21] S. 301, Brown[9] Pos. 86, Chomiński[1] S. 9, DzW I S. 84, Ganche[1] S. 93f. und 222f., Henle[5] S. 4f., – [5] KB S. 7, Henn S. 3, Jachimecki[3] S. 321, Kobylańska[7] S. 14, Pages d'Art S. 1.

8.
(Nocturne) für Klavier
c-moll

KKp 1233–1235

44 Takte

Entstehungszeit: vor 1825 (Jachimecki[3]) · 1827 (Sydow[1]) · 1837 (Brown[9], Hedley[6]).

Autographe:

(a) Skizze. Vierzehnzeiliges Einzelblatt (21,8 × 28,5); Rückseite leer. – Früher im Besitz von Chopins Schwester Ludwika, später ihrer Tochter Ludwika Ciechomska, die sie ihren Kindern hinterließ. Nach Leon Ciechomskis Tod kam die Hs. in den Besitz von Jerzy Kniołek, der sie 1958 dem Museum der ChopGes verkaufte. – Museum der ChopGes, Inv.-Nr. M/300; PhA Ch: F. 1674.

(b) Skizze der Takte 9–18 (T. 18 unvollständig; ab Mitte T. 16 ohne Baß). Vierzehnzeiliges Einzelblatt (21,9 × 28,2); auf dem oberen Rand von S. 1 (von fremder Hand): *Nocturne l'Esquisse / avec variante.* S. 2 enthält eine Skizze zum Walzer in a-moll (siehe IVb/11, S. 235f.). – Früher Eigentum der Familie Rothschild, die es der Bibliothèque du Conservatoire de Paris überließ (Vermächtnis-Nr. 29450). – Seit 1964 in der Bibliothèque Nationale Paris, Département de la Musique, Sign. Ms. 119ᴬ; PhA Ch: F. 1490; PhA ÖNB Wien 341.

(c) *Nocturne inédit ut min.* (Titel Nocturne stammt von fremder Hand, nicht von Chopin!). Vierzehnzeiliges Doppelblatt (21,9 × 28,5); S. 1 und 4 leer. – Herkunft wie Ab. – Seit 1964 in der Bibliothèque Nationale Paris, Département de la Musique, Sign. Ms. 118; PhA Ch: F. 1496; PhA ÖNB Wien 327. –

Abb.: S. 2: DzW VII S. 10, Eaubonne S. 209, Gauthier S. 206f. – S. 2 und 3: Bory S. 118, Bronarski[16] nach S. 64, DzW XVIII S. 10f.

Erstausgabe: Warschau, Towarzystwo Wydawnicze Muzyki Polskiej (= Gesellschaft für die Herausgabe Polnischer Musik) Nr. 73, zusammen mit dem Largo in Es-dur (siehe IVb/5, S. 231), hrsg. von Ludwik Bronarski; 1938.

Literatur: Zu Aa: Bronarski[16] S. 63, Henle[4] KB S. 16, Karłowicz[2] S. 378, Katalog ChopGes 1971 Pos. 19, Kobylańska[16] Pos. 16. – **Zu Ab:** Bronarski[11] S. 3, Brown[9] Pos. 108 (1), Kobylańska[15] S. 141f., Sydow[1] Pos. 108. – **Zu Ac:** Bory S. 118, Bronarski[11] S. 3, – [16] S. 62 und 65, Brown[1] S. 61, – [9] Pos. 108 (2), DzW XVIII S. 68, Henle[4] KB S. 16, Jachimecki[3] S. 199, Kobylańska[15] S. 142.

9.
Dumka
Lied für eine Singstimme mit Klavierbegleitung
a-moll
Text von Bohdan Zaleski
KKp 1236

Mgła mi do o - czu za - wie-wa z ło - na,
8 Takte

Entstehungszeit: Wahrscheinlich nach dem 25. März 1840. An diesem Tag nämlich forderte St. Witwicki Chopin in einem Brief auf, ihm endlich sein Stammbuch, ob mit oder ohne Eintragung, zurückzugeben. (Bereits ein Jahr vorher, am 17. Juli 1839, hatte Witwicki dieses Stammbuch seiner Nichte Maria Olędzka vermacht.) Aus einem Brief Witwickis an B. Zaleski vom 7. März 1841 läßt sich jedoch schließen, daß er dieses Stückchen gar nicht kannte; auch der Umstand, daß Chopin in ein Stammbuch Witwickis Worte von Zaleski eintrug, mutet etwas befremdlich an. Es ist jedenfalls nicht auszuschließen, daß es sich bei dem in Witwickis Brief vom 25. März 1840 angeforderten Stammbuch um ein anderes Album handelte als um das, welches Chopins Autograph enthielt; die Entstehungszeit ist daher als nicht ganz gesichert anzusehen.

Autograph: Verschollen. 1 Seite (14,5 × 22,2) im Album von Stefan Witwicki. Singstimme mit Klavierbegleitung. Unter der Singstimme sind untereinander 2 Textstrophen notiert. – Das Album blieb bis 1910, als Stanisław Lam es entdeckte und das darin enthaltene Autograph dieser Dumka in der Tageszeitung *Słowo Polskie* veröffentlichte, unbekannt. Lam beschreibt es wie folgt: *„Es ist ein ziemlich großes Buch / ... / ganz unten auf einem Blatt des Stammbuches befindet sich das klein, aber sehr deutlich eingeschriebene Autograph Chopins, acht Takte zu einer Dumka, die mit den Worten «Mgła mi do oczu zawiewa z łona» beginnt."* Fünf Jahre später vertonte Chopin dann noch einmal das Gedicht Zaleskis (siehe op. 74 Nr. 13, S. 203). – Bis 1910 blieb der Verbleib des Albums unbekannt; dann kam es in den Besitz der Familie Katyl in Paris. Der heutige Aufbewahrungsort ist unbekannt.

Erstausgabe: Lwów, *Słowo Polskie;* Stanisław Lam: (in deutscher Übersetzung) *Eine unbekannte Dumka Fr. Chopins / Aus dem Stammbuch von Stefan Witwicki,* Jg. XV, Nr. 491, 22. Okt. 1910.

Briefe: St. Witwicki an Chopin: 25. März 1840. – St. Witwicki an B. Zaleski: 7. März 1841.

Literatur: Zu A: Brown[3] S. 65, – [9] Pos. 132, DzW XVII S. 77, German S. 210, Jachimecki[2] S. 153, – [3] S. 321, Jacobson S. 206, Lam[1] S. 3, – [2] S. 329, Mirska[7] S. 152, Parnas[2] S. 94, Sydow[1] Pos. 2201.

10.

Klavierstück
Sostenuto

Es-dur
KKp 1237

24 Takte

Entstehungszeit: 20. Juli 1840 (siehe A).

Autograph: *Sostenuto.* Zwölfzeiliges Einzelblatt (26,3 × 37,4) aus dem Album von Emile Gaillard; Text auf S. 1, unter System 10 Unterschrift und Datum: *FF Chopin / Paris le 20 Juillet 1840*; S. 2 wahrscheinlich leer (das Blatt ist auf ein Passepartout aufgeklebt). Die hinter Glas aufbewahrte Hs. ist heute fast völlig verblaßt. – Ursprünglich Eigentum von Emile Gaillard, Schüler und Freund Chopins. Sein Sohn Joseph-Octave Gaillard vermachte die Hs. der Schule (nicht der Bibliothek!) des Pariser Conservatoire. – Seit 1938 im Conservatoire Paris. – PhA Ch: F. 1528. – **Abb.:** Koszewski₂ S. 4.

Erstausgabe: London, Francis, Day & Hunter (23 100); April 1955.

Literatur: Zu A: Ausstellung 1949 BN Pos. 232, Brown₂ S. 4, – ₉ Pos. 133, Chailley S. 111ff., Henle₃ S. 4/6/8/10, Kobylańska₁₅ S. 148f., Koszewski₁ S. 3f., – ₂ S. 10, Nichols S. 614.

11.

Walzer für Klavier

a-moll
KKp 1238 und 1239

56 Takte

Entstehungszeit: Nach Prodhomme (siehe Lit.) ist dieser Walzer ein Jugendwerk Chopins. Koszewski₂ (siehe Lit.) hält das Stück für einen Vorläufer des Walzers op. 34 Nr. 2, schließt aber die Möglichkeit einer späteren Entstehungszeit nicht aus. Brown₉ (siehe Lit.) gibt als Entstehungsjahr (?) 1843 an.

Autographe:

(a) Skizze. Vierzehnzeiliges Einzelblatt (21,9 × 28,2); Text auf S. 1, auf S. 2 eine Skizze zum Nocturne in c-moll (siehe IVb/8 Ab, S. 233). – Die Hs. war Eigentum der Familie Rothschild (nach Brown₉, siehe Lit., hat Chopin diesen Walzer wahrscheinlich für Madame Charlotte de Rothschild oder ihre Tochter

235

komponiert), die sie 1901 der Bibliothèque du Conservatoire de Paris (Vermächtnis-Nr. 29450) vermachte. – Seit 1964 in der Bibliothèque Nationale
Paris, Département de la Musique, Sign. Ms. 119ᴬ; PhA Ch: F. 843; PhA
ÖNB Wien 341. – **Abb.**: Chainaye S. 11, Koszewski₂ S. 6.
(b) *Walec* (man könnte auch *Walse* lesen) / *All*ᵗᵗᵒ. Vierzehnzeiliges Einzelblatt (33,2 × 24,1); Rückseite leer. – Herkunft und heutiger Aufbewahrungsort wie Aa; Sign. Ms. 119ᴮ; PhA Ch: F. 748; Pha ÖNB Wien 340. – **Abb.**:
Chainaye S. 6, Koszewski₂ S. 7, Mirska₉ S. 81.

Erstausgabe: Paris, Zeitschrift *La Revue Musicale*; *Une Valse inédite de Chopin.
Introduction par Suzanne et Denise Chainaye. Reproduction en fac-similé des
manuscrits. En supplément la partition*; 1955.

Literatur: Zu Aa: Brown₁ S. 61, – ₉ Pos. 150, Chainaye S. 14f., Henle₃ S. 6/
8/10, Jachimecki₉ S. 207, Kobylańska₁₅ S. 148, Koszewski₁ S. 2f., – ₂ S. 10f.,
Nichols S. 614, Prodhomme S. 39. – **Zu Ab:** wie Aa, außer Jachimecki; dazu
Mirska₉ S. 81.

12.

Klavierstück

(Albumblatt – Moderato)

E-dur

Madame la Comtesse de Cheremetieff gewidmet

KKp 1240

20 Takte

Entstehungszeit: 1843; Siemienowski: 11. Januar 1843.

Autograph: Verschollen. Nach einem Kommentar zur Erstausgabe dieses
Werkes in der Zeitschrift *Świat* befand sich das Autograph im Album der
Gräfin Anna Szeriemietiew und enthielt folgende Widmung: *à Mᵐᵉ la Cˢˢᵉ
de Cheremetieff F Chopin Paris 1843.* Diese Widmung ist in der Zeitschrift als
Faksimile wiedergegeben. – Nach dem erwähnten Kommentar befand sich das
Album mindestens noch 1910 im Besitz der Familie Szeriemietiew.

Abschrift: Moderato. Abschrift eines unbekannten Kopisten. – Vierzehnzeiliges
Einzelblatt. Auf dem oberen Rand rechts *à Mᵐᵉ la Cˢˢᵉ de Cheremetieff /
F. Chopin / Paris 1843.* Beschreibung nach Photokopien der ChopGes. – Heute
im Zentralarchiv für Literatur und Kunst, Moskau.

Erstausgaben:
(a) Warschau, Zeitschrift *Świat*, Nr. 23 S. 8; hrsg. von Henryk Pachulski;
4. Juni 1910.

(b) Warschau, Gebethner und Wolff (5203), nach der *Świat*-Veröffentlichung; 1912.

Literatur: Zu A: Brown₉ Pos. 151, DzW XVIII S. 71, Gebethner & Wolff 5203 S. 2, Jachimecki₂ S. 153, – ₃ S. 321 und 350, A. Prosnak S. 70, Searle S. 225, Sydow₁ Pos. 114, Świat 1910 S. 8. – **Zu AB:** Siemienowski S. 129, Zentralarchiv S. 70.

13.

Galopp für Klavier

As-dur

KKp 1240a

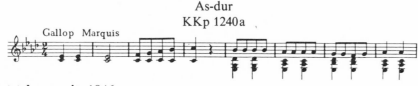

Entstehungszeit: 1846.   28 Takte

Autograph: *Gallop Marquis.* Vierzehnzeiliges Einzelblatt (Querformat), Text auf den Systemen 4/5 und 7/8; Titel über T. 1/2; über T. 13/14: *partie Dib* (Dib war der Name des zweiten Hundes von George Sand); nach dem letzten Takt die Unterschrift: *Ch*; die Rückseite enthält, von fremder Hand, folgende Bemerkung: *Ce morceau inédit de / Frédéric Chopin a été composé / à Nohant pour le petit chien / de George Sand, „Marquis", qui / lui avait déjà inspiré la Valse / dite du „petit chien"* (siehe op. 64 Nr. 1 Ae, S. 138). – Heute im Besitz von Mme Karl Hans Strauss, Paris.
Die Komposition ist noch ungedruckt.

IVc

Kontrapunktische Übungsstücke

1.

Kanon in der Oktave

f-moll

(unvollständig)

KKp 1241

Entstehungszeit: 1839? (Brown₉).   16 Takte

Autograph: Fragment. 1 vierzehnzeilige Seite; 15 Takte (T. 16 unvollständig). Die Hs. trägt Spuren harter Arbeit. Zahlreiche Takte sind durchgestrichen. –

237

Ursprünglich Eigentum von A. Franchomme, dann seiner Erben (siehe op. 50 Nr. 1 Ac, S. 111f.). Später im Besitz der Pariser Antiquariate Ronald Davis und Marc Loliée, schließlich des Genfer Antiquars Nicolas Rauch, der es bei einer Auktion am 2. Dezember 1957 an den Antiquar Mario Uzielli, Liestal, verkaufte. – PhA Ch: F. 1737. – **Abb.**: Rauch 1955 Pos. 90.

Erstausgabe: Warschau, *Annales Chopin* Nr. 2, Aufsatz *Chopin, Cherubini et le contrepoint* von L. Bronarski; 1958.

Literatur: Bronarski$_{19}$ S. 239ff., Brown$_9$ Pos. 129 (B), DzW XVI S. 154, Rauch 1955 Pos. 90.

2.

Fuge für Klavier (?)

a-moll

KK 1242

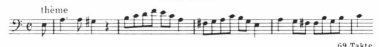

69 Takte

Entstehungszeit: 1827 (Jachimecki$_3$) · 1841 (Hedley$_6$) · 1841–42 (Brown$_9$, Sydow$_1$).
Die frühe Datierung durch Jachimecki beruht auf seiner Meinung, Chopin habe diese Fuge *als Schulaufgabe in der Kompositionsklasse von Elsner oder vielleicht noch früher im Zusammenhang mit dem Orgelspiel während der Schulgottesdienste in der PP.-Wizytek-Kirche* komponiert. Manche Autoren haben die Echtheit der Fuge angezweifelt. Auch A. Franchomme war der Meinung, es handele sich bei dieser Fuge um die Abschrift eines Werkes von Cherubini (siehe dazu VIIa/2, S. 263). Diese Ansicht teilte zunächst auch Hedley, änderte aber später seine Meinung und war dann, wie übrigens auch L. Bronarski, von der Echtheit des Werkes überzeugt.

Autograph: 1 zwölfzeilige Seite. – Ursprünglich Eigentum von Marcelina Czartoryska, die die Hs. der Pianistin Natalia Janotha schenkte; ab 1948 im Besitz von Arthur Hedley, London. – Seit 1969 Eigentum von A. M. Ferra in Valldemosa (Mallorca); PhA Ch: F. 1746. – **Abb.**: Miketta$_4$ nach S. 248.

Erstausgabe: Leipzig, Breitkopf & Härtel (22707); 1898. – Brown$_9$ (siehe Lit.) erwähnt eine Ausgabe dieser Fuge von 1877, die aber auch er nicht nachweisen könne.

Briefe: J. W. Stirling an L. Jędrzejewicz: 1850.

Literatur: Bronarski$_{19}$ S. 239, Brown$_9$ Pos. 144, DzW XVIII S. 72, Ganche$_1$ S. 112, Harasowski$_3$ S. 25, Hedley$_2$ S. 25, – $_3$ S. 235, – $_7$ S. 3f., Jachimecki$_3$ S. 323, – $_9$ S. 245f., Janotha$_2$ S. 3, Karłowicz$_2$ S. 346, Kobylańska$_7$ S. 26, Miketta$_4$ S. 242ff., Searle S. 224f., Sydow$_1$ Pos. 116, Zapert S. 1.

V

NICHT ZUGÄNGLICHE
UND VERLORENGEGANGENE WERKE

1./2.

Zwei geistliche Werke

darunter ein *Veni creator*
Bohdan Zaleski und Zofia Rosengardt gewidmet
KKp 1243 und 1244

Entstehungszeit: Vor dem 28. November 1846 (siehe A).

Autograph: Nach *Le Messager* (siehe Lit.) befanden sich im Besitz der Familie Bourbon-Parme die Autographe zweier geistlicher Werke, die Chopin für die Hochzeit Bohdan Zaleskis mit Zofia Rosengardt (am 28. November 1846 in der Kirche St. Roch in Paris) komponierte. Eines der beiden Werke soll ein *Veni creator* sein. – Nach Mitteilung der Familie Bourbon-Parma ist zu befürchten, daß diese Hss. während des Zweiten Weltkriegs verbrannt sind.

Literatur: Le Messager S. 5, Kobylańska[20] S. 18, – [35] S. 7, – [36] S. 347, – [37] S. 126.

3.

Walzer für Klavier

H-dur
Madame (Katherine?) Erskine gewidmet
KKp 1245

Entstehungszeit: 12. Oktober 1848 (siehe A).

Autograph: Nach einer schriftlichen Mitteilung A. Hedley's vom 10. März 1960 an die ChopGes befindet sich in einer Londoner Privatsammlung das Autograph von Chopins letztem Walzer. A. Hedley stellte der ChopGes eine Photokopie der Titelseite und des zur Hs. gehörigen Ledereinbandes zur Verfügung. Nach diesen Kopien enthält die Titelseite (vierzehnzeiliges Notenpapier) folgenden Text: *Valse / pour Madame* (Kathérine?) *Erskine / F. Chopin*; der Text des Ledereinbandes lautet: *F. Chopin / Valse en si majeur / (pour Madame Erskine) / 12 Octobre 1848.* Ein Einblick in die Hs. selbst ist von den Eigentümern bisher nicht gestattet worden. – PhA Ch: F. 1530 (Titelseite), F. 1791 (Einband).

Literatur: Harasowski[3] S. 25, Henle[3] S. 4 und 6, Kobylańska[30] S. 4, – [35] S. 7, – [37] S. 126, Nichols S. 613.

Vb

Verlorengegangene Werke
nach dem Verzeichnis von Ludwika Jędrzejewicz

(in der Reihenfolge des Verzeichnisses)

1.

Andante dolente
Klavierstück
b-moll
KKp 1246

Andante dolente. Jędrzejewicz-Verzeichnis S. 1 Nr. 6 (s. S. XVII). Als Entstehungsdatum ist 1827 angegeben.

Literatur: Brown[9] Pos. 17 (b), Karłowicz[2] S. 377, Kobylańska[16] Pos. 62.

2.

Variationen für Klavier zu vier Händen
F-dur
Tytus Woyciechowski gewidmet
KKp 1254

Jędrzejewicz-Verzeichnis S. 2 Nr. 10 (s. S. XVII). Vor dem Incipit Datum und Widmungsangabe: *Waryjacyje na 4 ręce dla P. Tytusa Woj: 1827r.* (= *Variationen für 4 Hände, Tytus Woj./ciechowski / gewidmet 1827*); trotzdem geben Sydow[1], Jachimecki[8], Hedley[6] und Brown[9] als Entstehungszeit 1826 an. Zwischen den Systemen des ersten Taktes: *Thema na primo*.

Literatur: Brown[9] Pos. 12 (a); Karłowicz[2] S. 378, Kobylańska[16] Pos. 62.

3.

Walzer für Klavier
C-dur
KKp 1249

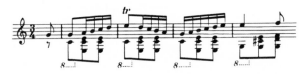

Jędrzejewicz-Verzeichnis S. 3 Nr. 1 (s. S. XVII). Über dem ersten Takt dieses Incipits, mit dem die Seite 3 beginnt, steht: *Valce wszystkie (= alles Walzer)*. Als Entstehungsjahr ist 1826 angegeben.

Literatur: Brown[9] Pos. 12 (b), Jachimecki[8] S. 47, Karłowicz[2] S. 378, Kobylańska[16] Pos. 62.

4.

Walzer für Klavier

As-dur

KKp 1250 und 1268

Valse. Jędrzejewicz-Verzeichnis S. 3 Nr. 2 (s. S. XVII). Als Entstehungszeit ist 1827 angegeben. Möglicherweise handelt es sich bei dem in Chopins Brief an seine Familie vom Sommer 1827 erwähnten Walzer um dieses Stück.

Briefe: An seine Familie: Sommer 1827.

Literatur: Jachimecki[3] S. 351, – [8] S. 46f., Karłowicz[2] S. 378, Kobylańska[16] Pos. 62.

5.

Walzer für Klavier

As-dur

KKp 1251, 1267 und 1270

Valse. Jędrzejewicz-Verzeichnis S. 3 Nr. 5 (s. S. XVII). Auf dem Rand vor dem ersten Takt ist als Entstehungsjahr 1829 angegeben; über dem ersten Takt jedoch 1830. Möglicherweise handelt es sich bei dem in Chopins Brief an T. Woyciechowski vom 15. Mai 1830 erwähnten Walzer um dieses Stück. Auch eine Identität dieses Walzers mit dem im Brief Chopins vom 22. Dezember 1830 an seine Familie (Guttry Nr. 55) erwähnten Walzer ist nicht auszuschließen. In beiden Briefen kann jedoch auch der Walzer Es-dur, Nr. 7, gemeint sein.

Briefe: An. T. Woyciechowski: 15. Mai 1830. – An seine Familie: 22. Dezember 1830.

Literatur: Brown[8] S. 58, – [9] S. 62, Jachimecki[8] S. 49, Karłowicz[2] S. 378, Kobylańska[16] Pos. 62.

6.
Walzer für Klavier
d-moll
KKp 1252

Valse la partenza. Jędrzejewicz-Verzeichnis S. 3 Nr. 6 (s. S. XVII). Als Entstehungsdatum ist 1828 angegeben.

Literatur: Jachimecki[8] S. 49, Karłowicz[2] S. 378, Kobylańska[16] Pos. 62.

7.
Walzer für Klavier
Es-dur
KKp 1253, 1267 und 1270

Valse. Jędrzejewicz-Verzeichnis S. 3 Nr. 7 (s. S. XVII). Als Entstehungsdatum ist 1829 und 1830 angegeben. Siehe Anmerkung zu Nr. 5.

Literatur: Brown[8] S. 21, – [9] S. 23, Karłowicz[2] S. 378, Kobylańska[16] Pos. 62.

8.
Walzer für Klavier
C-dur
KKp 1248

Jędrzejewicz-Verzeichnis S. 3 Nr. 11 (s. S. XVII). Als Entstehungsjahr war zunächst 1831 angegeben, doch ist dieses Datum durchgestrichen und an seine Stelle 1824 gesetzt; über den Takten die Anmerkung: *Data niepewna z dawniejszych (= ein ungewisses früheres Datum).*

Literatur: Karłowicz[2] S. 378, Kobylańska[16] Pos. 62.

244

9.

Ecossaise für Klavier

B-dur

KKp 1247

Ecossaise. Jędrzejewicz-Verzeichnis S. 4, Ecossaise Nr. 4 (s. S. XVII). Als Entstehungsdatum ist 1827 angegeben.

Literatur: Brown$_9$ Pos. 17 (a), Karłowicz$_2$ S. 378, Kobylańska$_{16}$ Pos. 62.

10.

Lied

KKp 1314

Dieses Incipit ist nicht im Jędrzejewicz-Verzeichnis enthalten, sondern in einem Brief Ludwikas an ihren Bruder vom 9. Januar 1841, in dem sie von einem Besuch der Familien Brzowski und Stronczyński berichtet. Brzowski habe eines von Chopins Liedern gerühmt: *„Es ist wunderbar, es ist wehmütig. Er hört es sehr gern. Es geht etwa so:* (s. o.) / *Könntest Du es mir nicht einmal schicken, wenn Du gerade einmal Lust hast und daran denkst.* Es kann sich vielleicht um eines der an anderer Stelle (siehe Vd, S. 248f.) erwähnten, verlorengegangenen Lieder handeln.

Literatur: Karłowicz$_2$ S. 157ff., Kobylańska$_{36}$ S. 318, Sydow-Miketta II S. 476.

V c

Verlorengegangene Werke

nach Briefen Chopins

(chronologisch geordnet)

1.

Polonaise

KKp 1269

Chopin schreibt im Juli 1831 aus Wien an seine Familie: ... / *Ich habe eine Polonaise geschrieben, die ich* (Wilhelm) *Würfel hier lassen muß.* Dieser Briefausschnitt ist nur in der deutschen Ausgabe von Karasowskis Buch (siehe Lit.) mitgeteilt. Eine Polonaise aus dem Jahre 1831 ist uns nicht bekannt; wir müssen annehmen, daß dieses Werk verlorengegangen ist.

Literatur: Karasowski[1] S. 200, Kobylańska[34] S. 5, – [36] S. 24, 75 und 290, – [37] S. 133.

2.

Mazurka

KKp 1272

Chopin schreibt am 10. September 1832 an Ludwikas Bräutigam Józef Kalasanty Jędrzejewicz (Guttry Nr. 71): … / *Könnte ich als Brautführer Euch in die Arme schließen … / Aber damit gibt es nichts. Ich kann Euch nur, nach Deinem Wunsch, eine Polonaise und einen Mazur schicken, damit ihr springen und wahrhaftig fröhlich sein könnt.*

Literatur: Kobylańska[36] S. 297.

3.

Polonaise

KKp 1273

Siehe Brief Chopins an Józef Kalasanty Jędrzejewicz, Nr. 2.

4.

Mazurka

KKp 1274

Chopin schreibt am 30. oder 31. Dezember 1846 an Wojciech Grzymała (Guttry Nr. 222): … / *Ich konnte nicht zu Dir kommen; denn Wład. Plater „platerisierte“ mich bis jetzt mit der Mazurka, die auf dem Ball gespielt werden soll.*

5.

Sonate für Klavier zu vier Händen

Mit Brief vom 30. Juni 1835 bót Chopin Breitkopf & Härtel auch eine *Sonata a quattro mani op. 28* an, die offensichtlich verlorengegangen ist.

Vd

Verlorengegangene Werke

nach Briefen von J. Fontanas und J. W. Stirlings

1.

Marsch für Klavier

KKp 1277

Nach Karłowicz₂ (siehe Lit.) schrieb Fontana am 14. März 1854 an L. Jędrzejewicz, er habe Ferd. Hiller einige von Chopins unveröffentlichten Werken zur
Beurteilung vorgespielt. Hiller habe u.a. den Marsch abgelehnt, der unver-
gleichlich schwächer sei als die beiden anderen in b- und f-moll. Bei dem ab-
gelehnten Marsch kann es sich allerdings möglicherweise auch um den dann
doch als op. 72 Nr. 2 herausgegebenen Trauermarsch in c-moll (s. S. 177) gehandelt haben.

Literatur: Karłowicz₂ S. 372.

2./3.

Zwei Märsche für Klavier

b-moll/f-moll
KKp 1255, 1256 und 1276a

Siehe Anmerkung zu Nr. 1.

4.

Militärmarsch für Klavier

Dem Großfürsten Konstanty gewidmet
KKp 890

Wahrscheinlich ist es dieser Marsch, von dem Wojcicki (siehe Lit.) schreibt,
Chopin habe ihn während eines Aufenthaltes im Belvedere dem Großfürsten
Konstanty geschenkt. Nach Hoesick₆ (siehe Lit.) ist ein Stich dieser Komposition gleichzeitig mit der Polonaise in g-moll (siehe IIa/1, S. 147), also 1817,
erschienen, allerdings ohne Komponistenangabe. Auch Brown und Jachimecki
(siehe Lit.) geben als Entstehungsjahr 1817 an, während Karasowski (siehe Lit.)
1818/19, Niecks (siehe Lit.) gar 1820 als Entstehungszeit annehmen. Heute ist
weder eine Hs. noch ein Exemplar der Erstausgabe erhalten.

Literatur: Brown₉ Pos. 2, Hoesick₄ S. 104f., – ₆I S. 33, Karasowski₂I S. 30f.,
Jachimecki₃ S. 351, Karłowicz₂ S. 372, Niecks₂I S. 37, Wójcicki S. 17f.

5.

Płótno · (Leinen)
Lied
KKp 1258

Jul. Fontana schreibt am 2. Juli 1852 an L. Jędrzejewicz: ... / *Ich habe Płutno* (sic!) *bis zur dritten und vierten Strophe ohne Baß und Mademoiselle Stirling hat noch eine andere vollständige, aber ebenfalls ohne Baß.* Keine der beiden Hss. ist uns erhalten geblieben. Nach Tomaszewski₁ (siehe Lit.) hatte *Płotno* den Charakter der balladenhaften Dumka.

Literatur: Tomaszewski₁ S. 85, Kobylańska₃₆ S. 296.

6.–8.

In der Liste am Ende ihres bereits mehrfach erwähnten Briefes vom 2./3. Juli 1852 an L. Jędrzejewicz (siehe op. 74 Nr. 1 ABf, S.184) führt J. W. Stirling mehrere Werke an, die wir heute nicht mehr kennen, die also verlorengegangen sein müssen, darunter die drei folgenden Lieder. Bei den beiden ganz am Ende der Liste erwähnten Mazurken kann es sich um zwei der posthum veröffentlichten Mazurken handeln.

6.

System Filozoficzny Podstarościego
(Philosophie eines Alten)
Lied
Text von Stefan Witwicki
KKp 1259

Nach J. W. Stirlings Liste (s.o.) befand sich in ihrem Besitz ein Autograph dieses Liedes. Fontana hielt dieses Lied einer Veröffentlichung nicht für würdig (siehe Brief vom 6. Januar 1853 an L. Jędrzejewicz; IVa/11 ABb, S. 222).

Literatur: Brown₃ S. 58, Karłowicz₂ S. 371, Kobylańska₁ S. 12, Tomaszewski₁ S. 82, –₂ S. 405.

7.

Że Bóg jest · (Daß Gott ist)
Lied
KKp 1261

Nach J. W. Stirlings Liste (s.o.) befand sich in ihrem Besitz ein Autograph dieses Liedes. Fontana hielt dieses Lied einer Veröffentlichung nicht für würdig (siehe Brief vom 6. Januar 1853 an L. Jędrzejewicz; IVa/11 ABb, S. 222).

Literatur: wie Nr. 6.

8.
O nie mów · (O sag nicht)
Lied
KKp 1257

Nach J. W. Stirlings Liste (s.o.) befand sich in ihrem Besitz ein zweiseitiges Autograph dieses Liedes, ohne Baßstimme.

Ve

Verlorengegangene Werke
nach unterschiedlichen Quellen

1./2.
Zwei Werke für Äolopantaleon (Äoline)
KKp 1378 und 1379

Die *Gazeta Warszawska* schreibt in einem Nekrolog auf den am 23. September 1873 verstorbenen Kazimierz Tarczyński: *In seiner Jugend, als er in der Klavierfabrik von Długosz seine ersten Klavichorde baute, stand Tarczyński in enger Beziehung zu Chopin / ... / Für dieses Instrument erhielt er zwei eigens zu diesem Zweck von Chopin komponierte Werke, deren Handschriften er bis zu seinem Tod in seinen Sammlungen aufbewahrte ... /.* Nach Zdz. Szulc (siehe Lit.) handelte es sich bei „*diesem Instrument*" um das von Tarczyński neu entwickelte Äolopantaleon, bei dessen Konzeption Chopin mitgewirkt haben soll und das er in einem Konzert der Öffentlichkeit habe vorstellen wollen. – Nach dem Tod von Kazimierz Tarczyński erbte, nach Zdz. Szulc, sein Sohn Józef die beiden Hss., der sie möglicherweise seinem Sohn Stanisław, später Professor am Konservatorium Melbourne, Australien, vermachte. Stanisław Tarczyński verließ 1907 Polen und hinterließ einen Teil der Sammlung seines Vaters seinem Onkel Władysław Tarczyński in Łowicz. Ob zu diesen Papieren auch die Hs. zu diesen beiden Werken gehörte, ist nicht mehr festzustellen. Möglicherweise befindet sich das Ms. heute im Besitz der Erben von Stanisław Tarczyński in Australien.

Literatur: Gazeta Warszawska 1873, Zdz. Szulc S. 18ff.

3.

Ecossaise

Es-dur

KKp 1276

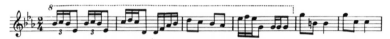

Oskar Kolberg schreibt am 15. Dezember 1874 an M. A. Szulc (Brief in der Bibliothek der Polnischen Akademie der Wissenschaften in Krakau, Sign. 2185): *Ich hatte auch einige Ecossaisen …, von denen eine so anfing:* (s. o.). Turczynowicz (siehe Lit.) hält es zwar für möglich, daß es sich hier um den Anfang der 2. Ecossaise op. 72 Nr. 3 handelt, es ist aber wahrscheinlicher, daß Kolberg den Anfang einer unveröffentlichten, verlorengegangenen Ecossaise mitteilen wollte. – **Abb.:** Turczynowicz vor S. 513.

Literatur: Turczynowicz S. 507 und 509.

4.

Mazurka (?)

B-dur

Bei der Auktion am 20. Juni 1977 des Antiquariats Pierre Berès im Hôtel Drouot in Paris wurde ein zwölfzeiliges Einzelblatt (22,9 × 29,7) mit den ersten 8 Takten eines bis dahin unbekannten Klavierstücks (wohl einer Mazurka?) von Chopin zum Verkauf angeboten. Es enthält die Datumsangabe *Carlsbad 2. Sept. 1835* und die Unterschrift *nieukowi nieuk* (= *von einem Unwissenden für einen Unwissenden*) *Chopin*. Die Vorderseite des Blattes ist leer. – Die Herkunft blieb unbekannt. Käufer war der deutsche Musikantiquar Hans Schneider, Tutzing. – Heute in einer Privatsammlung in Wien.

Literatur: Berès 1977 Pos. 23, Schneider Pos. 29.

5.

Mazurka

D-dur

Wilhelm Kolberg gewidmet (?)

KKp 1303

Nach Hedley und Jachimecki (siehe Lit.) hat Chopin für Wilhelm Kolberg eine Mazurka in D-dur komponiert, deren Text jedoch unbekannt geblieben ist.

Literatur: Hedley[5] S. 187, Jachimecki[7] S. 46.

6.

Mazurka

M me N i c o l a i g e w i d m e t

KKp 1313

Der Wiener Verleger C. A. Spina erhielt auf Anfrage von dem Londoner Verlagshaus Augener & Co. am 21. Mai 1884 folgende Antwort: *Chopin Mazurka dediée à Mme Nicolai edite* (sic!) *à Londre* (sic!) *1874, melodie inedite pour le Piano edité* (sic!) *après la mort de Chopin. Ist nicht zu bekommen! Achtungswoll* (sic!) *Augener & Co.* Die Postkarte mit diesem Text ist enthalten in der Sammlung *Chopiniana* von Dr. Stanisław Zieleniewski, die sich in der Jagellonen-Bibliothek Krakau (Inv.-Nr. 5041) befindet. Auf Blatt 1 dieser Sammlung folgende Anmerkung (deutsche Übersetzung): *„In London herausgegeben, eine bis heute unbekannte Mazurka von Fr. Chopin, gewidmet Madame Nicolai, der Frau des Botschaftsrates (Tydzień, Nr. 7, Lwów, 1874)."*

Literatur: Hordyński₅ S. 384.

7.

Mazurka

KKp 1307

Im Katalog des Antiquariats Noel Charavay, Paris, zur Auktion vom 30. März 1906 ist unter Pos. 43 eine Hs. Chopins mit einer Mazurka und einem Walzer wie folgt beschrieben: *Morceau de musique aut. signé en tête; 14 septembre 1832, 1 p 3/4 in – 4. Précieuse pièce contenant une mazurka et une valse.*

Literatur: Charavay 1906 Pos. 43.

8.

Mazurka

KKp 1283

Nach zwei bisher noch unveröffentlichten Briefen Breitkopf & Härtels vom 1. Februar und 12. April 1878 an Chopins Schwester Izabela Barcińska (siehe op. 23 Ac, S. 46) befanden sich im Besitz Wieniawskis die Hss. zu einer Mazurka und einem Walzer von Chopin. Ob es sich bei diesen Hss. um Autographe oder um Abschriften handelte, muß freilich offen bleiben.

9.

Variationen

KKp 1376 und 1377

Der *Pamiętnik Warszawski* schreibt im Januar 1818 (Jg. IV, Bd. X): ... / *er* (Chopin) *ist schon Komponist einiger Tänze und Variationen, über die Musik-*

kenner nicht aufhören, sich zu wundern. Bei den Tänzen wird es sich wohl um die Polonaisen IIa/1 und IVa/1 handeln (s. S. 147 und 211); andere Tänze aus der Zeit von 1818 sind uns zumindest nicht bekannt. Die Variationen sind offensichtlich verlorengegangen.

Literatur: Brown₉ Pos. 3, Jachimecki₃ S. 351, – ₆ S. 40, – ₈ S. 46, Kobylańska₉ S. 41, Pamiętnik Warszawski 1818 S. 144 (nicht numeriert).

10.

Walzer

KKp 1308

Siehe Anmerkung zu Nr. 7.

11.

Walzer

KKp 1295

Siehe Anmerkung zu Nr. 8.

12.

Walzer

KKp 1316

Leonard Niedźwiecki schreibt am 17. Mai 1845 in sein Tagebuch über einen Besuch bei der Familie Palmer: *Lindsay spielte viele schöne Stücke, unter anderem eine neue Walze von Chopin, die uns entzückte.* Von den uns heute bekannten Walzern Chopins stammt keiner aus dem Jahre 1845. – Das Original des Tagebuches befindet sich in der Kórnicki-Bibliothek auf Schloß Kórnik.

Literatur: Skorupska₂ S. 104f.

13.

Unbekanntes Werk

Dionizy Czachowski gewidmet

KKp 1328

Nach einem Brief von Frau Halina Mikuli, Schwiegertochter von Karol Mikuli geb. Czachowska, an Jerzy Waldorff hat Chopin seinem Cousin Dionizy

Czachowski kurz vor seiner Abreise nach Paris eine Komposition geschenkt; die Hs. soll folgende Widmung enthalten haben: *Memu kuzynowi i towarzyszowi zabaw (= Meinem Cousin und Spielgefährten).*

Literatur: Milczarzowa S. 3.

Vf

Verlorengegangene Jugendwerke

nach A. Koptiajew

KKp 1262–1266, 1296–1300 und 1406

Der russische Musikkritiker und Komponist Aleksander Koptiajew (1868–1941) beschrieb in seinem 1911 in Petersburg erschienenen Aufsatz *Jugendwerke Chopins* (siehe Lit.) ein inzwischen nicht mehr auffindbares Notenheft mit Hss. zu Jugendwerken Chopins. Der Umschlag des Heftes trug die Aufschrift *Młode kompozycje Fridzia Chopina (= Jugendkompositionen Frédéric Chopins)*; auf der ersten Seite enthielt das Heft musiktheoretische Anweisungen Chopins für die Gräfin Izabela Grabowska mit der Überschrift *Lekcje kompozycji Chopina, napisane dla Izabelli Grabowskiej (= Kompositionslektionen Chopins, geschrieben für Izabela Grabowska).* Nach der Meinung Koptiajews handelte es sich bei allen eingetragenen Musikstücken um authentische Werke Chopins. Die Frage, ob auch alle Stücke von Chopin selbst niedergeschrieben sind, ist laut Koptiajew nicht mit letzter Sicherheit zu beantworten. Koptiajew gibt leider, mit drei Ausnahmen, nur eine pauschale Inhaltsangabe an; danach enthielt das Heft folgende Werke:

> Viele Werke für Violine und Klavier, nach Koptiajews Urteil von geringerem Wert als die Werke für Klavier allein.
> Polonaisen für Klavier
> Märsche für Klavier
> Mazurken für Klavier
> Walzer für Klavier
> Melodien aus Savoyen

Leider führt Koptiajew nur drei Werke einzeln an:

1. Mazurka für Klavier in C-dur (keine heute bekannte Mazurka stammt aus dieser frühen Zeit).

2. Polonaise für Klavier über Themen von Rossini und Spontini. – Möglicherweise meinte Chopin diese Polonaise, als er im November 1825

an Jan Białobłocki schrieb (Guttry Nr. 11): *Ich habe schon eine neue Polonaise aus dem Barbier gemacht. Sie gefällt ganz gut. Ich denke, ich werde sie morgen zur Lithographie bringen.* Freilich ist nie ein lithographiertes Exemplar einer solchen Polonaise bekannt geworden.

3. Walzer für Klavier in a-moll, der Gräfin Łubieńska gewidmet. Die Hs. war nach Koptiajew mit *24 sierpnia 1824 (= 24. August 1824)* datiert. Es war demnach Chopins frühester Walzer.

Das Heft blieb wohl zunächst im Besitz von Izabela Radziwiłł Grabowska in Warschau, später ihrer Erben. Ihr Urenkel Witold Graf Grabowski-Toporczyk gewährte A. Koptiajew Einblick in das Heft. Ignacy Sołtan teilt in seinem Brief an die ChopGes (s.u.) noch weitere, allerdings z.T. ungenaue und falsche Angaben zur Geschichte dieses Heftes mit.

Briefe: Ignacy Sołtan an die ChopGes: September 1955.

Literatur: Kobylańska$_{35}$ S. 7f., – $_{37}$ S. 126ff., Koptiajew, Kurier Warszawski 1911 S. 9, Przegląd Muzyczny 1911$_1$ S. 16, – 1911$_2$ S. 9f.
Zur Polonaise (siehe Nr. 2); Brown$_8$ S. 9, – $_9$ S. 9, Jachimecki$_3$ S. 351, – $_8$ S. 47.

VI
NICHT IDENTIFIZIERTE SKIZZEN

1./2.

Skizzen für Klavier

as-moll / As-dur
KKp 1357 und 1358

Die ChopGes besitzt einen Taschenkalender aus dem Jahre 1834 (12 × 7,6), der unter dem Datum 23. und 24. Mai jeweils zwei kurze, auf ein von Hand gezogenes System geschriebene Skizzen von Chopin enthält; die erste Skizze umfaßt 2 Takte, darunter den Vermerk: *as. Pierwsza i druga volta (= as. Erste und zweite volta).* Die zweite Skizze umfaßt 8 Takte; sie enthält den Hinweis *As-dur.* – Ursprünglich Eigentum von Chopins Schwester Ludwika Jędrzejewicz, später wohl im Besitz ihrer Tochter Ludwika Ciechomska, die sie ihren Kindern hinterließ. Nach Leon Ciechomskis Tod kam die Hs. in den Besitz von Jerzy Kniołek, der sie 1958 der ChopGes verkaufte. – Museum der ChopGes, Inv.-Nr. M/377; PhA Ch: F. 1203.

Literatur: Katalog ChopGes 1971 Pos. 38, Kobylańska[16] Pos. 74.

3.

Skizze für Klavier

E-dur
KKp 1361

Die Seite 76 des Autographs der Krakowiak-Partitur (siehe op. 14 Ab, S. 33) enthält auf den ersten beiden Systemen eine nicht zum Krakowiak selbst gehörende Skizze für Klavier mit dem Vermerk *E dur.* – Zur Herkunft siehe op. 14, Ab (S. 33). – Heute im Nationalmuseum Krakau, Abt. Czartoryski, Sign. 2751. – **Abb.:** PWM Krakowiak (Gesamtfaksimile).

Literatur: PWM Krakowiak S. IV ff.

4.

Skizze für Klavier

e-moll
KKp 1362

Die Skizze zur Mazurka op. 6 Nr. 2 (siehe op. 6 Nr. 2, Aa, S. 10) enthält auf der

Vorderseite eine nicht zu dieser Mazurka gehörende Skizze für Klavier mit dem Vermerk *E moll.* – Zur Herkunft siehe op. 6 Nr. 2, Aa (S. 10). – Heute im Adam Mickiewicz Museum (Biblioteka Polska) in Paris, ohne Signatur; PhA Ch: F. 1347. – **Abb.:** Mirska₄ S. 97, –₇ S. 135.

Literatur: Kobylańska₇ S. 35, Mirska₄ S. 97.

5.

Skizze für Klavier

Es-dur

KKp 1352

Vierzeiliges Einzelblatt (10,3 × 16,5; abgerissenes Stück Papier mit von Hand gezogenen Notensystemen; 6/8-Takt, Tonartenangabe über dem ersten Takt; S. 2 leer. – Zur Herkunft siehe Skizzen Nr. 1/2. – Heute im Museum der ChopGes, Inv.-Nr. M/307; PhA Ch: F. 1761. – **Abb.:** Kobylańska₁₆ S. 39, Lissa₃ nach S. 208.

Literatur: Karłowicz₂ S. 378, Katalog ChopGes 1971 Pos. 34, Kobylańska₁₆ Pos. 27.

6.

Skizze für Klavier

es-moll

KKp 1353

Vierzehnzeiliges Einzelblatt; Skizze auf der linken Blatthälfte; Tonartenangabe über dem ersten Takt; auf der rechten Hälfte ein Verzeichnis der 24 Dur- und Molltonarten, das sich wahrscheinlich auf die Reihenfolge der Préludes op. 28 bezieht. – Früher im Besitz der Familie Czartoryski in Paris. Nach Janta (siehe Lit.) wurde die Hs. noch vor dem Zweiten Weltkrieg nach Amerika verkauft. Zunächst in der Sammlung von Rudolf Kallir, New York. – Heute in der Smlg. von R. O. Lehman in New York; PhA Ch: F. 1794. – **Abb.:** Janta₁ S. 2.

Literatur: Janta₁ S. 2.

7.

Skizze für Klavier

KKp 1354

Zwölfzeiliges Einzelblatt (22 × 28,5); 7 Takte, wahrscheinlich der Schluß eines Werkes; Rückseite leer. – Ursprünglich Eigentum von A. Franchomme, später seiner Erben (siehe op. 50 Nr. 1 Ac, S. 111 f.). 1958 verkaufte der Pariser Antiquar Marc Loliée die Hs. an die ChopGes. – Heute im Museum der ChopGes, Inv.-Nr. M/241; PhA Ch: F. 1769.

Literatur: Katalog ChopGes 1971 Pos. 36.

8.
Skizze für Klavier
KKp 1355

Einzelblatt mit zwei von Hand gezogenen Systemen (16,8/13,4 × 20,2; abgerissenes Stück Papier); Rückseite leer. – Zur Herkunft siehe Skizzen Nr. 1/2. – Heute im Museum der ChopGes, Inv.-Nr. M/231; PhA Ch: F. 1762.

Literatur: Katalog ChopGes 1971 Pos. 37, Kobylańska $_{16}$ Pos. 29.

9.
Skizze für Klavier
KKp 1364

Siebenzeiliges Einzelblatt (11 × 24,4); zweimal 9 Takte Klavierfiguration (9. Takt jeweils unvollständig) mit Fortsetzungszeichen; auf dem oberen Rand links Anmerkung von Teofil Kwiatkowski: *Fryd. Chopin mort. 17. 1849. a Paris.* – Nach einer weiteren Anmerkung, ebenfalls von Kwiatkowski, auf dem unteren Rand: *à Madame Dulong. offert. T. Kwiatkowski. 1851* war diese Hs. ursprünglich Eigentum von Teofil Kwiatkowski, der sie dann an Mme Dulong weitergab. – Heute im Besitz von Anne Marie Boutroux Ferra in Valldemosa (Mallorca), die es vor 1939 bei dem Pariser Antiquariat Andrieux, Bd. Malherbes, gekauft hat.

Literatur: Kobylańska $_{26}$ S. 9.

10.
Skizze für Klavier
KKp 1365

Das Skizzenblatt mit der Skizze zur Mazurka op. 6 Nr. 4 (siehe op. 6 Nr. 4 Aa, S. 11) enthält auf der Rückseite eine nicht zu dieser Mazurka gehörende Skizze für Klavier. Einige kaum zu entziffernde Wörter *złą dzisiaj niedola* (?) (= *Heute schweres Los*) könnten an Skizzen zu Liedern denken lassen. Beschreibung nach der Reproduktion bei Kriemlew (siehe Abb.). – Zur Herkunft siehe op. 6 Nr. 4, Aa (S. 11). – Heute in der Saltykow-Szczedrin-Bibliothek, Leningrad; PhA Ch: F. 1738. – **Abb.:** Kriemlew S. 255.

11.–13.

Skizzen für Klavier

KKp 653, 1351 und 1363

Das Skizzenblatt zum Prélude op. 28 Nr. 2 enthält drei weitere, nicht identifizierte Skizzen für Klavier:

(a) Systeme 9/10: Sechs Takte mit der Tonartenangabe *cis moll*; nach Bronarski₃ (s. Lit.) erinnert sie *„an gewisse Wendungen des Fantaisie-Impromptu, op. 66"*.

(b) Systeme 11/12: vier Takte, die nach Bronarski₃ an die Tarantella op. 43 erinnern.

(c) Systeme 13/14: zwei Takte (2. Takt unvollständig).

Zur Herkunft siehe op. 28 Nr. 2, Aa (S. 61). – Heute in der Sammlung von Gregor Piatigorski, Los Angeles; PhA Ch: F. 1743. – **Abb.**: Bronarski₃ S. 105, –₄ S. 15.

Literatur: Albrecht Pos. 549, Charavay-Darel Pos. 696, Bronarski₃ S. 102 ff., –₄ S. 12 f.

14./15.

Skizze zu einem Lied
Skizze für Klavier

KKp 1356 und 1366

Vierzehnzeiliges Einzelblatt (22 × 28,5). Das Blatt enthält zweierlei Skizzen: eine achttaktige Skizze (8. Takt unvollständig) auf den ersten beiden Systemen gehört wohl zu einem Lied (Singstimme und Klavier?); die übrigen Skizzenfragmente sind für Klavier allein. – Zur Herkunft siehe Skizze Nr. 7. – Heute im Museum der ChopGes, Inv.-Nr. M/240; PhA Ch: F. 1768.

16./17.

Skizzen für Klavier

KKp 1359 und 1360

Die ChopGes besitzt einen Taschenkalender aus dem Jahre 1848 (12,6 × 7,5), der auf dem vorderen und hinteren Schmutztitel je eine Skizze von Chopin enthält.

(a) 2 auf ein von Hand gezogenes System geschriebene Takte mit 𝄞 und zwei ♭. – **Abb.:** Lissa₃ vor S. 129, Mirska₉ S. 313.

(b) 5 auf drei von Hand gezogene Systeme geschriebene Takte (Takt 5 unvollständig) mit 𝄞 und drei ♭ im 3. System.

Zur Herkunft siehe Skizzen Nr. 1/2. – Heute im Museum der ChopGes, Inv.-Nr. M/378; PhA Ch: F. 1202.

Literatur: Katalog ChopGes 1971 Pos. 39, Kobylańska₁₆ Pos. 80.

260

VII
BEARBEITUNGEN · TRANSKRIPTIONEN
ÜBUNGEN UND THEORETISCHE AUFZEICHNUNGEN
VERSCHIEDENES

VIIa

Bearbeitungen

1.

Klavierbegleitung zur Arie „Casta diva"
aus der Oper „Norma" von Vincenzo Bellini
KKp 1410

Vierzehnzeiliges Doppelblatt (22 × 28). Chopin wollte offensichtlich flüchtig eine Klavierbegleitung zu dieser Kavatine aus dem 1. Akt von *Norma* skizzieren und transponierte dabei von F- nach E-dur; nach Bronarski$_3$ (siehe Lit.) *„vielleicht für die Begleitung von Mme Viardot-Garcia bei irgendeinem Konzert".* An das Doppelblatt ist ein Einzelblatt mit Skizzen zu op. 28 Nr. 2 und 4, op. 41 Nr. 1 sowie drei nicht identifizierten Skizzen (VI/11–13) angeklebt. – Zur Herkunft siehe op. 28 Nr. 2, Aa (S. 61). – Heute Eigentum von Gregor Piatigorski, Los Angeles; PhA Ch: F. 1740.

Literatur: Albrecht Pos. 549, Charavay-Darel Pos. 696, Bronarski$_3$ S. 4, – $_4$ S. 94.

2.

Drei Fugen
von Luigi Cherubini, umgeschrieben für Klavier
a-moll / F-dur / d-moll
KKp 1408

4 zwölfzeilige Seiten (22 × 28,7), S. 155–158 der ehemaligen Sammlung Franchomme's (siehe op. 65, S. 141); nach Bronarski$_{21}$ (siehe Lit.) handelt es sich um drei Fugen aus Cherubinis Traktat *Cours de contrepoint et de Fugue,* wo sie auf jeweils drei Systemen notiert sind; Chopin schrieb sie für Klavier auf zwei Systeme um.

S. 1 und S. 2 (Systeme 1–6): Fuge in a-moll *2 Sujets Cherubini,* C und $^4/_4$-Notierung; bei Cherubini S. 142–149 *Fugue du ton à quatre parties, a un contresujet,* ₵ und $^4/_2$-Notierung.

S. 2 (Systeme 7–12) und S. 3: Fuge in F-dur *4 parties 2 contres (?) sujets;* bei Cherubini S. 150–157 *Fugue du ton à quatre parties et a deux contre-sujets.*

S. 4: Fuge in d-moll *3 Contre sujets;* bei Cherubini S. 158 ff. *Fugue chromatique à quatre parties, à trois contre-sujets.* Diese Fuge ist nicht mehr vollständig notiert; wahrscheinlich fehlt ein Teil von Chopins Manuskript. – Ursprünglich Eigentum von A. Franchomme, später seiner Erben (siehe op. 50 Nr. 1 Ac, S. 111f.); dann nacheinander im Besitz der Antiquare Ronald Davis, Paris, Marc Loliée, Paris, und Nicolas Rauch, Genf; letzterer verkaufte die Hs. bei einer Auktion am 24./25. November 1958. – Heute in Pariser Privatbesitz; PhA Ch: F. 1677. – **Abb.:** Rauch 1957 Tafel VI (S. 2).

Literatur: Bronarski[19] S. 238ff., – [21] S. 254ff., Jachimecki[9] S. 245, Niecks[11] S. 237, Rauch 1957 Pos. 89.

3.

Variationen für eine Singstimme mit Klavierbegleitung
über eine ukrainische Dumka von Antoni Radziwiłł
überarbeitet von Chopin
KKp 1407

Chopin berichtet in einem Brief vom 5. Juni 1830 an T. Woyciechowski (Guttry Nr. 42), daß Fürst Radziwiłł ihn der Sängerin Henriette Sontag vorgestellt habe; er schreibt: *... Ich hätte sie noch kein einziges Mal aufgesucht, doch verlangte sie nach mir wegen eines Gesanges, den Radziwiłł für sie arrangiert und mir zum Ausschreiben übergeben hat. Es sind Variationen über eine ukrainische Dumka, Thema und Finale schön, doch gefällt mir, wie auch Fräulein Sontag der Mittelsatz nicht. Ich habe ihn etwas verändert, doch ist er immer noch schwach.*

VIIb

Transkriptionen von Volksweisen

1./2.

Zwei Bourrées
G-dur / A-dur
KKp 1403 und 1404

Das heute nicht mehr zugängliche Album von George Sand (siehe op. 28 Nr. 2 ABb, S. 61) enthielt, auf eine Albumseite aufgeklebt, ein neunzeiliges Notenblatt mit zwei je 16 taktigen Bourrées. Im Katalog des Auktionators M. Rheims (siehe Lit.) heißt es dazu: *Chopin (Frédéric). Quatre précieuses lignes doubles de sa main: notation avec accompagnement de deux airs de bourrée, entendus et notés à Nohant; la demi page qui les contient a été anciennement rapportée pour prendre place dans une suite de pas et chansons du Berry, numérotés, choisis ultérieurement pour la musique de scène de François de Champi. En haut de*

264

page, on lit, de la main de George Sand: bourrée notée par Chopin. Die Vorzeichen stammen von fremder Hand. – Zur Herkunft siehe op. 28 Nr. 2 ABb (S. 61). – **PhA Ch:** F. 1729. – **Abb.:** Rheims Pos. 98.

Literatur: Ausstellung 1932 BP Pos. 238, – 1937 BP Pos. 185, Orga S. 2 des Umschlags, Rheims Pos. 98.

3.

Volkslied (?)

Czułe serca · (Empfindsame Herzen)
f-moll
KKp 1400

Vierzehnzeiliges Einzelblatt mit skizzenhafter Niederschrift. Über dem Auftakt: *F moll.* Im Auktionskatalog Nr. 588 von Stargardt, Marburg, heißt es dazu: *E. Musikmanuskript mit e. Textworten am Anfang und e. Titel am Fuß* (s. o., vor System 14). *1 S. Querformat (12.000.–) Melodie eines polnischen Volksliedes, von Chopin „Czułe serca" („Empfindsame Herzen") betitelt.* (Teofil) *Kwiatkowskis Bemerkung unten rechts lautet in deutscher Übersetzung: „Kurpische Lieder von T. Kwiatkowski 1847 in Paris niedergeschrieben von F. Chopin". Vermutlich hat Kwiatkowski dem Komponisten die Melodie vorgesungen, und dieser hat sie dann aufgezeichnet. Eine ähnliche Melodie findet sich in Chopins op. 13 „Grande Fantaisie sur des airs polonais" (freundliche Mitteilung von Mr. Arthur Hedley, London).* Diese Ähnlichkeit läßt an einen möglichen Zusammenhang dieses Blattes mit op. 13 denken, zumal die Übersetzung „Kurpische Lieder" nicht unbedingt richtig ist. Der polnische Text des Skizzenblattes ist nämlich etwas verderbt und man könnte statt *„spiewki T. Kwiatkowskiego Kurpieckie"* auch *„… Kurpinski"* lesen; von Kurpiński stammt aber eben eines der zu op. 13 verwendeten Themen. – Früher Eigentum von Teofil Kwiatkowski in Paris, später seiner Erben. Bei der Auktion am 18./19. Februar 1969 von Stargardt verkauft. – Heute in Hamburger Privatbesitz (?). – **Abb.:** Stargardt 1969 S. 147.

Literatur: Bartoszewicz₂ S. 4, Brown₉ Pos. 140 B (3 und 4) Stargardt 1969 Pos. 572.

4.

Volkslied (?)

Dawniey Polak … · (Einst ein Pole …)
F-dur
KKp 1401

Fragment eines Notenblattes mit fünf Systemen (ein 6. System am unteren Rand ist nicht mehr vollständig) mit skizzenhafter Niederschrift (8,7 × 28,4). Im

Auktionskatalog Nr. 588 von Stargardt, Marburg, heißt es dazu: *E. Musik-manuskript mit e. Textworten (polnisch). 1 S. Querformat (obere Hälfte eines Notenblattes). (8000,–). Skizze eines polnischen Volksliedes, bezeichnet „F dur". Der sehr drastische, stellenweise nur durch Striche und Kreuze angedeutete Text bezieht sich auf die Unterdrückung Polens durch Russland und Preussen.* – Früher Eigentum von Teofil Kwiatkowski in Paris, später seiner Erben. Stargardt bot die Hs. bei seinen Auktionen vom 18./19. Februar 1969 und vom 9./10. Juni 1970 zum Verkauf an. – Heute im Museum der ChopGes, Inv.-Nr. M/1186. – **Abb.**: Stargardt 1969 S. 145, – 1970$_2$ S. 151.

Literatur: Bartoszewicz$_2$ S. 4, Brown$_9$ Pos. 140 B (2), Katalog ChopGes 1971 Pos. 23, Stargardt 1969 Pos. 571, – 1970$_2$ Pos. 550.

5.

Doÿna Vallacha

Rumänische Volksweise (?)

KKp 1402

Doÿna Vallacha. Vierzehnzeiliges Doppelblatt ($21,7 \times 28,6$) mit skizzenhafter Niederschrift (Bleistift); auf dem oberen Rand links von S. 1 der Titel (s. o.); S. 2–4 leer. – Ursprünglich wahrscheinlich in der Sammlung von A. Franchomme (siehe op. 65, S. 141). 1959 tauchte die Hs. bei dem Pariser Antiquariat Marc Loliée auf, das sie 1962 an die ChopGes verkaufte. – Museum der Chop-Ges. Inv.-Nr. M/603; PhA Ch: F. 1772.

Literatur: Katalog ChopGes 1971 Pos. 40, Kobylańska$_{23}$ S. 8.

6.

Lieder

KKp 1405

Verschollen. Chopin schreibt am 18. September 1844 an seine Schwester Ludwika (Guttry Nr. 192): *Ich schicke Dir die Lieder, die Du eines Abends gehört hast. … Solange (Dudevant), …, hat Dir aus dem Gedächtnis die Worte niedergeschrieben, ich die Musik.* Höchstwahrscheinlich handelte es sich dabei nicht um eigene Kompositionen Chopins, sondern um die Niederschrift von Volksliedern aus dem Berry, dem Umland von Schloß Nohant.

7./8.
Zwei Stücke für Klavier
Allegretto in A-dur — Mazurka in d-moll

In der Sammlung von Sacha Guitry, die am 21. November 1974 im Hôtel Drouot in Paris versteigert wurde, befand sich auch ein Autograph Chopins, das im Auktionskatalog wie folgt beschrieben ist: *Chopin: / Ms. musical aut. (S.l.n.d.). 1 p. gd. in – 4 oblong.* Die Rückseite des zwölfzeiligen Blattes (Querformat) ist leer; das Allegretto (*All*^{tto} T. 1–12 in A-dur, T. 13–24: *Mineur* in a-moll) ist auf den Systemen 1–6, die Mazurka (*Mazur*) auf den Systemen 8–11 notiert; auf dem unteren Rand links, von fremder Hand: *copié par Chopin.* Beide Stücke sind zwar mit *Ch* signiert, in ihrer ganzen Art jedoch zu primitiv, als daß man sie für eigene Kompositionen Chopins halten könnte. Wir ordnen sie in dieses Kapitel ein, da es sich vielleicht um Übertragungen von polnischen Volksweisen handeln mag (siehe Lit. Eigeldinger). – Die Hs. wurde bei der erwähnten Auktion von einem deutschen Käufer erworben. – **Abb.:** Charavay (Supplément) S. 2, Eigeldinger S. 19, Guitry Tafel VI.

Literatur: Charavay 1906 Pos. 23 bis, Eigeldinger S. 18ff., Guitry Pos. 15.

VII c
Übungen und theoretische Aufzeichnungen

1.

KKp 1367

Die erste Seite des inzwischen wieder verschollenen Heftes mit Jugendwerken Chopins (siehe V f) enthielt handschriftliche Anweisungen des 14jährigen Chopin zur Musiktheorie. Koptiajew, der Entdecker des Heftes, schreibt dazu: *… kann man wohl annehmen, daß die Regeln zur Musiktheorie, …, aus der Feder Chopins als dem Lehrer der Gräfin Grabowska, stammen. Diese Annahme wird gestützt durch eine Bleistiftnotiz in polnischer Sprache: «Kompositionslektionen Chopins, geschrieben für Izabela Grabowska». Den Begriff «Kompositionslektionen» muß man natürlich einschränken und darunter einfache, elementare Anweisungen und verschiedene skizzenhafte Versuche für Chopin selbst und die Gräfin verstehen.* – Zur Herkunft siehe V f (S. 253f.).

Literatur: Wie V f.

2.

Tonleitern und Akkordpassagen

KKp 1369

Verschollen. Vierzehnzeiliges Doppelblatt (12,3 × 18,8); S. 1 enthält die H-dur-Tonleiter, die chromatische Tonleiter von H ausgehend (nach der Überlieferung der Familie soll Chopin geraten haben, das Studium nicht mit der C-dur-, sondern mit der H-dur-Tonleiter zu beginnen; siehe Lit. Karłowicz) und Passagen mit gebrochenen verminderten Septimakkorden, jeweils mit genauen Fingersatzangaben, sowie einige praktische Hinweise: *Łokieć w równi z białemi Klawiszami / Ręką ani ku lewey ani ku prawey stronie* (= *Ellbogen in derselben Höhe wie die weißen Tasten / Mit der Hand entweder zur linken oder zur rechten Seite*); S. 2 und 3 leer; S. 4 enthält nach Binental$_{1-2}$ (siehe Lit.) noch verschiedene kleine Übungsbeispiele; sie ist auch im PhA der ChopGes nicht enthalten und nirgendwo abgebildet. – Wahrscheinlich schickte Chopin diese Übungen seiner Nichte Ludwika Ciechomska, die sie ihren Töchtern Maria und Laura hinterließ. Die Sammlung von Laura Ciechomska ging dann im Zweiten Weltkrieg verloren. – PhA Ch: F. 1369 (nur S. 1, s.o.). – **Abb.:** S. 1: Binental$_{1-2}$ Pos. 92, –$_6$ Pos. XLVI, Bory S. 153, Mirska$_9$ S. 263, Revue Musicale 1931 nach S. 16.

Literatur: Ausstellung 1932 BP Pos. 145, – 1937 BP Pos. 178, Binental$_1$ S. 187f., –$_2$ S. 176, –$_3$ S. 6f. und Pos. 59, –$_5$ S. 85, –$_6$ S. 121, Bory S. 153, Karłowicz$_2$ S. 377, Kobylańska$_7$ S. 35.

3.

Tonleitern

KKp 1372

Das inzwischen wieder verschollene Skizzenblatt zur Cellosonate op. 65 (siehe op. 65 SKl, S. 142) enthält nach Angaben des Katalogs von V. A. Heck auf der Rückseite *musiktheoret. Skizzen (Tonleiter mit Ziffern), darüber folgende Notiz in polnischer Sprache:* „*Łokieć w równi z białemi klawiszami, rękę ani ku lewej stronie, ani ku prawej stronie*" (= *Ellbogen auf derselben Höhe wie die weißen Tasten, Hand entweder zur linken oder zur rechten Seite*; s.o. Nr. 2).

4.

Tonleiter H-dur und theoretische Aufzeichnungen

KKp 1371

In der Smlg. von R. O. Lehman, New York befinden sich 12 Blätter mit dem Titel *Notices pour la Méthode des Méthodes*; sie enthalten Entwürfe zu einer

Einleitung und zu Übungen für eine geplante theoretische Abhandlung Chopins. Auf einem dieser Blätter (27,5 × 12,2) hat Chopin die H-dur-Tonleiter auf- und abwärts (*h–h²–h*; s.o. Nr. 2) mit Fingersatz für die rechte Hand notiert; über der Tonleiter der Hinweis: *Łokieć wrówni z białemi klawiszami ręka ani dedans ani dehors* (= *Ellbogen auf derselben Höhe wie die weißen Tasten, Hand entweder dedans oder dehors*; s.o. Nr. 2). – Ludwika Jędrzejewicz schenkte diese Blätter nach Chopins Tod der Fürstin Marcelina Czartoryska. Später Eigentum von Natalia Janotha. Am 22. Juli 1936 erstand A. Cortot die Hs. bei einer Auktion in London. – Seit Cortot's Tod 1962 in der Sammlung von R. O. Lehman, New York (Deposit in der Pierpont Morgan Library, New York). PhA Ch: F. 2126.

Literatur: Cortot₂ S. 55f., Hoesick₆ₗₗₗ S. 196, – ₇ₗₗ S. 487, – ₉ₗₗₗ S. 244, Metoda S. 5, Niecks₂ₗₗ S. 182 und 323.

5.

Tonleitern und theoretische Aufzeichnungen

KKp 1370

Die ChopGes besitzt 3 vierzehnzeilige Notenblätter unterschiedlichen Formats (nur Blatt 3 beidseitig beschrieben) mit Tonleiterübungen, die vielleicht ebenfalls zu den Entwürfen Chopins für seine geplante Klavierschule gehören (s.o. Nr. 4), sowie eine von L. Jędrzejewicz angefertigte Kopie eines Fragments dieser Klavierschule mit dem Titel *Plan de la méthode dicté à M!* (*M? ?*) *P. par Ch.* – Die drei autographen Blätter waren früher Eigentum der Fürstin Marcelina Czartoryska (s.o. Nr. 4). 1962 verkaufte sie das Pariser Antiquariat Pierre Berès an die ChopGes. – Museum der ChopGes, Inv.-Nr. M/612/1–2; PhA Ch: F. 2049/50.

Literatur: Berès Pos. 193, Katalog ChopGes 1971 Pos. 45, Kobylańska₂₁ Pos. 50.

6.

Kontrapunktübungen

KKp 1368

Zwölfzeiliges Doppelblatt (22,2 × 28,7); S. 2–4 leer. S. 1 enthält Kontrapunktübungen Chopins nach Anweisungen in Cherubinis Theorietraktat (siehe VIIa/2 S.263). – Die Hs. war zunächst Eigentum von Marcelina Czartoryska. 1952 verkaufte sie das Pariser Antiquariat Pierre Berès an die ChopGes. – Museum der ChopGes, Inv.-Nr. M/59; PhA Ch: F. 1314. – **Abb.:** Kobylańska₁₁ S. 305.

Literatur: Katalog ChopGes 1971 Pos. 44, Kobylańska₁₁ S. 307.

7.

Notenwert-Tabelle

KKp 1373

Nach Pawłowski (siehe Lit.) befand sich auf der Ausstellung 1937 in der Biblioteka Polska in Paris *(Frédéric Chopin, George Sand et leurs Amis)* auch ein kleines Notenblatt, auf dem Chopin eine Tabelle der Notenwerte und ihrer Einteilung notiert hatte. Im Ausstellungskatalog wird ein solches Blatt allerdings nicht aufgeführt, auch in der übrigen Chopin-Literatur wird diese Hs. nirgends erwähnt.

Literatur: Pawłowski S. 11.

VIId

Verschiedenes

1.

KKp 1409

In einem Billet an Mr. Lard (Vertreter des Pariser Verlagshauses Schlesinger) bittet Chopin: *Ayez la bonté de m'envoyer les Variations de Hunten sur Pirato (à 4 mains) – et l'air de Zampa, ou se trouve,* etc. que tout les orgues jouent, n.b. c'est pour le chant.* An der mit einem Asterisk bezeichneten Stelle notierte Chopin zwei Anfangstakte einer Arie aus der Oper Zampa von L. J. F. Hérold (1791–1833). – Das Billet wurde auf der Auktion am 23. November 1955 bei Nicolas Rauch, Genf, an den Antiquar Hans Adler aus Riehen (bei Basel) verkauft. – **Abb.:** Rauch 1955 Tafel 9.

Literatur: Rauch 1955 Pos. 118.

2.

KKp 1412

And. de la Sonate à 4 mains de Moschelès. Im Album von Ignaz Moscheles hat Chopin auf der gleichen Seite, die auch T. 65–72 des Prélude op. 28 Nr. 17 enthält, die 5 Anfangstakte der rechten Hand des Primo aus dem Andante der vierhändigen Klaviersonate von I. Moscheles notiert. Neben der Überschrift vermerkte Chopin noch: *Souvenir de St Cloud. – 1839 – / F. Chopin / admirateur de l'auteur.* – Zur Herkunft siehe op. 28 Nr. 17, Ab (S. 68). – **Abb.:** Sotheby 1959 nach S. 66.

Literatur: Sotheby 1959 Pos. 318 (1).

ANHANG

I
ZWEIFELHAFTE WERKE
(alphabetisch)

In ihrer Echtheit nicht genügend verbürgt

1.

Mazurka für Klavier
D-dur
KKp 1388

Entstehungszeit: Aus Chopins Kindheit (Poliński₂; Brown₉: 1820).

Autograph: Unbekannt.

Handschrift eines Unbekannten: Verschollen. *Mazure.* 1 achtzeilige Seite. Zweifel an der Echtheit äußerte vor allem L. Bronarski in einem Brief an die ChopGes vom 14. Januar 1953. – Die Hs. war Eigentum von Aleksander Poliński, Warschau. 1939 ging sie aus seiner Sammlung verloren. – PhA Ch: F. 779. – **Abb.:** Kobylańska₉ S. 40, Poliński₂ S. 5.

Erstausgaben: Siehe die Faksimiles bei Kobylańska₉ und Poliński₂.

Briefe: Bronarski an die ChopGes: 14. Januar 1953 (s.o.).

Literatur: Brown₉ Pos. 4, Jachimecki₉ S. 130, Kobylańska₉ S. 40, Poliński₂ S. 5, Walker S. 282 und 293.

2./3.

Zwei Stücke für Klavier
Prélude – Andantino
KKp 1389 und 1390

Entstehungszeit: 1845.

Autograph: Unbekannt.

Handschrift von George Sand (?): Einzelblatt (26,5 × 12,3) mit zwei von Hand gezogenen Systemen. Die beiden kurzen Stücke sind nebeneinander notiert, das erste mit der Überschrift *Prelude N. 3. na Harmons* (?) *flûte*, das zweite mit der Angabe *Andantino N. 5.* Einige Wörter (*segno al fine, Da capo* usw.) stammen möglicherweise von der Hand Chopins. Rückseite leer. – Wahrscheinlich schickte G. Sand diese Hs. am 22. März 1845 mit einem Brief an St. Witwicki nach Paris. Witwicki leitete sie dann am 17. April 1845 zusammen mit zwei Briefen von G. Sand und Chopin (vom 23. März) an Karolina Mężeńska in Krakau weiter. Deren Enkelin, Karolina Mężeńska, übergab sie im Dezember 1928 Zygmunt Mycielski in Krakau. 1946 kaufte das Warschauer Nationalmuseum die Sammlung von Mycielski. Am 17. Februar 1958 wurde die Hs. der ChopGes übergeben. – Museum der ChopGes, Inv.-Nr. M/202; PhA Ch: F. 523.

Erstausgabe: Warschau; *Muzyka* Nr. 1 (63), Z. Mycielski: *Unbekannte Briefe von George Sand und Fr. Chopin*; 20. Januar 1930.

Briefe: Karolina Mężeńska an Zygmunt Mycielski: 31. Januar 1929.

Literatur: Katalog ChopGes 1971 Pos. 71, Kobylańska [14] Pos. XIII, Mycielski [1] S. 7 und 9.

4.

Contredanse für Klavier

Ges-dur

KKp 1391

25 Takte

Entstehungszeit: 1827?

Autograph: Unbekannt.

Handschrift eines Unbekannten: Verschollen. *Contredanse.* 1 Seite; aus der im PhA der ChopGes aufbewahrten Photographie sind Format und Zeilenzahl nicht festzustellen, da sie zwei verschiedene, übereinander gelegte Hss. wiedergibt. Diese Montage entstand wahrscheinlich bei der Erstveröffentlichung der Hs., einer Reproduktion im *Ilustrowany Kurier Codzienny* 1934. Dadurch ist ein Teil des Blattes, das den Contredanse enthält, verdeckt; das andere Blatt enthält einen Text, der wohl in keinem Bezug zum Contredanse steht, eher zu einer Hs. mit den T. Woyciechowski gewidmeten Variationen op. 2 gehört haben mag (siehe Lit. DzW); links: *pour le 4 janvier / pour le 4 mars / 1827,* rechts: *Introduction / Variations / pour le pianoforte // FF Chopin* (Beide Hss. waren Eigentum Woyciechowskis, der am 4. Januar Namenstag und am 4. März

276

Geburtstag hatte). Der Text des Contredanse ist auf fünf Akkoladen notiert. Jan Ekier (siehe Lit.) hat in letzter Zeit starke Zweifel an der Echtheit des Werkes überhaupt geäußert. – Die Hs. war früher vielleicht Eigentum von Józef T. Wydżga, eines Verwandten der Familie Woyciechowski, dessen ganzes Besitztum auf Gut Wożuczyn im Ersten Weltkrieg vernichtet wurde. Eine Photokopie der Hs. fand sich in der Sammlung von Tadeusz Wydżga. Sie war Grundlage für alle weiteren Veröffentlichungen. – PhA Ch: F. 1666. – **Abb.:** Kobylańska₉ S. 134, Mirska₇ S. 183, Nowicki S. III.

Erstausgabe: Warschau, Leon Idzikowski, 1943.

Literatur: Bronarski₉ S. 465, Brown₉ Pos. 17, DzW VIII S. 149, – XVIII S. 70f., Ekier₁ S. 468f., L. Idzikowski S. 1, Jachimecki₈ S. 47, Kobylańska₉ S. 134, Nowicki S. III/IV, Sydow₁ Pos. 96.

5.

Variationen für Flöte und Klavier

E-dur
über „Non più mesta" aus der Oper „La Cenerentola"
von G. Rossini
Józef Cichocki gewidmet (?)
KKp 1392

81 Takte

Entstehungszeit: Nach Hoesick₇ (siehe Lit.) war dieses Werk eine der ersten Kompositionen Chopins · 1824 (Brown₉) · 1826/7–1830 (J. Prosnak₂) · 1829 (J. Prosnak₁).

Autograph: Unbekannt.

Handschrift eines Unbekannten: *Variationi Sopra il Thema della Opera Cenerentola per Flauto con accompagnemento del Piano par Fr: Chopin.* 6 vierzehnzeilige Seiten (40 × 25,5); S. 1: Titel (s.o.); S. 2: Thema, auf dem oberen Rand links: *Andantino Flûte*; auf S. 3, oberer Rand: *Variations pour Flûte par Fr: Chopin Thema Var: 1, 3 et 4,* über dem Auftakt: *Andantino*; auf S. 5: *Var. 3,* S. 4 und 6 sind leer. Die Echtheit des Werkes ist immer wieder angezweifelt worden. Bronarski sieht für einige Chopins Stil wenig entsprechende Züge des Stückes die Erklärung in der Tatsache, daß die Flöte ein für Chopin doch mehr oder weniger fremdes Instrument war (Brief vom 26. März 1951 an die Chop-Ges). Demgegenüber hält J. Prosnak (siehe Lit. Prosnak₂) gerade die Flötenstimme für echt und stellt die Authentizität des Klavierparts in Frage. – Chopin soll diese Variationen für den bekannten Flötisten Józef Cichocki geschrieben

277

haben, in dessen Besitz die Hs. zunächst auch war. Später Eigentum von Józef Nowakowski, dann von Adam Münchheimer, der das Ms. der Warschauer Musikgesellschaft schenkte. – Bibliothek der Warschauer Musikgesellschaft, Sign. Ch/22; PhA Ch: F. 1724. – **Abb.**: Kobylańska$_9$ S. 269 (S. 2 und 3).

Erstausgabe: Krakau, Polskie Wydawnictwo Muzyczne (= Polnischer Musikverlag; 3095); Band XVI der Paderewski-Ausgabe, 1959.

Briefe: L. Bronarski an die ChopGes: 26. März 1951.

Literatur: Brown$_9$ Pos. 9, DzW XVI S. 159ff., Fach-Katalog Pos. 20, Hoesick$_2$ S. 491, – $_{71}$ S. 178, Jachimecki$_9$ S. 245f., Kobylańska$_9$ S. 269, Nossig Pos. 20, J. Prosnak$_1$ S. 104, –$_2$ S. 267.

6.

Nocturne für Klavier
(Nocturne oublié)
cis-moll

KKp 1387

109 Takte

Entstehungszeit: Unbekannt.

Autograph: Unbekannt.

Handschrift von Antonina Białecka: *Nocturne oublié cis-moll par F. Chopin / Larghetto.* 8 zwölfzeilige Seiten (33,7 × 25,7); auf dem oberen Rand von S. 1 der Titel (s.o.); S. 8 leer. Die Pianistin A. Białecka fertigte nach ihren eigenen Angaben die Hs. etwa im Jahre 1958 nach einem in ihrem Besitz befindlichen Exemplar einer Ausgabe des Petersburger Verlags Gutheil an. Der Druck ist heute nicht mehr nachweisbar. Eine briefliche Anfrage der Herausgeberin dieses Katalogs vom 31. Januar 1964 blieb erfolglos; A. Białecka war zu diesem Zeitpunkt bereits tot. – Sie hatte ihre Hs. dem Polnischen Musikverlag Krakau zur Veröffentlichung geschenkt; doch äußert L. Bronarski in einem Brief vom 17. Juni 1958 an den Polnischen Musikverlag trotz mancher durchaus chopin'scher Zuge starke Bedenken. – Heute im Museum der ChopGes, Inv.-Nr. M/341; PhA Ch: F. 1741.

Erstausgabe (?): Verschollen. Petersburg, Gutheil.

Briefe: Polnischer Musikverlag in Krakau an Antonina Białecka in Brwinów. – Ludwik Bronarski an den Polnischen Musikverlag in Krakau: 17. Juni 1958. –

Literatur: Katalog ChopGes 1971 Pos. 48.

7.

Walzer für Klavier
(Valse Mélancolique)
fis-moll
KKp 1395

185 Takte

Entstehungszeit: Unbekannt.

Autograph: Unbekannt.

Handschriften:

(a) *Valse Mélancolique / Lento.* 12 zwölfzeilige Seiten (33,8 × 25,6); auf S. 1, über Takt 4/5: *Chopin (??);* S. 10–12 leer. – Früher Eigentum von Ignacy Paderewski. Das *Archiwum Akt Nowych (= Archiv Neuer Urkunden)* Warschau übergab diese Hs. am 27. Mai 1963 der ChopGes. – Museum der ChopGes, Inv.-Nr. M/637.

(b) Verschollen. Im Vorwort zu EA schreibt der Herausgeber, Maurice Dumesnil: *One day, ..., he* (ein „alter spanischer Priester") *presented me, ..., with a copy of a waltz by Chopin, which he told me was the most precious of his possessions, and had been handed down directly from the time when Chopin and George Sand spent a season at the Convent of Valdemosa. –*
Wie EA zeigt, enthielt diese Hs. zahlreiche Abweichungen gegenüber Ms. (a), was die Möglichkeit, daß es sich vielleicht doch um ein echtes Werk von Chopin handelt, etwas wahrscheinlicher macht.

Erstausgabe: New York, Schroeder & Gunther (S. & G. Inc. 1587–5); 1932.

Literatur: Katalog ChopGes 1971 Pos. 49, Belotti, S. 521–546.

I b

Unveröffentlicht

Mazurka für Klavier
b-moll
KKp 1394

42 Takte

Entstehungszeit: Unbekannt.

279

Autograph: Unbekannt.

Handschrift eines Unbekannten: *Mazurek Fr. Chopin'a.* Zwei zwölfzeilige Blätter (32,5 × 24) im Album von Walerian Stopnicki (Bl. 75 und 76), dessen Inhalt in der Zeit zwischen 1867–93 gesammelt wurde. S. 1: Titel (s.o.), S. 2 leer, S. 3: Text, S. 4 leer. – Heute Eigentum von Jan Tomasz Stopnicki, Warschau; PhA Ch: F. 807.

I c

nach der Überlieferung

1.

Dumka na Wygnaniu · (Lied der Verbannung)

Lied

Text von Maurycy Gosławski

KKp 1396

Szulc (siehe Lit.) schreibt: *Um das Jahr 1840 sangen viele von uns mit Begeisterung das bekannte «Lied der Verbannung» von M. Gosławski. / Gdyby orłem być ... (= Wär ich ein Adler ...) / Die Melodie zu diesem Text wird im allgemeinen Chopin zugeschrieben. Sie hat auch alle Zeichen seines Genius. Warum nahm Fontana sie damals nicht auf? War sie ihm gar nicht bekannt? Oder schreibt man sie irrtümlich Chopin zu?* Auch Tomaszewski$_1$ (siehe Lit.) sieht die Autorschaft als nicht gesichert an. Bronarski (siehe Lit.) dagegen rechnet dieses Lied sowie die Lieder *Tam na błoniu* und *Trzeci maj* (siehe Nr. 2 und 3) zu einer Reihe „*anonym verbreiteter Lieder, die von Chopin komponiert sind*".

Literatur: Barbag S. 3, Bronarski$_3$ S. 99, – $_4$ S. 9, Hoesick$_{6 II}$ S. 112, Kobylańska$_1$ S. 12, Parnas$_2$ S. 94, Szulc$_1$ S. 205f., Tomaszewski$_1$ S. 82, – $_2$ S. 405.

2.

Tam na błoniu ... · (Dort auf dem Anger)

Lied

KKp 1397

Siehe Angaben zu Nr. 1. – Die Melodie ist auch mit anderen Texten unterlegt worden, so mit dem patriotischen Gedicht *Pomoc dajcie mi rodacy* (= *Zu Hilfe, Landsleute*) und dem Liebeslied *Dziewczę wróć mi serce moje* (= *Mädchen, gib mir mein Herz zurück*).

Literatur: Bronarski$_3$ S. 99, – $_4$ S. 9, Opieński$_1$ S. 71 und 126, Tomaszewski$_1$ S. 81, – $_2$ S. 405, Zetowski$_2$ S. III (187).

3.

Trzeci maj · (Dritter Mai)

Lied

Text von Stanisław Starzeński
KKp 1398

Siehe Angaben zu Nr. 1. – Die Melodie ist auch zu dem Gedicht *Witaj majowa jutrzenko (= Willkommen Morgenrot im Mai)* gesungen worden. Nach Poliński (siehe Lit.), der vollkommen sicher war, daß Chopin der Autor dieses Liedes sei, gab es eine 1831 in Warschau erschienene Druckausgabe des Stuckes, deren Titelblatt den Vermerk *Imci pana Chopina (= im Namen von Herrn Chopin)* enthielt. Nach Hoesick[61] (siehe Lit.) hat auch Chopins Neffe Antoni Jędrzejewicz bestätigt, daß Chopin dieses Gedicht Starzeńskis vertont hat.

Literatur: Bronarski[3] S. 99, – [4] S. 9, Hoesick[61] S. 48, – [71] S. 43, – [8 II] S. 253, – [9 I] S. 61f., Karasowski[1] S. 371, – [2 II] S. 261, Niecks[1 II] S. 295, – [2 II] S. 272, Parnas[2] S. 94, Poliński[4] S. 217, Starczewski S. 652, Tomaszewski[1] S. 82, – [2] S. 405, Zetowski[1] S. IIf.

4.

O wiem, że Polska … · (Oh, ich weiß, daß Polen)

Lied

Text von Zygmunt Krasiński
KKp 1383

Szulc (siehe Lit.) berichtet, Chopin habe die Gedichte Krasińskis bewundert und ihn um einige davon gebeten mit dem Versprechen, sie in Musik zu setzen. Darunter seien auch die Gedichte *O wiem, że Polska* und *Pytasz się, czemu* gewesen, die Chopin in den Jahren 1846/47 vertont habe.

Literatur: Szulc[1] S. 206, Tomaszewski[1] S. 82, – [2] S. 405.

5.

Pytasz się, czemu … · (Du fragst, warum)

Lied

Text von Zygmunt Krasiński
KKp 1384

Siehe Angaben zu Nr. 4.

6.

Pieśni pielgrzyma polskiego · (Lieder eines polnischen Pilgers)
Lieder
aus dem Gedichtzyklus von Konstanty Gaszyński
KKp 1385

Nach Tomaszewski (siehe Lit.) gab es Melodien zu einigen Stücken aus dem 1833 in Paris erschienenen Gedichtzyklus *Pieśni pielgrzyma polskiego (= Lieder eines polnischen Pilgers)* von Konstanty Gaszyński, die Chopin zuzuschreiben sind. Dies wird auch von L. T. Rycharski (siehe Lit.) bestätigt.

Literatur: Rycharski S. 166f., Tomaszewski₁ S. 82.

II
UNECHTE WERKE

1.

Mazurka für Klavier
Fis-dur
von Charles Mayer
KKp 1386

Erstausgaben:

(a) Wien, P. Mechetti, mit dem Untertitel *Souvenirs de la Pologne* und unter dem korrekten (!) Namen Charles Mayer; 1840–45 (nach E. Pauer, siehe Lit.).

(b) Wien, J. P. Gotthard, ebenfalls mit dem Untertitel *Souvenirs de la Pologne*, aber als op. posth. 121 von Frédéric Chopin bezeichnet; das Erscheinungsdatum dieser Ausgabe ist unbekannt, man darf aber wohl annehmen, daß sie erst nach Ch. Mayers Tod, 1862, erschien. Gotthard war wahrscheinlich das Opfer eines Betruges. Er teilte E. Pauer auf Anfrage mit, *„er habe die Mazurka als eine Handschrift Chopins von einer gewissen polnischen Gräfin erworben, die sich in einer schwierigen Situation nur ungern von der Komposition ihres berühmten Landsmannes getrennt habe"* (siehe Lit. Pauer). Miketta$_3$ (siehe Lit.) weist darauf hin, daß Mayers Komposition deutliche Anklänge an op. 9 Nr. 3, op. 18, op. 74 Nr. 14 und das Lied *Tam na błoniu* (siehe Anh. I c/2, S. 280) enthält.

Literatur: Klindworth, Miketta$_1$ S. 468, – $_3$ S. 149, Niecks$_{2\,II}$ S. 237, Pauer, Sydow$_1$ Pos. 111, Thompson S. 332, Zagiba$_3$ S. 111.

2.

Baßstimme zu einem dreistimmigen Kanon
h-moll
von Mendelssohn Bartholdy
KKp 1411

Verschollen. (Beschreibung nach der Abb. bei Binental, s.u.) *Canone a3.* Einzelblatt (10,6 × 16,5) mit 4 von Hand gezogenen Systemen. Mendelssohn notierte darauf einen dreistimmigen Kanon (11 Takte), dazu einen „*beweglichen und an Verzierungen reichen Baß*" (siehe Lit. Karłowicz). Unter den ersten Takt des Basses schrieb er *Contrabasso libro / composto da Sciopino*. Der untere Rand des Blattes enthält außerdem noch Datum: *Paris 16 avril 32,* Unterschrift: *Felix Mendelssohn Bartholdy* und die Bemerkung *la basse est de vous*. Aus diesen Anmerkungen ist vielfach der Schluß gezogen worden, die Baßstimme stamme von Chopin. Die Schrift weist jedoch eindeutig auf Mendelssohn hin, der mit den chromatischen Wendungen und zahlreichen Verzierungen offensichtlich in scherzhafter Weise Chopins Kompositionsweise nachahmen wollte. – Mendelssohn schenkte die Hs. Chopin; nach dessen Tod Eigentum von L. Jędrzejewicz; später im Besitz ihrer Tochter Ludwika Ciechomska, dann ihrer Enkelinnen Maria und Laura Ciechomska. Während des Zweiten Weltkriegs ging die Hs. verloren. – PhA Ch: F. 1744. – **Abb.:** Binental [1-2] Pos. 39, Bory S. 93, Mirska [9] S. 132.

Literatur: Ausstellung 1932 BP Pos. 113, – 1937 BP Pos. 520, Binental [1] S. 161, – [2] S. 146, – [4] S. 52, Brown [9] Pos. 69, Karłowicz [2] S. 380, Mirska [9] S. 132, Searle S. 225.

REGISTER

1
LITERATURVERZEICHNIS
1818–1973
Alphabetisch nach den im Hauptteil gebrauchten Abkürzungen

Abb = Gustav Abb: *Die Chopinsammlung in der Staatsbibliothek Krakau* in *Das General-Gouvernement* 4. Jg., Heft 2 (1944).

Abbiati = Franco Abbiati: *Storia della Musica*. Vol. 4, o. J.

Albrecht = Otto E. Albrecht: *A Census of Autograph Music Manuscripts of European Composers in American Libraries*, Philadelphia 1953.

Asow = E. H. M. von Asow: *Fryderyk Chopin in Deutschland* im *Chopin-Jahrbuch*, Wien 1963.

Ausstellung 1932 BP = *Frédéric Chopin. Exposition de tableaux, gravures, manuscrits, souvenirs (1810–1849) organisée par la Bibliothèque Polonaise;* Katalog, Vorwort von Charles M. Widor, Einführung von François Pułaski, Paris, Juni 1932.

Ausstellung 1937 BP = *Frédéric Chopin, George Sand et leurs amis. Exposition à la Bibliothèque Polonaise de Paris.* Katalog, Juli–Oktober 1937.

Ausstellung 1947 Liège = *Exposition d'Art Romantique. Chopin – George Sand et leurs Amis.* Ausstellung im Conservatoire Royal de Musique de Liège; Katalog mit Vorwort von Aurore Sand und Carlo Bronne, Texte von Louis J. Clairmay, Oktober 1947.

Ausstellung 1949 = *Polnische Chopin-Ausstellung mit Sonderschau Chopin und Wien* in der Agathon Galerie Wien, 15. bis 23. Oktober 1949; Katalog.

Ausstellung 1949 BN = *Frédéric Chopin. Exposition du Centenaire. Bibliothèque Nationale;* Katalog mit Vorwort von Julien Cain, Paris 1949.

Ausstellung 1949 Nyon = *Trésors musicaux des collections suisses: Exposition au Château de Nyon;* Katalog; Juni 1949.

Ausstellung 1966 = *Die Handschriften der Meister. Berühmte Werke der Tonkunst im Autograph.* Gesellschaft der Musikfreunde in Wien. Sechs Ausstellungen 22. Mai – 20. Juni 1966.

Ausstellung Pleyel = *Catalogue de l'exposition de raretés musicales organisée par la revue „Musique";* Paris, Katalog, o. J.

Barbag = Seweryn Barbag: *Studium o Pieśniach Chopina (= Studium der Lieder Chopins)*, Lwów 1927.

Barbedette = Hippolyte Barbedette: *F. Chopin. Essai de critique musicale*, Paris, 1869, 2. Auflage.

Bargiel	= Woldemar Bargiel: Revisionsbericht zu Band IV und V (*Notturnen* und *Polonaisen*) der Gesamtausgabe von Breitkopf & Härtel, Leipzig 1880.
Bartoszewicz$_1$	= M.(aksymilian) Bartoszewicz: *Ciekawe polonica na licytacji w NRF (= Interessante Polonica bei Versteigerungen in der BRD)* in *Życie Warszawy* Nr. 76, 1959.
Bartoszewicz$_2$	= M. Bartoszewicz: *Drogocenne Chopiniana na aukcji w Marburgu (= Wertvolle Chopiniana bei einer Auktion in Marburg)* in *Życie Warszawy* Nr. 32, 1969.
Bartoszewicz$_3$	= M. Bartoszewicz: *Autografy Chopina i Pendereckiego na wystawie rękopisów w Zurychu (= Autographe von Chopin und Penderecki auf Autographenausstellung in Zürich)* in *Życie Warszawy* Nr. 186, 1969.
Bartoszewicz$_4$	= M. Bartoszewicz: *Rękopisy muzyczne Chopina (= Musik-Manuskripte Chopins)* in *Życie Warszawy* Nr. 133, 1970.
Bartoszewicz$_5$	= M. Bartoszewicz: *Chopiniana w Bibliotece Morgana (= Chopiniana in der Morgan-Library)* in *Życie Warszawy* Nr. 289, 1971.
Bartoszewicz$_6$	= M. Bartoszewicz: *Cztery autografy Chopina (= Vier Autographe Chopins)* in *Życie Warszawy* Nr. 168, 1972.
Belgodère	= V. Belgodère-Johannes: *Petite histoire de l'art et des Artistes. La musique et les musiciens.* Paris 1949.
Belotti$_1$	= Gastone Belotti: *Un omaggıo di Chopin alla sorella Ludwika: il „Lento con gran espressione"* in *Rivista Italiana di Musicologia* Vol. III, Florenz 1968.
Belotti$_2$	= G. Belotti: *Il problema delle date dei preludi di Chopin,* Florenz 1972.
Belotti$_3$	= G. Belotti: *Chopin, l'Italia e Venezia,* Florenz 1973.
Belotti$_4$	= G. Belotti: *Le prime composizioni di Chopin,* Florenz 1973.
Bełza	= Igor Bełza: *Fryderyk F. Chopin.* Warschau 1969.
Benjamin$_1$	= *The Collector: A Magazine for Autograph and Historical Collectors* Vol. LXVII No 6; Walter R. Benjamin Autographs, New York 1954.
Benjamin$_2$	= *The Collector: A Magazine for Autograph and Historical Collectors* Vol. LXX No 4; Walter R. Benjamin Autographs, New York 1957.
Berès	= Pierre Berès: *Autographes anciens & modernes.* Katalog 50, Paris o.J.
Berkeley	= Lennox Berkeley: *Nocturnes, Berceuse, Barcarolle* in *Frédéric Chopin. Profiles of the Man and the Musician* hrsg. von Alan Walker, London 1966.
Binental$_1$	= Leopold Binental: *Chopin. W 120 rocznicę urodzin. Dokumenty i Pamiątki (= Chopin. Zur 120. Wiederkehr des Geburtstages. Dokumente und Erinnerungen),* Warschau 1930.
Binental$_2$	= L. Binental: *Chopin. Dokumente und Erinnerungen aus seiner Heimatstadt,* aus dem Polnischen übersetzt von A. von Guttry, Leipzig 1932.
Binental$_3$	= L. Binental: *Documents et Souvenirs* in *La Revue Musicale,* Paris, Dezember 1931.

Binental[4]   = *Catalogue de la I exposition des documents et des souvenirs de Chopin organisée par la Société de Musique de Varsovie et le Musée National à Varsovie.* März/April 1932. Katalog, hrsg. vom Komitée des II. Internationalen Chopin-Klavierwettbewerbs in Warschau.

Binental[5]   = L. Binental: *Pamiątki Szopenowskie. Szopen. Monografia zbiorowa pod redakcją Mateusza Glińskiego (= Chopins Andenken. Chopin. Kollektive Monographie unter Leitung von Mateusz Gliński)* in *Muzyka* 1932.

Binental[6]   = L. Binental: *Chopin.* Paris 1934.
Binental[7]   = L. Binental: *Chopin. Życiorys twórcy i jego sztuka (= Chopin. Biographie des Meisters und seine Kunst),* Warschau 1937.

Biuletyn   = *Ze skarbca kultury (= Aus der Schatzkammer der Kultur),* In-
Ossolińskich   formationsbericht der Bibliothek der Ossoliński-Stiftung), hrsg. unter der Leitung von Edward Kiernicki, Heft I (6), Wrocław 1954.

Boerner   = *Katalog einer kostbaren Autographen-Sammlung aus Wiener Privatbesitz / Wertvolle Autographen und Manuskripte aus dem Nachlaß von Josef Joachim, Philipp Spitta, Hedwig von Holstein.* Versteigerung am 8./9. Mai 1908 durch C. G. Boerner & Buchantiquariat, Leipzig.

Bory   = Robert Bory: *La vie de Frédéric Chopin par l'image.* Mit einem Vorwort von Alfred Cortot, Genf 1951.

Boucourechliev   = André Boucourechliev: *Chopin. En billedbiografi.* Kopenhagen – München 1962.

Bourniquel[1]   = Camille Bourniquel: *Frédéric Chopin in Selbstzeugnissen und Bilddokumenten.* Hamburg 1966, 2. Auflage.

Bourniquel[2]   = C. Bourniquel: *Chopin.* Paris 1967.
Breitkopf &   = *Friedr. Chopins Werke. Band XIII. Nachgelassene Pianoforte-*
Härtel[1]   *werke. Erste Abtheilung. Nr. 1–26. Mazurkas, Polonaisen und Walzer,* hrsg. von Woldemar Bargiel, Johannes Brahms, August Franchomme, Franz Liszt, Carl Reinecke, Ernst Rudorff; Leipzig Breitkopf & Härtel 1880.

Breitkopf &   = *Thematisches Verzeichnis der im Druck erschienenen Kompo-*
Härtel[2]   *sitionen Chopins.* Leipzig Breitkopf & Härtel 1888.

Breitkopf &   = *Urtext Classischer Musikwerke / Friedrich Chopin Etüden für*
Härtel[3]   *Clavier,* hrsg. von Ernst Rudorff, Leipzig Breitkopf & Härtel 1899.

Breslauer 1958   = Martin Breslauer: Katalog 90, London 1958.
Bronarski[1]   = Ludwik Bronarski: *W sprawie wydania pośmiertnych dzieł Fryderyka Chopina (= Zur Herausgabe der hinterlassenen Werke Chopins)* in *Kwartalnik Muzyczny* Nr. 1, Warschau 1928.

Bronarski[2]   = L. Bronarski: *Pierwszy akord Sonaty b-moll Chopina (= Der erste Akkord der Sonate b-moll Chopins)* in *Kwartalnik Muzyczny* Nr. 8, Warschau 1930.

Bronarski[3]   = L. Bronarski: *Rękopisy muzyczne Chopina w Genewie (= Musikmanuskripte Chopins in Genf)* in der Festschrift für Adolf Chybiński, Krakau 1930.

Bronarski[4] = L. Bronarski: *Rękopisy muzyczne Chopina w Genewie.* Sonderdruck von Bronarski[3], Krakau 1930.

Bronarski[5] = L. Bronarski: *Pamiątki Szopenowskie (= Chopins Andenken)* in *Muzyka* Nr. 4–6, Warschau 1931.

Bronarski[6] = L. Bronarski: *Korespondencja w sprawie pośmiertnego wydania Pieśni Chopina (= Briefwechsel zur Herausgabe der hinterlassenen Lieder Chopins)* in *Kwartalnik Muzyczny* Heft 12–13, Warschau 1931.

Bronarski[7] = L. Bronarski: *Nowe Chopiniana (= Neue Chopiniana)* in *Kwartalnik Muzyczny* Heft 12–13, Warschau 1931.

Bronarski[8] = L. Bronarski: *Trois manuscrits de Chopin,* Rezension von Cortot[1] in *Kwartalnik Muzyczny* Heft 16, Warschau 1932.

Bronarski[9] = L. Bronarski: *Harmonika Chopina (= Chopins Harmonik),* Warschau 1935.

Bronarski[10] = L. Bronarski: *Z najnowszej literatury chopinowskiej (= Aus der neuesten Chopin-Literatur)* in *Polski Rocznik Muzykologiczny (= Polnisches musikologisches Jahrbuch)* Band 1, 1935.

Bronarski[11] = *Fryderyk Chopin. Nokturn c-moll / Largo Es-dur,* hrsg. von L. Bronarski. Warschau 1938.

Bronarski[12] = L. Bronarski: *Über das „Larghetto" aus der Sonate Op. 4 von Chopin* in *Schweizerische Musikzeitung* Heft 3, Zürich 1941.

Bronarski[13] = L. Bronarski: *Chopins „Abschiedswalzer" und seine Widmung* in *Der kleine Bund,* Bern 1941.

Bronarski[14] = L. Bronarski: *Etudes sur Chopin* in der Reihe *Culture Européenne / Cultures Nationales. Pologne – No 2;* Lausanne 1947, 2. Auflage.

Bronarski[15] = L. Bronarski: *Etudes sur Chopin* in der Reihe *Culture Européenne / Cultures Nationales. Pologne – No 3;* Lausanne 1948, 2. Auflage.

Bronarski[16] = L. Bronarski: *Dwa nieznane utwory Chopina (= Zwei unbekannte Werke Chopins)* in *Kwartalnik Muzyczny* Nr. 21–22, Krakau 1948.

Bronarski[17] = L. Bronarski: *Quelques considérations sur la 17ème Etude de Chopin* in *Schweizerische Musikzeitung* Heft 11, Zürich 1952.

Bronarski[18] = L. Bronarski: *La dernière Mazurka de Chopin* in *Schweizerische Musikzeitung* Heft 10, Zürich 1955.

Bronarski[19] = L. Bronarski: *Chopin, Cherubini et le contrepoint* in *Annales Chopin* 2, Warschau 1958.

Bronarski[20] = L. Bronarski: *La plus brève composition de Chopin* in *Schweizerische Musikzeitung* Heft 1, Zürich 1960.

Bronarski[21] = L. Bronarski: *Szkice chopinowskie (= Skizzen über Chopin)* in *Biblioteka Chopinowska (= Chopin-Bibliothek)* Vol. IV, Krakau 1961.

Bronarski[22] = L. Bronarski: *Quelques considérations au sujet du Rondo pour deux pianos de Chopin* im *Chopin Jahrbuch,* Wien 1963.

Brown[1] = Maurice J. E. Brown: *Chopin autographs in the Paris Conservatoire* in *Monthly Musical Record* Nr. 965, London März – April 1955.

Brown 2   = *Waltz in E-flat by F. F. Chopin (20th July, 1840)*, hrsg. von Maurice J. E. Brown, London 1955.

Brown 3   = M. J. E. Brown: *The posthumous publication of Chopin's songs* in *The Musical Quarterly*, Vol. XLII Nr. 1, New York 1956.

Brown 4   = M. J. E. Brown: *Chopin's „Lento con gran espressione"* in *Monthly Musical Record* Nr. 978, London 1956.

Brown 5   = M. J. E. Brown: *The Chronology of Chopin's Preludes* in *The Musical Times* Nr. 1374, London 1957.

Brown 6   = M. J. E. Brown: *Chopin and his English Publisher* in *Music & Letters* Nr. 4, Oxford 1958.

Brown 7   = M. J. E. Brown: *First Editions of Chopin in periodicals and serial publications* in *Annales Chopin* 5, Warschau 1960.

Brown 8   = M. J. E. Brown: *Chopin. An Index of his Works in chronological Order*, London 1960.

Brown 9   = Zweite verbesserte Auflage von Brown 8, London 1972.

Brown 10   = M. J. E. Brown: *The Chopin Index* in *The Musical Times*, London 1965.

Bücken   = Ernst Bücken: *Die Musik des 19. Jahrhunderts bis zur Moderne.* Wildpark-Potsdam 1928.

Catin 1   = P. Catin: *Chopin. Ballade ... (op. 38)*, Paris 1930.

Catin 2   = P. Catin: *Chopin. Tarantelle (op. 43)*, Paris 1930.

Chailley   = Jacques Chailley: *Une page d'album de Chopin à Emile Gaillard* im Kongreßbericht 1960; s. Lissa 3.

Chainaye   = Suzanne et Denise Chainaye: *Une Valse inédite de Chopin* in *La Revue Musicale*, Paris 1955.

Charavay 1906   = *Catalogue d'une intéressante collection de lettres autographes;* Auktionskatalog der Smlg. M. G. Bord mit Expertisen von M. N. Charavay, Paris 30. März 1906.

Charavay-Darel   = *Catalogue de la précieuse collection de lettres autographes composant le Cabinet de feu M. Henry Fatio;* Auktionskatalog der Smlg. M. H. Fatio mit Expertisen von M. N. Charavay und M. H. Darel (Hôtel Drouot), Paris 15.–17. Juni 1932.

Chechlińska   = Zofia Chechlińska: *Ze studiów nad stylem wykonawczym dzieł Chopina (= Studien zum Aufführungsstil bei Chopin). Impromptu As-dur op. 29* in *Muzyka* Jg. IV Nr. 4 (15), 1959.

Chomiński 1   = Józef M. Chomiński: *Preludium As-dur Chopina* in *Ruch Muzyczny* Nr. 5/6, Warschau März 1949.

Chomiński 2   = J. M. Chomiński: *Preludia. Analizy i Objaśnienia Dzieł Wszystkich Fryderyka Chopina (= Préludes. Analysen und Erläuterungen zu sämtlichen Werken Frederic Chopins)* Band 9, Generalherausgeber: Adolf Chybiński, Krakau 1950.

Chopin I   = *Chopin*, Organ des Frédéric-Chopin-Instituts Jg. 1 Heft I, Warschau 1937.

Chopin II   = *Chopin*, Organ des Frédéric-Chopin-Instituts Jg. 1 Heft II, Warschau 1937.

Chybiński   = Adolf Chybiński: Rezension des Maria Wodzińska gewidmeten Albums von Chopin, das 1910 von K. Parnas bei Breitkopf &

Härtel herausgegeben wurde, in *Przegląd Muzyczny* Nr. 7, Warschau April 1911.

Cichowski = *Zbiory starożytności polskich w Paryżu Adolfa Cichowskiego* (= *Adolf Cichowskis Sammlungen polnischer Antiquitäten in Paris)*, Paris 1856.

Concours 1960 = *Concours International d'Affiche. Année Chopin 1960. Société Frédéric Chopin*, Warschau 1958.

Cornuau$_1$ = *Autographes. Collection d'un amateur.* Auktionskatalog (Hôtel Drouot, Experte: P. Cornuau), Paris 6. November 1959.

Cornuau$_2$ = *Précieux Manuscrit Musical de Frédéric Chopin.* Auktionskatalog (Hôtel Drouot, Experte: P. Cornuau), Paris 10. Juni 1960 (Prospekt).

Cortot$_1$ = *Trois manuscrits de Chopin. Ballade en fa – Valse op. 69, no 1 (Valse de l'Adieu) – Berceuse,* Begleittexte von A. Cortot und Ed. Ganche. Band I der Reihe *Les manuscrits des maîtres anciens de la musique reproduits en fac-similé sous la direction de Marc Pincherle et commentés par leurs grands interpretes,* Paris 1932.

Cortot$_2$ = Alfred Cortot: *Aspects de Chopin.* Paris 1949.

Courrier Musical 1910 = Sondernummer *Chopin* der Zeitschrift *Le Courrier Musical*; Jg. 13 Heft 1, 1910.

Czartkowski$_1$ = Adam Czartkowski und Zofia Jeżewska: *Chopin żywy w swoich listach i w oczach współczesnych* (= *Chopin, so wie er war, in seinen Briefen und in den Augen der Gegenwart),* Warschau 1959, 2. Auflage.

Czartkowski$_2$ = A. Czartkowski und Z. Jeżewska: *Fryderyk Chopin.* Neue und unter Mitarbeit von Krystyna Kobylańska ergänzte Auflage (3./4. Auflage) von Czartkowski$_1$, Warschau 1967/70.

Damascene = *Autographes.* Katalog der Librairie Damascene Morgand, Paris Oktober 1956.

Davis = *Éditions Originales / Autographes / Littéraires. Varia.* Katalog des Antiquariats Ronald Davis, Paris 1967.

Debrun = M. Debrun: *Un manuscrit autographe de F. Chopin et A. Franchomme à la Bibliothèque du Conservatoire* in *Revue de Musicologie* Vol. XXXVIII, Paris Dezember 1956.

Dziennik Bydgoski 1924 = *Jak Biblioteka Miejska przyszła do manuskryptu Chopina* (= *Wie die Stadtbibliothek ein Manuskript Chopins erwarb)* in *Dziennik Bydgoski* (= *Bromberger Zeitung)* Nr. 145, Bydgoszcz 1924.

DzW (Prospekt) = *Chopin. Dzieła Zbiorowe. Wydanie krytyczne według autografów i pierwszych wydań* (= *Sämtliche Werke. Kritische Ausgabe nach Autographen und Erstausgaben),* hrsg. von I. J. Paderewski, Frédéric-Chopin-Institut Warschau 1939.

DzW = *Fryderyk Chopin. Dzieła Wszystkie według autografów i pierwszych wydań z komentarzami krytycznymi* (= *Frédéric Chopin. Sämtliche Werke. Auf Grund der Autographen und Erstausgaben mit kritischen Revisionsberichten),* hrsg. von I. J. Paderewski unter Mitarbeit von L. Bronarski und J. Turczyński im Auftrag des Frédéric-Chopin-Instituts Warschau (Im folgenden sind jeweils die deutschen Titel genannt).

DzW I	=	*Préludes*, Krakau 1965.
DzW II	=	*Etüden*, Krakau 1965.
DzW III	=	*Balladen*, Krakau 1959.
DzW IV	=	*Impromptus*, Krakau 1966.
DzW V	=	*Scherzi*, Krakau 1964.
DzW VI	=	*Sonaten*, Krakau 1964.
DzW VII	=	*Nocturnes*, Krakau 1965.
DzW VIII	=	*Polonaisen*, Krakau 1966.
DzW IX	=	*Walzer*, Krakau 1957.
DzW X	=	*Mazurken*, Krakau 1956.
DzW XI	=	*Fantaisie, Berceuse, Barcarolle*, Krakau 1954.
DzW XII	=	*Rondos*, Krakau 1953.
DzW XIII	=	*Allegro de Concert, Variations*, Krakau 1955.
DzW XIV	=	*Konzerte für Klavier und Orchester*, Klavierauszug, Krakau 1967.
DzW XV	=	*Werke für Klavier und Orchester*, Klavierauszug, Krakau 1967.
DzW XVI	=	*Kammermusik*, Krakau 1959.
DzW XVII	=	*Lieder*, Singstimme mit Klavier, Krakau 1966.
DzW XVIII	=	*Kleinere Werke*, Krakau 1965.
DzW XIX	=	*Konzert e-moll für Klavier und Orchester*, Partitur, Krakau 1962.
DzW XX	=	*Konzert f-moll für Klavier und Orchester*, Partitur, Krakau 1960.
DzW XXI	=	*Werke für Klavier und Orchester*, Partitur, Krakau 1964.

Eaubonne	=	Françoise d'Eaubonne: *La vie de Chopin* in der Reihe *Vies et Visages* hrsg. von Pierre Waleffe, Paris 1964.
Echo M 1879/80	=	Zeitschrift *Echo Muzyczne* Nr. 1, darin: *Kronika Muzyczna* (= *Musikalische Chronik*), Warschau 1879/80.
Echo M 1881	=	Nr. 12, darin: *Nasze nuty* (= *Unsere Noten*), Warschau 1881.
Echo MTA 1891	=	Zeitschrift *Echo Muzyczne, Teatralne i Artystyczne* Nr. 424, Warschau 1891.
Echo MTA 1894$_1$	=	Nr. 577, darin: *Uroczystości Chopina* (= *Chopin-Feiern*), Warschau 1894.
Echo MTA 1894$_2$	=	Nr. 577, darin: *Relikwia Chopina* (= *Chopin-Reliquien*), Warschau 1894.
Echo MTA 1894$_3$	=	Nr. 579 Text zur Notenbeilage, Warschau 1894.
Echo MTA 1894$_4$	=	Nr. 580 Text zur Notenbeilage, Warschau 1894.
Echo MTA 1899$_1$	=	Nr. 40, Warschau 1899.
Echo MTA 1899$_2$	=	Nr. 41, Warschau 1899.
Egert	=	Paul Egert: *Friedrich Chopin*, Potsdam 1936.
Ekier$_1$	=	Jan Ekier: *Le problème d'authenticité de six œuvres de Chopin* im Kongreßbericht 1960 (siehe Lissa$_3$), Warschau 1963.
Ekier$_2$	=	J. Ekier: *A propos de l'Edition Nationale des Œuvres de Frédéric Chopin* in *La Pologne* Nr. 10, Oktober 1964.
Ekier$_3$	=	*Fryderyk Chopin: Mazurka en Fa mineur la dernière. Reconstruction entière de l'esquisse et rédaction par J. Ekier*. Krakau 1965.
Ekier$_4$	=	*Fryderyk Chopin: Variations en Ré majeur à 4 mains. Reconstruction des pages perdues et rédaction par J. Ekier*, Krakau 1965.

Ekier 5 = J. Ekier: *The National Edition of the Works of Frédéric Chopin. – Fryderyk Chopins Werke Nationalausgabe* in *Polnische Musik* Jg. III Nr. 1, Warschau 1968.

Ekier 6 = J. Ekier: *Fryderyk Chopin. Ballady. Komentarze źródłowe (= Kritischer Bericht)*, Krakau 1970.

Fach-Katalog = *Internationale Ausstellung für Musik- und Theaterwesen Wien 1892. Fach-Katalog der Musikhistorischen Abtheilung ...*, Wien 1892.

Feicht = Hieronim Feicht: *Ronda Fr. Chopina (= Die Rondos von Fr. Chopin)* in *Kwartalnik Muzyczny* Nr. 21–22, Krakau 1948.

Ferra 1 = Bartomeu Ferra: *Chopin et George Sand à Majorque* mit einem Auszug aus *Souvenirs d'Aurore Sand*, Palma de Mallorca 1936.

Ferra 2 = B. Ferra: *Chopin y George Sand en Mallorca*, Palma de Mallorca 1949.

Festiwal-Duszniki = *Chopin w Dusznikach (= Chopin in Duszniki)*. Programm der
1960 XV. Chopin-Festwochen in Duszniki-Zdrój im August 1960, Text von Jan Weber; Warschau 1960.

Flagler Cary = *The Mary Flagler Cary Music Collection. The Pierpont Morgan Library*, New York 1970.

Fontana = *Œuvres Posthumes pour le Piano de Fréd. Chopin publiés ... par Jules Fontana*; Berlin, Schlesinger o. J.; jeder Band enhält ein Nachwort von J. Fontana in deutscher und französischer Sprache.

François = Samson François: *„Le" très grand pianiste. Chopin* in *Génies et Réalités*, Paris 1965.

Frączkiewicz = Aleksander Frączkiewicz: *Instrumentacja Koncertów Chopina (= Instrumentation der Konzerte Chopins)* in *Muzyka* Nr. 3–4, Warschau 1952.

Friedman 1 = *Fr. Chopin. Pianoforte-Werke*, Band I, *Walzer*, hrsg. von Ignaz Friedman, Breitkopf & Härtel E. B. 3811; Leipzig 1913.

Friedman 2 = *Fr. Chopin. Pianoforte-Werke*, Band II, *Mazurkas*, hrsg. von Ignaz Friedman, Breitkopf & Härtel V.A. 3812; Leipzig 1913.

Friedman 3 = *Fr. Chopin. Pianoforte-Werke*, Band IV, *Nocturnes*, hrsg. von Ignaz Friedman, Breitkopf & Härtel V.A. 3814; Leipzig 1913.

Friedman 3a = *Fr. Chopin. Pianoforte-Werke*, Band VI, *Scherzos und Fantasie*, hrsg. von Ignaz Friedman, Breitkopf & Härtel V.A. 3816; Leipzig 1912.

Friedman 3b = *Fr. Chopin. Pianoforte-Werke*, Band VII, *Etüden*, hrsg. von Ignaz Friedman, Breitkopf & Härtel V.A. 3817; Leipzig 1913.

Friedman 4 = *Fr. Chopin, Pianoforte-Werke*, Band IX, *Sonaten*, hrsg. von Ignaz Friedman, Breitkopf & Härtel V.A. 3819; Leipzig 1913.

Friedman 5 = *Fr. Chopin. Pianoforte-Werke*, Band X, *Verschiedene Stücke*, hrsg. von Ignaz Friedman, Breitkopf & Härtel V.A. 3820; Leipzig 1913.

Ganche 1 = Edouard Ganche: *Dans le Souvenir de Frédéric Chopin*, Paris 1925.

Ganche₂ = Ed. Ganche: *Nieznany utwór Chopina (= Ein unbekanntes Werk Chopins)* in *Muzyka* Nr. 4–5, Warschau 1925.

Ganche₃ = Ed. Ganche: *Życie muzyczne Fryderyka Szopena w Paryżu (= Frédéric Chopins musikalisches Leben in Paris)* in *Szopen. Monografia zbiorowa pod redakcją Mateusza Glińskiego (= Kollektive Monographie unter Leitung von Mateusz Gliński).* Im Selbstverlag der Zeitschrift *Muzyka,* Warschau 1932.

Ganche₄ = Ed. Ganche: *Voyages avec Frédéric Chopin,* Paris 1934.

Gauthier = André Gauthier: *Frédéric Chopin,* Paris 1967.

Gavoty = Bernard Gavoty: *Dix grands Musiciens,* Paris 1962.

Gazeta Warszawska 1873 = Warschauer Zeitung vom 24. September 1873.

Gebethner & Wolff 386 = *Frédéric Chopin: Œuvres de piano. Édition de Jean Kleczyński. Valse No 9 (posthume),* hrsg. von Rodolphe Strobl; Warschau Gebethner & Wolff (G. 386 W.).

Gebethner & Wolff 951/953 = *Fryderyk Chopin: Dzieła fortepianowe (= Klavierwerke).* Neue, durchgesehene Auflage, hrsg. von Jan Kleczyński, Band III Polonaisen; Warschau Gebethner & Wolff 1878 (G. 951. W. und G. 953. W.).

Gebethner & Wolff 2515 = *Frédéric Chopin: Polonaise inédite dédiée à Monsieur A. Żywny. Transcription par Jean Michałowski,* Warschau Gebethner & Wolff (G. 2515. W.).

Gebethner & Wolff 5203 = *Feuille d'album. Nieznany utwór Fryderyka Chopina (= Unbekanntes Werk Frederic Chopins),* Warschau Gebethner & Wolff 1912 (G. 5203. W.).

Génies et Réalités = *Chopin,* in der Reihe *Génies et Réalités,* Paris 1965.

German = Franciszek German: *Chopin i Witwicki (= Chopin und Witwicki)* in *Annales Chopin* 5, Warschau–Krakau 1960.

Gibert = Vicente Ma de Gibert: *Chopin sus obras,* Barcelona 1913.

Gliński = *Chopin. Listy do Delfiny (= Briefe an Delfina Potocka),* hrsg. von Mateusz Gliński, New York 1973.

Gotch = *Mendelssohn and his Friends in Kensington. Letters from Fanny and Sophy Horsley. Written 1833–1836,* hrsg. von Rosamund Brunel Gotch, London 1934.

Gradstein = Programm der vierzehn von der ChopGes veranstalteten Konzerte, die das Gesamtwerk Chopins umfassen. 23. Februar – 3. April 1949; darunter: Programmausarbeitung des II. Konzertes von Alfred Gradstein.

Guttry = *Chopin. Gesammelte Briefe,* hrsg. von A. von Guttry; München 1928.

Hachette-Fabbri = *Chopin,* Band III der Reihe *Chefs-d'Œuvre de l'Art. Grands Musiciens.* Im Anhang: *Dix Valses pour piano;* Paris, Hachette-Fabbri 1968.

Hadden = J. Cuthbert Hadden: *Chopin,* London 1903.

Hagenbach = K. Geigy-Hagenbach: *Album von Handschriften berühmter Persönlichkeiten vom Mittelalter bis zur Neuzeit,* Basel 1925.

Hamelle = F. Chopin: *Vingtième et Dernier Nocturne en ut ♯ mineur (Œuvre posthume);* Paris, Hamelle (J. 7879 H.) o. J.

Harasowski[1] = Adam Harasowski: *The skein of Legends around Chopin*, Vorwort von Arthur Hedley; Glasgow 1967.

Harasowski[2] = A. Harasowski: *Dwie cele w Valldemosa (= Zwei Zellen in Valldemosa)* in *Tydzień Polski (= Polnische Woche)*, London Februar 1969.

Harasowski[3] = A. Harasowski: *Arthur Hedley (1905–69)* in *Music and Musicians* Nr. 7, März 1970.

Harasowski[4] = A. Harasowski: *Transcriptions galore* in *Music and Musicians* Nr. 11, Juli 1970.

Heck = *Interessante Autographen, darunter Joh. Seb. Bach – Beethoven – Brahms – Bruckner – Chopin;* Katalog XXVIII des Antiquariats V.A. Heck, Wien (März 1934).

Hedley[1] = *F. Chopin. Etude in F Minor (Trois Nouvelles Etudes)*, hrsg. von Arthur Hedley; London 1940.

Hedley[2] = Arthur Hedley: *Listy do Redakcji: Société des Amis de Chopin London (= Brief an die Redaktion)* in *Ruch Muzyczny* Nr. 23–24, Dezember 1948.

Hedley[3] = A. Hedley: *Chopin,* Łódź 1949.

Hedley[4] = A. Hedley: *Antoni Teichmann i jego album (= Antoni Teichmann und sein Album)* in *Muzyka* Jg. 4 Nr. 1–2, Warschau Januar–Februar 1953.

Hedley[5] = A. Hedley: *Chopin,* London 1953.

Hedley[6] = Artikel *Chopin* in *Grove's Dictionary of Music and Musicians* Band II, hrsg. von Eric Blom, London 1954, 5. Auflage.

Hedley[7] = *A Chopin Collection belonging to Arthur Hedley,* London 1957 (maschinenschriftlich).

Hedley[8] = A. Hedley: *Album Marii Wodzińskiej – koniec legendy (= Album von Maria Wodzińska – Ende einer Legende)* in *Ruch Muzyczny* Jg. IV Nr. 20, Warschau Oktober 1960.

Hedley[9] = A. Hedley: *Frédéric Chopin: The Man and the Artist.* Vortrag in der *Royal Institution of Great Britain* am 25. November 1960, Veröffentlichung Nr. 175 der Royal Instn. 1961.

Hedley[10] = *Selected Correspondence of Fryderyk Chopin,* hrsg. von Arthur Hedley, London 1962.

Hedley[11] = A. Hedley: *Some Observations on the Autograph Sources of Chopin's Works* im Kongreßbericht 1960 (siehe Lissa[3]), Warschau 1963.

Hedley[12] = A. Hedley: *Chopiniana* in *The Musical Times*, London Januar 1965.

Hedley[13] = A. Hedley: *Chopin. The Man* in *Frédéric Chopin. Profiles of the Man and the Musician*, hrsg. von Alan Walker, London 1966.

Hedley[14] = A. Hedley: *Nieznana uczennica Chopina (= Unbekannte Schülerin Chopins)* in *Ruch Muzyczny* Nr. 4 (Überarbeitet von Krystyna Kobylańska), Warschau 1970.

Heineman = *Books and Manuscripts from the Heineman Collection,* New York 1963.

Heinitz = Wilhelm Heinitz: *Essentielle Erkenntnisse zur Werk-Ästhetik Frédéric Chopins* in *Annales Chopin* Bd. 5, Warschau-Krakau 1960.

Henle₁ = *Frédéric Chopin. Préludes. Nach Eigenschriften und den Erstausgaben hrsg. von Hermann Keller*, G. Henle Verlag München – Duisburg 1956.

Henle₂ = *Frédéric Chopin. Etüden. Nach Eigenschriften, Abschriften und Erstausgaben hrsg. von Ewald Zimmermann*, G. Henle Verlag München – Duisburg 1961.

Henle₃ = *Frédéric Chopin. Walzer. Nach Eigenschriften, Abschriften und Erstausgaben hrsg. von Ewald Zimmermann*, G. Henle Verlag München – Duisburg 1962.

Henle₄ = *Frédéric Chopin. Nocturnes. Nach Eigenschriften, Abschriften und Erstausgaben hrsg. von Ewald Zimmermann*, G. Henle Verlag München – Duisburg 1967.

Henle₄ KB = Kritischer Bericht zu Henle₄.

Henle₅ = *Frédéric Chopin. Préludes. Nach Eigenschriften und den Erstausgaben hrsg. von Ewald Zimmermann*, G. Henle Verlag München – Duisburg 1969 (Neuauflage von Henle₁).

Henle₅ KB = Kritischer Bericht zu Henle₅.

Henle₆ KB = *Frédéric Chopin. Polonaisen. Nach Eigenschriften, Abschriften und Erstausgaben hsrg. von Ewald Zimmermann*, Kritischer Bericht; G. Henle Verlag München – Duisburg 1969.

Henle₇ KB = *Frédéric Chopin. Impromptus. Nach Eigenschriften, Abschriften und Erstausgaben hrsg. von Ewald Zimmermann*. Kritischer Bericht; G. Henle Verlag München – Duisburg 1971.

Henle₈ KB = *Frédéric Chopin. Scherzi. Nach Eigenschriften, Abschriften und Erstausgaben hrsg. von Ewald Zimmermann*. Kritischer Bericht; G. Henle Verlag München – Duisburg 1973.

Henn = *Chopin, Prélude inédit pour piano. Retrouvé en 1918,* Édition Henn Genf (A. 244 H.), o.J.

Henrici 1912 = Auktionskatalog Nr. X. Versteigerung vom 10.–12. Juni 1912 im Antiquariat K. E. Henrici, Berlin.

Henrici-Liep-mannssohn 1926 = *Versteigerung von Musiker-Autographen aus dem Nachlass des Herrn Kommerzienrates Wilhelm Heyer in Köln,* Auktion vom 6./7. Dezember 1926 beim Antiquariat Henrici & Liepmannssohn; Text von Georg Kinsky.

Henrici-Liep-mannssohn 1927 = *Versteigerung von Musiker-Autographen aus dem Nachlass des Herrn Kommerzienrates Wilhelm Heyer in Köln* (Dritter Teil), Auktion am 29. September 1927 beim Antiquariat Henrici & Liepmannssohn; Text von Georg Kinsky.

Henrici-Liep-mannssohn 1928 = *Versteigerung von Musiker-Autographen aus dem Nachlass des Herrn Kommerzienrates Wilhelm Heyer in Köln (Vierter und letzter Teil);* Auktion am 23. Februar 1928 beim Antiquariat Henrici & Liepmannssohn; Text von Georg Kinsky.

Hinterberger = *Musée Frédéric Chopin de Mr Edouard Ganche à Lyon;* Katalog der Sammlung Ed. Ganche, die vom Antiquariat Heinrich Hinterberger Wien zum Verkauf angeboten wurde.

Hinterberger IV = *Musiker-Autographen.* Katalog IV des Antiquariats Heinrich Hinterberger Wien, o. J.

Hinterberger IX = *Original-Manuskripte deutscher Dichter und Denker. Musikalische Meister-Handschriften deutscher und ausländischer Komponisten. Eine berühmte Sammlung repräsentativer Handschriften. I. Teil.* Katalog IX des Antiquariats Heinrich Hinterberger Wien, o. J.

Hinterberger 18 = *Autographen und historische Dokumente.* Katalog 18 des Antiquariats Heinrich Hinterberger Wien, o. J.

Hinterberger XX = *Interessante Autographen. I. Musiker.* Katalog XX des Antiquariats Heinrich Hinterberger Wien, o. J.

Hitzig = *Katalog des Archivs von Breitkopf & Härtel Leipzig. I. Musik-Autographe* hrsg. von Wilhelm Hitzig, Leipzig 1925.

Hoesick $_1$ = Ferdynand Hoesick: *Józef Elsner i pierwsze Konserwatorium w Warszawie (= Józef Elsner und das erste Konservatorium in Warschau)* in *Biblioteka Warszawska* Band III Heft 1, Warschau 1900.

Hoesick $_2$ = F. Hoesick: *Chopiniana w zbiorach Al. Polińskiego (= Chopiniana in den Sammlungen von Al. Poliński)* in *Echo MTA* Nr. 15/16, Warschau 1900.

Hoesick $_3$ = F. Hoesick: *Z rozmów o Chopinie (= Aus den Gesprächen über Chopin)* in der Zeitschrift *Kraj* Nr. 32/33, Petersburg 1900.

Hoesick $_4$ = F. Hoesick: *Chopin. Życie i twórczość (= Chopin. Leben und Werk)* Band I, Warschau 1904.

Hoesick $_5$ = F. Hoesick: *Chopins Lebensabend und Tod* in *Die Musik* 8. Jg. Band XXIX, Berlin 1908–1909.

Hoesick $_{6 I–III}$ = F. Hoesick: *Chopin. Życie i twórczość (= Chopin. Leben und Werk),* Warschau 1910–1911; 3 Bände.

Hoesick $_{6a}$ = F. Hoesick: *Chopiniana,* Warschau 1912.

Hoesick $_{7 I–II}$ = F. Hoesick: *Chopin. Życie i twórczość (= Chopin. Leben und Werk),* Lwów 1932; 2 Bände 2. Auflage.

Hoesick $_{8 I–II}$ = F. Hoesick: *Słowacki i Chopin (= Słowacki und Chopin).* Gesamte Werke Band I und II, Warschau 1932.

Hoesick $_{9 I – IV}$ = F. Hoesick: *Chopin. Życie i twórczość (= Chopin. Leben und Werk).* Neuausgabe von Hoesick $_7$, Krakau 1962–68; 4 Bände, Band I und II in zwei Auflagen.

Hoesick-Podolska = Jadwiga Hoesick-Podolska: *Pajęczyna legend (= Ein Spinngewebe von Legenden)* in *Ruch Muzyczny* Jg. XII Nr. 1, Warschau 1968.

Hordyński $_1$ = Władysław Hordyński: *Dział nut w Bibliotece Jagiellońskiej (= Autographenabteilung in der Jagellonen-Bibliothek)* in *Przegląd Biblioteczny* Jg. IX Heft 1, Krakau 1935.

Hordyński $_2$ = W. Hordyński: *Pamiątki po Szopenie w zbiorach Biblioteki Jagiellońskiej (= Chopins Andenken in den Sammlungen der Jagellonen-Bibliothek),* Beilage Nr. 39 *Tydzień Kulturalno-Literacki (= Kulturliterarische Woche)* der Zeitschrift *Głos Narodu* Nr. 352, Krakau 1936.

Hordyński $_3$ = W. Hordyński: *W 125-lecie urodzin Fryderyka Szopena (= Zur 125. Wiederkehr des Geburtstags von Frederic Chopin)* im Ka-

	lender der Zeitschrift *Ilustrowany Kurier Codzienny* für das Jahr 1936, Krakau 1936.
Hordyński[4]	= W. Hordyński: *Zbiór Muzyczny w Bibliotece XX. Czartoryskich w Krakowie (= Musik-Sammlung in der Bibliothek der Fürsten Czartoryski in Krakau)* in *Przegląd Biblioteczny* Jg. XI Heft 3, Krakau 1937.
Hordyński[5]	= W. Hordyński: *Pamiątki po Chopinie w zbiorach krakowskich (= Chopins Andenken in den Krakauer Sammlungen)* in *Kwartalnik Muzyczny* Jg. VII Nr. 26/27, Warschau – Krakau 1949.
Hordyński[6]	= W. Hordyński: *Autograf Chopina w zbiorach Biblioteki Kórnickiej (= Autographe Chopins in den Sammlungen der Bibliothek in Kórnik)* in *Pamiętnik Biblioteki Kórnickiej (= Denkschrift der Bibliothek in Kórnik)*, hrsg. von Stanisława Jasińska, Heft 6; Kórnik 1958.
Hordyński[7]	= W. Hordyński: *Nowe Chopiniana w Bibliotece Jagiellońskiej (= Neue Chopiniana in der Jagellonen-Bibliothek)* im *Biuletyn Biblioteki Jagiellońskiej* Jg. XIII Nr. 1, Krakau 1963.
Hordyński[8]	= W. Hordyński: *Nieznany rękopis Chopina odnaleziono w Krakowie (= Unbekanntes Manuskript Chopins gefunden in Krakau)* in *Ruch Muzyczny* Nr. 15, Warschau 1964.
Horodyska	= Maria Horodyska: *Śladami Chopina (= Auf Chopins Spuren)*, Warschau 1967, 4. Auflage.
Hostinsky	= Otokar Hostinsky: *Chopin v Praze v roce 1829 (= Chopin in Prag im Jahre 1829)* in der Zeitschrift *Dalibor* Nr. 6, 1879.
Hôtel Drouot 1960	= Auktionsprospekt. *Précieux manuscrit musical de Frédéric Chopin* (Op. 66); Versteigerung am 10. Juni 1960 im Hôtel Drouot, Paris.
Hürlimann[1]	= *Musiker-Handschriften von Schubert bis Strawinsky*, hrsg. von Martin Hürlimann, Zürich 1961.
Hürlimann[2]	= *Musiker-Handschriften. Zeugnisse des Zürcher Musiklebens.* Katalog der Ausstellung Helmhaus Zürich von Martin Hürlimann, Zürich 1969.
Hutschenruyter	= Wouter Hutschenruyter: *Frédéric Chopin. Zijn leven en werken*, Gravenhage 1939.
Idzikowski L.	= *Fryderyk Chopin: Kontredans*, hrsg. von Leon Idzikowski, Warschau 1943.
Idzikowski M.[1]	= *Fryderyk Chopin: Etudia Rewolucyjna (= Revolutionsetüde)*, hrsg. von Mieczysław Idzikowski, Warschau 1949.
Idzikowski M.[2]	= Mieczysław Idzikowski: *Straty wojenne w portretach Fryderyka Chopina (= Kriegsschäden an den Portraits Frederic Chopins)* in *Muzyka* Jg. VI Nr. 1–2, Warschau 1955.
Iwaszkiewicz[1]	= Jarosław Iwaszkiewicz: *Fryderyk Chopin*, Prag 1958, 2. Auflage.
Iwaszkiewicz[2]	= J. Iwaszkiewicz: *Kołysanki Regera (= Schlummerlieder Regers)* in *Ruch Muzyczny* Nr. 12, Warschau 1957.
Iwaszkiewicz[3]	= J. Iwaszkiewicz: *Styl literacki listów Chopina (= Der literarische Stil der Briefe Chopins)* im Kongreßbericht 1960 (siehe Lissa[3]), Warschau 1963.
Iwaszkiewicz[4]	= J. Iwaszkiewicz: *Fryderyk Chopin*, Leipzig 1964.

Jachimecki₁ = Zdzisław Jachimecki: *Wydawnictwa polskie w roku jubileuszowym Chopina (= Polnische Verlage im Chopin-Jahr)* in *Przegląd Polski* Jg. XLV Heft III, Band 179; Krakau 1911.

Jachimecki₁ₐ = Z. Jachimecki: *A new Chopin discovery (The first published work)* in *The Monthly Musical Record*, Jg. 1927 März 1, London.

Jachimecki₂₋₃ = Z. Jachimecki: *Fryderyk Chopin. Rys życia i twórczości (= Frédéric Chopin. Lebensweg und Werke)*, Krakau 1927.

= Z. Jachimecki: *Chopin. Rys życia i twórczości*, Warschau 1949 (Neuauflage).

Jachimecki₄ = Z. Jachimecki: *Obrona autentyczności poloneza Ges-dur Chopina (= Verteidigung der Authentizität von Chopins Polonaise in Ges-dur)* in *Sprawozdania Polskiej Akademii Umiejętności (= Berichte der polnischen Akademie)* Band XXXIX Nr. 1, Krakau 1934.

Jachimecki₅ = Z. Jachimecki: *Nie wydany dotychczas polonez B-dur Fryderyka Chopina z lat dziecięcych 1817 (= Die noch unveröffentlichte Polonaise in B-dur aus Chopins Kinderjahren)*, Beilage *Kurier Literacko-Naukowy (= Kurier für Literatur und Wissenschaft* der Zeitschrift *Ilustrowany Kurier Codzienny* Nr. 22; Krakau 1934.

Jachimecki₆ = Z. Jachimecki: *Kompozycje Fryderyka Chopina z okresu dziecięctwa i lat chłopięcych do roku 1825 (= Frederic Chopins Kompositionen aus den Kinder- und Jugendjahren bis 1825)* in *Chopin* (Organ des Chopin-Instituts) Jg. 1 Heft 1, Warschau 1937.

Jachimecki₇ = *Fryderyk Chopin: Trzy Polonezy z lat najmłodszych 1817–1821 (= Drei Polonaisen aus den frühen Jahren 1817–1821)*, hrsg. von Z. Jachimecki; Krakau 1947.

Jachimecki₈ = Z. Jachimecki: *Wykaz utworów Chopina skomponowanych w Warszawie (= Liste der in Warschau komponierten Werke Chopins)* in *Warszawa miasto Chopina (= Chopinstadt Warschau)*, hrsg. vom Chopin-Institut; Warschau 1950.

Jachimecki₉ = Z. Jachimecki: *Chopin. La vita é le opere*, Mailand 1962.

Jacobson = Bernard Jacobson: *The Songs* in *Frédéric Chopin. Profiles of the Man and the Musician*, hrsg. von Alan Walker; London 1966.

Jahresbericht BN = *Sprawozdanie Biblioteki Narodowej Józefa Piłsudskiego w Warszawie (= Jahresbericht der Józef-Piłsudski-National-Bibliothek Warschau)* Jg. 1, 1937–1938; Warschau 1938.

Janotha₁ = *Posthumous Nocturno in C♯ Minor. Facsimile of Chopin's Original Manuscript*, hrsg. Von Natalia Janotha; London 1894.

Janotha₂ = *Fuge in A moll für Pianoforte von F. Chopin*, hrsg. von Natalia Janotha; Leipzig 1898.

Janta₁ = Aleksander Janta: *„Tutay śpią jeszcze więc się nie dopisuią". O nieznanych autografach Chopina w Ameryce (= „Hier schläft man noch, es wird also nicht unterschrieben". Unbekannte Autographe Chopins in Amerika)* in *Wiadomości (= Nachrichten)* Jg. XII Nr. 33 (594), London 1954.

Janta₂ = A. Janta: *Losy i ludzie (= Schicksale und Menschen)*, London 1961.

Jełowicki	= *Poezije Biblijne (= Biblische Poesien). Piosnki Sielskie i Wiersze różne Stefana Witwickiego (= Dörfliche Lieder und andere Gedichte von Stefan Witwicki)* in *Rocznik emigracji polskiej (= Jahrbuch der polnischen Emigration)*, hrsg. von Aleksander Jełowicki; Paris 1836.
Jeżewska₁	= Zofia Jeżewska: *Fryderyk Chopin*, Warschau 1969, 2. Auflage.
Jeżewska₂	= Z. Jeżewska: *Fryderyk Chopin*, Warschau 1973, 2. ergänzte Auflage von Jeżewska₁.
Jonas₁	= Oswald Jonas: *On the Study of Chopin's Manuscripts* im *Chopin Jahrbuch*, Wien 1956.
Jonas₂	= O. Jonas: *Bibliographische Miszellen zu Mozart und Chopin* in *Die Musik-Forschung* Jg. IX Heft 2, Kassel 1956.
Jonson	= G. C. Ashton Jonson: *A Handbook to Chopin's Works*, London o. J.
Juramie	= Ghislaine Juramie: *Histoire du piano*, Paris 1947.
Kański	= Józef Kański: *Polskie Dni w Royaumont (= Polnische Tage in Royaumont)* in *Ruch Muzyczny* Nr. 1, Warschau 1973.
Karasowski₁	= *Friedrich Chopin. Sein Leben und seine Briefe*, hrsg. von M. Karasowski, Dresden 1881.
Karasowski₂ I–II	= Maurycy Karasowski: *Fryderyk Chopin. Życie – Listy – Dzieła (= Sein Leben – seine Briefe – sein Werk)* Warschau 1882, 2 Bände.
Karasowski₃ I–II	= *Frederic Chopin. His life and letters*, hrsg. von M. Karasowski; London 1906.
Karłowicz₁	= *Moja bieda (= Mein Elend)*. Briefe der Familie Wodziński an Frederic Chopin mit Erläuterungen von Mieczysław Karłowicz, Band 1; Warschau o. J.
Karłowicz₂	= Mieczysław Karłowicz: *Nie wydane dotychczas pamiątki po Chopinie (= Unveröffentlichte Erinnerungen an Chopin)*, Warschau 1904.
Karłowicz₃	= *Souvenirs inédits de Frédéric Chopin*, hrsg. von M. Karłowicz; Paris 1904.
Katalog BJ 1937	= Katalog der Ausstellung von polnischen und anderen Autographen in der Jagellonen-Bibliothek Krakau mit einem Vorwort von Władysław Hordyński, Krakau 1937.
Katalog ChopGes 1969	= Sammelkatalog der Fotothek der ChopGes. Werke Frederic Chopins – Autographe, Skizzen, Kopien, Erstausgaben, Frühdrucke, hrsg. von Dalila T. Turło, Warschau 1969.
Katalog ChopGes 1971	= Sammelkatalog des Museums der ChopGes. Manuskripte, Drucke, Graphiken, Fotos, bearbeitet von Hanna Wróblewska; Warschau 1971.
Kaufmann	= *Polonaise pour le Piano-Forte composée et dédiée à Me Du-Pont par Fr. Chopin. Œuvre posthume*, Warschau Josef Kaufmann 1864.
Kendall	= John Smith Kendall: *The friend of Chopin and some other New Orleans musical celebrities*, o. J.

Kinsky₁ = *Musikhistorisches Museum von Wilhelm Heyer in Cöln;* Katalog von Georg Kinsky, Band 4. *Musik-Autographen,* Köln 1916.

Kinsky₂ = *Geschichte der Musik in Bildern,* hrsg. von Georg Kinsky; Leipzig 1929.

Kinsky₃ = *Manuskripte – Briefe – Dokumente von Scarlatti bis Stravinsky.* Katalog der Musikautographen. Sammlung Louis Koch von Georg Kinsky, Stuttgart 1953.

Kleczyński₁ = Jan Kleczyński: *Nasze nuty (= Unsere Noten)* in *Echo Muzyczne* Jg. V Nr. 5, Warschau 1881.

Kleczyński₂ = J. Kleczyński: *Ważne wyjaśnienie. Jeszcze o „Adagiu" czyli „Nokturnie" Chopina (= Wichtige Bemerkungen zu Chopins „Adagio" oder „Nocturne")* in *Echo MTA* Nr. 578 (43), Warschau 1894.

Kleczyński₃ = J. Kleczyński: *Chopin's Greater Works,* bearbeitet von Natalia Janotha; London o. J.

Kleczyński₄ = J. Kleczyński: *Wydanie kompletnych dzieł Chopina pod kierunkiem Karola Mikulego (= Die Ausgabe sämtlicher Werke Chopins unter Leitung von Karol Mikuli)* in *Echo Muzyczne* Nr. 23, Warschau 1880.

Klindworth = *52 Mazourkas de Fr. Chopin,* hrsg. von Ch. Klindworth; Edition Jürgenson, Moskau o. J.

Kobylańska₁ = Krystyna Kobylańska: *Pieśni Chopina (= Chopins Lieder)* in *Życie Śpiewacze* Jg. I Nr. 2, Warschau 1948.

Kobylańska₂ = K. Kobylańska: *Fryderyk Chopin natchnieniem poetów (= Frederic Chopin als Inspiration der Dichter),* Warschau 1949.

Kobylańska₃ = *Dwie Pieśni (= Zwei Lieder). I. Precz z moich oczu. II. Moja pieszczotka* (op. 74 Nr. 6 u. 12) mit einer Einleitung von Z. Jachimecki; Kommentar zu den Liedern von K. Kobylańska; Warschau 1949.

Kobylańska₄ = Programm des 6. Konzertes innerhalb des von der ChopGes veranstalteten, 14 Konzerte umfassenden Zyklus vom 23. Februar – 3. April 1949 in Warschau; Programmtext von K. Kobylańska.

Kobylańska₅ = K. Kobylańska: *Czescy przyjaciele Chopina (= Tschechische Freunde Chopins)* in *Muzyka* Jg. II Nr. 1, 1951.

Kobylańska₆ = K. Kobylańska: *Transkrypcje Mazurków Chopina (= Phonetische Transkription der Mazurken Chopins)* in *Życie Śpiewacze* Nr. 5–6 (32–33), Warschau 1951.

Kobylańska₇ = K. Kobylańska: *Katalog fotografii rękopisów Fryderyka Chopina. Zbiory Towarzystwa im. Fryderyka Chopina (= Katalog der Photogramme von Chopin-Mss. der ChopGes)* Warschau 1951 (maschinenschriftlich).

Kobylańska₈ = K. Kobylańska: *Polska pieśń rewolucyjna w zbiorach kórnickich (= Polnisches Revolutionslied in den Sammlungen von Kórnik)* in *Życie Śpiewacze* Nr. 10–12, Warschau 1951.

Kobylańska₉ = K. Kobylańska: *Chopin in der Heimat,* Krakau 1955 (polnische, französische, englische und russische Ausgabe ebenfalls 1955 erschienen).

Kobylańska[10]   = Katalog III der museal-archivalen Ausstellung *Mozart und Chopin* vom 23. 4.–20. 7. 1956 in der ChopGes; Teil *Chopin* von K. Kobylańska, Warschau 1956.

Kobylańska[11]   = K. Kobylańska: *Zbiory muzealne Towarzystwa im. Fryderyka Chopina w Warszawie (= Museumssammlungen der ChopGes)* in *Rocznik Chopinowski (= Chopin-Jahrbuch)* Band I, Warschau 1956.

Kobylańska[12]   = *Katalog IV wystawy: Zbiory Muzealne Towarzystwa im. Fryderyka Chopina* (siehe Kobylańska[11]). Katalog IV der Ausstellung in der ChopGes vom 22. 10. 1956 – 22. 1. 1957. Text von K. Kobylańska, Warschau 1956.

Kobylańska[13]   = Ausstellungskatalog. *Faksimile Reproduktionen der Porträts und Handschriften von Fryderyk Chopin*, bearb. von K. Kobylańska; Warschau 1957 (Der Katalog erschien auch in französischer Sprache).

Kobylańska[14]   = Katalog der vom Nationalmuseum Warschau der ChopGes gespendeten Chopiniana, bearb. von K. Kobylańska; Warschau 1958.

Kobylańska[15]   = K. Kobylańska: *Materiały bibliograficzne, Dzieła Chopina: Biblioteka Konserwatorium w Paryżu (= Biographische Dokumentation. Chopins Werke)* in *Annales Chopin* Band 4, Warschau 1959.

Kobylańska[16]   = Katalog der Ausstellung *W 150 rocznicę urodzin Fryderyka Chopina (= Die 150ste Wiederkehr des Geburtstags Chopins)* in der ChopGes vom 20. Februar–31. März 1960, bearb. von K. Kobylańska; Warschau 1960 (in polnischer und französischer Sprache erschienen).

Kobylańska[17]   = *Fryderyk Chopin. Dokumenty i pamiątki w reprodukcjach faksymilowych (= Frédéric Chopin. Dokumente und Andenken in Faksimile-Abbildungen)*. Katalog der aus Anlaß des Chopin-Jahres 1960 organisierten Ausstellung der ChopGes in Prag, bearb. von K. Kobylańska; Warschau 1960 (in polnischer und tschechischer Sprache erschienen).

Kobylańska[18]   = Katalog der im Dezember 1960 in der Bibliothèque de l'Opéra vom *Comité National Français du Cent Cinquantenaire de la Naissance de Frédéric Chopin* veranstalteten Ausstellung *Frédéric Chopin – Originaux et fac-similés,* bearb. von K. Kobylańska; Paris 1960.

Kobylańska[19]   = K. Kobylańska: „*Królowa snów*" Chopina żenującą pomyłką (= „*Traumkönigin*" – Chopins peinlicher Irrtum) in *Ruch Muzyczny* Jg. VI Nr. 3, Warschau 1962.

Kobylańska[20]   = K. Kobylańska: *Spotkania z Alfredem Cortot (= Begegnungen mit Alfred Cortot)* in *Ruch Muzyczny* Jg. VI Nr. 20, Warschau 1962.

Kobylańska[21]   = Katalog der Ausstellung *Rodzina Fryderyka Chopina. Dokumenty i pamiątki (= Frédéric Chopins Familie. Dokumente und Andenken),* veranstaltet von der ChopGes vom 20. Februar–20. März 1963, bearb. von K. Kobylańska; Warschau 1963.

Kobylańska[22]   = K. Kobylańska: *Szwedzkie Chopiniana (= Chopiniana in Schweden)* in *Ruch Muzyczny* Jg. VII Nr. 9, Warschau 1963.

Kobylańska[23]   = K. Kobylańska: *Nowe Chopiniana w zbiorach TIFC (= Neue Chopiniana in den Sammlungen der Frédéric-Chopin-Gesellschaft)* in *Ruch Muzyczny* Jg. VII Nr. 9, Warschau 1963.

Kobylańska[24]   = K. Kobylańska: *Sur l'histoire des manuscrits de F. Chopin* im Kongreßbericht 1960, Warschau 1963 (siehe Lissa[3]).

Kobylańska[25]   = K. Kobylańska: *Nowe Chopiniana w Muzeum TIFC. Dary Arthura Hedleya (= Neue Chopiniana im Museum der Frédéric-Chopin-Gesellschaft. Arthur Hedleys Spende)* in *Ruch Muzyczny* Jg. IX Nr. 4, Warschau 1965.

Kobylańska[26]   = K. Kobylańska: *Z podróży na Majorkę (= Von der Reise nach Mallorca) III* in *Ruch Muzyczny* Jg. IX Nr. 7, Warschau 1965.

Kobylańska[27]   = K. Kobylańska: *Fryderyk Chopin i Oskar Kolberg. Nieznane przyczynki (= Frédéric Chopin und Oskar Kolberg. Neue Beiträge)* in der Festschrift *Studia Hieronymo Feicht septuagenario dedicata,* hrsg. vom musikwissenschaftlichen Institut der Universität Warschau; Krakau 1967.

Kobylańska[28]   = K. Kobylańska: *Prace Chopina nad zbiorowym wydaniem dzieł własnych (= Chopins Beitrag zur Herausgabe eigener Werke)* in *Ruch Muzyczny* Jg. XII Nr. 14, Warschau 1968.

Kobylańska[29]   = K. Kobylańska: *Nieznane dedykacje w Bibliotece Polskiej w Paryżu (= Unbekannte Dedikationen in der Biblioteka Polska in Paris)* in *Ruch Muzyczny* Jg. XII Nr. 15, Warschau 1968.

Kobylańska[30]   = K. Kobylańska: *Moje ostatnie spotkanie z Arthurem Hedleyem (= Meine letzte Begegnung mit Arthur Hedley)* in *Ruch Muzyczny* Jg. XIV Nr. 2, Warschau 1970.

Kobylańska[31]   = K. Kobylańska: *Chopin w zbiorach André Meyera w Paryżu (= Chopin in der Sammlung von André Meyer in Paris)* in *Ruch Muzyczny* Jg. XIV Nr. 10, Warschau 1970.

Kobylańska[32]   = K. Kobylańska: *Katalog der musikalischen Handschriften Chopins* in *Polnische Musik* Nr. 4, Warschau 1970.

Kobylańska[33]   = K. Kobylańska: *Chopin in französischen Sammlungen* in *Polnische Musik* Nr. 4, Warschau 1970.

Kobylańska[34]   = K. Kobylańska: *Transkrypcje listów Chopina (= Transkription der Briefe Chopins)* in *Ruch Muzyczny* Jg. XVI Nr. 19, Warschau 1972.

Kobylańska[35]   = K. Kobylańska: *Nieznane utwory Chopina w zapomnianym albumie (= Unbekannte Werke Chopins in einem vergessenen Album)* in *Ruch Muzyczny* Jg. XVI Nr. 20, Warschau 1972.

Kobylańska[36]   = *Korespondencja Fryderyka Chopina z Rodziną (= Briefwechsel Frédéric Chopins mit seiner Familie).* Texte bearbeitet und mit Einleitung und Kommentar versehen von K. Kobylańska, Warschau 1972.

Kobylańska[37]   = K. Kobylańska: *Chopin's Biography. Contemporary Research and history* in *Studies in Chopin,* Warschau 1973.

Kolberg-Hoesick   = siehe Hoesick[61] S. 306.

Kongreß 1960 = Programm des I. Internationalen musikwissenschaftlichen Kongresses, dem Werk Frédéric Chopins gewidmet, Warschau 16.–21. Februar 1960.

Koptiajew = Aleksander Koptiajew: *Najdiennyj sbornik junoszeskich proizwiedienij Szopiena (= Neuentdeckte Sammlung von Jugendwerken Chopins)* in *Birżewyje Wiedomosti (= Börsennachrichten)* Nr. 12320, Petersburg 1911.

Koszewski₁ = Andrzej Koszewski: *Nowoodkryte walce Chopina (= Neuentdeckte Walzer Chopins)* in *Ruch Muzyczny* Jg. I Nr. 3, Warschau 1957.

Koszewski₂ = *Fryderyk Chopin: Dwa zapomniane utwory (= Zwei vergessene Werke),* hrsg. von Andrzej Koszewski, Krakau 1965.

Koźmian = Jan Koźmian: *Nekrologi* in *Przegląd Poznański* Band IX, Poznań 1849.

Kriemlew = J. A. Kriemlew: *Fryderyk Chopin. Zarys życia i twórczości (= Frédéric Chopin. Umriß von Leben und Werk),* Leningrad 1949.

Księga pamiątkowa = *Księga pamiątkowa: Z życia i pracy Bydgoskiej Książnicy (= Jubiläumsbuch der Stadtbibliothek in Bromberg 1903–1963: Aus Leben und Arbeit der Bromberger Bücherei),* Bydgoszcz 1965.

Kullak I = *Friedrich Chopin's Werke,* hrsg. von Theodor Kullak; Band I: *Etüden für das Pianoforte;* Berlin, A. M. Schlesinger (S. 7286), o. J.

Kungl. Biblioteket = Katalog der Ausstellung *Frédéric Chopin* in der Kungl. Biblioteket Stockholm im Februar und März 1960 (Katalog Nr. 21).

Kurier Codzienny 1947 = *Odnaleziono rękopis Chopina (= Ein Manuskript Chopins gefunden)* im *Kurier Codzienny* Nr. 109, Warschau 1947.

Kurier Warszawski 1842₁ = Rezension eines Konzertes von Artôt im *Kurier Warszawski* Nr. 56, 1842.

Kurier Warszawski 1842₂ = Ankündigung eines Konzertes von Artôt im *Kurier Warszawski* Nr. 60, 1842.

Kurier Warszawski 1842₃ = Rezension eines Konzertes von Artôt im *Kurier Warszawski* Nr. 62, 1842.

Kurier Warszawski 1842₄ = Rezension eines Konzertes von Artôt im *Kurier Warszawski* Nr. 67, 1842.

Kurier Warszawski 1911 = *Młodzieńcze utwory Chopina (= Jugendwerke Chopins)* im *Kurier Warszawski;* Ausschnitte aus Koptiajews Aufsatz (s.o.), Nr. 148, 1911.

Lam₁ = Stanisław Lam: *Nieznana dumka Fr. Szopena. Z pamiętnika Stefana Witwickiego (= Unbekannte Dumka· Chopins. Aus dem Tagebuch Stefan Witwickis)* in *Słowo Polskie (= Polnisches Wort),* Nr. 491, Lwów 1910.

Lam₂ = S. Lam: *Z pożółkłych kartek. Sztambuch Stefana Witwickiego (= Aus vergilbten Blättern. Stefan Witwickis Stammbuch)* in *Kronika Powszechna* Nr. 21, Lwów 1911.

Lamus = Zeitschrift *Lamus* Heft II, Lwów 1909.

Larousse = Artikel *Chopin* im *Larousse de la Musique* Band 1, *publié sous la direction de Norbert Dufourcq;* Paris 1975 (Signum: A. CR.).

Lefébure	= Yvonne Lefébure: *A propos d'un manuscrit* in *Revue Musicale* Band II, Nr. 121, Sondernummer *Chopin;* Paris Dezember 1931.
Leichtentritt₁	= Hugo Leichtentritt: *Friedrich Chopin*, Berlin 1920.
Leichtentritt₂	= H. Leichtentritt: *Eine neu aufgefundene Mazurka von Chopin* in *Die Musik* Heft 6, Berlin 1931.
Lenz	= Wilhelm von Lenz: *Die Grossen Pianoforte-Virtuosen unserer Zeit aus persönlicher Bekanntschaft. Liszt – Chopin – Tausig – Henselt*, Berlin 1872.
Lewak	= Adam Lewak: *Katalog Rękopisów Muzeum Adama Mickiewicza w Paryżu (= Katalog der Mss. im Adam-Mickiewicz-Museum in Paris)*, Krakau 1931.
Liepmannssohn 1904	= Auktionskatalog XXXIV einer *schönen Autographen-Sammlung aus bekanntem Privatbesitz;* Versteigerung am 19./20. Mai 1904 im Antiquariat Leo Liepmannssohn, Berlin.
Liepmannssohn 1907	= Auktionskatalog XXXVII, Versteigerung am 4./5. November 1907 im Antiquariat Leo Liepmannssohn, Berlin.
Liepmannssohn 1909	= Auktionskatalog XXXVIII, Versteigerung am 21./22. Mai 1909 im Antiquariat Leo Liepmannssohn, Berlin.
Liepmannssohn 1911	= Auktionskatalog XXXIX, Versteigerung am 17./18. November 1911 im Antiquariat Leo Liepmannssohn, Berlin.
Liepmannssohn 1913	= Auktionskatalog 43, Versteigerung am 21./22. November 1913 im Antiquariat Leo Liepmannssohn, Berlin.
Liepmannssohn 1921	= Auktionskatalog 46, Versteigerung am 30./31. Mai 1921 im Antiquariat Leo Liepmannssohn, Berlin.
Liepmannssohn 1928	= Auktionskatalog 52, Versteigerung am 16./17. November 1928 im Antiquariat Leo Liepmannssohn, Berlin.
Liepmannssohn 1929	= Auktionskatalog 53, Versteigerung am 8. März 1929 im Antiquariat Leo Liepmannssohn, Berlin.
Liepmannssohn 1930	= Auktionskatalog 59, Versteigerung am 20./21. Mai 1930 im Antiquariat Leo Liepmannssohn, Berlin.
Liepmannssohn 174	= Auktionskatalog 174 des Antiquariats Leo Liepmannssohn, Berlin, ohne Datum.
Ligocki	= Edward Ligocki: *Bojowa pieśń wolnej Polski. Hymn Narodowy Szopena (= Das kämpferische Lied des freien Polens. Die Nationalhymne Chopins)* in *Ilustrowany Kurier Codzienny* Nr. 236. Krakau 1939.
Linnemann	= *Fr. Kistner 1823/1923. Ein Beitrag zur Geschichte des deutschen Musik-Verlages* von Richard Linnemann, Leipzig 1923.
Lissa₁	= Zofia Lissa: *Nicht publizierte Lemberger Chopiniana* in *Annales Chopin* 5, Krakau 1960.
Lissa₂	= Z. Lissa: *Chopin im Lichte des Briefwechsels von Verlegern seiner Zeit gesehen* in *Fontes Artis Musicae* Vol. VII Heft 2, Kassel 1960.
Lissa₃	= *The Book of The First International Musicological Congress devoted to the Works of Frederick Chopin. Warszawa 16th–22nd February 1960*, hrsg. von Zofia Lissa, Warschau 1963.

Lissa₄ = Z. Lissa: *Polish Romanticism and neo-Romanticism* in *Polish Music*, Warschau 1965.

L.M. = L.M. (= Leopold Meyet): *Stefan Witwicki* in *Tygodnik Ilustrowany* Nr. 19, Warschau 1907.

Loliée = Katalog 90 des Antiquariats Marc Loliée, Paris, o.J.

Lorentz = Stanisław Lorentz: *Le Canada refuse de rendre à la Pologne ses richesses culturelles. Le Musée National de Varsovie*, Poznań o.J.

Lutnista = Zeitschrift *Lutnista* Jg. I Nr. 6, Warschau 1905.

Marix-Spire = Thérèse Marix-Spire: *Les Romantiques et la Musique. Le cas George Sand*, Paris 1954.

Martynow = Iwan Martynow: *Friderik Šopen*, Moskau 1952.

Mayzner₁ = Tadeusz Mayzner: *Chopin*, Lwów 1938.

Mayzner₂ = Idem. Warschau 1947, 2. Auflage.

Mayzner₃ = Idem. Krakau 1968, 3. Auflage.

Mazel = Lew Mazel: *Studia chopinowskie (= Chopin-Studien)* in *Chopin-Bibliothek* Band VIII, Krakau 1965.

Le Messager = *Frédéric Chopin à Saint-Roch* in der Monatsschrift *Le Messager*, Paris Juni 1960.

Metoda = *„Metoda" Chopina (= Chopins „Methode")* in *Ruch Muzyczny* Jg. XII Nr. 12, Warschau 1968.

Miketta₁ = Janusz Miketta: *Mazurki. Analizy i Objaśnienia Dzieł Wszystkich Fryderyka Chopina (= Analysen und Erläuterungen sämtlicher Werke Frédéric Chopins)*. Band 1 einer von Adolf Chybiński hrsg. Reihe, Krakau 1949.

Miketta₂ = J. Miketta: *Hymn bratniej przyjaźni (= Hymne brüderlicher Freundschaft)* in *Ruch Muzyczny* Nr. 5–6, Warschau 1949.

Miketta₃ = J. Miketta: *O nieautentyczności Mazurka Fis-dur uchodzącego za utwór Fryderyka Chopina (= Über die Unechtheit der Mazurka Fis-dur, die als Musikstück Chopins gilt)* in *Kwartalnik Muzyczny* Jg. VII Nr. 28, Krakau 1949.

Miketta₄ = J. Miketta: *Fuga a-moll Fryderyka Chopina (= Chopins Fuge in a-moll)* in der Festschrift Adolf Chybiński, Krakau 1950.

Mikuli₁ = *Fr. Chopin's Pianoforte-Werke*, hrsg. von Carl Mikuli Band 1. *Mazurkas;* Leipzig, Fr. Kistner (5200) o.J. (Vorwort: September 1879).

Mikuli₂ = *Fr. Chopin's Pianoforte-Werke*, hrsg. von Carl Mikuli Band 5. *Polonaisen;* Leipzig, Fr. Kistner (5304. 5307) o.J.

Mikuli₃ = *Fr. Chopin's Pianoforte-Werke*, hrsg. von Carl Mikuli Band 7. *Sonaten;* Leipzig, Fr. Kistner (5320. 5322) o.J.

Mikuli₄ = Carl Mikuli: *Chopin als Lehrer*. Chopin – Sonderausgabe der Internationalen Halbmonatsschrift *Die Musikwelt*, Wien 1949.

Mikuli₅ = *Walc Fryd. Chopina z rękopisu z Roku 1829 (= Walzer Frédéric Chopins nach einem Manuskript von 1829)* in dem Sammelwerk *Pieśni Ludu Polskiego ze zbioru Oskara Kolberga ułożył na fortepian Karol Mikuli (= Lieder des polnischen Volkes aus der Sammlung Oskar Kolbergs, für Klavier übertragen von Carl Mikuli)*.

Milczarzowa = Zofia Milczarzowa: *Dwaj cioteczni bracia, wspomnienie o moich sławnych przodkach (= Zwei Vettern. Erinnerung an meine berühmten Ahnen)* in *Magazyn Niedzielny – Słowo Ludu (= Sonntagsmagazin – Stimme des Volkes)* Nr. 116, Kielce-Radom 1962.

Mirska₁ = *Mazurek as dur,* hrsg. von Maria Mirska; Warschau Gebethner & Wolff (G. 6905. W.) 1930.

Mirska₂ = Maria Mirska: *Nowoodkryty Mazurek Chopina (= Neu entdeckte Mazurka Chopins)* in *Wiadomości Literackie (= Literaturnachrichten)* Nr. 48, Warschau 1930.

Mirska₃ = M. Mirska: *Nieznany Mazurek Chopina (= Unbekannte Mazurka Chopins)* in *Tygodnik Ilustrowany* Nr. 50, Warschau Dezember 1930.

Mirska₄ = M. Mirska: *Pierw Opis Mazurka cis-moll Op. 6 Nr. 2 Chopina (= Ein erster Entwurf der Mazurka op. 6 Nr. 2 von Chopin)* in *Tygodnik Ilustrowany* Nr. 5, Warschau 1931.

Mirska₅ = M. Mirska: *Eine neuentdeckte Mazurka von Chopin* in *Pologne Littéraire* Nr. 54, Warschau 1931.

Mirska₆ = M. Mirska: *Album musical de Maria Szymanowska* in *Pologne Littéraire* Nr. 78, Warschau 1933.

Mirska₇ = M. Mirska: *Szlakiem Chopina (= Auf den Spuren Chopins),* Warschau 1949.

Mirska₈ = *M. Szymanowska 1789–1831. Album. Materiały biograficzne. Sztambuchy. Wybór kompozycji (= Biographische Notizen – Stammbucher – Ausgewählte Kompositionen),* hrsg. von Józef und Maria Mirska, ergänzt von W. Hordyński; Krakau 1953.

Mirska₉ = *Chopin na obczyźnie. Dokumenty i Pamiątki (= Chopin in der Fremde. Dokumente und Andenken),* gesammelt von M. Mirska und W. Hordyński, ergänzt von Jadwiga Ilnicka; Krakau 1965.

Murdoch₁ = William Murdoch: *Chopin. His life,* Lodon 1934.

Murdoch₂ = W. Murdoch: *Chopin,* 1939 (in italienischer Sprache).

Musical America = Zeitschrift *Musical America,* November-Nr. 1963.

Die Musik 1908/1909 = Zeitschrift *Die Musik* Jg. 8 Heft 1, Band XXIX, Berlin 1908–1909.

Muzyka 1932 = *Trois Manuscrits de Chopin. Commenté par A. Cortot* in *Muzyka* Nr. 5–6, Warschau 1932.

Muzyka 1934 = *Nieznany utwór Fryderyka Chopina (= Unbekanntes Musikstuck Frédéric Chopins)* in *Muzyka* Nr. 2, Warschau 1934.

Mycielski = Zygmunt Mycielski: *Nieznane listy G. Sand i Fr. Szopena (= Unbekannte Briefe von G. Sand und Fr. Chopin)* in *Muzyka* Nr. 1, Warschau 1930.

Naumann₁ = Emil Naumann: *The History of Music,* London o.J.

Naumann₂ = E. Naumann: *Illustrierte Musikgeschichte,* Stuttgart o.J.

Neue Zeitschrift für Musik 1958 = *Neue Zeitschrift für Musik* Jg. 119 Heft 5, Mainz 1958.

New York Times 1968 = *The New York Times* 10. November 1968, Artikel *At Altmans*.

Nichols = Thomas Nichols: *Frederic Chopin: Walzer.* Besprechung von Henle$_3$.

Niecks$_{1 I–II}$ = Friedrich Niecks: *Friedrich Chopin als Mensch und als Musiker*, Leipzig 1890.

Niecks$_{2 I–II}$ = Fr. Niecks: *Frederick Chopin as a Man and Musician*, London 1902. 3. Auflage.

Niewiadomski = Stanisław Niewiadomski: *Fryderyk Franciszek Szopen (= Chopin)*, Warschau 1933.

Nossig = *Katalog der Polnischen Abtheilung der Internationalen Musik- und Theater-Ausstellung in Wien 1892* von Alfred Nossig.

Nowicki = Witold Nowicki: *Nieznane utwory Chopina (= Unbekannte Werke Chopins) Kontredans i Polonez* in *Kurier Literacko-Naukowy (= Literarisch-wissenschaftlicher Kurier)*, Beilage zur Nr. 265 des *Ilustrowany Kurier Codzienny* vom 24. September 1934, Krakau.

Nowik$_1$ = Wojciech Nowik: *Próba rekonstrukcji Mazurka f-moll op. 68 nr 4 Fryderyka Chopina (= Versuch einer Rekonstruktion der Mazurka f-moll op. 68 Nr. 4)* in *Rocznik Chopinowski. Annales Chopin* Bd. 8, Warschau 1969.

Nowik$_2$ = W. Nowik: *Autografy muzyczne jako podstawa badań źródłowych w chopinologii (= Autographe als Basis der Quellenforschung in der Chopinforschung* in *Muzyka* Nr. 2 (61), 1971.

Nowik$_3$ = W. Nowik: *The Receptive-Informational Role of Chopin's Musical Autographs* in *Studies in Chopin*, Warschau 1973.

Opieński$_1$ = Henryk Opieński: *Chopin*, Lwów 1925; 2. Auflage.

Opieński$_2$ = H. Opieński: *Pamiątka po Chopinie w Pradze Czeskiej (= Andenken an Chopin in Prag)* in *Przegląd Muzyczny* Nr. 11, Poznań 1925.

Opieński$_3$ = *Listy Fryderyka Chopina (= Briefe Frédéric Chopins)*, hrsg. von H. Opienski; Warschau 1937.

Orga = *Chopin: 3 piano pieces*, hrsg. von Ates Orga; London Schott (10984) o. J.

Osservatore Romano 1961 = *l'Osservatore Romano* Nr. 218 1961. Artikel *Ritrovamento di una composizione di Chopin*.

Oxford I–III = *The Oxford Original Edition of Frédéric Chopin*, hrsg. von Edouard Ganche, 3 Bande; London 1932.

Paderewski = I. J. Paderewski: *Chopin*, Warschau 1926 (in französischer und polnischer Sprache erschienen).

Pages d'Art = Zeitschrift *Pages d'Art*, Genf 1918.

Pamiętnik Warszawski 1818 = Zeitschrift *Pamiętnik Warszawski (= Warschauer Nachrichten)*, Jg. IV Heft X, Warschau 1818.

Panigel-Beaufils = *L'œuvre de Frédéric Chopin. Discographie*, hrsg. von Armand Panigel mit einer Einleitung von Marcel Beaufils, Paris 1949 (gleichzeitig auch in Englisch erschienen).

Paris Match 1961 = Artikel *Aurore n'aura pas connu la seule chanson de George Sand* in *Paris Match* Nr. 658, 1961.

311

Parnas₁ = *Maria. Ein Liebesidyll in Tönen. Chopin an Maria Wodzińska.* Faksimileausgabe des Maria Wodzińska gewidmeten Albums, hrsg. von Kornelia Parnas; Leipzig Breitkopf & Hartel 1910 (auch in polnischer und franzosischer Sprache erschienen).

Parnas₂ = Kornelia Parnas: *O kajetach Chopina (= Chopins Hefte)* in der Festschrift zur Feier des 100. Geburtstags von Chopin vom 23. bis 28. Oktober 1910 in Lwów, Lwów 1912.

Paschałow = Wiaczesław Paschałow: *Chopin a polska muzyka ludowa (= Chopin und die polnische Volksmusik),* Krakau 1951.

Pathé = *Vᵉ Concours International Frédéric Chopin. Varsovie 1955;* Paris, Pathé-Marconi 1956.

Patten = *Catalogue of the Memorial Library of Music Stanford University,* hrsg. von Nathan van Patten, Stanford/California 1950.

Pauer = E. Pauer: *Musical Plagiarism* in *The Monthly Musical Record,* London 1882.

Pawłowski = Jozef Pawłowski: *Na paryskiej wystawie pamiątek po Fr. Szopenie (= Auf der Pariser Chopin-Ausstellung)* in *Ilustrowany Kurier Codzienny* Nr. 222, Krakau 1937.

Petzoldt-Crass = *Fryderyk Chopin / sein Leben in Bildern.* Textteil Richard Petzoldt. Bildteil Eduard Crass, Leipzig 1960.

Peuples Amis 1949 = *Frédéric Chopin. 1849–1949.* Sondernummer der Zeitschrift *Peuples Amis,* Paris 1949.

Philipp = Isidore Philipp: *Exercices quotidiens tirées des œuvres de Chopin,* Paris 1898.

Philobiblon = Zeitschrift *Philobiblon* Heft 4, Berlin 1934.

Pleyel = *Pleyel. Fondé en 1807,* Paris 1938.

Płaczkowski₁ = Aleksander Płaczkowski: *„Szczerbiec" w niewoli (= Ein Schwert in der Gefangenschaft)* in *Życie Warszawy* Nr. 80, 1955.

Płaczkowski₂ = A. Płaczkowski: *Polskie skarby narodowe w niewoli (= Polnische nationale Schätze in der Gefangenschaft)* in *Życie Warszawy* Nr. 82, 1955.

Płonka = Józef M. Płonka: *Młoda Polska w Zakopanem od drzwi kuchennych (= Junges Polen in Zakopane durch die Hintertür gesehen)* in *Świat* Nr. 39, Warschau 1958.

Poirée = Elie Poirée: *Les musiciens célèbres. Chopin,* Paris o.J.

Poliński₁ = *Katalog rozumowany pierwszej polskiej wystawy muzycznej 1888r (= Katalog der ersten polnischen Musik-Ausstellung 1888),* verfaßt von Aleksander Poliński; Warschau 1888.

Poliński₂ = *Utwór dziecięcy Chopina. Ze zbiorów prof. A. Polińskiego (= Kinderstuck von Chopin. Aus der Sammlung von Prof. A. Poliński)* in *Kurier Warszawski* Nr. 51, 1910.

Poliński₃ = Aleksander Poliński: *Chopin,* Kiew 1914.

Poliński₄ = A. Poliński: *Dzieje muzyki polskiej w zarysie (= Grundriß der polnischen Musikgeschichte)* in *Nauka i Sztuka (= Wissenschaft und Kunst)* Band VII, Warschau 1907.

Pourtalès₁ = Guy de Pourtalès: *Chopin ou le Poète,* Chamonix 1947.

Pourtalès₂ = G. de Pourtalès: *Chopin,* 1958.

Pourtalès[3] = G. de Pourtalès: *Sävelten Runoilija Chopin* (= *Chopin als Tondichter*), Helsinki o. J.

Powierza = Władysław Powierza: *Chopin. Szkic życia i twórczości* (= *Chopin. Skizze des Lebens und Werkes*), London 1957.

Prochazka[1] = Jaroslav Prochazka: *The Origin of «The Prague Mazurka» in G major and Chopin's Relations with Vaclav Hanka*, Kongreßbericht 1960 (siehe Lissa[3]), Warschau 1963.

Prochazka[2] = J. Prochazka: *Chopin und Böhmen*, Prag 1968.

Programm Stockholm 1949 = *Program vid minneshögtid i Nationalmuseum till högtidlighallande av 100 årsminnet av tonsättaren Frédéric Chopins död* (= *Programm der Gedenkfeier anläßlich des 100. Jahrestages von Frédéric Chopins Tod im Nationalmuseum*), Stockholm am 13. Oktober 1949.

Prokopowicz[1] = Maria Prokopowicz: *Katalog mikrofilmów muzycznych. 1. Biblioteka Narodowa* (= *Katalog der Mikrofilme von Musikautographen. 1. National-Bibliothek*), Warschau 1956.

Prokopowicz[2] = M. Prokopowicz: *Rękopisy Chopina odzyskane z Kanady* (= *Handschriften Chopins, aus Kanada zurückgeholt*) in *Encyklopedia Współczesna* (= *Enz. d. Neuzeit*) Nr. 6, Warschau 1959.

Prokopowicz[3] = M. Prokopowicz: *Wystawa Rękopisów Fryderyka Chopina. Biblioteka Narodowa* (= *Ausstellung der Handschriften Chopins in der National-Bibliothek*), Warschau 1960.

Prokopowicz[4] = M. Prokopowicz: *Muzykalia III. Katalog mikrofilmów nr 12. Biblioteka Narodowa* (= *Musikalien III. Katalog der Mikrofilme in der National-Bibliothek Nr. 12*), Warschau 1965.

Prokopowicz[5] = *Katalog wystawy Muzyka Polska w rękopisach i drukach od XI do XX wieku. Biblioteka Narodowa* (= *Katalog der Ausstellung „Polnische Musik in Hand- und Druckschriften vom XI. bis XX. Jh." in der National-Bibliothek*), Warschau im September 1966, Texte zum XIX. Jh. von M. Prokopowicz (auch in Englisch erschienen).

Prokopowicz[6] = M. Prokopowicz: Rezension des Katalogs des Archivs für Photogramme musikalischer Meisterhandschriften der ÖNB Wien (Sammlung A. van Hoboken) von Agnes Ziffer in *Muzyka* Nr. 1 (52), Warschau 1969.

Prokopowicz[7] = M. Prokopowicz: *Zbiory Muzyczne Biblioteki Narodowej* (= *Die Musiksammlungen der National-Bibliothek*) in *Rocznik Biblioteki Narodowej* (= *Jahrbuch der Nationalbibliothek*) Band V, Warschau 1969.

Prokopowicz[8] = M. Prokopowicz: *Zakład Zbiorów Muzycznych. Wczoraj i dziś Zakładu* (= *Die Musiksammlungen gestern und heute*) in *Biuletyn Informacyjny Biblioteki Narodowej* Nr. 4 (45) Oktober–Dezember 1970, Warschau 1971.

Prosnak, A. = Antoni Prosnak: *Chopina Dzieła Wszystkie w czternastu koncertach* (= *Das Gesamtwerk Chopins in 14 Konzerten*). Programm eines Konzert-Zyklus vom 2. November 1954 – 3. Februar 1955 in Warschau.

313

Prosnak, J.$_1$ = Jan Prosnak: *Środowisko Warszawskie w życiu i twórczości Fryderyka Chopina* (= *Warschauer Einflüsse im Leben und Werk Frédéric Chopins)* in *Kwartalnik Muzyczny* Nr. 28, Krakau 1949.

Prosnak, J.$_2$ = J. Prosnak: *Wariacje fletowe Chopina* (= *Die Flötenvariationen Chopins)* in *Studia Muzykologiczne* I, Krakau 1953.

Prószynski = Zygmunt Proszynski: *W sztambuchu Eryka Jachowicza. Odnalezione rękopisy Mickiewicza i Chopina* (= *Im Stammbuch Eryk Jachowicz's. Neu aufgefundene Hss. von Chopin und Mickiewicz)* in *Tygodnik Powszechny* Nr. 365, Krakau 1952.

Przegląd Muzyczny 1911$_1$ = Artikel *Młodzieńcze utwory Chopina* (= *Jugendwerke Chopins)* in *Przegląd Muzyczny* Nr. 11 (Auszüge aus Koptiajew), Warschau 1911.

Przegląd Muzyczny 1911$_2$ = Artikel *Młodzieńcze utwory Chopina* (= *Jugendwerke Chopins)* in *Przegląd Muzyczny* Nr. 12 (Fortsetzung von Nr. 11), Warschau 1911.

Pugno = *Les leçons écrites de Raoul Pugno, les 14 Valses de Chopin.* Préface et histoire des Valses par Edouard Ganche, Paris 1913.

PWM Ballada As = *Fryderyk Chopin. Ballada As-dur op. 47.* Faksimile-Ausgaben von Chopin-Autographen mit Einfuhrungen von Władysław Hordynski, hrsg. vom *Polskie Wydawnictwo Muzyczne PWM* (= *Polnischer Musikverlag),* Heft 2, Krakau 1952.

PWM Ballada F = *Fryderyk Chopin. Ballada F-dur op. 38,* PWM Heft 3, Krakau 1952.

PWM Barkarola = *Fryderyk Chopin. Barkarola,* PWM Heft 4, Krakau 1953.

PWM Fantazja = *Fryderyk Chopin. Fantazja op. 49,* PWM Heft 10, Krakau 1965.

PWM Krakowiak = *Fryderyk Chopin. Krakowiak, Grand Rondeau de Concert,* PWM Heft 5, Krakau 1953.

PWM Preludia = *Fryderyk Chopin. 24 Preludia,* PWM Heft 1, Krakau 1951.

PWM Scherzo b = *Fryderyk Chopin. Scherzo b-moll op. 31,* PWM Heft 8, Krakau 1954.

PWM Scherzo E = *Fryderyk Chopin. Scherzo E-dur op. 54, PWM Heft 7, Krakau 1955.*

PWM Sonata h = *Fryderyk Chopin. Sonata h-moll op. 58,* PWM Heft 6, Krakau 1954.

PWM Variationen B = *Fryderyk Chopin. Wariacje op. 2 „La ci darem la mano",* PWM Heft 9, Krakau 1959.

PWM Variationen D = *Fryderyk Chopin. Wariacje D-dur na 4 rece* (= *Variationen in D-dur fur 4 Hände),* PWM Heft 11, Krakau 1966.

Quaritch = Katalog des Antiquariats Bernard Quaritch, London 1936.

Rauch 1955 = Auktionskatalog Nr. 13; Versteigerung am 23. November 1955 im Antiquariat Nicolas Rauch, Genf.

Rauch 1957 = Auktionskatalog Nr. 17; Versteigerung am 2. Dezember 1957 im Antiquariat Nicolas Rauch, Genf.

Rauch 1958 = Auktionskatalog Nr. 20; Versteigerung am 24./25. November 1958 im Antiquariat Nicolas Rauch, Genf.

Revue Musicale 1931 = *Chopin.* Sondernummer der Zeitschrift *La Revue Musicale,* Paris 1931.

Rheims = Auktionskatalog *Georges Sand & Chopin*; Versteigerung am 20./21. Juni 1957 im Antiquariat Maurice Rheims, Paris.

Richard-Masse = *Correspondance de Frédéric Chopin 1816–1831*, hrsg. von E. Sydow sowie Suzanne u. Denise Chainaye; Paris, Richard-Masse-Éditeurs, Vol. I 1953.

Richter = H. Richter: *Trzy kobiety. Powieść o Chopinie* (= *Drei Frauen. Erzählung über Chopin*), Warschau o. J.

Riiber = Anne-Marie Riiber: *Chopin og hans kvinner*, Oslo 1953.

R. J. = R. J.: *Music for the Morgan* in *Philharmonic Hall*, New York 1970–1971.

Ruch Muzyczny 1958 = Artikel *Muzyka i muzyci polscy za granicą* (= *Polnische Musik und Musiker im Ausland*) in *Ruch Muzyczny* Nr. 17, Warschau 1958.

Ruch Muzyczny 1961 = Artikel *Jeszcze jeden nieznany utwór Chopina* (= *Noch ein unbekanntes Musikstück Chopins*) in *Ruch Muzyczny* Nr. 21, Warschau 1961.

ROLF = *Frédéric Chopin: Etude. Op. 10 No 3*, Faksimileausgabe der Robert Owen Lehman Foundation, Washington 1964.

Rycharski = Lucjan Tomasz Rycharski: *Literatura polska w historyczno-krytycznym zarysie* (= *Historisch-kritischer Grundriß der polnischen Literatur*) Band II, Krakau 1868.

Sabrafín = G. Sabrafín: *Chopin pervive en Valldemosa, a traves de sus autografos* in *Hoja del Lunes*, Palma de Mallorca 1969.

Saint-Saëns = *Le Manuscrit de la Ballade en fa majeur de Chopin* in *Le Monde Musical*, Paris 1958.

Schirmer = *Frédéric Chopin: Fantaisie-Impromptu*. Faksimileausgabe des Ms. aus der Smlg. Artur Rubinstein, New York G. Schirmer 1962.

Scotsman 1946 = Artikel *Chopin's Edinburgh visit* in *The Scotsman*, Edinburgh 1946.

Searle = Humphrey Searle: *Miscellaneous Works* in *Frédéric Chopin. Profiles of the Man and the Musician*, hrsg. von Alan Walker; London 1966.

Siemienowski = Siergiej A. Siemienowski: *Russkije znakomyje i druzja Szopena* (= *Russische Bekannte und Freunde Chopins*) in *Russko-polskije muzykalnyje swiazi* (= *Russisch-polnische musikalische Verbindungen*), Moskau 1963.

Sietz = Reinhold Sietz: *Das Autographen-Album Ferdinand v. Hillers im Kölner Stadt-Archiv*, Sonderdruck aus dem *Jahrbuch des Kölnischen Geschichtsvereins* Nr. 28, Köln 1953.

Silbermann = Alphons Silbermann: *Wandlung eines Idols. Beiträge zu einem neuen Chopin-Charakterbild* in *Musikalische Jugend*, Jg. IX 1960.

Simon = Alicja Simon: *Przyczynek genetyczny do Grande Valse Brillante op. 34 no 1 Fryderyka Chopina* (= *Genetischer Beitrag zu Grande Valse Brillante Op. 34 Nr. 1 von Chopin*) in *Kwartalnik Muzyczny* Nr. 26/27, Krakau 1949.

315

Simonides-Bednář = *Chopin. Listy rodiňe a přátelům* (= *Chopin. Briefe an Familie und Freunde)*, hrsg. von Jaroslav Simonides und Kamil Bednář; Prag 1961.

Siwkowska = Janina Siwkowska: *Nowe Chopiniana na Zamku Ostrogskich* (= *Neue Chopiniana im Ostrogski-Schloß)* in der Zeitschrift *Problemy* Nr. 11, Warschau 1957.

Skorupska₁ = Zofia Skorupska: *Chopiniana w zbiorach Biblioteki Kórnickiej* (= *Chopiniana in den Smlg. der Kórnik-Bibliothek)* im Kongreßbericht 1960 (siehe Lissa₃), Warschau 1963.

Skorupska₂ = Z. Skorupska: *Fryderyk Chopin w relacjach Leonarda Niedźwieckiego* (= *Frédéric Chopin in den Berichten von Leonard Niedźwiecki)* im *Pamiętnik Biblioteki Kórnickiej* (= *Hausbuch der Kórnik-Bibliothek)* Heft 9–10, Kórnik 1968.

Sołowcow = A. Sołowcow: *Friderik Šopen. Žizń i tworčestwo* (= *Fr. Chopin. Leben und Werk)*, Moskau 1956.

Sotheby 1958 = Auktionskatalog; Versteigerung am 16./17. Juni 1958 bei Sotheby, London.

Sotheby 1959 = Auktionskatalog; Versteigerung am 7./8. Dezember 1959 bei Sotheby, London.

Sotheby 1972 = Auktionskatalog; Versteigerung am 8./9. Mai 1972 bei Sotheby, London.

Sowiński₁ = Albert Sowiński: *Les Musiciens Polonais et Slaves. Anciens et modernes. Dictionnaire biographique*, Paris 1857.

Sowiński₂ = A. Sowiński: *Słownik Muzyków Polskich dawnych i nowoczesnych* (= *Polnische Musiker. Früher und heute)*, Wörterbuch, Paris 1874.

Stablewska = Iry Stablewska: *Maria Wodzińska* im *Kurier Literacko-Naukowy*, Beilage zu *Ilustrowany Kurier Codzienny* Nr. 49, Krakau 1935.

Starczewski = Feliks Starczewski: *Echa Powstania Listopadowego w pieśni polskiej* (= *Echo des November-Aufstandes in polnischen Liedern)* in *Muzyka* Nr. 11–12, Warschau 1930.

Stargardt 1906 = Katalog *Die Autographen-Sammlung Alexander Męyer-Cohn's. Zweiter Theil*, Berlin J. A. Stargardt 1906.

Stargardt 1908 = Auktionskatalog *Sammlung Zeune-Spitta* Versteigerung am 23.–25. November 1908 im Antiquariat J. A. Stargardt, Berlin.

Stargardt 1958 = Auktionskatalog Nr. 537; Versteigerung am 13. Mai 1958 im Antiquariat J. A. Stargardt, Marburg.

Stargardt 1959 = Auktionskatalog Nr. 545; Versteigerung am 29. Oktober 1959 im Antiquariat J. A. Stargardt, Marburg.

Stargardt 1969 = Auktionskatalog Nr. 588; Versteigerung am 18./19. Februar 1969 im Antiquariat J. A. Stargardt, Marburg.

Stargardt 1970₁ = Auktionskatalog Nr. 592, Versteigerung am 9. Juni 1970 im Antiquariat J. A. Stargardt, Marburg.

Stargardt 1970₂ = Auktionskatalog Nr. 593; Versteigerung am 9./10. Juni 1970 im Antiquariat J. A. Stargardt, Marburg.

Stargardt 1973 = Auktionskatalog Nr. 601; Versteigerung am 20./21. Februar 1973 im Antiquariat J. A. Stargardt, Marburg.

Stromenger[1] = Karol Stromenger: *Autour de Chopin* in *Pologne Littéraire* Nr. 68, Warschau 1932.

Stromenger[2] = K. Stromenger: *Rękopisy muzyczne (= Musikhandschriften)* in *Tygodnik Ilustrowany* Nr. 3, Warschau 1935.

Stromenger[3] = K. Stromenger: *Rękopisy muzyczne (= Musikhandschriften)* in der Zeitschrift *Arkady*, 1937.

Stromenger[4] = K. Stromenger: *Fryderyk Chopin*, Heft VI der Reihe *Muzyka i Muzycy Polscy (= Polnische Musik und Musiker)*, Łódź 1947/48.

Stromenger[5] = K. Stromenger: *Fryderyk Chopin*. Neue revidierte Auflage von Stromenger[4], Łódź 1949.

Stromenger-Sydow = K. Stromenger, Bronisław Edward Sydow: *Almanach Chopinowski 1949*, Krakau 1949.

Sudolski = *Krasinski: Listy do Jerzego Lubomirskiego (= Krasiński: Briefe an Jerzy Lubomirski)*, hrsg. von Zbigniew Sudolski; Warschau 1965.

Świat 1910 = Artikel *Nieznany utwór Fryderyka Chopina (= Unbekanntes Musikstück Chopins)* in der Zeitschrift *Świat* Nr. 23, Warschau 1910.

Sydow[1] = Bronisław Edward Sydow: *Bibliografia F. F. Chopina*, Warschau 1949.

Sydow[2] = B. Sydow: *Bibliografia F. F. Chopina, Suplement* (Redaktion: Feliks Przyłubski), Warschau 1954.

Sydow-Miketta I–II = *Korespondencja Fryderyka Chopina (= Frédéric Chopins Korrespondenz)*, hrsg. von B. E. Sydow und Janusz Miketta 2 Bde.; Warschau 1955.

Szablowski = Jerzy Szablowski: *Odyseja Skarbów Narodowych (= Odyssee der nationalen Schätze)*, Krakau 1960.

Szczepańska = Maria Szczepańska: *„Hexameron", Bellini i Chopin* in *Vincenzo Bellini. 1801–1835*, Lwów 1935.

Szopen = *Szopen*. Kollektive Monografie, hrsg. unter der Leitung von Mateusz Gliński, Warschau 1932.

Szulc, M. A.[1] = Marceli Antoni Szulc: *Fryderyk Chopin i utwory jego muzyczne (= Frédéric Chopin und seine musikalischen Werke)*, Posen 1873.

Szulc, M. A.[2] = *Trzy Mazury i Adagio utwory młodości Fryderyka Chopina (= Drei Mazurken und Adagio, Jugendwerke Frédéric Chopins)*, hrsg. von M. A. Szulc; Posen M. Leitgeber (M. L. 18 – Vorwortdatum: 5. Januar 1875).

Szulc, M. A.[3] = M. A. Szulc: *Zbiór wiadomości i uzupełnień dotyczących życia i utworów Fryderyka Szopena (= Nachrichten und Ergänzungen zum Leben und Werk Frédéric Chopins)* in *Echo MTA* Heft 18, 20 und 24, Warschau 1880.

Szulc, Zdz. = Zdzisław Szulc: *Dwie nieznane kompozycje Chopina na eolopantalion (= Zwei unbekannte Musikstücke Chopins für Aeolopantaleon)* in *Muzyka* Nr. 3–4, Warschau 1955.

Tessier = André Tessier: *Archives Photographiques de manuscrits musicaux. Notes musicologiques* in *La Revue Musicale* Jg. 9 Nr. 4, Paris 1928.

Thompson = Oscar Thompson: *The International Cyclopedia of Music and Musicians,* New York 1939.

Tobiasz₁ = Zofia Tobiasz: *Miniatury portretowe rodziny Wołowskich i Faucher (= Miniaturporträts der Familien Wołowski und Faucher)* in *Rozprawy i Sprawozdania Muzeum Narodowego w Krakowie (= Verhandlungen und Berichte des National-Museums Krakau)* Band VI, Krakau 1960.

Tobiasz₂ = Z. Tobiasz: *Sztambuch Aleksandry Wołowskiej (= Aleksandra Wołowskas Stammbuch)* in *Stolica* Nr. 51/52, Warschau 1963.

Toledo Museum = Katalog der Smlg. des *Toledo Museum of Art founded by Edward Drummond Libbey.* Ausstellung vom 3. Oktober – 7. November 1954.

Tomaszewski₁ = Mieczysław Tomaszewski: *Filiacje twórczości pieśniarskiej Chopina z polską muzyką ludową popularną i artystyczną (= Verbindungen zwischen den Chopinschen Liedern und dem polnischen populären Volks- und Kunstlied)* in *Muzyka* Nr. 2, Warschau 1961.

Tomaszewski₂ = Mieczysław Tomaszewski: *Verbindungen zwischen den Chopinschen Liederwerken und dem polnischen populären Volks- und Kunstlied* im Kongreßbericht 1960 (siehe Lissa₃), Warschau 1963 (gekürzte Fassung von Tomaszewski₁).

Trybuna Wolności = *Aktualności kulturalne (= Aktuelle Kulturnachrichten)* der Zeit-
1956   schrift *Trybuna Wolności (= Tribüne der Freiheit)* Nr. 18, Warschau 1956.

Turczynowicz = *Korespondencja Oskara Kolberga (= Oskar Kolbergs Briefwechsel)* Teil I 1837–1876, gesammelt und herausgegeben von Maria Turczynowicz. Band 64 der Gesammelten Werke, Warschau 1965.

Unger = H. Unger: *Festbuch zur Jahrhundertfeier der Concertgesellschaft,* Köln 1927.

UW = *F. F. Chopin.* Veröffentlichungen des musikwissenschaftlichen Instituts der Universität Warschau (= UW) unter Leitung von Zofia Lissa, Warschau 1960.

Valetta = Ippolito Valetta: *Chopin. La Vita – Le Opere,* Turin 1926.

Verhandlungen = Protokoll der Verhandlungen der Stadtverordneten-Versammlung zu Köln vom 19. Juni 1884 über den Brief Ferd. Hillers an die Stadt Köln vom 1. Juni 1884.

Vogel = *Jahrbuch der Musikbibliothek Peters für 1894,* hrsg. von Emil Vogel, Jg. 1; Leipzig 1895.

Volkmann = Hans Volkmann: *Chopin in Dresden* in der *Wissenschaftlichen Beilage* des *Dresdner Anzeiger* vom 18. und 25. April und 9. Mai 1933.

Výstava = *Cestátní výstava archivnich dokumentu (= Katalog der Ausstellung von Archivdokumenten)* von April–August 1958 in Prag.

Wackernagel = Peter Wackernagel: *Handschriften Chopins* im *Chopin-Almanach,* Postdam 1949.

Walker = Alan Walker: *Frédéric Chopin. Profiles of the Man and the Musician*, London 1966.

Wasylewski = Stanisław Wasylewski: *Sztambuch. Skarbnica romantyzmu (= Stammbuch. Schatzkammer der Romantik)*, Krakau (ca. 1921).

Weinstock = Herbert Weinstock: *Chopin. The Man and his Music*, New York 1969, 2. Auflage.

Weissmann = Adolf Weissmann: *Chopin*, Berlin 1912.

Wiek Nowy 1936 = Artikel *Wizyta w „gabinecie szopenowskim", który wzbogaci zabytki muzealne Lwowa (= Besuch im Chopin-Kabinett, einer neuen musealen Sehenswürdigkeit in Lwów)* in *Wiek Nowy* vom 7. November 1936.

Winternitz = Emanuel Winternitz: *Musical Autographs from Monteverdi to Hindemith*, Princeton/New Jersey, 1955.

WN (Prospekt) = Prospekt der Nationalen Chopinausgabe (= Wydanie Narodowe = WN), Text von Jan Ekier, Krakau 1960.

Wodziński = Antoni Wodziński: *Les trois romans de Frédéric Chopin*, Paris 1886.

Wójcicki = K. W. Wójcicki: *Cmentarz Powazkowski pod Warszawą (= Der Friedhof Powązki bei Warschau)* Band II, Warschau 1856.

Wojdan = Renata Wojdan: *Z dziejów Chopinianów (= Aus der Geschichte der Chopiniana)* in *Stolica* Nr. 42, Warschau 1970.

Wystawa MN = *Fryderyk Chopin. 1849–1949*. Katalog der Ausstellung im *Muzeum Narodowe MN (= National-Museum)* im Chopinjahr 1949 in Warschau.

Zagiba₁ = Franz Zagiba: *Nieznana Wariacja Fryderyka Chopina na temat Mozarta (= Unbekannte Variation Chopins über ein Thema von Mozart)* in *Kwartalnik Muzyczny* Nr. 28, Krakau 1949.

Zagiba₂ = F. Zagiba: *Unbekannte Chopin-Kompositionen in Wiener Sammlungen* in *Österreich in Wort und Bild*, Wien 1951.

Zagiba₃ = F. Zagiba: *Chopin und Wien*, Wien 1951.

Zagiba₄ = F. Zagiba: *Eine unbekannte Fassung von Chopins Rondeau Opus 1* im *Chopin-Jahrbuch*, Wien 1963.

Zapert = Zbigniew Zapert: *Wspaniała kolekcja pamiątek po Chopinie zmieniła właściciela. Milionerka z Majorki zakupiła słynny zbiór Hedleya (= Herrliche Andenkensammlung Chopins hat ihren Besitzer gewechselt. Millionärin aus Mallorca kaufte die berühmte Sammlung von Hedley)* in *Express Wieczorny (= Abendexpress)* Nr. 291, Ausgabe DC; Warschau 1969.

Zárate = León Zárate: *Chopin*, Barcelona 1951.

Zentralarchiv = *Centralnyj Gosudarstvennyj Archiv Literatury i Isskustva (= Staatliches Zentralarchiv für Literatur und Kunst);* Katalog, hrsg. von N. F. Belćikov, Moskau 1960.

Zetowski₁ = Stanisław Zetowski: *Czy Szopen jest twórcą melodii do mazurka t. z. „Trzeci Maj" (= Ist Chopin Autor der Mazurkamelodie, genannt „Dritter Mai")* in *Kurier Literacko-Naukowy*, Beilage zur Zeitschrift *Ilustrowany Kurier Codzienny* Nr. 120, Krakau 1932.

Zetowski₂ = S. Zetowski: *Tam na błoniu błyszczy kwiecie (= Dort auf dem Anger glänzen Blüten) in Kurier Literacko-Naukowy*, Beilage zur Zeitschrift *Ilustrowany Kurier Codzienny* Nr. 81, Krakau 1937.

Ziemięcka = Eleonora Ziemięcka: *Wspomnienie (= Erinnerung) in der* Illustrierten Neujahrsausgabe des *Kalendarz Warszawski*, 1862.

ZIM 1901 = *Zeitschrift der Internationalen Musikgesellschaft* Jg. 2 Heft 5, Leipzig 1901.

Zimmermann = Ewald Zimmermann: *Probleme der Chopin-Edition* in *Die Musik-Forschung* Jg. XIV Heft 2, Kassel 1961.

Zweig = Stefan Zweig: *Die Welt von gestern*, Berlin 1965.

ŻW 1967₁ = *Rękopisy walców Chopina odnaleziono we Francji (= Neu aufgefundene Manuskripte von Chopin-Walzern in Frankreich)* in *Życie Warszawy* Nr. 303, Warschau 22. Dezember 1967.

ŻW 1967₂ = *W schowku na ubrania znaleziono manuskrypty dwóch walców Chopina (= Manuskripte zweier Chopin-Walzer im Kleiderschrank entdeckt)* in *Życie Warszawy* Nr. 308. Warschau 29. Dezember 1967.

ŻW 1968 = *Odnalezione rękopisy chopinowskie (= Neuentdeckte Chopin-Manuskripte) in Życie Warszawy* Nr. 2, Warschau 12. Januar 1968.

Nachtrag zum Literaturverzeichnis

Im Katalog erwähnte, nach 1973 erschienene Literatur

Berès 1977 = Pierre Berès: *Autographes musicaux. Manuscrits et lettres de compositeurs*; Katalog zur Auktion am 20. Juni 1977 im Hôtel Drouot, Paris.

Belotti₅ = Gastone Belotti: *Le Polacche op. 26. Nella concezione autografa di Chopin*, Sonderdruck aus *Nuova Rivista Musicale Italiana* Jg. VIII, Nr. 2, April/Juni 1974.

Belotti₆ = G. Belotti: *Le Polacche dell'op. 26. Nel testo autentico di Chopin*, Florenz 1975.

Belotti₇ = G. Belotti: *Un nuovo Valzer di Chopin?* Sonderdruck aus *Nuova Rivista Musicale Italiana* Jg. XII, Nr. 4, 1978.

Eigeldinger = Jean-Jacques Eigeldinger: *Un autographe musical inédit de Chopin* in *Schweizerische Musikzeitung*, 115. Jg., Heft 1, Zürich 1975.

Gajewski = Ferdinand Jan Gajewski: *Nieznane źródło marginesowych notatek Chopina (= Unbekannte Quellen mit Randnotizen von Chopin)* in *Ruch Muzyczny* Jg. XXI Nr. 9, Warschau 1977.

Guitry = *Collection Sacha Guitry. Autographes et Documents historiques.* Auktionskatalog der Versteigerung am 21. November 1974 im Hôtel Drouot, Paris 1974.

Henle₉ KB = *Frédéric Chopin. Mazurken. Nach Eigenschriften, Abschriften und Erstausgaben hrsg. von Ewald Zimmermann.* Kritischer Bericht; G. Henle Verlag, München 1975.

Henle 10 KB = *Frédéric Chopin. Balladen. Nach Eigenschriften, Abschriften und Erstausgaben hrsg. von Ewald Zimmermann.* Kritischer Bericht; G. Henle Verlag, München 1976.

Henle 11 KB = *Frédéric Chopin. Klaviersonate b-moll. Opus 35. Nach Abschriften und Erstausgaben hrsg. von Ewald Zimmermann.* Kritischer Bericht; G. Henle Verlag, München 1976.

Henle 12 KB = *Frédéric Chopin. Klaviersonate h-moll. Opus 58. Nach der Eigenschrift und den Erstausgaben hrsg. von Ewald Zimmermann.* Kritischer Bericht; G. Henle Verlag, München 1976.

Henle 13 KB = *Frédéric Chopin. Klavierstücke. Nach Eigenschriften, Abschriften und Erstausgaben hrsg. von Ernst Herttrich.* Kritischer Bericht; G. Henle Verlag, München 1978.

Stargardt 1975 = Auktionskatalog Nr. 605; Versteigerung am 25./26. Februar 1975 im Antiquariat J. A. Stargardt, Marburg.

Schneider = Verkaufskatalog Nr. 212 *Musikerautographen* des Musikantiquariats Hans Schneider; Tutzing 1977.

Übersetzung der Namen der im Literaturverzeichnis häufiger genannten polnischen Zeitungen und Zeitschriften
(alphabetisch)

Echo Muzyczne =	Musikalisches Echo
Echo Muzyczne Teatralne i Artystyczne =	Echo für Musik – Theater – Kunst
Ilustrowany Kurier Codzienny =	Illustrierter Tageskurier
Kraj =	Das Land
Kronika Powszechna =	Allgemeine Chronik
Kurier Codzienny =	Tageskurier
Kurier Warszawski =	Warschauer Kurier
Kwartalnik Muzyczny =	Musikalische Vierteljahreszeitschrift
Muzyka =	Die Musik
Przegląd Muzyczny =	Musikalische Rundschau
Przegląd Polski =	Polnische Rundschau
Przegląd Poznański =	Posener Rundschau
Ruch Muzyczny =	Musikalische Bewegung
Stolica =	Die Hauptstadt
Świat =	Die Welt
Tygodnik Ilustrowany =	Illustriertes Wochenblatt
Tygodnik Powszechny =	Allgemeines Wochenblatt
Wiadomości =	Nachrichten
Wiek Nowy =	Neues Zeitalter
Życie Spiewacze =	Das Gesangsleben
Życie Warszawy =	Warschauer Leben

VERZEICHNIS DER WERKE CHOPINS
NACH GATTUNGEN

A. Erhaltene Werke

325

C. Bearbeitungen

D. Transkriptionen von Volksweisen

E. Zweifelhafte Werke

3

ALPHABETISCHES VERZEICHNIS DER WERKE CHOPINS

Die in Klammern hinter einzelnen Werken stehenden Buchstaben bedeuten:
(B) = Bearbeitung eines fremden Werkes; (v) = verlorengegangenes Werk;
(zw) = zweifelhaftes Werk

333

4

KONKORDANZEN

(a) Positionen in der polnischen Fassung dieses Katalogs

Pos. 1 – 5 = op. 1	Pos. 588 – 600 = op. 37 Nr. 1 und 2
Pos. 6 – 15 = op. 2	Pos. 601 – 609 = op. 38
Pos. 16 – 21 = op. 3	Pos. 610 – 614 = op. 39
Pos. 22 – 25 = op. 5	Pos. 615 – 625 = op. 40 Nr. 1 und 2
Pos. 26 – 46 = op. 6 Nr. 1–4	Pos. 626 – 645 = op. 41 Nr. 1–4
Pos. 47 – 79 = op. 7 Nr. 1–5	Pos. 646 – 652 = op. 42
Pos. 80 – 86 = op. 8	Pos. 653 = VI/12
Pos. 87 – 108 = op. 9 Nr. 1–3	Pos. 654 – 662 = op. 43
Pos. 109 – 163 = op. 10 Nr. 1–12	Pos. 663 – 667 = op. 44
Pos. 164 – 177 = op. 11	Pos. 668 – 672 = op. 45
Pos. 178 – 180 = op. 12	Pos. 673 – 678 = op. 46
Pos. 181 – 187 = op. 13	Pos. 679 – 687 = op. 47
Pos. 188 – 197 = op. 14	Pos. 688 – 701 = op. 48 Nr. 1 und 2
Pos. 198 – 215 = op. 15 Nr. 1–3	Pos. 702 – 707 = op. 49
Pos. 216 – 219 = op. 16	Pos. 708 – 722 = op. 50 Nr. 1–3
Pos. 220 – 236 = op. 17 Nr. 1–4	Pos. 723 – 731 = op. 51
Pos. 237 – 245 = op. 18	Pos. 732 – 738 = op. 52
Pos. 246 – 249 = op. 19	Pos. 739 – 743 = op. 53
Pos. 250 – 254 = op. 20	Pos. 744 – 748 = op. 54
Pos. 255 – 267 = op. 21	Pos. 749 – 760 = op. 55 Nr. 1 und 2
Pos. 268 – 272 = op. 22	Pos. 761 – 773 = op. 56 Nr. 1–3
Pos. 273 – 279 = op. 23	Pos. 774 – 782 = op. 57
Pos. 280 – 296 = op. 24 Nr. 1–4	Pos. 783 – 790 = op. 58
Pos. 297 – 344 = op. 25 Nr. 1–12	Pos. 791 – 806 = op. 59 Nr. 1–3
Pos. 345 – 356 = op. 26 Nr. 1 und 2	Pos. 807 – 814 = op. 60
Pos. 357 – 369 = op. 27 Nr. 1 und 2	Pos. 815 – 821 = op. 61
Pos. 370 – 478 = op. 28 Nr. 1–24	Pos. 822 – 835 = op. 62 Nr. 1 und 2
Pos. 479 – 484 = op. 29	Pos. 836 – 848 = op. 63 Nr. 1–3
Pos. 485 – 504 = op. 30 Nr. 1–4	Pos. 849 – 869 = op. 64 Nr. 1–3
Pos. 505 – 509 = op. 31	Pos. 870 – 888 = op. 65
Pos. 510 – 519 = op. 32 Nr. 1 und 2	Pos. 889 = II a/1
Pos. 520 – 548 = op. 33 Nr. 1–4	Pos. 890 = Vd/4
Pos. 549 – 569 = op. 34 Nr. 1–3	Pos. 891 – 900 = II a/2 und 3
Pos. 570 – 580 = op. 35	Pos. 901 – 902 = II b/1
Pos. 581 – 587 = op. 36	Pos. 903 – 904 = II b/2

Pos.	905 − 917	= IIb/3 Nr. 1−3	Pos. 1223	= IVb/1

Pos. 905 − 917 = II b/3 Nr. 1−3
Pos. 918 = II b/4
Pos. 919 − 924 = II b/5
Pos. 925 − 927 = IV a/4
Pos. 928 − 931 = op. 4
Pos. 932 − 939 = op. posth. 66
Pos. 940 − 965 = op. posth. 67 Nr. 1−4
Pos. 966 − 987 = op. posth. 68 Nr. 1−4
Pos. 988 − 1006 = op. posth. 69 Nr. 1 und 2
Pos. 1007 − 1033 = op. posth. 70 Nr. 1−3
Pos. 1034 − 1054 = op. posth. 71 Nr. 1−3
Pos. 1055 − 1058 = op. posth. 72 Nr. 1
Pos. 1059 − 1068 = op. posth. 72 Nr. 2
Pos. 1069 − 1085 = op. posth. 72 Nr. 3,
                  I−III
Pos. 1086 − 1091 = op. posth. 73 A und B
Pos. 1092 − 1100 = op. posth. 74 Nr. 1
Pos. 1101 − 1112 = op. posth. 74 Nr. 2
Pos. 1113 − 1114 = op. posth. 74 Nr. 3
Pos. 1115 − 1119 = op. posth. 74 Nr. 4
Pos. 1120 − 1123 = op. posth. 74 Nr. 5
Pos. 1124 − 1129 = op. posth. 74 Nr. 6
Pos. 1130 − 1136 = op. posth. 74 Nr. 7
Pos. 1137 − 1142 = op. posth. 74 Nr. 8
Pos. 1143 − 1144a = op. posth. 74 Nr. 9
Pos. 1145 − 1154 = op. posth. 74 Nr. 10
Pos. 1155 − 1156a = op. posth. 74 Nr. 11
Pos. 1157 − 1161 = op. posth. 74 Nr. 12
Pos. 1162 − 1164 = op. posth. 74 Nr. 13
Pos. 1165 − 1169 = op. posth. 74 Nr. 14
Pos. 1170 − 1172 = op. posth. 74 Nr. 15
Pos. 1173 − 1178 = op. posth. 74 Nr. 16
Pos. 1179 − 1181 = op. posth. 74 Nr. 17
Pos. 1182 − 1183 = IV a/1
Pos. 1184 = IV a/2
Pos. 1185 − 1187 = IV a/3
Pos. 1188 − 1189 = IV a/5
Pos. 1190 − 1192 = IV a/6
Pos. 1193 − 1196 = IV a/7
Pos. 1197 − 1200 = IV a/8
Pos. 1201 − 1202 = IV a/9
Pos. 1203 = IV a/10
Pos. 1204 − 1206 = IV a/11
Pos. 1207 − 1208 = IV a/12
Pos. 1209 − 1211 = IV a/13
Pos. 1212 = IV a/14
Pos. 1213 − 1214 = IV a/15
Pos. 1215 − 1222 = IV a/16

Pos. 1223 = IV b/1
Pos. 1224 = IV b/2
Pos. 1225 − 1226 = IV b/3
Pos. 1227 − 1228 = IV b/4
Pos. 1229 = IV b/5
Pos. 1230 = IV b/6
Pos. 1231 − 1232 = IV b/7
Pos. 1233 − 1235 = IV b/8
Pos. 1236 = IV b/9
Pos. 1237 = IV b/10
Pos. 1238 − 1239 = IV b/11
Pos. 1240 = IV b/12
Pos. 1240a = IV b/13
Pos. 1241 = IV c/1
Pos. 1242 = IV c/2
Pos. 1243 − 1244 = V a/1 und 2
Pos. 1245 = V a/3
Pos. 1246 = V b/1
Pos. 1247 = V b/9
Pos. 1248 = V b/8
Pos. 1249 = V b/3
Pos. 1250 = V b/4
Pos. 1251 = V b/5
Pos. 1252 = V b/6
Pos. 1253 = V b/7
Pos. 1254 = V b/2
Pos. 1255 − 1256 = V d/2 und 3
Pos. 1257 = V d/8
Pos. 1258 = V d/5
Pos. 1259 = V d/6
Pos. 1260 = op. posth. 74 Nr. 11
Pos. 1261 = V d/7
Pos. 1262 − 1266 = V f Nr. 1−3
Pos. 1267 = V b/7
Pos. 1268 = V b/4
Pos. 1269 = V c/1
Pos. 1270 = V b/5
Pos. 1271 = op. 6 (?)
Pos. 1272 = V c/2
Pos. 1273 = V c/3
Pos. 1274 = V c/4
Pos. 1275 = op. 46
Pos. 1276 = V e/3
Pos. 1276a = V d/2 und 3
Pos. 1277 − 1282 und 1284 − 1294;
nicht in die deutsche Bearbeitung übernommen, da es sich dabei wahrscheinlich um verschollene Handschriften zu bereits bekannten Werken handelt.

Pos. 1283	= V e/8
Pos. 1295	= V e/11
Pos. 1296 − 1300	= V f
Pos. 1301	= II a/1
Pos. 1302	= IV a/1
Pos. 1303	= V e/5
Pos. 1304	= IV b/3
Pos. 1305	= op. posth. 68 Nr. 2 (?)
Pos. 1306	= IV a/16 (?)
Pos. 1307	= V e/7
Pos. 1308	= V e/10
Pos. 1308 a	= op. 70 Nr. 2
Pos. 1308 b	= op. 68 Nr. 4 (?)

Pos. 1309 − 1311; s. Anmerkung zu
    Pos. 1277 ff. und op. 70 Nr. 2 (Aa).

Pos. 1312	= op. 28 Nr. 7 (?)
Pos. 1313	= V e/6
Pos. 1314	= V b/10
Pos. 1315	= op. 74 (?);

9 der 17 Lieder stammen aus dem Zyklus
    „Piosnek sielskich".

Pos. 1316	= V e/12

Pos. 1317 − 1327; s. Anmerkung zu
    Pos. 1277 ff.

Pos. 1328	= V e/13

Pos. 1329 − 1343; s. Anmerkung zu
    Pos. 1277 ff.

Pos. 1344 − 1350; s. Vorwort S. XVI

Pos. 1351	= VI/11
Pos. 1352	= VI/5
Pos. 1353	= VI/6
Pos. 1354	= VI/7
Pos. 1355	= VI/8
Pos. 1356	= VI/14
Pos. 1357 − 1358	= VI/1 u. 2
Pos. 1359 − 1360	= VI/16 u. 17
Pos. 1361	= VI/3
Pos. 1362	= VI/4
Pos. 1363	= VI/13
Pos. 1364	= VI/9
Pos. 1365	= VI/10
Pos. 1366	= VI/15
Pos. 1367	= VII c/1
Pos. 1368	= VII c/6

Pos. 1369	= VII c/2
Pos. 1370	= VII c/5
Pos. 1371	= VII c/4
Pos. 1372	= VII c/3
Pos. 1373	= VII c/7

Pos. 1374 − 1375; diese beiden Positionen
    der polnischen Fassung sind nicht in die deut-
    sche Bearbeitung übernommen worden, da
    die erwähnten Briefe Chopins nur Absichts-
    erklärungen enthalten und nicht von bereits
    fertigen Kompositionen sprechen.

Pos. 1376 − 1377	= V e/9
Pos. 1378 − 1379	= V e/1 und 2
Pos. 1380 − 1381	= op. posth. 74 Nr. 17
Pos. 1382	= op. posth. 74 Nr. 9
Pos. 1383	= Anh. I c/4
Pos. 1384	= Anh. I c/5
Pos. 1385	= Anh. I c/6
Pos. 1386	= Anh. II/1
Pos. 1387	= Anh. I a/6
Pos. 1388	= Anh. I a/1
Pos. 1389 − 1390	= Anh. I a/2 und 3
Pos. 1391	= Anh. I a/4
Pos. 1392	= Anh. I a/5

Pos. 1393 nicht im deutschen Katalog, da im
    Gegensatz zu Anh. II/1 nicht gedruckt.

Pos. 1394	= Anh. I b
Pos. 1395	= Anh. I a/7
Pos. 1396	= Anh. I c/1
Pos. 1397	= Anh. I c/2
Pos. 1398	= Anh. I c/3
Pos. 1399	= op. posth. 74 Nr. 10
Pos. 1400	= VII b/3
Pos. 1401	= VII b/4
Pos. 1402	= VII b/5
Pos. 1403 − 1404	= VII b/1 und 2
Pos. 1405	= VII b/6
Pos. 1406	= V f
Pos. 1407	= VII a/3
Pos. 1408	= VII a/2
Pos. 1409	= VII d/1
Pos. 1410	= VII a/1
Pos. 1411	= Anh. II/2
Pos. 1412	= VII d/2

(b) Positionen im Brown Index (BI)

BI	1 = IIa/1		BI	45 = op. 7 Nr. 2a
BI	2 = Vd/4		BI	46 = IVa/14
BI	3 = IVa/1		BI	47 = op. posth. 74 Nr. 10
BI	4 = Anh. Ia/1		BI	48 = op. posth. 74 Nr. 6
BI	5 = IVa/2		BI	49 = IVa/16
BI	6 = IVa/3		BI	50 = op. posth. 74 Nr. 4 und 7
BI	7 = op. 7 Nr. 4a		BI	51 = IVa/11
BI	8 = op. 17 Nr. 4a		BI	52 = op. 3 (Introduktion)
BI	9 = Anh. Ia/5		BI	53 = op. 11
BI	10 = op. 1		BI	54 = op. 9 Nr. 1 – 3
BI	11 = op. posth. 71 Nr. 1		BI	55 = op. 15 Nr. 1 und 2
BI	12 = op. posth. 72 Nr. 3/I−III		BI	56 = IVa/15
BI	12(A) = IVa/6		BI	57 = op. 10 Nr. 5 und 6
BI	13 = IVa/5		BI	58 = op. 22 (Polonaise)
BI	14 = IVa/4		BI	59 = op. 10 Nr. 1 und 2
BI	15 = op. 5		BI	60 = op. 6 Nr. 1 – 4
BI	16 = IIa/2 und 3		BI	61 = op. 7 Nr. 1 – 5
BI	17 = Anh. Ia/4		BI	62 = op. 18
BI	18 = op. posth. 68 Nr. 2		BI	63 = op. posth. 74 Nr. 3, 15 und 16
BI	19 = op. posth. 72 Nr. 1		BI	64 = op. 34 Nr. 2
BI	20 = op. posth. 72 Nr. 2		BI	65 = op. 20
BI	21 = IVa/13		BI	66 = op. 23
BI	22 = op. 2		BI	67 = op. 10 Nr. 12
BI	23 = op. 4 (posth.)		BI	68 = op. 10 Nr. 7
BI	24 = op. posth. 71 Nr. 2		BI	69 = Anh. II/2
BI	25 = op. 8		BI	70 = IIb/1
BI	26 = op. 73 A		BI	71 = IVb/2
BI	27 = op. 73 B		BI	72 = op. 46
BI	28 = op. 13		BI	73 = IVb/1
BI	29 = op. 14		BI	74 = op. 10 Nr. 3
BI	30 = op. posth. 71 Nr. 3		BI	75 = op. 10 Nr. 4
BI	31 = IVa/7		BI	76 = op. 16
BI	32 = op. posth. 74 Nr. 5		BI	77 = op. 17 Nr. 1–4
BI	33 = op. posth. 74 Nr. 1		BI	78 = op. 25 Nr. 4–6, 8–10
BI	34 = op. posth. 68 Nr. 3		BI	79 = op. 15 Nr. 3
BI	35 = op. posth. 69 Nr. 2		BI	80 = op. 12
BI	36 = IVa/8		BI	81 = op. 19
BI	37 = IVa/10		BI	82 = IVb/3
BI	38 = op. posth. 68 Nr. 1		BI	83 = op. 25 Nr. 11
BI	39 = IVa/9		BI	84 = IVb/6
BI	40 = op. posth. 70 Nr. 3		BI	85 = IVb/4
BI	40 (B) = op. 34 Nr. 2		BI	86 = IVb/7
BI	41 = op. 3 (Polonaise)		BI	87 = op. posth. 66
BI	42 = op. 10 Nr. 8 – 11		BI	88 = op. 22 (Introduktion)
BI	43 = op. 21		BI	89 = op. 24 Nr. 1–4
BI	44 = IVa/12		BI	90 = op. 26 Nr. 1 und 2

BI 91 = op. 27 Nr. 1
BI 92 = op. posth. 70 Nr. 1
BI 93 = op. posth. 67 Nr. 1 und 3
BI 94 = op. 34 Nr. 1
BI 95 = op. posth. 69 Nr. 1
BI 96 = op. 27 Nr. 2
BI 97 = op. 25 Nr. 2
BI 98 = op. 25 Nr. 7
BI 99 = op. 25 Nr. 3 und 12
BI 100 = op. 28 Nr. 7 und 17
BI 101 = op. posth. 74 Nr. 17
BI 102 = op. 38
BI 103 = op. posth. 74 Nr. 14
BI 104 = op. 25 Nr. 1
BI 105 = op. 30 Nr. 1–4
BI 106 = op. 32 Nr. 1 und 2
BI 107 = op. 28 Nr. 3, 5, 6, 8, 9, 11–16,
          18–20, 22–24
BI 108 = IVb/8
BI 109 = IVb/5
BI 110 = op. 29 Nr. 1
BI 111 = op. 31
BI 112 = op. posth. 74 Nr. 12
BI 113 = IIb/2
BI 114 = op. 35/III (Marche funèbre)
BI 115 = op. 33 Nr. 1–4
BI 116 = op. posth. 74 Nr. 2 (Liedfassung)
BI 117 = op. posth. 74 Nr. 2 (Klavierfassung)
BI 118 = op. 34 Nr. 3
BI 119 = op. 37 Nr. 1
BI 120 = op. 40 Nr. 1
BI 121 = op. 40 Nr. 2
BI 122 = op. 41 Nr. 2
BI 123 = op. 28 Nr. 2, 4, 10, 21
BI 124 = op. 28 Nr. 1
BI 125 = op. 39
BI 126 = op. 41 Nr. 1, 3 und 4
BI 127 = op. 37 Nr. 2
BI 128 = op. 35/Satz I, II und IV
BI 129 = op. 36
BI 129 (B) = IVc/1
BI 130 = IIb/3

BI 131 = op. 42
BI 132 = IVb/9
BI 133 = IVb/10
BI 134 = IIb/4
BI 135 = op. 44
BI 136 = op. 47
BI 137 = op. 49
BI 138 = op. posth. 70 Nr. 2
BI 139 = op. 43
BI 140 = IIb/5
BI 140 (B) = VIIb/3 und 4
BI 141 = op. 45
BI 142 = op. 48 Nr. 1 und 2
BI 143 = op. posth. 74 Nr. 8
BI 144 = IVc/2
BI 145 = op. 50 Nr. 1–3
BI 146 = op. 52
BI 147 = op. 53
BI 148 = op. 54
BI 149 = op. 51
BI 150 = IVb/11
BI 151 = IVb/12
BI 152 = op. 55 Nr. 1 und 2
BI 153 = op. 56 Nr. 1–3
BI 154 = op. 57
BI 155 = op. 58
BI 156 = op. posth. 74 Nr. 11 und 13
BI 157 = op. 59 Nr. 1–3
BI 158 = op. 60
BI 159 = op. 61
BI 160 = op. 65
BI 160 (B) = VIIb/1
BI 161 = op. 62 Nr. 1 und 2
BI 162 = op. 63 Nr. 1–3
BI 163 = op. posth. 67 Nr. 4
BI 164 = op. 64 Nr. 1–3
BI 165 = op. posth. 74 Nr. 9
BI 166 = Va/3
BI 167 = op. posth. 67 Nr. 2
BI 168 = op. posth. 68 Nr. 4
BI 168 (B) = op. posth. 74 Nr. 4
                    (anderer Text)

5

FUNDORTVERZEICHNIS

Fundorte der Skizzen, Autographen, Abschriften und Korrigierten Druckexemplare

ABBAYE DE ROYAUMONT, Lang, François:
op. 70 Nr. 2 (Ad)

BASEL, Floersheim:
op. 7 Nr. 1 (Aa), op. 7 Nr. 3 (Aa), op. 10
Nr. 4 (Aa)

BASEL, Privatsammlung:
op. 64 Nr. 1–3 (Ac)

BERLIN, Stempnick, Gerhard:
op. 74 Nr. 2 (Ad)

BRESLAU, Ossoliński-Bibliothek:
op. 74 Nr. 2 (Ab)

BROMBERG, Öffentliche Stadtbibliothek:
op. 70 Nr. 2 (ABa)

CAMBRIDGE, Fitzwilliam-Museum:
op. 74 Nr. 2 (Af)

CAMBRIDGE (Mass.), Houghton Library
(Harvard University):
op. 6 Nr. 1 (KDb), op. 28 Nr. 7 (KDc),
op. 28 Nr. 11 (KDc), op. 28 Nr. 16 (KD),
op. 35 (KDc), op. 36 (KDc), op. 42
(KDd), op. 47 (KDd), op. 48 Nr. 1
(KDd), op. 53 (KDb), op. 55 Nr. 1
(KDc), IIb/3 (Ac)

CHICAGO, Newberry Library:
op. 62 Nr. 1 (Ac)

EAST SUSSEX, Privatsammlung:
IIb/3 (Ab)

EDINBURGH, Cameron, Dr. E. H.:
op. 7 Nr. 1 (Ad)

FLORENZ, Selden-Goth, Giselle:
op. 51 · Zweite Fassung (A)

GENF, Bibliotheca Bodmeriana:
op. 13 (SK)

HAMBURG, Privatsammlung (?):
VIIb/3 (A)

KÖLN, Archiv der Stadt Köln:
op. 6 Nr. 1 (Aa)

KÓRNIK, Schloßbibliothek:
op. 7 Nr. 2b (AB), op. 28 Nr. 4 (ABd),
op. 69 Nr. 2 (ABb), op. 72 Nr. 2 (ABd),
op. 74 Nr. 2 (ABb), op. 74 Nr. 6 (AB –
Fassung in g-moll)

KRAKAU, Jagellonen-Bibliothek:
op. 7 Nr. 4b (SK), op. 17 Nr. 2 (SK),
op. 50 Nr. 3 (Ac), op. 54 (A), op. 55 Nr. 1
(AB), op. 60 (Ab), IIb/2 (AB), op. 69
Nr. 1 (ABa), op. 69 Nr. 2 (Aa), IVa/6
(AB)

KRAKAU, Nationalmuseum:
op. 25 Nr. 1 und 2 (AB), op. 36 (Aa),
op. 67 Nr. 4 (ABd), op. 74 Nr. 12 (Ab),
IVb/1 (A)

Abteilung Czartoryski: op. 14 (Ab),
VI/3 (SK)

KRAKAU, Polnische Akademie der Wissenschaften:
IVa/4 (Aa)

LA CROIX EN TOURAINE, Faure, Yvonne:
op. 9 Nr. 1–3 (KDa), op. 63 Nr. 2 (SK)
LEIPZIG, Deutsche Bücherei:
op. 66 (ABc), op. 69 Nr. 1 (ABc)
LEITMERITZ, Stadtarchiv:
op. 28 Nr. 3 (ABc)
LENINGRAD, Saltykow-Szczedrin Staats-
bibliothek:
op. 6 Nr. 4 (SK), IVa/16 (ABb),
VI/10 (SK)
LEWES (East Sussex), Privatsammlung:
op. 43 (Aa)
LIESTAL, Uzielli, Mario:
IVc/1
LONDON, British Library:
op. 40 Nr. 1 und 2 (A), op. 56 Nr. 2 (SK)
LONDON, Royal College of Music:
op. 64 Nr. 1 (Ad)
LONDON, Horsley, Familie:
op. 74 Nr. 2 (Ae)
LONDON, Privatsammlung:
op. 34 Nr. 2 (A)
LONDON, Privatsammlung:
Va/3
LONDON, Zweig, Stefan, Erben:
op. 59 Nr. 3 (Aa), op. 60 (Ac)
LOS ANGELES, Piatigorsky, Gregor:
op. 23 (Aa), op. 28 Nr. 2 (Aa), op. 28 Nr. 4
(SK), op. 41 Nr. 1 (SK), VI/11–13 (SK),
VII a/1 (A)
LWÓW, Historisches Museum:
op. 1 (KD), op. 33 Nr. 1 (ABa)

MAINZ, B. Schott's Söhne, Verlag:
op. 59 Nr. 1 und 2 (Aa, Ab), IVa/3
(ABa), IVa/8 zusammen mit IVb/3
(ABa)
MARBURG, Mecklenburg, Günther:
op. 74 Nr. 7 (Aa)
MARIEMONT, Musée de:
op. 18 (Aa)
MOSKAU, Lenin-Bibliothek:
op. 28 Nr. 20 (Ac)
MOSKAU, Staatliches Zentralarchiv für
Literatur und Kunst:
op. 55 Nr. 1 (Ac), IVb/12 (AB)

NEW HAVEN (Conn.), Yale University:
op. 18 (Ac), op. 70 Nr. 1 (Ac)

NEW YORK, Pierpont Morgan Library:
Flagler Cary Collection:
op. 26 Nr. 1 und 2 (A), op. 50 Nr. 1–3
(Ab), op. 59 Nr. 3 (Ab)
Heineman Foundation:
op. 46 (AB), op. 53 (Ab)
Lehman Deposit:
op. 2 (Aa), op. 4 (A), op. 10 Nr. 3 (Aa),
op. 10 Nr. 9 (Aa), op. 14 (SK), op. 15
Nr. 3 (Aa), op. 57 (SK), op. 65 (SKi),
VI/6 (SK), VII c/4 (A)
Schelling Collection:
op. 10 Nr. 7 (A)
NEW YORK, Kallir, Rudolf F.:
op. 52 (Aa)
NEW YORK, Opochinsky, D.:
op. 71 Nr. 3 (Ad)

OXFORD, Bodleian Library:
op. 52 (Ab), op. 59 Nr. 2 (Ad)

PARIS, Adam Mickiewicz Museum
(= Biblioteka Polska):
op. 6 Nr. 2 (SK), op. 74 Nr. 15 (SK),
IVb/4 (A), VI/4 (SK)
PARIS, Archives Pleyel:
op. 2 (Ad)
PARIS, Bibliothèque de l'Opéra:
op. 10 Nr. 2 (KDa), op. 25 Nr. 4 (A),
op. 59 Nr. 2 (Aa und Ab), op. 64 Nr. 2
und 3 (SK), op. 70 Nr. 2 (ABc)
PARIS, Bibliothèque Nationale:
op. 11 (ABb und ABc), op. 28 Nr. 20
(Ab), op. 31 (A), op. 38 (Ab), op. 41
Nr. 1 (Ac), op. 43 (ABa), op. 47 (ABb),
op. 55 Nr. 1 (Ab), op. 57 (Ab, ABb,
ABc), op. 63 Nr. 1 (Aa), op. 64 Nr. 1
(SK), op. 64 Nr. 1 und 2 (Ab), op. 65
(SKb, AB), IIa/2 und 3 (ABb), IIb/1
(Halbautograph), IIb/3 (Ad), op. 66
(ABa), op. 67 Nr. 4 (ABb und ABc),
op. 69 Nr. 1 (Ac, ABb und ABd), op. 69
Nr. 2 (ABa), op. 70 Nr. 1 (ABa), op. 70
Nr. 2 (Aa, Ac, Ae und ABd), op. 72
Nr. 2 (ABb und ABc), op. 74 Nr. 2 (ABc),
op. 74 Nr. 4 (ABd – Sammelhs., enthält
außerdem noch op. 74 Nr. 6–8, 12, 14
und 16), op. 74 Nr. 4 und 6 (ABe), op. 74
Nr. 13 (ABb), IVb/5 (A), IVb/8

(Ab und Ac), IVb/11 (Aa und Ab) –
Sammelbände O'Méara
PARIS, Conservatoire:
IVb/10 (A)
PARIS, Bolloré, Michel:
op. 65 (SKh)
PARIS, Bourbon-Parme, Familie:
Va/1 und 2 (A – z. Zt. unauffindbar,
möglicherweise verbrannt)
PARIS, Panouse, Vicomte Paul de la:
op. 18 (Ab), op. 70 Nr. 1 (Ab)
PARIS, Privatsammlung:
op. 6 Nr. 3 (Ab)
PARIS, Privatsammlung:
op. 65 (SKc und Ab)
PARIS, Privatsammlung:
VIIa/2 (A)
PARIS, Reande, Jean:
op. 58 (Ab)
PARIS, Rocheblave, Familie:
op. 58 (AB)
PARIS, Rubinstein, Artur:
op. 66 (Aa), op. 74 Nr. 10 (Ab)
PARIS, Strauss, Karl Hans:
op. 67 Nr. 4 (Ab), IVb/13 (A)
PRAG, Nationalmuseum:
op. 74 Nr. 1 (ABg), IVa/9 (A)

RICHEN (Schweiz), Adler, Hans:
VIId/1 (A)

SKÖRHOLMEN, Klingemann-Hedlund,
Ulrike:
op. 7 Nr. 1 (Ac)
SPOKANE (Washington), Conservatory:
IVb/7 (A)
STANFORD (Kalifornien), Memorial
Library of Music, Stanford University:
op. 72 Nr. 3/II und III, zusammen mit
op. 74 Nr. 16 (AB)
STOCKHOLM, Musikhistorisches Museum:
op. 38 (SK)
STOCKHOLM, Stiftelsen Musikkulturens
Främjande:
op. 6 Nr. 2 (Ab), op. 7 Nr. 3 (Ac), op. 10
Nr. 2 (Aa), op. 10 Nr. 11 und 12 (A, Aa),
op. 38 (AB)

TOKIO, Ikuku Maeda, Erben:
op. 33 Nr. 2 (ABa)
TURIN, Italienische Rundfunk- und Fernsehgesellschaft:
op. 33 Nr. 3 (AB)

VALLDEMOSA, Boutroux-Ferra, A. M.:
op. 25 Nr. 2 (Aa), op. 37 Nr. 1 (A),
op. 62 Nr. 2 (Ab), op. 64 Nr. 1 (Ae),
IIb/3 (Aa), IVa/16 (Aa), IVc/2 (A),
VI/9 (SK)

WALES, Gwynne-Evans:
op. 51, Erste Fassung (AB)
WARSCHAU, Chopin-Gesellschaft,
Museum:
op. 8 (Aa), op. 10 Nr. 1 und 2 (Ab),
op. 10 Nr. 3 (Ab), op. 10 Nr. 5 und 6 (A),
op. 10 Nr. 8–10 (A, Ab, A), op. 21
(Aa), op. 28 Nr. 3 (ABb), op. 29 (A),
op. 33 Nr. 1, 2 und 4 (AB), op. 35 (Ab),
op. 36 (Ab), op. 48 Nr. 1 und 2 (AB),
op. 50 Nr. 1 (Ac), op. 58 (Aa), op. 60
(SK), op. 65 (SKa, SKe, SKf, SKg, SKk),
op. 66 (ABb), op. 67 Nr. 4 (ABa), op. 68
Nr. 4 (Aa und ABb), op. 71 Nr. 1 (AB),
op. 71 Nr. 2 und 3 (AB), op. 71 Nr. 3
(Ac), op. 72 Nr. 2 (ABa), op. 74 Nr. 6
(Aa), op. 74 Nr. 10 (ABh), op. 74 Nr.
14 (SK), IVa/3 (ABb), IVb/8 (Aa),
VI/1, 2, 5, 7, 8, 14–17 (SK), VIIb/4 (A),
VIIb/5 (A), VIIc/5 (A), VIIc/6 (A),
Anh. Ia/2 und 3 (Hs.), Anh. Ia/6 (Hs.),
Anh. Ia/7 (Hs.). – Jędrzejewicz-Ver-
zeichnis, Sammelbände Jędrzejewicz.
WARSCHAU, Musikgesellschaft:
op. 7 Nr. 4a (A), op. 34 Nr. 1 (Ab), IIa/2
und 3 (ABa), op. 74 Nr. 10 (ABe und
ABf), op. 74 Nr. 17 (ABa), IVa/2 (A),
IVa/13 (Ab), IVa/16 (ABc), Anh. Ia/5
(Hs.)
WARSCHAU, Nationalbibliothek:
op. 7 Nr. 1 (AB), op. 21 (Ac), op. 24
Nr. 1–4 (A), op. 25 Nr 1–12 (A und AB),
op. 27 Nr. 2 (A), op. 28 Nr. 1–24 (A),
op. 30 Nr. 1–4 (AB), op. 31 (AB), op. 33
Nr. 1–4 (A), op. 35 (ABa), op. 37 Nr. 1
und 2 (AB), op. 39 (AB), op. 40 Nr. 1

343

und 2 (AB), op. 41 Nr. 1–4 (AB), op. 46 (A), op. 49 (A), op. 55 Nr. 1 und 2 (Aa), op. 56 Nr. 1–3 (A), op. 57 (ABa), op. 58 (Ac), op. 61 (Ac), op. 62 Nr. 1 und 2 (Ab, Aa), op. 74 Nr. 1, 4–7 und 10 (ABh)

WARSCHAU, Stopnicki, Tomasz:
Anh. I b (Hs.)

WASHINGTON, Harvard University, Dumbarton Oaks Research Library:
op. 69 Nr. 1 (Ab)

WASHINGTON, Library of Congress:
op. 33 Nr. 4 (ABa)

WIEN, Gesellschaft der Musikfreunde:
op. 28 Nr. 17 (ABb), op. 41 Nr. 2 (Ab), op. 67 Nr. 4 (Aa), op. 73 A (A), op. 74 Nr. 2 (Ac)

WIEN, Österreichische Nationalbibliothek:
op. 2 (Ac), op. 28 Nr. 7 (ABc), op. 34 Nr. 2 (ABb), op. 35 (ABb), op. 74 Nr. 1–17 (ABa)

WIEN, Privatsammlung:
Ve/4 (A)

WIEN, Samuel, Jacques:
op. 70 Nr. 2 (Ab)

Anhang

derzeit nicht mehr nachweisbar oder ohne genauere Angaben

op. 7 Nr. 3 (Ab)
Früher L. Koch, um 1930 J. Pl. geschenkt

op. 9 Nr. 2 (KDf)
Wilhelm Lenz (?)

op. 23 (Ab)
Privatsammlung England

op. 28 Nr. 17 (Ab) und VII d/2 (A)
1959 bei Sotheby, London

op. 34 Nr. 1 (Aa)
Bis 1932 bei Familie Thun in Dieczyn

op. 38 (Ac)
1968 bei Altman Collectors Gallery, New York

op. 53 (SK)
1972 bei Sotheby, London

op. 61 (Aa)
1957 bei Ronald Davis, Paris

op. 61 (Ab)
1959 bei Marc Loliée, Paris

op. 65 (SKd und SKi)
1958 und 1970 bei J. A. Stargardt, Marburg

op. 65 (Skj)
1958 bei M. Breslauer, London

IIb/5 (AB)
Früher Zofia Jaroszewska, nach 1930 an den Verleger Marian Krzyźanowski, Krakau, verkauft; heutiger Aufbewahrungsort unbekannt

op. 70 Nr. 2 (ABb)
Früher Arthur Hedley, vor 1969 an unbekannten Sammler verkauft

op. 74 Nr. 2 (Aa)
Angabe nur im Brown-Index

op. 74 Nr. 2 (Ag)
1958 bei Sotheby, London

VII b/7 und 8 (A)
Früher Sacha Guitry, bei der Auktion am 21. 11. 1974 im Hôtel Drouot, Paris, wahrscheinlich von einem deutschen Sammler gekauft

Anh. I a/1 (Hs.)
Früher Alexander Poliński, Warschau. 1939 verlorengegangen

Sammelbände Stirling
Früher Marthe E. Ganche, Lyon. Nach deren Tod, 1971, Aufbewahrungsort unbekannt

344

6

DIE VERLEGER DER ERSTAUSGABEN

ASCHENBERG E. & Co., London:
IV a/16

BOTE & BOCK, Berlin:
II b/5

BRANDUS, Paris:
op. 59 Nr. 1–3, op. 60, op. 61, op. 62 Nr. 1 und 2, op. 63 Nr. 1–3, op. 64 Nr. 1–3, op. 65

BREITKOPF & HÄRTEL, Leipzig:
op. 12, op. 15 Nr. 1–3, op. 16, op. 17 Nr. 1–4, op. 18, op. 20, op. 21, op. 22, op. 23, op. 24 Nr. 1–4, op. 25 Nr. 1–12, op. 26 Nr. 1 und 2, op. 27 Nr. 1 und 2, op. 28 Nr. 1–24, op. 29, op. 30 Nr. 1–4, op. 31, op. 33 Nr. 1–4, op. 34 Nr. 1–3, op. 35, op. 36, op. 37 Nr. 1 und 2, op. 38, op. 39, op. 40 Nr. 1 und 2, op. 41 Nr. 1–4, op. 42, op. 46, op. 47, op. 48 Nr. 1 und 2, op. 49, op. 52, op. 53, op. 54, op. 55 Nr. 1 und 2, op. 56 Nr. 1–3, op. 57, op. 58, op. 60, op. 61, op. 62 Nr. 1 und 2, op. 63 Nr. 1–3, op. 64 Nr. 1–3, op. 65, II a/2 und 3, IV a/5, IV a/7, IV a/12, IV a/13, IV a/14, IV b/2, IV c/2

BRZEZINA, Warschau:
op. 1 (zweihändige Fassung und vierhändige Bearbeitung), op. 5

CATELIN Adolphe, Paris:
op. 28 Nr. 1–24

CHABAL J. L., Paris:
II b/5

CHABERSKI W., Krakau:
IV a/12

CHAPPELL, London:
II b/3

COCKS R. & Co., London:
op. 4, IV a/4

CRAMER, ADDISON & BEALE, London:
op. 12

CRAMER & BEALE, London:
op. 64 Nr. 1 und 2

CRAMER & Co., London:
II b/2

CYBULSKI J. J., Warschau:
II a/1

EWER J. J. & Co., London:
op. 66

FRANCIS, DAY & HUNTER, London:
IV b/10

GEBETHNER & WOLFF, Warschau:
op. 74 Nr. 1–17, IV a/2, IV b/4

GINS Aleksander, Warschau:
op. 74 Nr. 2

GUTHEIL, Petersburg:
Anh. I a/6

HAMELLE J., Paris:
op. 74 Nr. 1–17

HASLINGER Carl, Wien:
op. 4, IV a/4

HASLINGER Tobias, Wien:
op. 2, II b/2

HOFMEISTER Friedrich, Leipzig:
op. 1 (vierhändige Bearbeitung), op. 5, op. 51

KAUFMANN J., Warschau:
IV a/3, IV a/8, IV a/15, IV b/3

KISTNER Friedrich, Leipzig:
op. 6 Nr. 1–4, op. 7 Nr. 1–5, op. 8, op. 9 Nr. 1–3, op. 10 Nr. 1–12, op. 11, op. 13, op. 14

KLUKOWSKI J., Warschau:
op. 7 Nr. 1

KOCIPIŃSKI Antoni, Kiew:
op. 74 Nr. 1, op. 74 Nr. 10

KOLBERG Wilhelm, Warschau:
II a/2 und 3 (Lithographie)

KRZYŻANOWSKI S. A., Krakau:
IV a/1

LATTE B., Paris:
II b/2 (?)

LEITGEBER M., Posen:
IV a/7, IV a/16

LUCAS, WEBER & Co., London:
op. 74 Nr. 1–17

MECHETTI Pietro, Wien:
op. 3, op. 44, op. 45, op. 50 Nr. 1–3

MEISSONNIER Joseph, Paris:
op. 57, op. 58, op. 66, op. 67 Nr. 1–4, op. 68 Nr. 1–4, op. 69 Nr. 1 und 2, op. 70 Nr. 1–3, op. 71 Nr. 1–3, op. 72 Nr. 1–3, op. 73 B

PACINI Antonio, Paris:
op. 42

PETERS C. F., Leipzig:
op. 19

POLSKIE WYDAWNICTWO MUZYCZNE, Krakau:
Paderewski-Ausgabe (DzW):
op. 73 A, IV a/11, IV b/1, Anh. I a/5
Neue polnische Gesamtausgabe:
IV a/6

PRILIPP, Paris:
op. 19

RICHAULT Charles Simon, Paris:
op. 3, op. 4, IV a/4

SCHLESINGER Adolph Martin, Berlin:
op. 1, op. 32 Nr. 1 und 2, II b/1, II b/3, op. 66, op. 67 Nr. 1–4, op. 68 Nr. 1–4,

op. 69 Nr. 1 und 2, op. 70 Nr. 1–3, op. 71 Nr. 1–3, op. 72 Nr. 1–3, op. 73 B, op. 74 Nr. 1–17

SCHLESINGER Maurice, Paris:
op. 1, op. 2, op. 6 Nr. 1–5, op. 7 Nr. 1–4, op. 8, op. 9 Nr. 1–3, op. 10 Nr. 1–12, op. 11, op. 12, op. 13, op. 14, op. 15 Nr. 1–3, op. 16, op. 17 Nr. 1–4, op. 18, op. 20, op. 21, op. 22, op. 23, op. 24 Nr. 1–4, op. 25 Nr. 1–12, op. 26 Nr. 1 und 2, op. 27 Nr. 1 und 2, op. 29, op. 30 Nr. 1–4, op. 31, op. 32 Nr. 1 und 2, op. 33 Nr. 1–4, op. 34 Nr. 1–3, op. 44, op. 45, op. 46, op. 47, op. 48 Nr. 1 und 2, op. 49, op. 50 Nr. 1–3, op. 51, op. 52, op. 53, op. 54, op. 55 Nr. 1 und 2, op. 56 Nr. 1–3, II b/1, II b/3

SCHONENBERGER, Paris:
op. 5

SCHOTT'S SÖHNE B., Mainz:
II b/4, IV a/3, IV a/8, IV a/15, IV b/3

SCHUBERTH Julius F., Hamburg:
op. 43

SENNEWALD G., Warschau:
op. 1 (vierhändige Bearbeitung)

STERN Julius, Berlin:
op. 59 Nr. 1–3

TOWARZYSTWO WYDAWNICZE MUZYKI POLSKIJEI (= Gesellschaft für die Herausgabe Polnischer Musik), Warschau:
IV b/5, IV b/8

TROUPENAS E., Paris:
op. 35, op. 36, op. 37 Nr. 1 und 2, op. 38, op. 39, op. 40 Nr. 1 und 2, op. 41 Nr. 1–4, op. 43, II b/4

WESSEL Christian R., London:
op. 1, op. 2, op. 3, op. 5, op. 6 Nr. 1–4, op. 7 Nr. 1–5, op. 8, op. 9 Nr. 1–3, op. 10 Nr. 1–12, op. 11, op. 13, op. 14, op. 15 Nr. 1–3, op. 16, op. 17 Nr. 1–4, op. 18, op. 19, op. 20, op. 21, op. 22, op. 23, op. 24 Nr. 1–4, op. 25 Nr. 1–12, op. 26 Nr. 1 und 2, op. 27 Nr. 1 und 2, op. 28 Nr. 1–24, op. 29, op. 30 Nr. 1–4, op. 31, op. 32 Nr. 1 und 2, op. 33 Nr. 1–4, op. 34 Nr. 1–3, op. 35, op. 36, op. 37 Nr. 1 und

2, op. 38, op. 39, op. 40 Nr. 1 und 2, op. 41 Nr. 1–4, op. 42, op. 43, op. 44, op. 45, op. 46, op. 47, op. 48 Nr. 1 und 2, op. 49, op. 50 Nr. 1–3, op. 51, op. 52, op. 53, op. 54, op. 55 Nr. 1 und 2, op. 56 Nr. 1–3, op. 57, op. 58, op. 59 Nr. 1–3, op. 60, op. 61, op. 62 Nr. 1 und 2, op. 63

Nr. 1–3, op. 64 Nr. 1–3, op. 69 Nr. 2, IIb/1 (als op. 12), IIb/4

WILDT J., Krakau:
op. 69 Nr. 2, op. 70 Nr. 2

ZUPAŃSKI J. K., Posen:
op. 74 Nr. 4

Zeitschriften und Bücher

Annales Chopin, Warschau: IVc/1
Echo Muzyczne, Warschau: IVa/4, IVa/5, IVa/10
Dalibor, Prag: IVa/9
Le Journal de Musique, Paris: op. 74 Nr. 1
Die Musik, Berlin: IVa/2
Muzyka, Warschau: IVb/6, Anh. Ia/2 und 3

Pages d'Art, Genf: IVb/7
La Revue Musicale, Paris: IVb/11
Słowo Polskie, Lwów: IVb/9
Świat, Warschau: IVb/12
K. W. Wojcicki: Cmentarz Powazkowski pod Warszawą (s. Literaturverzeichnis), Warschau: IVa/9

7
DIE WIDMUNGSEMPFÄNGER

Bei den zu Lebzeiten Chopins erschienenen Werken mit Opuszahlen enthalten die französischen, deutschen und englischen Ausgaben in der Regel übereinstimmende Widmungsadressen. Wo dies nicht der Fall ist und wo die Widmungen nur handschriftlich in einzelnen Exemplaren oder in Manuskripten überliefert sind, ist dies besonders vermerkt; ebenso bei den posthum erschienenen Werken, wenn deren einzelne handschriftlichen Quellen unterschiedliche Widmungen aufweisen. Nicht verzeichnet sind Widmungen, die nur in den englischen Ausgaben enthalten sind, da sie wohl kaum von Chopin autorisiert waren.

AGOULT Marie, Comtesse d': op. 25
ALBRECHT Thomas: op. 20
APPONY Thérèse Nogarola, Comtesse d': op. 27

BATTHYANY-ESTERHÁZY Jeanne, Gräfin: op. 51
BEAUVAU, Prinzessin Charles de, née Ludmiła Komar: op. 44
BELLEVILLE-OURY Anne Caroline de: op. 70 Nr. 2 (Ab)
BERLIOZ, Madame: op. 38 (Ac, Fälschung?)
BILLING, Baronin Camille de, née de Courbonne: op. 32
BRANICKA Katarzyna, Comtesse: op. 64 Nr. 3 (Französische EA)

CARAMAN Clotilde de: op. 54 (Französische EA)
CARAMAN Jeanne de: op. 54 (Deutsche und englische EA)
CHEREMETIEFF Anna, Comtesse de: IVb/12
CHOPIN Ludwika: IVa/16
CICHOWSKI Adolphe: op. 14 (Ab)
CIESZKOWSKI Zygmunt, Graf: op. 7 Nr. 2b (Ab)
CZACHOWSKI Dionizy: Ve/13
CZARTORYSKA Anna, Fürstin: op. 14

CZARTORYSKA-WÜRTEMBERG Maria, Prinzessin: op. 30
CZERKASKAJA Maria Nikołajewna, geb. Szczerbatow: op. 35 (KDc), op. 36 (KDc)
CZOSNOWSKA Laura, Gräfin: op. 63

DANTAN, Monsieur: II b/3 Nr. 1 (Ad)
DESSAUER Joseph: op. 26, op. 52 (Aa)
DUBOIS Camille, geb. O'Méara: op. 55 Nr. 1 (KDa)
DUPERRÉ Laure: op. 48
DU-PONT, Madame: IVa/3 (Ab)

EICHTHAL, Baronin A. d': op. 34 Nr. 3
ELSNER Józef: op. 4
ERSKINE Catherine (?): Va/3
ERSKINE Fanny: op. 74 Nr. 2 (Af)
EST(E), Baronin F. d': op. 22, op. 66
ESTERHÁZY, Mme la Comtesse: op. 70 Nr. 2 (Ad)
ESTERHÁZY Jeanne, Gräfin geb. Batthyany: op. 51

FLAHAULT Emilie, Comtesse de: op. 19
FONTANA Julian: op. 40
FOREST Adèle: II b/1
FRANCHOMME Auguste: op. 9 Nr. 1 (KDa), op. 65
FREPPA Lina: op. 17
FUCHS Aloys: op. 73 A (A)
FÜRSTENSTEIN Adèle, Comtesse de: op. 31

349

GAILLARD Emile: IIb/5
GAVARD Elise: op. 57, op. 70 Nr. 2 (Ac)
GUTMANN Adolf: op. 39

HANKA Vaclav: IVa/9
HARTMANN Caroline: op. 16
HILLER Ferdinand: op. 15, op. 59 Nr. 3
　(Ab)
HOFFMAN Adelina (?): op. 67 Nr. 3
　(Jędrzejewicz-Verzeichnis)
HORSFORD Emma: op. 12
HORSFORD Laura: op. 18

IVRY , Baronin G. d': op. 34 Nr. 2
JĘDRZEJEWICZ Ludwika und Józef
　Kalasanty: Vc/2 und 3
JOHNS Paul Emile: op. 7

KALKBRENNER Friedrich: op. 11
KESSLER Joseph Christoph: op. 28
　(Deutsche EA)
KIÉNÉ, Madame: op. 74 Nr. 2 (Ag)
KÖNNERITZ R. de: op. 62
KOLBERG Wilhelm: op. 69 Nr. 2 (Aa),
　IVa/5 (AB), Ve/5
KONSTANTY, Großfürst: Vd/4
KRUDNER Marie de: op. 70 Nr. 2 (Aa)
KWIATKOWSKI Teofil: op. 74 Nr. 2 (Ad)

LÉO Auguste: op. 53
LINDE, Madame Bogumil (Luiza): op. 1,
　op. 24 Nr. 3 (Ab)
LISZT Franz: op. 10
LOBAU Caroline, Comtesse de: op. 29
ŁUBIEŃSKA, Gräfin: Vf/3

MABERLY Catherine: op. 56
MENDELSSOHN BARTHOLDY Cécile:
　op. 59 Nr. 2 (Ac)
MERK Joseph: op.3
MŁOKOSIEWICZ Anna: op. 67 Nr. 1
　(Jędrzejewicz-Verzeichnis)
MORIOLLES Alexandrine, Comtesse de:
　op. 5
MOSTOWSKA Róża, Comtesse: op. 33
MÜLLER-STREICHER Friederike: op. 46

NICOLAI, Madame: Ve/6
NOAILLES Pauline de: op. 47

O'MÉARA Camille, verh. Dubois:
　op. 55 Nr. 1 (KDa)

PERTHUIS, Comte de: op. 24
PERTHUIS, Comtesse E. de: op. 58
PERUZZI, Madame: op. 69 Nr. 1 (Ab)
PIXIS Johann Peter: op. 13
PLATER Pauline, Comtesse: op. 6
PLEYEL Camille: op. 9, op. 28
　(Französische und englische EA)
POTOCKA Delfina, Comtesse: op. 21,
　op. 64 Nr. 1 (Französische EA)

RADZIWIŁŁ Antoni, Fürst: op. 8
ROSENGARDT Zofia: Va/1 und 2
ROTHSCHILD Charlotte (= Nathaniel),
　Baronesse de: op. 52, op. 64 Nr. 2
　(Französische EA), op. 69 Nr. 1 (Ac)

SCHUMANN Robert: op. 38
SKARBEK Michel, Comte: op. 71 Nr. 1
　(AB)
SKARBEK Wiktoria, Comtesse: IIa/1
SOUZZO, Prinzessin Catherine de: op. 49
SOWIŃSKA Katarzyna: IVa/4 (A)
STIRLING Jane Wilhelmina:
　op. 9 Nr. 1 (KDb), op. 35 (KDb),
　op. 37 (KDb), op. 55, op. 65 (KD)
STOCKHAUSEN, Baron de: op. 23
STOCKHAUSEN, Baronin de: op. 60
STREICHER Friederike, geb. Müller: op. 46
SZMITKOWSKI Leon: op. 50

TARCZYŃSKI Kazimierz: Ve/1 und 2
THUN-HOHENSTEIN Josephine, Comtesse
　de: op. 34 Nr. 1
TSCHERNISCHEFF Elisabeth, Prinzessin:
　op. 45

VEYRET A.: op. 61

WITWICKI Stefan: op. 41
WODZIŃSKA Maria: op. 69 Nr. 1 (Aa)
WOLFF Pierre: IVb/7 (A)
WOŁOWSKA Alexandrine: op. 9 Nr. 1
　(KDd), op. 18 (KDb), IVb/1 (A)
WOYCIECHOWSKI Tytus: op. 2, Vb/2

ZALESKI Bohdan: Va/1 und 2
ŻYWNY Wojciech: IVa/2 (A)

8
ALLGEMEINES NAMENVERZEICHNIS

Autorennamen, die im Katalogtext nur im Zusammenhang mit Literturangaben genannt werden, siehe Literaturverzeichnis.

Seite 55, Polonaisen Opus 26

Nach Belotti[5] entstand die Polonaise Nr. 1 in Teilen möglicherweise schon 1832. Chopin habe seiner Schwester Ludwika zur Hochzeit im September 1832 eine Mazurka und eine Polonaise schenken wollen (siehe Vc/2 und 3), beide Stücke seien jedoch wahrscheinlich nie abgeschickt worden. Die Polonaise könne Chopin jedoch damals begonnen haben; aus dem vorhandenen Material sei später möglicherweise die erste der beiden Polonaisen aus Opus 26 entstanden.

Seite 60, Préludes Opus 28

Nach Belotti[2] haben die einzelnen Nummern von Opus 28 folgende Entstehungszeit:

September 1831 – Nr. 2, 8, 24	1836–1837 – Nr. 10, 18
1831–1834 – Nr. 22	1836–1838 – Nr. 1, 9, 21
1831–1838 – Nr. 5, 11	1837 – Nr. 20
1832–1834 – Nr. 12, 19	1838 – Nr. 4, 6
1833–1834 – Nr. 3, 23	1838–1839 – Nr. 14
1834–1835 – Nr. 13, 17	1839 – Nr. 15, 16
1836 – Nr. 7	

Seite 77, Scherzo Opus 31

Ein Exemplar der Ausgabe Schlesinger mit der Widmung *à mon ami Léo / FChopin / 6. Janv. 1838.* befindet sich derzeit beim Antiquariat Schneider in Tutzing, dem wir für diesen Hinweis danken.

Seite 88, Impromptu Opus 36

Ein vollständiges Autograph dieses Werks (Titelseite und 6 Seiten Notentext) befand sich in der Sammlung Otto Jahns (siehe *Otto Jahn's Musikalische Bibliothek und Musikalien-Sammlung*, Bonn 4. 4. 1870, S. 41, Pos. 944).

Seite 142, Cellosonate Opus 65

Eine weitere Skizze wurde nach Brown[10] (Pos. 160/4) von Besançon et Vincent, Paris, 23. März 1961, zum Verkauf angeboten. Sie soll 12 Takte umfassen, signiert sein und die Datumsangabe *Paris, 23 Mai 1846* enthalten haben.

Seite 250, Mazurka KK V e/4

Bei dieser Melodie handelt es sich um den Refrain des sogenannten *Mazurek Dąbrowskiego,* aus dem die polnische Nationalhymne hervorgegangen ist.

ERGÄNZUNGEN · BERICHTIGUNGEN

Seite XVI, Absatz 2

Erst kürzlich wurden weitere Exemplare französischer Erstdrucke aus dem Nachlaß von Camille O'Méara zu einem Band zusammengebunden. Dieser Band IV (Sign. Rés. F. 980/IV) enthält (in dieser Reihenfolge) die Opera 34 Nr. 1 und 2, 64 Nr. 2, 18, 46, 11 (Klavierauszug), 38, 47, 51 und 9 Nr. 1−3. Die Opera 18 und 46 enthalten handschriftliche Eintragungen von Chopin, in ähnlicher Weise wie die Bände I−III.

Seite XVI, Absatz 8

Die Exemplare aus dem Nachlaß von Zofia Rosengardt befinden sich heute in der Biblioteka Polska in Paris.

Seite 12, Mazurka Opus 7 Nr. 1

Eine weitere Abschrift dieser Mazurka, von unbekannter Hand befindet sich in der Houghton Library, Cambridge (Mass.) unter der Signatur MS Lowell 11.

Seite 39 und 170, Walzer Opus 18 und Opus 70 Nr. 1

Herrn Bertrand Jaeger, Basel, verdanken wir den Hinweis, daß Byron Janis in seiner Veröffentlichung *The Most Dramatic Musical Discovery of the Age, Envolve Books,* New York 1978, das Autograph Ab dieser beiden Walzer, das von der Autorin dieses Katalogs nicht eingesehen werden konnte, beschrieben, kommentiert und als Faksimile wiedergegeben hat.

Seite 44, Polonaise Opus 22

Nach G. Belotti *Le date di composizione dell'op. 22 di Chopin (Nuova Rivista Musicale Italiana* 1, 1967, S. 697−711) entstand dieses Werk im Zeitraum September-Dezember 1830, das vorangehende *Andante spianato* jedoch erst im Winter 1834/35.

Seite 45, Ballade Opus 23

Erst kürzlich wurde ein weiteres Autograph dieser Ballade bekannt. Das zwölfzeilige Blatt (16,3 × 11,9) enthält die ersten 16 Takte mit der Tempoangabe *Largo.* Die Rückseite enthält oben folgende Anmerkung: *Ce manuscrit entièrement de la / main de Chopin est une ébauche / pour la Ballade en sol mineur. / (1830) / Aurore Sand;* in der Mitte unten der Stempel *„Collection George-Sand".* Das Ms. wurde von P. Cornuau als echt bestätigt. − Es befindet sich derzeit beim Antiquariat Schneider in Tutzing, dem wir für diesen Hinweis sehr dankbar sind.